관리회계원리

PRINCIPLES OF MANAGERIAL ACCOUNTING

제5판

관리회계원리

최 종 원

머리말

본서는 관리회계의 입문서입니다. 학생이 혼자서도 흥미 있게 학습할 수 있고, 교수자가 한 학기 동안 관리회계의 원리를 분명하면서도 간편하게 가르칠 수 있는 관리회계 입문서를 한번 만들어보자는 생각으로 저술을 시작하게 되었습니다.

관리회계를 처음 접하는 학생들의 입장에서, 스스로 흥미를 가지고 공부할 수 있도록 쉽고 친절한 안내서를 만드는 데 초점을 두었습니다.

- 읽기 쉽고 간결하며 평이한 문체로 내용을 구성하였습니다.
- 교재의 그림을 보면서 전체적인 흐름을 유추할 수 있도록 구성하였습니다.
- 챕터별로 마련된 소수의 종합예제를 통해 주요 내용을 파악할 수 있도록 구성하였습니다.
- 과거 회계 관련 시험들에서 출제된 주요 문제들을 풀어볼 수 있도록 연습문제를 구성하였습니다.
- 관리회계 적용의 실제와 유용성을 살펴볼 수 있도록 실제 사례들을 챕터별로 구성하였습니다.

한 학기 동안 관리회계의 모든 내용을 강의하기에 부담을 느끼셨을 교수님들의 입장에서, 내실 있고 간편한 교재를 만드는 데 초점을 두었습니다.

- 한 학기 동안 수업하실 수 있는 분량으로 기본적으로 알아야 할 내용들만을 담아 구성하였습니다.

- 교재에 포함된 그림만을 가지고 전체적인 흐름을 설명하실 수 있도록 구성하였습니다.
- 챕터별로 마련된 소수의 종합예제만을 가지고 주요 내용을 설명하실 수 있도록 구성하였습니다.
- 학생들에게 과제를 내주시거나 시험을 출제하실 수 있도록 다양하고 많은 문제들을 연습문제에 수록하였습니다.

저자는, 관리회계 입문서는 가능한 한 쉽고 간결해야 한다는 생각을 갖고 있습니다. 이 관리회계 입문서를 통해서 학습한 학생들이 관리회계에 대한 흥미를 갖고 중급, 고급 관리회계에 대한 공부를 이어가는 데 하나의 초석이 되었으면 하는 바람입니다.

제5판에서는 다음과 같은 내용이 추가되었습니다.

- 본문 내용을 보다 쉽게 기술하였고, 이해를 도울 수 있는 도표와 삽화를 추가하였습니다.
- 연습문제를 기초 관리회계원리 수준에 맞는 문제들로 재구성하고, 난이도별로 기초문제와 심화문제로 구분하였습니다.
- 공무원, 주택관리사, 재경관리사, 보험계리사, 감정평가사, 관세사, 세무사, 회계사 시험의 최근(2020년, 2021년, 2022년) 기출문제들을 추가하였습니다.
- 학생들이 관리회계에 대한 이해의 폭을 넓힐 수 있도록 기업의 실제 사례를 추가하였습니다.

저자가 배움의 길을 가는 데 학문적 등대가 되어주신 연세대학교 회계학의 큰 스승이신 한기수 교수님과 이경태 교수님께 깊이 감사드립니다. 본서를 출간하는 데 많은 도움을 주신 신영사의 권영섭 대표님과 편집부 박지영 국장님, 임직원분들께 깊은 감사를 전합니다. 또한 본서를 세밀하게 읽어주고 검토해준 강성백 회계사, 어혜지 회계사, 박남희 회계사, 최정훈 회계사와 이화여자대학교 이상철 교수님, 강인정 박사님, 강릉원주대학교 박창래 교수님, 한림대학교 박주형 교수님, 성균관대학교 조은혜 박사님, 지가영 박사님, 숙명여자대학교 조은주 박사님께 감사드립니다. 자료수집과정에서 도움을 준 문승환 박사과정생, 박예은, 진시은 조교에게도 고마움을 전합니다. 또한 책을 집필하는 모든 과정을 함께해준 사랑하는 벗이자 연인인 아내와 두 아들 서진, 서준에게도 이 자리를 빌려 가장 큰 고마움을 전합니다.

마지막으로 본서가 앞으로 더 좋은 책이 될 수 있도록, 이 책을 교재로 선택해주신 교수님들과 독자들의 날카로운 지적과 의견을 부탁드립니다.

2022년 11월
저자 올림

차 례

제 I 부 원가계산

제 1 장 관리회계의 기본개념

제 2 장 다양한 원가개념과 원가의 흐름

제 3 장 개별원가계산

제 4 장 종합원가계산

제 5 장 결합원가계산

제 6 장 활동기준원가계산

제 Ⅱ 부 전략적 의사결정, 계획, 통제

제 7 장 원가행태

제 8 장 CVP(원가-조업도-이익) 분석

제9장 변동원가계산

제10장 종합예산

제11장 표준원가계산과 균형성과표

제12장 관련원가계산

PART I

원가계산

제 1 장 관리회계의 기본개념

제 2 장 다양한 원가개념과 원가의 흐름

제 3 장 개별원가계산

제 4 장 종합원가계산

제 5 장 결합원가계산

제 6 장 활동기준원가계산

원가집계방법	원가측정방법	재고자산가액 결정방법
개별원가계산 (제3장)	실제원가계산 (제3장)	전부원가계산 (제9장)
종합원가계산 (제4장)	정상원가계산 (제3장)	변동원가계산 (제9장)
	표준원가계산 (제11장)	

CHAPTER

1 관리회계의 기본개념

본장에서는 관리회계에 대한 기본적인 소개를 다룬다.

관리회계 정보는 기업 내부 이용자들의 의사결정에 도움을 주는 정보로서, 주로 경영자, 관리자 등의 계획, 통제, 전략적 의사결정을 위해 사용된다. 재무회계 정보는 기업 외부 이용자들의 의사결정에 도움을 주는 정보로서, 주로 주주, 채권자 등의 투자를 위한 의사결정, 수탁책임에 대한 평가, 모니터링을 위한 활동, 규제를 위한 활동 등에 널리 사용된다. 본장에서는 관리회계 정보에 대한 기본개념을 알아보고, 재무회계 및 원가회계와의 차이점 및 유사점을 학습한다.

회계란? 정보이용자들의 의사결정에 유용한 정보를 제공하는 것

본장에서는 구체적으로 다음과 같은 내용들을 학습한다.

- 관리회계란 무엇인가?
- 관리회계 정보와 재무회계 정보는 어떤 차이점이 있는가?
- 관리회계 정보와 원가회계 정보는 서로 다른 것인가?

프랜차이즈 업체의 원가정보 공개 논란

최근 국내 프랜차이즈 업체가 치즈·닭 등의 재료를 공급하면서 과도한 수익을 얻고 있다는 지적이 제기되자, 공정위가 프랜차이즈 업계에게 재료원가를 공개하라는 '가맹사업법 시행령'을 마련중이다. 이에 프랜차이즈 업계는 큰 혼란에 빠졌다. 만약 기한까지 재료에 대한 원가정보를 제출하지 않으면, 가맹점을 추가 모집할 수 없고 과태료 1,000만 원을 내야 한다. 이번에 공정위에 원가정보를 내야 하는 프랜차이즈는 전국적으로 5,700여개에 달한다. 프랜차이즈협회 관계자는 "원가정보가 공개될 경우에 본사의 중요한 경영 기밀이 고스란히 공개될 수밖에 없다"며 우려를 드러냈다.

또 시행령에 따르면 본사는 가맹점이 본사에 지급한 필수품목가격과 적정 도매가격의 차액(차액 가맹금)도 공개해야 한다. 한 커피 프랜차이즈 관계자는 "커피 원두를 어떻게 가공하느냐에 따라 가맹점 공급가격은 달라진다"며 "이를 시장가격과 일률적으로 비교할 수도 없고, 이를 공개하면 본사의 가격경쟁력이 고스란히 드러나게 된다"고 말했다.

'가맹사업법 시행령'이 대기업보다 중소 프랜차이즈 회사에 더 큰 타격을 줄 것이라는 우려도 나온다. 이번 가격 공개에서 프랜차이즈 본사가 직접 생산하는 제품은 제외된 반면, 외부에서 구매해 공급하는 것만 해당한다. 한 소규모 프랜차이즈 관계자는 "대형 프랜차이즈는 자체생산시설을 갖추고 제품을 생산할 수 있지만, 우리 같은 중소업체는 모두 외부에서 조달해 가공 후 가맹점에 공급한다"고 말했다.

가맹점주들도 '공급가 공개'를 무조건 반기는 것은 아니다. 한 커피 가맹점주는 "4,000원 하는 커피 한 잔 원두 가격이 500원이라고 하면 소비자들 불만이 폭발하지 않겠냐"며 "임차료·인건비 등은 생각도 안 할 것"이라고 말했다. 프랜차이즈 본사와 가맹점의 불필요한 충돌을 방지하기 위해 국내 프랜차이즈 업체도 '로열티 시스템'으로 가야 한다는 지적도 나온다.

생각해 볼 문제

① 프랜차이즈(또는 기업)가 원가정보 공개를 꺼리는 이유는 무엇인가?
② 기업과 소비자 입장에서 원가관리가 중요한 이유는 무엇인가?

자료출처 : 조선비즈(2019. 4. 30), "'프랜차이즈 원가 공개 왜 하나' 가맹점도 막판까지 격론"
시사저널e(2019. 5. 7), "프랜차이즈 정보공개서 놓고 '원가 공개' 논란 확대"

관리회계의 의미

관리회계(managerial accounting)란 기업(조직)의 내부 정보이용자에게 제공되는 회계정보를 의미한다. 여기서 내부 정보이용자란 주로 경영자 또는 관리자를 의미하며, 경영자의 의사결정을 위해서 제공되는 회계정보가 바로 관리회계 정보이다. 관리회계 정보는 주로 아래와 같은 목적을 지닌다.

- 기업(조직)의 계획수립(planning)을 위한 정보를 제공한다.
- 기업(조직)의 통제(controlling)를 위한 정보를 제공한다.
- 기업(조직)의 효과적인 의사결정(decision making)을 위한 정보를 제공한다.

관리회계란? 기업 내부 회계정보 이용자들의 의사결정에 유용한 정보를 제공하는 것

내부 정보 이용자가 필요로 하는 정보

관리회계 정보는 기업 내부 회계정보 이용자들이 의사결정을 하는 데 필요로 하는 정보로서, 주로 계획, 통제, 의사결정을 위해 사용된다.

계 획 (Planning)	통 제 (Controlling)	의사결정 (Decision making)

계 획

기업(조직)이 달성하고자 하는 구체적인 목표를 설정하고, 설정된 목표를 달성하기 위해 수행해야 할 세부적인 방법이나 행동을 제시하는 것이 계획(planning)이다. 예를 들어, 기업은 사전에 단기적으로나 장기적으로 회계적인 매출액 또는 이익의 달성 목표를 설정하고, 이를 달성하기 위한 구체적인 방법들을 마련하게 되는데, 이러한 과정을 계획이라 한다. 기업의 대표적인 계획활동은 예산을 편성하는 것이다.

통 제

기업은 계획을 세우고, 계획에 따라 실행을 한다. 경영자들은 계획에 맞게 실행되고 있는가에 대한 모니터링(monitoring)을 하게 되는데, 이와 같은 경영자의 행동을 통제(controlling)라 한다. 통제는 계획으로 수립된 목표(예산)와 실행된 결과물(실적)의 비교를 통해 이루어진다. 즉 경영자는 기업의 성과를 평가하기 위하여, 예산과 실적을 서로 비교하고 평가한 후 피드백(feedback)을 얻는 과정을 갖는다. 이러한 과정을 통제라 한다.

의사결정

여러 가지 선택가능한 대안 중에서 하나를 선택하는 과정을 의사결정(decision making)이라 한다. 하나의 주요한 관리회계시스템의 정보는 자가생산/외부구입, 새로운 설비나 기계장치에 대한 투자, 제품라인의 추가/폐지 등과 관련된 전략적 의사결정이다.

구분	내용
계 획 (Planning)	• 예산편성 • 기업의 목표수립
통 제 (Controlling)	• 모니터링 • 성과평가
의사결정 (Decision Making)	• 자가생산/외부구입 • 새로운 설비나 기계장치에 대한 투자 • 제품라인의 추가/폐지

관리회계와 재무회계

회계는 크게 두 종류의 회계시스템이 존재한다. 즉 관리회계와 재무회계로 분류된다.

관리회계

관리회계(managerial accounting)는 내부 이용자들의 의사결정에 유용한 정보를 제공하는 것을 목적으로 한다. 내부 이용자들이란 경영자, 관리자 등을 의미한다. 관리회계 정보는 내부 이용자들의 재무적이고 비재무적인 정보로서, 내부 이용자들의 계획, 통제, 의사결정과 관련된 정보이다.

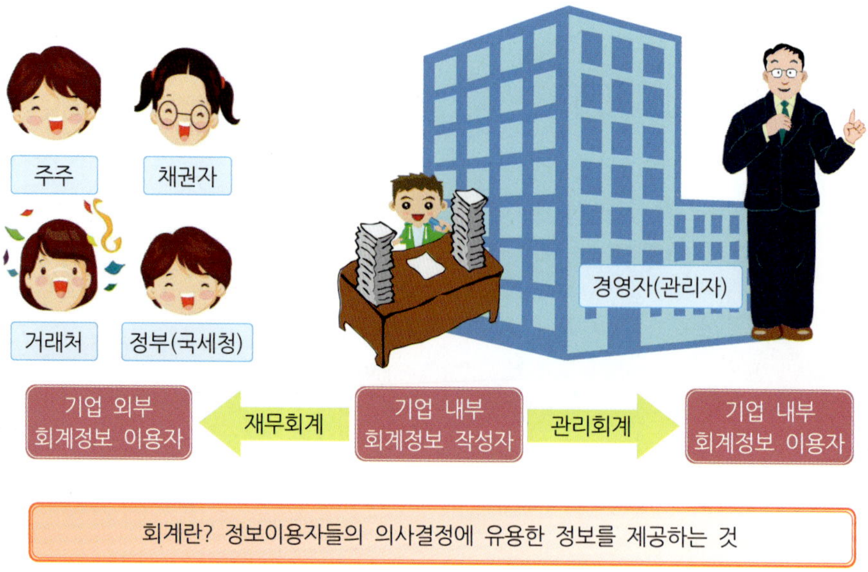

재무회계

재무회계(financial accounting)는 외부 이용자들의 의사결정에 유용한 정보를 제공하는 것을 목적으로 한다. 외부 이용자들이란 주주(투자자), 채권자, 고객, 거래처, 정부(국세청) 등을 의미한다. 재무회계 정보는 외부 이용자들의 투자를 위한 의사결정, 수탁책임에 대한 평가, 모니터링을 위한 활동, 규제를 위한 활동 등에 널리 사용된다. 재무회계 정보는 재무제표를 통해서 외부 이용자들에게 제공된다. 재무제표는 반드시 일반적으로 인정된 회계원칙(GAAP : Generally Accepted Accounting Principles)에 의해서 작성되어야 한다.

관리회계와 재무회계의 비교

● 정보이용자와 정보제공의 목적

재무회계의 정보이용자는 기업 외부 이용자들로, 주주(투자자), 채권자, 고객, 거래처, 정부(국세청) 등을 의미한다. 재무회계 정보는 경영자들의 수탁책임의 결과를 외부에 보고하는 데 주요한 목적을 지닌다. 외부로 공표되는 재무회계

정보는 반드시 일반적으로 인정된 회계원칙에 따라서 작성되어야 하며, 정보는 재무제표라는 형태로 제공된다.

관리회계의 정보이용자는 기업 내부 이용자들로, 경영자, 관리자 등을 의미한다. 관리회계 정보는 경영자, 관리자들이 내부관리를 하는 데 필요한 의사결정을 돕는 데 그 목적을 둔다. 경영자, 관리자가 사용하는 관리회계 정보는 일반적으로 인정된 회계원칙에 영향을 받기보다는, 경영자, 관리자들이 어떠한 의사결정을 하는 데 필요한 정보인가에 따라 회계정보 작성자의 자율적 선택에 따라 여러 형태의 정보가 제공될 수 있다.

● 정보의 유형

재무회계 정보는 객관적이고 신뢰할 수 있는 정보이어야 한다. 따라서 재무적인 정보가 주로 포함된다. 관리회계 정보는 의사결정의 목적적합한 정보로서 재무적인 정보뿐만 아니라, 비재무적인 정보도 함께 포함된다. 또한 관리회계 정보는 주관적인 정보도 함께 포함될 수 있다.

● 시간적 관점

재무회계 정보는 과거지향적인 성격을 지닌다. 즉 과거에 이미 발생된 내용들을 주로 기록한다. 반면 관리회계 정보는 과거의 내용도 기록하지만, 주로 미래에 발생될 사건들을 더 강조한다. 경영자들의 계획수립이나 의사결정을 위한 관리회계 정보는 미래에 대한 내용들에 더 집중하게 된다.

	관리회계	재무회계
주요 정보이용자	• 내부 이용자(경영자, 관리자 등)	• 외부 이용자(주주, 채권자, 거래처, 국세청 등)
정보의 목적	• 내부관리 목적	• 외부보고 목적
작성원칙에 받는 영향	• 자율적 선택이 가능하다.	• 일반적으로 인정된 회계원칙(GAAP)을 반드시 따라야 한다.
주요 내용	• 계획, 통제, 의사결정 기법	• 재무제표 작성과 분석
정보의 유형	• 재무적인 정보, 비재무적인 정보	• 재무적인 정보
	• 객관적인 정보, 주관적인 정보	• 객관적인 정보
시간적 관점	• 미래지향적인 정보	• 과거지향적인 정보

관리회계와 원가회계

본서에서는 다음과 같은 세 가지 내용들을 주로 다룬다. 일반적으로 원가관리회계라 함은 다음과 같은 정보를 제공하는 회계이다.

① 원가측정, 원가계산의 목적 - 매출원가가 얼마인가? 제조원가가 얼마인가?
② 경영자(관리자)들의 원가관리에 필요한 정보제공 목적
③ 경영자(관리자)들의 전략적 의사결정과 통제 및 계획에 필요한 정보제공 목적

원가회계(cost accounting)는 주로 ①과 ②를 목적으로 한다. 원가에 대한 측정과 계산, 그리고 원가관리에 사용되는 회계정보를 원가회계라 부른다. 좁은 의미에서 관리회계는 주로 ③을 의미하지만, ② 역시 경영자 의사결정에 유용한 정보이므로 관리회계로 볼 수 있다. 또한 ①의 경우에는 원가회계이지만, 또한 재무회계의 영역일 수도 있다. 그 이유는 매출원가는 포괄손익계산서를 통해 외부 정보이용자에게 제공되는 회계정보이기 때문이다. 따라서 ①은 일반적으로 인정된 회계원칙을 따라야만 한다.

좁은 의미에서는 위와 같은 구분도 가능하지만, 보통 관리회계 또는 원가회계 중에서 하나의 명칭만을 사용하면서 두 내용을 다 포함시켜 설명하는 경우가 더 많다. 국내에서 발행되는 많은 교과서들도 관리회계 또는 원가회계라는 하나의 명칭만을 사용하고 있는데, 관리회계와 원가회계를 구분하지 않고 모든 주제가 함께 포함되어 있는 경우가 더 많이 존재한다. 한국 공인회계사 2차 시험에서도 원가회계라는 하나의 명칭만을 사용하면서 관리회계와 원가회계 내용 모두를 다루고 있다.

Accounting Insight **관리회계 경영 사례**

스마트폰 더 많이 판 삼성… 수익은 애플의 20%에 불과

2015년 삼성전자는 애플보다 1억대 이상 더 많은 스마트폰 판매를 기록했다. 삼성전자는 약 3억 3천만대를 판매하였고, 애플은 약 2억 2천만대를 판매하였다. 그럼에도 불구하고 삼성전자의 이익은 애플의 20%에 불과하다.

다음은 두 회사의 주력 제품인 '아이폰6s플러스'와 '갤럭시s6엣지'의 비교 자료이다. 아이폰6s플러스의 단위당 총원가는 $240인데 반해, 갤럭시s6엣지의 단위당 총원가는 $290로 20% 더 높게 발생된다. 그럼에도 불구하고 판매가격은 $50 이상 저렴하다. 즉 주력 제품을 비교해 볼 때, 삼성전자는 애플에 비해 20%나 높게 발생되는 원가구조를 지니고 있으면서도 5% 낮은 판매가격으로 시장에 판매한다.

아이폰6s플러스		갤럭시s6엣지	
단위당 판매가격	$850	단위당 판매가격	$800
단위당 총원가	$240	단위당 총원가	$290
단위당 영업이익	$610	단위당 영업이익	$510

다음은 마케팅 조사 업체 스트래티지 애널리틱스(SA)의 자료이다. 애플과 삼성전자에서 생산되는 모든 스마트폰을 고려할 경우, 이러한 차이는 더욱 극명하다. 애플의 스마트폰 평균판매가격은 단위당 $670이고 단위당 영업이익은 $208인 데 반해, 삼성전자의 스마트폰 평균판매가격은 단위당 $220이고 단위당 영업이익은 $28이다.

애플의 스마트폰 평균		삼성전자의 스마트폰 평균	
평균 단위당 판매가격	$670	평균 단위당 판매가격	$220
평균 단위당 총원가	$462	평균 단위당 총원가	$192
평균 단위당 영업이익	$208	평균 단위당 영업이익	$28

애플과 삼성전자는 전략적인 측면에서 다음과 같은 차이를 보인다. 애플은 생산 모델을 1~2개에 집중하고 있으나, 삼성전자는 다품종 대량생산 체제를 유지하고 있다. 애플은 설계와 생산, 부품 등 여러 분야에서 중국, 일본, 한국 등 외부업체와의 협력(아웃소싱)을 통해 조달하지만, 삼성전자는 스마트폰의 두뇌 격인 AP(응용프로세서)와 메모리, 화면 등 핵심 부품을 모두 회사 내부 혹은 계열사를 통해서 조달한다.

생각해 볼 문제

① 삼성전자와 애플이 스마트폰 시장에서 영업이익의 차이가 발생되는 주된 원인은 무엇인가?
② 관리회계적인 관점에서, 경영자 의사결정에서 원가관리가 중요한 이유는 무엇인가?

자료출처 : 조선비즈(2015. 12), "애플 한 대 팔면 208달러, 삼성은 28달러 이익"

01 용어정리

계획(planning)
기업(조직)이 달성하고자 하는 구체적인 목표를 설정하고, 설정된 목표를 달성하기 위해 수행해야 할 세부적인 방법이나 행동을 제시하는 것

관리회계(managerial accounting)
기업(조직) 내부정보이용자인 경영자, 관리자 등에게 정보를 제공하는 것을 목적으로 하는 회계분야

예산(budget)
미래에 대한 구체적이고 정량화된 형태의 계획

의사결정(decision making)
여러 가지 선택가능한 대안 중에서 하나를 선택하는 과정

일반적으로 인정된 회계원칙(GAAP : Generally Accepted Accounting Principles)
재무제표를 작성하고 이해하는 판단의 기준이 되는 일정한 원칙

재무회계(financial accounting)
기업(조직) 외부정보이용자인 주주, 채권자 등에게 정보를 제공하는 것을 목적으로 하는 회계분야

통제(control)
계획에 맞게 실행되고 있는가에 대한 모니터링 및 피드백을 얻도록 하는 과정

주관식 개념문제

1. 관리회계 정보의 목적에 대해 설명하라.

2. 관리회계 정보의 세 가지 주요 내용을 설명하라.

3. 재무회계와 관리회계의 정보이용자 측면에서의 차이를 설명하라.

4. 재무회계와 관리회계의 정보제공 목적의 차이를 설명하라.

5. 재무회계와 관리회계 정보가 일반적으로 인정된 회계원칙(GAAP)에 받는 영향에 대해 설명하라.

6. 재무회계와 관리회계의 정보 유형의 차이를 설명하라.

7. 재무회계와 관리회계 정보의 시간적 관점에서의 차이를 설명하라.

8. 원가회계와 관리회계의 차이를 설명하라.

객관식 개념문제

1. 다음 중 관리회계의 주요 목적이 아닌 것은?

① 전략적 의사결정 ② 계획수립 ③ 예산수립
④ 성과평가 ⑤ 재무제표 작성

2. 다음 중 관리회계와 관련된 제시어들이 올바르게 연결된 것은?

가. 계획	A. 새로운 설비 또는 장치에 대한 투자, 제품라인 추가
나. 통제	B. 예산편성
다. 의사결정	C. 모니터링, 성과평가

① 가－A ② 나－B ③ 나－C
④ 다－B ⑤ 다－C

3. 다음 중 관리회계에 대한 설명으로 잘못된 것은?

① 대표적인 계획활동은 예산을 편성하는 것이다.
② 통제는 계획으로 수립된 목표와 실행된 결과물의 비교를 통해 이루어진다.
③ 여러 가지 대안 중에서 하나를 선택하는 과정을 의사결정이라 한다.
④ 경영자의 수탁책임에 대한 평가를 위한 자료로 이용된다.
⑤ 주관적인 정보도 포함될 수 있다.

정답

1. ⑤ **2.** ③ **3.** ④

기본문제

1. 다음 빈칸에 들어갈 내용을 적으라.

	관리회계	재무회계
주요 정보이용자		
정보의 목적		
작성원칙에 받는 영향		
주요 내용		
정보의 유형		
시간적 관점		

풀이 및 해설

	관리회계	재무회계
주요 정보이용자	• 내부 이용자(경영자, 관리자 등)	• 외부 이용자(주주, 채권자, 거래처, 국세청 등)
정보의 목적	• 내부관리 목적	• 외부보고 목적
작성원칙에 받는 영향	• 자율적 선택이 가능하다.	• 일반적으로 인정된 회계원칙(GAAP)을 반드시 따라야 한다.
주요 내용	• 계획, 통제, 의사결정 기법	• 재무제표 작성과 분석
정보의 유형	• 재무적인 정보, 비재무적인 정보	• 재무적인 정보
	• 객관적인 정보, 주관적인 정보	• 객관적인 정보
시간적 관점	• 미래지향적인 정보	• 과거지향적인 정보

연습문제

1. [관리회계의 이해] 다음 중 관리회계에 대한 적절한 설명은?

① 외부보고 목적으로 이용된다.
② 주주나 채권자들을 위한 회계정보이다.
③ 주관적인 정보도 포함된다.
④ 일반적으로 인정된 회계원칙을 따라야 한다.
⑤ 재무적인 정보만이 사용된다.

2. [관리회계의 이해] 다음 중 관리회계에 대한 설명으로 적절하지 못한 것은?

① 미래지향적인 정보이다.
② 계획, 통제, 의사결정하는 기법을 주로 다룬다.
③ 경영자, 관리자들을 위한 회계정보이다.
④ 비재무적인 정보도 포함된다.
⑤ 일반적으로 인정된 회계원칙에 따라서 작성된다.

3. [관리회계의 이해] (주)한국반도체의 회계팀은 경영자의 요청에 따라 경영자의 의사결정에 사용되는 정보를 작성하고자 한다. 다음 중 고려하지 않아도 되는 요소는?

① 경영자의 요청에 따른 목적적합한 정보를 만든다.
② 과거보다는 미래에 초점을 둔 정보를 만든다.
③ 정해진 기준과 원칙에 따른 정보를 만든다.
④ 주관적이고 비재무적인 정보도 포함시켜 정보를 만든다.
⑤ 계획과 통제, 의사결정을 하는 데 유용한 정보를 만든다.

정답

1. ③ 2. ⑤ 3. ③

CHAPTER

2 다양한 원가개념과 원가의 흐름

본장에서는 관리회계에서의 다양한 원가개념 및 원가의 흐름을 소개한다.

첫째, 본장에서는 제조기업의 매출원가를 계산하는 과정을 학습한다. 제조활동과정에서 발생하는 모든 원가를 제조원가라 한다. 재고자산의 흐름을 쫓아가면 제품의 매출원가를 계산할 수 있다. 원재료, 재공품, 제품의 재고자산 흐름을 쫓아 매출원가를 산출하는 과정을 알아본다.

둘째, 본장에서는 다양한 원가개념을 학습한다. 관리회계의 원가정보는 매우 다양하다. 재무회계의 원가는 제조원가뿐이지만, 관리회계의 원가는 경영자의 의사결정 목적에 따라 상이한 원가정보가 사용된다. 변동원가, 고정원가, 기회원가, 매몰원가, 수명주기원가, 회피가능원가, 통제가능원가 등에 대해 알아본다.

본장에서는 구체적으로 다음과 같은 내용들을 학습한다.

- 원가대상이란 무엇인가?
- 직접원가와 간접원가는 어떻게 구별되는가?
- 제조원가와 비제조원가는 어떻게 구별되는가?
- 재고가능원가와 기간비용의 회계처리방법은 어떤 차이가 있는가?
- 제조기업의 매출원가는 어떻게 계산되는가?
- 기본원가와 가공원가는 어떻게 구별되는가?
- 변동원가와 고정원가는 어떻게 구별되는가?
- 기회원가란 무엇인가?
- 매몰원가란 무엇인가?
- 수명주기원가란 무엇인가?
- 회피가능원가란 무엇인가?
- 통제가능원가란 무엇인가?

신라호텔의 제주산 애플망고빙수는 과연 '금값 빙수'일까?

서울신라호텔의 '애플망고빙수' 판매가격은 한 그릇에 5만 9,000원(2~3인용 기준)이다. 고급 한정식집 저녁과도 맞먹는 가격이다 보니 '금값 빙수'라는 별칭까지 얻었다. 호텔에서 팔다 보니 원가보다 훨씬 비싸게 가격이 책정됐다는 인식이 대부분이지만, 실제원가를 계산해 본 결과는 사뭇 달랐다.

서울신라호텔의 '애플망고빙수'의 전체 원가를 계산해 본 결과, 인건비를 제외한 원재료 값만 3만9,000원, 인건비를 더한 원가 총계는 5만3,000원에 달하는 것으로 나타났다. 빙수의 주 재료인 제주산 애플망고 원가는 3만3,000원이다. 그릇당 1개 반에서 2개가량인 총 850g이 사용되며, 이 중 껍질과 씨를 발라낸 순수과육은 약 410g에 달한다. 중간 손실(로스)이 많은 과일 재료 특성상 수율은 48% 수준. 시중 소비자가는 어떨까. G마켓에 따르면 판매 상위 '제주 애플망고 특대형(3kg)' 상품은 16만8,300원에 판매되고 있다. kg당 약 5만6,100원, 애플망고빙수 한 그릇 기준(850g)으로 약 4만7,685원 수준이다. 사전에 대량 직매입해 일반 소비자판매가 대비 구매단가를 낮췄다.

여기에 얼린 우유를 곱게 간 눈꽃빙수는 약 3,000원, 팥과 연유, 샤베트, 퓨레 등 기타 부자재도 3,000원이다. 5성급 호텔 셰프와 홀직원 인건비는 1만4,000원이다. 직원이 주문을 받는 순간부터 셰프가 조리를 시작해 서빙 완료까지는 약 30여분의 노동이 투입된다. 이를 모두 합친 원가총계는 5만3,000원. 올해 빙수 판매가는 서울신라호텔 기준 5만4,000원이지만 세금과 봉사료를 제외하면 4만4,630원에 달한다.

서울신라호텔 제주산 애플망고빙수 원가구성 (단위 : 원, 1그릇(2~3인용) 기준)

구분	항목	금액
재료비	제주산 애플망고	3만3,000
	눈꽃빙수	3,000
	기타(팥 · 연유 · 샤베트 등)	3,000
인건비	셰프 및 서빙 직원 등	1만4,000
임대료	자사 매장	0
원가총계		5만3,000

애플망고빙수는 2011년에 첫 선을 보인 이후에 꾸준히 호텔의 여름철 간판 메뉴이지만 호텔 입장에서는 고민이 많다. 높아지는 원가비중 때문이다. 시중에 유통되는 페루산 수입 망고를 사용할 경우 원가 부담을 크게 낮출 수 있지만 신라호텔은 제주산을 고집하고 있다. 국내 산지서 공수해야 맛과 품질을 보장할 수 있기 때문이다.

2018년에는 판매 중단까지 검토했을 정도지만, "우리 호텔의 자부심"이라는 내부 반대에 '원가연동제'라는 고육지책을 마련했다. 여기에 더해 지방 상생협력 문제도 걸려 있다. '제주 애플망고'라는 고부가가치 브랜드를 함께 키워 온 지역 농가와의 상호 신뢰를 무너뜨릴 수는 없기 때문이다.

생각해 볼 문제

① 원가계산을 하기 전에 '애플망고빙수'의 판매가격에 대한 인식은 어떠했는가? 원가계산 이후에 판매가격에 대한 인식에 변화가 발생했는가? 그 이유는 무엇인가?

② 서울신라호텔의 '애플망고빙수' 판매가격은 과연 적정한가?

③ 관리회계적인 관점에서, 위에 나열된 원가를 여러 기준에 따라 재분류해 보자.

자료출처 : 아시아경제(2020. 5. 8), "호화 빙수 · 금값 빙수… 신라호텔 '애망빙'의 비밀"

원가개념과 원가의 유용성

관리회계의 주요 역할은 제품, 서비스, 고객 등에 대한 원가를 결정해서 경영자 및 이해관계자들에게 정보를 제공하는 것이다. 경영자 및 관리자들은 제품(또는 서비스)에 대한 판매가격을 책정하고, 새로운 사업부나 프로젝트를 시작하고, 성과가 나쁜 기존 사업부나 프로젝트를 폐지하고, 부서별로 회계성과에 근거한 성과평가를 할 때와 같은 다양한 의사결정과정에서 관리회계의 원가정보를 적극 활용하게 된다. 따라서 다양한 원가의 의미와 의사결정에 따라 어떠한 원가정보가 이용되어야 하는가에 대한 이해가 필요하다.

원가대상

관리회계시스템의 한 영역은 원가대상의 원가를 측정하고 원가를 할당하는 것이다. 원가대상(cost objects)이란 원가를 계산하고자 하는 집합이다. 원가대상은 제품, 부서, 프로젝트, 지역, 공장 등이 될 수 있다. 경영자들은 자신이 경영하는 기업의 제품 및 다양한 프로젝트의 원가를 알고자 한다. 또한 공장별로, 부서별로, 지역별로 원가를 집계・활용하고자 한다. 이처럼 기업이 어떠한 의사결정을 내리기 위해서 원가를 측정하고자 하는 목적이나 대상이 바로 원가대상이 된다. 예를 들어, 생과일주스전문점에서 제품별로 원가계산을 하고자 한다면, '오렌지주스', '사과주스', '포도주스' 등의 제품이 바로 원가대상이 된다.

추적가능성에 따른 원가분류(직접원가, 간접원가)

원가는 여러 가지 다양한 방법을 통해서 원가대상에 배분할 수 있다. 먼저 원가대상에 직접적으로 추적할 수 있는 직접원가와, 직접적인 추적이 어려워 합리적인 배부기준을 사용하여 원가대상에 배분해야 하는 간접원가가 존재한다.

직접원가

직접원가(direct costs)는 특정 원가대상에 쉽고 명확하게 추적할 수 있는 원가를 의미한다. 원가대상에 추적이 가능하다는 것은 어떤 원가대상에서 관련 원가가 발생되었는가를 명확하게 구분할 수 있다는 것이다. 예를 들어 생과일주스 전문점에서 판매되는 제품별로 원가를 계산하고자 할 때, '오렌지'를 구입하는 데 발생한 원가는 '오렌지주스'의 원가에, '포도'를 구입하는 데 발생한 원가는 '포도주스'의 원가에, '사과'를 구입하는 데 발생한 원가는 '사과주스'의

원가에 포함시켜야 한다. 이처럼 어느 원가대상에 포함시켜야 될 원가인가가 명확하고 쉽게 추적가능한 원가를 직접원가라 한다. 직접원가는 개별 원가대상에 개별적으로 구분되어 포함되는 원가이므로 개별원가라고도 한다.

간접원가

어떤 원가는 추적이 불가능한 경우가 있다. 간접원가(indirect costs)는 특정 원가대상에 쉽고 명확하게 추적할 수 없는 원가를 의미한다. 즉 어떤 원가대상과 직접적으로 관련된 원가인가를 분류하기가 어려운 원가이다. 예를 들어 생과일주스전문점에서 주스를 만드는 데 사용하는 주스기의 감가상각비나 전기료, 수도료 등은 간접원가라 할 수 있다. 주스기는 특정 개별제품에만 사용되는 것이 아니라, 오렌지주스, 사과주스, 포도주스에 모두 사용되므로, 주스기의 감가상각비는 특정제품의 원가에만 포함시킬 수 없다. 또한 주스를 만드는 데 발생한 전기료, 수도료도 마찬가지로 하나의 제품과 연계시킬 수 없다. 간접원가는 모든 원가대상에 공통적으로 포함되는 원가이므로 공통원가라고도 한다.

원가배분

직접원가는 어떤 원가대상에서 발생된 원가인가를 직접적으로 추적할 수 있으므로, 추적하여 발생된 원가대상에 포함시킨다. 간접원가는 원가대상에 직접적으로 추적할 수 없지만, 간접원가 역시 원가대상에 포함시켜야 한다. 간접원가를 원가대상에 포함시키는 절차를 원가배분(cost allocation)이라 한다. 즉 원가배분이란 간접원가를 합리적이고 편리한 방법을 사용하여 원가대상에 할당하는 절차를 의미한다. 간접원가를 원가대상에 배분할 때에는 원가발생과의 인과관계를 고려해야 하며 편리하게 적용이 가능한 방법을 선택해야 한다.

자산화 여부에 따른 원가분류(제조원가, 비제조원가)

가장 중요한 원가대상 중 하나는 기업이 생산하는 제품(products) 또는 서비스(services)이다. 경영자나 관리자에게 제품(또는 서비스)의 총원가 및 단가에 대한 정보는 매우 중요하다. 경영자는 제품(또는 서비스)의 원가정보를 이용하여 향후 어떤 제품(또는 서비스)을 생산하는 것이 더 유리할지, 제품(또는 서비스)의 판매가격은 얼마로 결정할지, 제품의 생산량을 얼마로 해야 할지 등 다양한 의사결정을 내려야 한다. 또한 제품의 원가정보는 조직 내부 구성원들의 성과평가 자료로도 널리 활용되고 있다. 따라서 기업이 생산하는 제품과 서비스의 원가를 정확하게 계산하는 활동은 매우 중요하다고 하겠다.

제조원가

제조기업의 생산 · 제조활동과정에서 발생하는 모든 원가를 제조원가(manufacturing costs)라 한다. 따라서 기업의 생산 · 제조활동과 관련된 원가만을 제조원가로 분류한다. 즉 제조원가는 제품을 만드는 과정에서 발생된 원가이다. 따라서 이를 제품원가(product costs)라고도 한다.

제조원가의 주요한 특징은 재고자산으로 기록한다는 것이다. 제조원가는 발생되는 최초 시점에는 재고자산계정에 포함된다. 제조원가를 재무상태표상의 재고자산 항목에 유지시키다가, 제품이 판매되면 비로소 포괄손익계산서상의 매출원가로 이동시킨다. 따라서 제조원가를 재고가능원가라고 부른다. 제조원가는 직접재료원가, 직접노무원가, 제조간접원가라는 세 가지 항목으로 구분된다.

비제조원가

이에 반해 제조활동 이외의 판매활동과 관리활동에서 발생하는 원가를 비제조원가(nonmanufacturing costs)라 한다. 비제조원가에는 판매비(selling expenses)와 관리비(administrative expenses)가 포함된다. 비제조원가인 판매비와 관리비가 발생할 경우 포괄손익계산서의 당기비용으로 즉시 처리되는데, 이를 기간비용이라고 부른다. 기간비용이란 포괄손익계산서에 포함된 원가항목 중 매출원가를 제외한 나머지 원가이다. 제조활동 이외의 마케팅, 유통, 디자인 등에서 발생한 모든 비용은 발생한 회계기간에 수익창출에 공헌한 것이므로 당기에 전액 비용처리된다. 따라서 비제조원가인 판매비와 관리비는 기간비용이다.

제조원가의 분류

일반적으로 제조원가는 직접재료원가, 직접노무원가, 제조간접원가로 분류된다.

● 직접재료원가

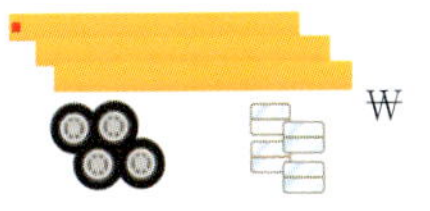

직접재료원가(direct material cost)는 제품에 직접적으로 추적할 수 있는 재료원가를 의미한다. 직접재료원가는 제품에 추적하여 직접적으로 할당한다. 예를 들어 현대자동차가 생산하는 다양한 제품에는 서로 다른 강판이 사용되고 있다. 어느 자동차에 사용되는 강판인가는 명확하게 추적이 가능하다. (주)농심에서 생산하는 새우깡에 들어가는 새우, 감자깡에 들어가는 감자는 명확하게 어떤 제품을 생산 가공하는 데 발생한 재료원가인가가 분명히 구분된다. 따라서 새우는 새우깡이라는 제품의 원가로, 감자는 감자깡의 원가로 추적하여 집계한다.

● 직접노무원가

직접노무원가(direct labor cost)는 제품에 직접적으로 추적할 수 있는 노무원가를 의미한다. 직접노무원가는 제품에 추적하여 직접적으로 할당한다. 예를 들어 현대자동차에서 아반떼를 생산하는 생산라인에서만 근무하는 근로자의 노무원가는 아반떼의 제조원가로 집계해야 하고, 소나타를 생산하는 생산라인에서만 근무하는 근로자의 노무원가는 소나타의 제조원가로 집계해야 한다. (주)농심에서 새우깡을 만드는 생산라인에서만 근무하는 근로자의 노무원가는 새우깡의 제조원가로, 감자깡을 만드는 생산라인에서만 근무하는 근로자의 노무원가는 감자깡의 제조원가로 추적하여 집계한다.

● 제조간접원가

제조간접원가(manufacturing overhead cost)는 직접재료원가와 직접노무원가를 제외한 나머지 모든 제조원가를 의미한다. 직접적으로 추적이 불가능한 원가들은 모두 제조간접원가로 분류된다. 즉 직접재료원가와 직접노무원가 이외의 모든 제조원가는 제조간접원가에 속한다. 예를 들어 현대자동차 공장에서 발생하는 전기료와 수도료는 어느 한 제품에 추적할 수 있는 원가가 아니다. 이러한 전기료와 수도료는 제조간접원가로 분류된다.

간접재료원가와 간접노무원가도 모두 제조간접원가 항목에 포함된다. 예를 들어 현대자동차에서 특정제품을 만드는 데만 기여하고 있는 근로자가 아니라, 여러 제품을 만드는 데 동시에 사용되는 기계를 점검하고 관리하는 근로자가 있다면, 이 근로자의 임금은 간접노무원가가 된다. 간접노무원가는 하나의 원가대상에 직접적으로 추적할 수 없으므로 제조간접원가에 포함시킨다.

당기총제조원가

당기총제조원가(current total manufacturing costs)는 이번 회계기간에 발생한 직접재료원가, 직접노무원가, 제조간접원가의 합이다.

당기총제조원가＝직접재료원가＋직접노무원가＋제조간접원가

제품의 단가(단위당 원가)

제품의 단가(the unit product cost)는 총제조원가를 총제조수량으로 나누어 계산한다. 총제조원가에 대한 정보만 있으면 의사결정이 충분하지 않을 수 있다. 실제 많은 의사결정에서 단위당 원가(단가)에 대한 정보가 필요할 때가 있다.

그룹 방탄소년단(BTS)이 '부산 아시아드 주경기장'에서 공연을 한다고 하자. 방탄소년단 공연에는 70억 원의 총원가가 발생할 것으로 추정되었다. 총원가는 공연을 기획하는 의사결정에 도움이 되는 정보임에는 틀림없지만 충분한 정보는 아니다. 공연에 대한 기획 단계에서 티켓 판매량에 대한 정보 예측이 이루어져야 한

다. 몇 장의 티켓이 판매될 것인지에 대한 예측이 있어야 티켓의 판매가격을 결정할 수 있다. 해당공연에 7만장의 티켓이 판매될 것으로 예상하고 있다면, 총원가(70억원)를 예상판매량(7만장)으로 나눠 공연의 단위당 원가를 계산할 필요가 있다. 즉 단위당 원가는 ₩100,000이다. 따라서 티켓의 판매가격은 최소 ₩100,000 이상이 될 것이다.

일반적인 회계시스템에서는 총원가와 단위당 원가를 모두 보고하고 있다. 이때 단위당 원가는 다양하게 표기될 수 있다. 예를 들어, 생산량, 판매량, 노무시간, 기계시간 등이 모두 단위로 사용될 수 있다.

$$\text{제품의 단위당 원가(단가)} = \frac{\text{총제조원가}}{\text{총제조수량}}$$

종합예제 1

(주)YSB의류는 여성복을 만든다. 20×1년에 직접재료원가(옷감 등) ₩7,000,000이 발생하였고, 직접노무원가는 ₩3,000,000(=2명×50시간×시간당 임금 ₩30,000)이 발생하였으며 제조간접원가(전기료, 임차료 등)는 ₩2,000,000이 발생하였다. 당기에 (주)YSB의류는 300개의 교복을 생산하였다.

요구사항

1. 당기총제조원가를 계산하라.
2. 교복 한 벌당 제조원가를 계산하라.

풀이 및 해설

1. 총제조원가 : ₩7,000,000+₩3,000,000+₩2,000,000=₩12,000,000
2. 교복 한 벌당 제조원가 : ₩12,000,000/300개=₩40,000

제조원가의 흐름

제조활동과정에서 발생하는 모든 원가가 제조원가이다. 제조활동은 공장에서 이루어지게 되는데, 공장 내에서의 재고자산 흐름을 좇아가면 제품의 매출원가를 계산할 수 있다. 제조기업의 주요 재고자산은 크게 세 가지로, 원재료, 재공품, 제품으로 존재한다. 즉 원재료, 재공품, 제품의 세 가지 재고자산이 공장 내에서 어떻게 흘러가고 있는가를 좇아가면 원가계산이 가능해진다.

원재료(raw materials)란 제품의 생산을 위해서 구입해 온 원료, 재료와 같은 재고자산을 의미한다. 예를 들면 (주)농심이 새우깡을 만들기 위해 구입해 온 꽃새우, 감자깡을 만들기 위해 구입해 온 감자가 여기에 포함된다. 현대자동차가 자동차를 만들기 위해 구입해 온 강판도 여기에 포함된다. 재공품(work in process)은 제품의 생산을 위하여 생산공정에서 현재 가공 단계에 있는 재고자산을 의미한다. 즉 생산중에 있는 재고자산이다. 예를 들면 현대자동차 생산라인에는 완성되기 이전에 현재 작업중에 있는 다양한 미완성된 재고자산이 존재한다. 이러한미완성된 재고자산을 재공품이라 한다. 제품(products)이란 생산 가공하여 완성된 재고자산, 즉 판매를 목적으로 보유하고 있는 재고자산이

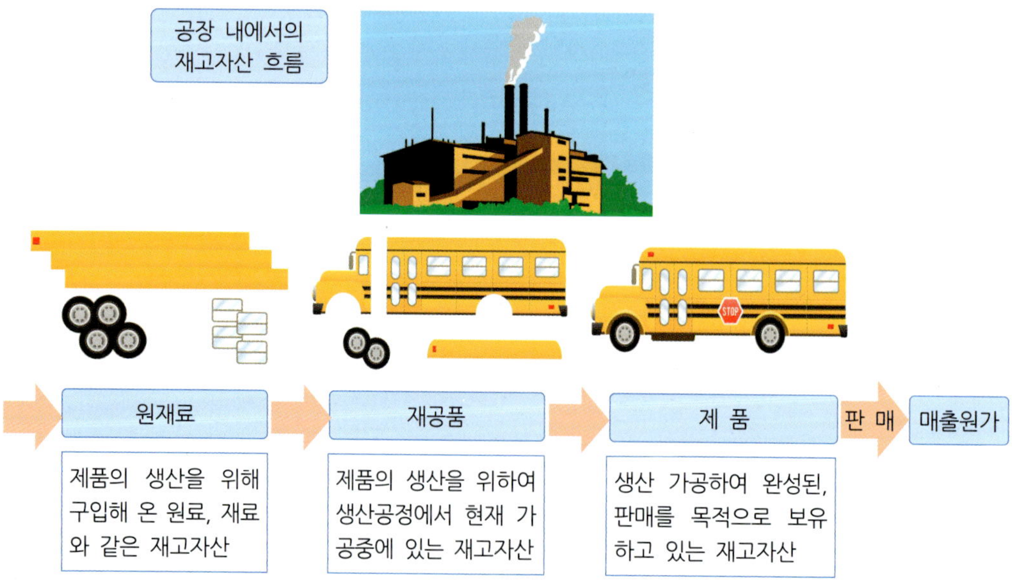

다. 다시 말해 완성되었으나 아직 판매되지 않은 재고자산이다. 예를 들면 (주)농심의 제품창고에는 완성된 새우깡과 감자깡이 있고, 현대자동차의 제품창고에도 완성된 다양한 종류의 차가 출고를 기다린다. 이를 제품이라 한다.

원재료는 제품을 생산하기 위해서 구입해 왔으나 아직 생산공정에는 투입되지 않은 재고자산을 의미한다. 원재료를 제품에 투입하는 과정에서 추적이 가능한 원가는 직접재료원가계정에 집계되고 생산공정으로 옮겨지면서 재공품계정 차변으로 대체된다. 그러나 추적이 불가능한 원가는 간접재료원가계정에 집계된 이후에 제조간접원가계정으로 대체된다.

직접재료원가란 생산공정에 투입된 추적가능한 재료의 원가이다. 직접재료 중 얼마가 생산공정에 투입되었는가는 기초직접재료재고액에서 당기직접재료매입액을 더하고 기말직접재료재고액을 차감하면 된다.

> 직접재료원가＝기초직접재료재고액＋당기직접재료매입액－기말직접재료재고액

직접노무원가는 제품의 생산을 위해서 생산공정에 투입된 노무원가 중에서 추적이 가능한 노무원가이다. 추적이 가능한 노무원가는 직접노무원가계정에 집계되고 이후에 재공품계정 차변으로 대체된다. 그러나 추적이 불가능한 노무원가는 간접노무원가계정에 집계된 이후에 제조간접원가계정으로 대체된다.

제조간접원가계정에서는 간접재료원가와 간접노무원가가 집계되고, 그 밖에도 제조설비의 감가상각비, 공장의 임치료, 보험료 등과 같은 기타 경비들이 집계되며, 이후에 재공품계정 차변으로 대체된다.

이렇게 생산과정에서 발생하는 모든 원가, 즉 제조원가는 재공품계정 차변에 집계된다. 이번 회계기간에 발생한 모든 제조원가를 당기총제조원가라 한다. 즉 직접재료원가, 직접노무원가, 제조간접원가의 합이다.

> 당기총제조원가＝직접재료원가＋직접노무원가＋제조간접원가

당기제품제조원가란 당기에 완성된 제품의 원가를 의미한다. 즉 제품이 완성되면 재공품계정에서 제품계정으로 대체되는데, 이를 당기제품제조원가

라 한다. 당기제품제조원가는 기초재공품재고액에서 당기총제조원가를 더하고 기말재공품재고액을 차감하면 된다.

당기제품제조원가=기초재공품재고액+당기총제조원가−기말재공품재고액

매출원가란 당기에 판매된 제품의 원가를 의미한다. 즉 제품이 판매되면 제품계정에서 포괄손익계산서의 매출원가계정으로 대체되는데, 이를 매출원가라 한다. 매출원가는 기초제품재고액에서 당기제품제조원가를 더하고 기말제품재고액을 차감하면 된다.

매출원가=기초제품재고액+당기제품제조원가−기말제품재고액

제조기업의 매출원가 계산과정과 상기업의 매출원가 계산과정은 다음과 같은 차이를 보인다. 상기업은 매출원가를 계산할 때 기초상품재고액에서 당기매입액을 가산하고 기말상품재고액을 차감한다. 제조기업은 매출원가를 계산할 때 기초제품재고액에서 당기제품제조원가를 가산하고 기말제품재고액을 차감한다. 상기업의 매출원가 계산과정에서 당기매입액은 당기에 새로 구입해온 것을 의미하고, 제조기업의 매출원가 계산과정에서 당기제품제조원가는 당기에 재공품에서 제품으로 대체된 완성품의 제조원가, 즉 당기에 새로 완성된 것을 의미한다.

상기업의 매출원가

기초상품재고 + 당기매입 − 기말상품재고 = 매출원가

(당기매입: 당기에 새로 구입한 것)

제조기업의 매출원가

기초제품재고 + 당기제품제조원가 − 기말제품재고 = 매출원가

(당기제품제조원가: 당기에 새로 완성된 것)

지금까지 설명한 전 과정을 도식화하면 다음과 같다.

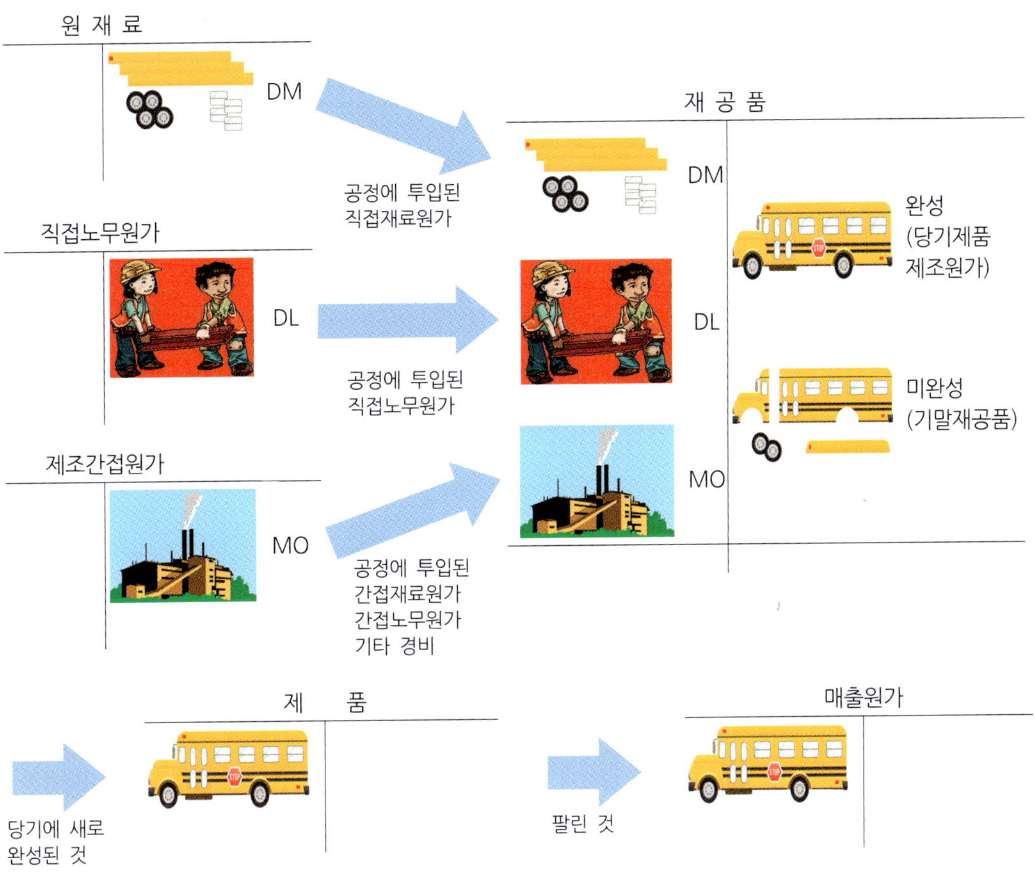

원 재 료

기초재료	×××	재료원가	×××
당기매입	×××	기말재료	×××
원재료사용가능액	×××	원재료사용가능액	×××

투입된 직접재료 →

재 공 품

기초재공품	×××	당기제품제조원가	×××
직접재료원가	×××		
직접노무원가	×××		
제조간접원가	×××	기말재공품	×××

완성되면 →

제 품

기초제품	×××	매출원가	×××
당기제품제조원가	×××	기말제품	×××
판매가능제품	×××	판매가능제품	×××

팔리면 →

매출원가

매출원가	×××		

기본원가와 가공원가

제조원가에 속하는 원가항목 중에서 직접재료원가와 직접노무원가가 가장 기본적이고 기초적인 제조원가이므로, 회계학에서는 이를 기본원가(prime cost) 또는 기초원가라고 부른다. 또한 직접노무원가와 제조간접원가는 가공원가 또는 전환원가(conversion cost)라고 부른다. 그 이유는 직접노무원가와 제조간접원가가 원재료를 가공하는 데 발생하는 원가라는 의미에서 가공원가라고 부르기도 하며, 원재료가 제품으로 전환되는 데 소요되는 원가라는 의미에서 전환원가라고도 부른다.

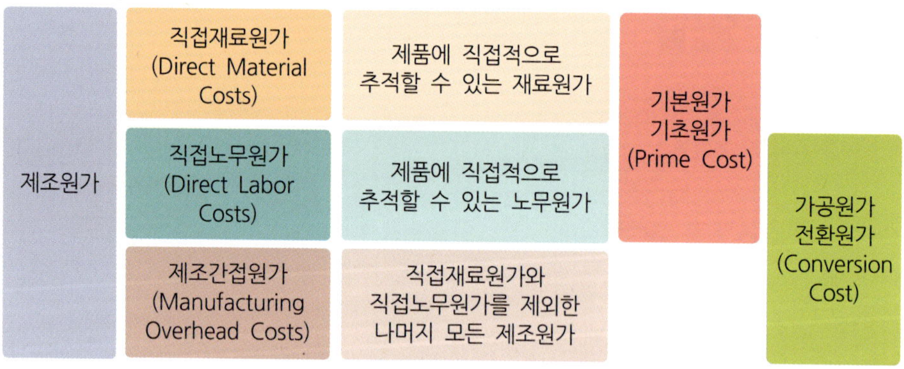

종합예제 2

(주)YSB의류는 여성복을 만든다. 20×1년에 직접재료를 ₩8,000,000에 구입해 왔고, 직접노무원가는 ₩3,000,000(=2명×50시간×시간당 임금 ₩30,000)이 발생하였으며, 제조간접원가(전기료, 임차료 등)는 ₩2,000,000이 발생하였다.

	기 초	기 말
직 접 재 료	₩2,000,000	₩3,000,000
재 공 품	2,000,000	5,000,000
제 품	5,000,000	2,000,000

요구사항

1. 직접재료원가를 계산하라.
2. 당기총제조원가를 계산하라.
3. 기본원가를 계산하라.
4. 가공원가를 계산하라.
5. 당기제품제조원가를 계산하라.
6. 매출원가를 계산하라.

풀이 및 해설

1. 직접재료원가 : 기초직접재료재고액 + 당기직접재료매입액 − 기말직접재료재고액
   = ₩2,000,000 + ₩8,000,000 − ₩3,000,000
   = ₩7,000,000
2. 당기총제조원가 : 직접재료원가 + 직접노무원가 + 제조간접원가
   = ₩7,000,000 + ₩3,000,000 + ₩2,000,000
   = ₩12,000,000
3. 기본원가 : ₩7,000,000 + ₩3,000,000 = ₩10,000,000
4. 가공원가 : ₩3,000,000 + ₩2,000,000 = ₩5,000,000
5. 당기제품제조원가 : 기초재공품재고액 + 당기총제조원가 − 기말재공품재고액
   = ₩2,000,000 + ₩12,000,000 − ₩5,000,000
   = ₩9,000,000
6. 매출원가 : 기초제품재고액 + 당기제품제조원가 − 기말제품재고액
   = ₩5,000,000 + ₩9,000,000 − ₩2,000,000
   = ₩12,000,000

Accounting Insight 관리회계 경영 사례

치킨 한 마리에 20,000원, 판매가격에 대한 논란…

최근 주요 치킨 프랜차이즈 기업에서 2만원에 근접한 신제품들을 연이어 출시하였다. BBQ는 허니버터와 블루베리가 섞인 '베리링' 치킨을 한 마리에 19,900원에, 교촌치킨은 '레드스틱', '허니콤보' 치킨을 18,000원에, BHC는 '순살 뿌링클', '순살 파닭', '순살 떡강정' 등을 19,000원대에, 네네치킨은 '마늘 치킨', '스노윙 치킨', '오리엔탈 파닭'을 19,000원에 각각 시판하였다. 2만원대에 판매되는 신제품에 대해 프랜차이즈 기업, 가맹점주, 고객의 입장은 서로 크게 다르다. 프랜차이즈 기업은 가격이 적당하다고, 가맹점주는 큰 이윤이 없다고, 고객들은 너무 비싸다고 각각 이야기한다.

다음은 주요 치킨 프랜차이즈 기업들의 일반 치킨제품 한 마리당 원가이다. 기업마다 다소의 차이는 발생하지만, 대략적인 평균 원가는 아래와 같다.

튀김용 닭(가맹점 공급가)	5,000원
튀김유	800원
튀김가루, 반죽	300원
치킨무, 소금, 소스	1,000원
포장	600원
인건비, 임차료, 감가상각비, 가스비, 전기료	4,500원
배송비	800원

이렇게 계산하면 배송비와 운영비(인건비, 임차료 등)를 제외하고 일반 치킨제품 한 마리당 원가는 대략 7,700원 내외의 비용이 발생한다. 일반 치킨제품 한 마리가 15,000원에 판매되고 있다고 할 때, 배송비와 운영비까지 포함하면 대략 13,000원의 원가가 발생하고, 한 마리당 2,000원의 이익이 발생하게 된다. 판매가의 13%의 순이익이 발생하는 것이다.

신제품의 경우 1,000원의 시즈닝 비용이 추가 발생하게 된다. 즉 이론상으로는 15,000원에 팔던 일반 치킨제품에 시즈닝을 하면 20,000원에 팔게 되므로, 판매가의 13% 이윤에서 30%로 크게 증가하게 된다. 그러나 신제품 출시에는 여러 추가비용 등이 발생하므로, 일반제품보다 이윤이 덜 발생한다는 주장도 존재한다.

생각해 볼 문제

① 관리회계적인 관점에서, 위에 나열된 원가를 여러 기준에 따라 재분류해 보자.

② 신제품이 일반제품보다 이윤이 덜 남을 수 있다는 주장도 존재한다. 그 이유는 위에 제시된 비용 외에도 어떤 비용들이 추가적으로 발생하기 때문인가?

자료출처 : 조선비즈(2015. 4), "2만원대 치킨, 원가 분석해 보니"

경영자의 의사결정에 이용되는 다양한 원가정보

기업 내부 회계정보 이용자에게 제공되는 관리회계 정보는 어떠한 의사결정 목적을 위해 제공되는 정보인가가 매우 중요하다. 회계정보 작성자는 경영자(관리자)가 내리는 의사결정의 목적적합(relevant)한 정보를 제공해야 한다. 따라서 앞에서 기술된 제조원가 이외에도 다음과 같은 다양한 원가개념이 추가적으로 고려되어야 한다.

변동원가와 고정원가

경영자는 생산량이나 판매량과 같은 기업의 활동수준이 변화할 때 원가가 어떻게 변화하는가에 대해서 알기를 원한다. 즉 경영자 입장에서는 생산량이나 판매량의 증가가 원가에 어떠한 영향을 미치는가를 파악하는 것이 매우 중요하다.

변동원가(variable cost)란 기업의 활동수준에 따라 변화하는 원가이다. 즉 변동원가란 판매량, 생산량, 노무시간, 기계시간 등이 증가하거나 감소할 때, 함께 증가하거나 감소하는 행태의 원가를 의미한다. 주스를 생산·판매하는

변동원가

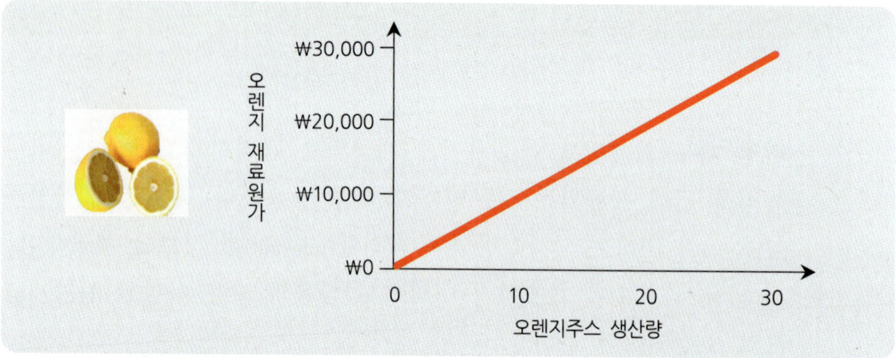

고정원가

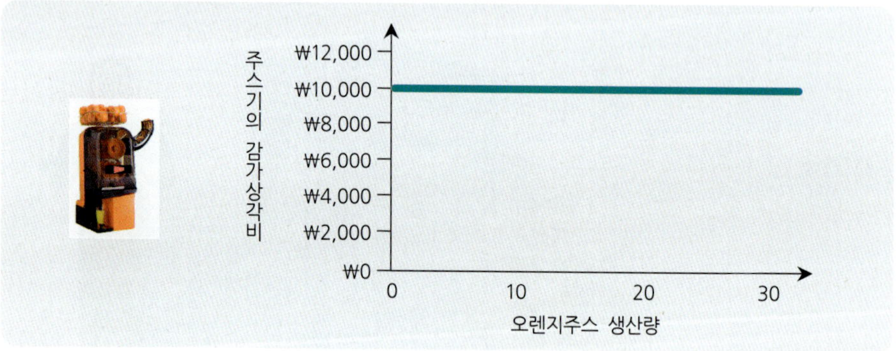

기업에서, 주스를 만드는 데 들어가는 오렌지와 같은 직접재료의 원가는 생산량이 증가할 때 함께 증가한다. 수도료나 전기료도 주스의 생산량이 증가할 때 함께 증가한다. 변동원가에는 직접재료원가, 직접노무원가, 변동제조간접원가, 변동판매관리비가 포함된다.

고정원가(fixed cost)란 기업의 활동수준과 무관하게 일정한 원가이다. 주스기의 감가상각비, 주스가게의 임차료나 보험료는 주스의 생산량과 무관하게 일정하다. 고정원가에는 고정제조간접원가, 고정판매관리비가 포함된다.

앞서 학습한 두 가지 원가분류방법(직접원가/간접원가 그리고 변동원가/고정원가)은 다시 다음과 같이 분류가능하다.

- 직접 그리고 변동 원가
- 직접 그리고 고정 원가
- 간접 그리고 변동 원가
- 간접 그리고 고정 원가

예를 들어, (주)농심에서 '감자칩', '새우깡', '닭다리' 등 여러 제품을 만들고 있고, 각 제품을 원가대상으로 하여 원가계산을 하고 있다고 가정하자. 감자는 원가대상 '감자칩'에만 투입되므로 직접원가이고, 제품의 생산량이 증가할 때 함께 증가하므로 변동원가가 된다. 공장의 '전력비'는 여러 제품을 만드는 데 공통적으로 발생하고 있으므로 간접원가이고, 생산량이 증가할 때 증가하므로 변동원가가 된다. 감자칩 제조에만 사용되는 기계의 감가상각비는 '감자칩'이라는 원가대상의 직접원가이고, 생산량과는 무관하므로 고정원가이다. 공장의 보험료는 여러 제품을 만드는 데 공통적으로 발생하고 있으므로 간접원가이고, 생산량과는 무관하므로 고정원가이다.

원가대상 : 감자칩

	직접원가	간접원가
변동원가	예) 감자	예) 공장의 전력비
고정원가	예) 감자칩 제조기계의 감가상각비	예) 공장의 보험료

기회원가

기회원가(opportunity cost)란 선택가능한 대안 중 하나의 대안을 선택함으로써 포기하게 되는 잠재적 효익을 의미한다. 기회원가는 실제 회계의 장부나 주요 재무제표로 나타나는 실제원가는 아니지만, 경영자의 모든 의사결정에서 반드시 고려되어야 한다.

(주)YSB의류를 다니고 있던 한 디자이너가 파리에 있는 유명 대학의 대학원 과정에 갈 것인가 말 것인가라는 의사결정을 하려 한다. 현재 다니고 있는 기업에서 연봉 1억원을 받고 있는 디자이너가 대학원 과정을 2년간 수료하기 위해서는 현재 다니고 있는 직장을 무급으로 휴직해야 한다. 이 경우 디자이너가 대학원 과정을 가는 것으로 의사결정한다면 발생하는 기회원가는 2억원이 된다.

(주)YSB의류의 경영자는 1억원을 가지고 어떤 프로젝트를 할 것인가를 의사결정하려 한다. 이 의사결정과정에서 여러 프로젝트 중 하나를 선택하는 것도 매우 중요하지만, 프로젝트를 하기 위해 1억원을 투자하게 될 경우에 포기하게 되는 잠재적 효익도 반드시 함께 고려되어야 한다. 즉 프로젝트를 하게 되면, 이 돈을 프로젝트를 하지 않고 은행에 넣었을 때의 이자는 포기하게 된다. 즉, 현재 1억원을 은행에 입금하였을 때 (주)YSB의류가 얻을 수 있는 이자수익률이 7%라고 한다면, 프로젝트를 함으로써 7백만원(기회원가)을 포기하게 된다. 즉 (주)YSB의류는 최소한 7백만원 이상의 이익을 가져오는 프로젝트를 선택해야만 한다.

경영자는 모든 의사결정에서 기회원가도 반드시 함께 고려해야 한다.

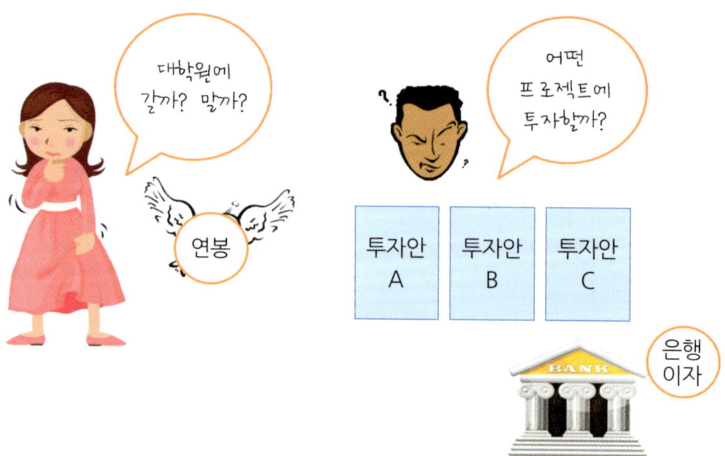

매몰원가

매몰원가(sunk costs)란 과거에 이미 지출된 비용으로서 향후 의사결정에 따라 변화할 수 없는 비용을 의미한다. 즉 과거에 지출된 비용은 현재의 의사결정에 아무런 영향을 미칠 수 없다. 과거에 지출된 비용은 기업 입장에서 "엎질러진 물"이다.

(주)YSB의류는 여성복을 만든다. 이 기업의 경영자는 새로운 사업을 모색하면서, 3년 전 인터넷게임을 개발하기로 의사결정하였다. 그리고 매년 2억원의 비용을 투자하여 3년 동안 인터넷게임 개발을 완료하였다. 그런데 현재 시점에서 새롭게 분석을 해본 결과, 게임을 출시하기 위해 준비한 3년의 기간 동안 시장환경이 크게 변화하여 더 이상 인터넷게임을 시판하였을 때 수익성이 없음을 알게 되었다. 이 경우 (주)YSB의류의 경영자가 인터넷게임을 시판할 것인가 아니면 그만둘 것인가를 의사결정해야 한다. 이때 경영자에게 과거에 이미 발생한 6억원의 비용은 매몰원가이다. 지금 현 시점의 의사결정과 아무런 상관이 없다. 경영자는 게임을 출시한 이후에 발생할 미래원가와 수익만을 고려하여 게임 출시와 관련된 의사결정을 내려야만 한다.

만약 과거에 발생한 비용을 고려하게 된다면 경영자는 잘못된 의사결정을 하게 된다. 따라서 매몰비용은 의사결정시 절대 고려해서는 안 된다.

수명주기원가

수명주기원가(life-cycle costs)란 제품의 탄생과정에서 발생하는 원가부터 시작하여, 생산에 투입되는 원가와 판매 후의 사후서비스에 투입되는 원가까지의 전 과정을 고려한 모든 원가이다.

(주)YSB의류의 경영자가 여고생 교복시장에 새롭게 진출을 하고자 한다. 여고생 교복 제품을 출시하기 위해서는 시장조사, 고객조사 등을 통한 사업타당성 분석을 수행하고, 제품을 설계하며, 생산공정을 설계하고, 제조·생산활동을 한다. 그리고 제품의 판매 후에도 사후적인 서비스(after

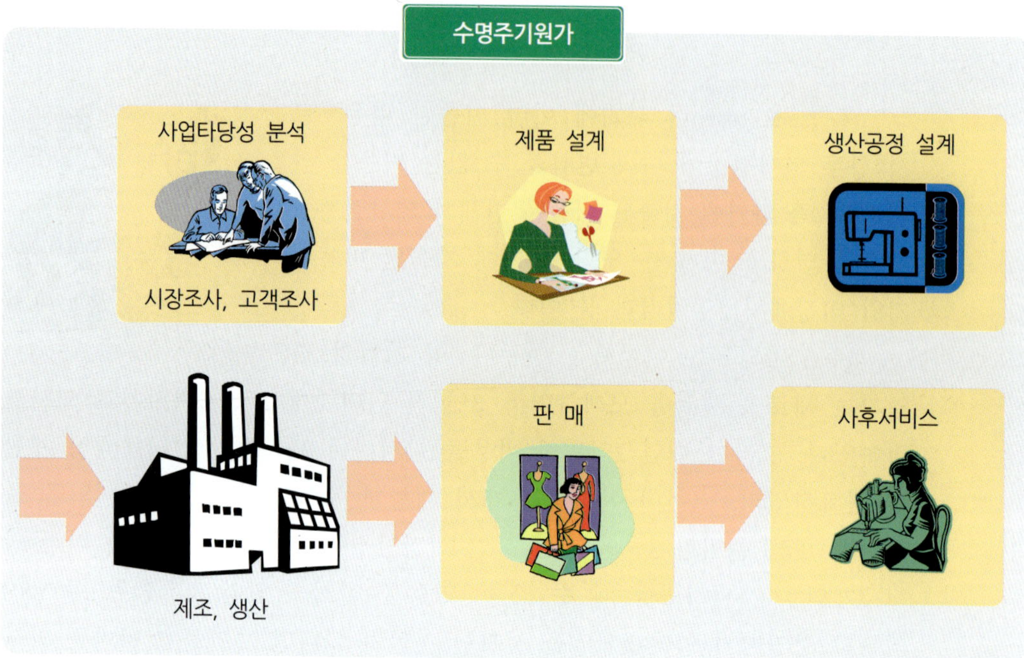

service)활동까지 발생한다. 시장조사, 고객조사 등과 같은 사업타당성 분석과정이나 제품 및 생산공정 설계과정에서 모두 원가가 발생한다. 공장 안에서 제조·생산하는 과정에서도 원가가 발생한다. 판매하는 과정에도 유통과 마케팅 원가가 발생한다. 그리고 사후서비스(after service)나 품질보증 등으로 인한 원가도 발생한다. 지금처럼 제품의 '요람에서 무덤까지' 발생하는 모든 원가가 수명주기원가이다.

경영자는 사업부를 신설하거나 새로운 프로젝트를 시작할 때, 단순히 제조·생산과정에서 발생하는 제조원가만을 가지고 의사결정해서는 안 된다. 제품의 탄생 이전부터 제품이 소멸하기까지의 전 과정의 원가인 수명주기원가를 고려한 의사결정을 해야 한다.

회피가능원가

회피가능원가(avoidable costs)란 기업이 어떤 활동을 하지 않게 될 때 더 이상 발생하지 않는 원가를 의미한다. 즉 기업이 어떤 생산라인이나 사업부, 제품 등을 정리하게 되었을 때 절감되는 원가를 회피가능원가라 한다.

	X브랜드	Y브랜드	Z브랜드	합 계
매 출 액	₩1,000,000	₩2,000,000	₩1,000,000	₩4,000,000
변 동 원 가	300,000	1,080,000	420,000	1,800,000
공 헌 이 익	700,000	920,000	580,000	2,200,000
고 정 원 가	400,000	1,120,000	480,000	2,000,000
순 이 익	300,000	(200,000)	100,000	200,000

위 표는 (주)YSB의류의 부문별 손익계산서이다. 위와 같은 상황에서 (주)YSB의류의 경영자는 손실을 보고 있는 Y브랜드 사업을 유지할 것인가 아니면 그만둘 것인가라는 의사결정을 내려야 한다. 이 경우에 필요한 원가 정보는 Y브랜드를 그만둘 경우에 회피가능원가가 얼마이고 회피불능원가가 얼마인가에 대한 정보이다.

Y브랜드를 생산하지 않을 경우, Y브랜드를 생산할 때 발생하던 직접재료원가와 직접노무원가, 전기료, 수도료 등과 같은 변동원가는 더 이상 발생하지 않게 된다. 변동원가 ₩1,080,000은 회피가능원가가 된다. 또한 고정원가 중에서도 일부 기계장치의 경우에는 중고로 다시 되팔 수가 있어서 ₩120,000은 회수할 수 있다고 한다. ₩120,000 역시 회피가능원가이다. 따라서 ₩1,200,000은 회피가능원가가 된다.

	Y브랜드
회피가능원가	(₩1,200,000)
회피불능원가	1,000,000

그러나 문제는 이 기업은 매출액을 근거로 공통원가를 배분하고 있었는데, 의류회사인 만큼 강남에 위치한 건물의 임차료와 보험료가 크게 발생되고 있었다. 매출액 규모가 다른 브랜드에 비해 상대적으로 큰 Y브랜드가 임차료나 보험료와 같은 고정원가의 상당부분을 배분받고 있었다. 따라서 Y브랜드를 그만둔다 하여도, 고정원가 ₩1,000,000은 사라지는 것이 아니라 그대로 이 기업의 원가로 남게 된다. 즉 Y브랜드의 회피불능원가는 ₩1,000,000

이 된다. 결국 이 기업이 Y브랜드를 그만둘 경우, ₩1,000,000의 고정원가는 그대로 남아서 기업의 전체 순이익을 크게 감소시키게 된다.

	X브랜드	Y브랜드	Z브랜드	합 계
매 출 액	₩1,000,000		₩1,000,000	₩2,000,000
변 동 원 가	300,000		420,000	720,000
공 헌 이 익	700,000		580,000	1,280,000
고 정 원 가	400,000	₩1,000,000	480,000	1,880,000
순 이 익	300,000	(1,000,000)	100,000	(600,000)

따라서 Y브랜드를 그만둘 경우에 ₩200,000의 손실이 감소하는 것이 아니라, 오히려 더 큰 손실을 보게 되는 것이다.

그러므로 기업이 어떤 생산라인이나 사업부, 제품 등을 정리하고자 할 때에는 회피가능원가와 회피불능원가를 면밀하게 고려해야 한다.

통제가능원가

통제가능원가(controllable costs)란 피평가자인 관리자(부서장 등)가 통제할 수 있는 범위 내의 원가를 의미한다. 하위 계층에 있는 관리자는 어떤 원가의 범위를 자신이 직접 통제하거나 관리하지 못할 수 있고, 그보다 상위의 관리자는 하위 계층에 있는 관리자가 통제하거나 관리할 수 없는 원가의 범위까지도 통제하거나 관리할 수 있다. 경영자가 부서별로 회계성과에 근거한 성과평가를 할 때에는 피평가자의 통제가능성을 면밀히 고려해야 한다.

또한 통제가능원가는 시간적 차원에서도 고려되어야 한다. 현재 부서로 온 지 얼마 되지 않은 새로운 부서장에 대한 성과평가를 할 때, 전임자의 성과가 새로운 부서장의 성과평가에 영향을 미쳐서는 안 된다.

목적적합한 정보제공의 중요성

앞에서 살펴본 바와 같이, 관리회계의 원가회계 정보는 매우 다양하다. 원가회계 정보는 의사결정의 목적을 고려하여 그에 적합한(relevant) 정보가 생산되어야 한다. 의사결정 목적에 적합한 정보를 관련원가라 한다. 관련원가(relevant cost)란 경영자의 의사결정과 관련된 원가로서 각 대안간에 차이가 있는 미래원가를 의미한다. 비관련원가(irrelevant cost)란 경영자의 의사결정과 무관한 원가로서 각 대안간에 차이가 없거나 이미 과거에 지출된 원가를 의미한다.

원가대상별로 원가를 집계하기 위한 목적에는 직접원가, 간접원가가 사용되어야 한다. 제조기업의 원가계산을 위해서는 제조원가, 비제조원가가 사용되고, 외부보고용 재무제표 작성에는 회계기준에서 규정된 대로 제품원가, 기간비용으로 분류하여 사용되어야 한다. 미래원가를 예측하기 위해서는 활동수준의 변화에 따라 변화하는 변동원가와 활동수준과 무관한 고정원가가 사용되어야 한다. 그러나 신규 프로젝트를 시작할 것인가에 대한 의사결정에서는 제품원가계산에 필요한 제조원가나 원가추정을 위한 변동원가, 고정

의사결정 목적에 따른 원가분류

의사결정 목적에 따른 원가분류	원가분류
(1) 원가대상별로 원가를 집계하기 위한 목적	• 직접원가(원가대상에 추적가능한 원가) • 간접원가(원가대상에 추적 불가능한 원가)
(2) 제조기업에서의 원가계산 목적	• 제조원가(직접재료원가, 직접노무원가, 제조간접원가) • 비제조원가(판매비, 관리비)
(3) 재무제표 작성 목적	• 제품원가(재고가능원가, 발생시점에는 재고자산계정으로 처리하고 판매시점에 매출원가로 처리하는 원가) • 기간비용(발생시점에 전액 비용으로 처리)
(4) 활동수준의 변화에 따른 원가행태를 예측하는 목적	• 변동원가(활동수준에 따라 변화하는 원가) • 고정원가(활동수준과 무관한 원가)
(5) 의사결정 목적	• 관련원가(의사결정과 관련된 원가로 각 대안간 차이가 있는 미래원가, 차액원가) • 비관련원가(의사결정과 관련성이 없는 원가로, 각 대안간 차이가 없는 원가, 과거에 이미 지출된 원가, 매몰비용)

원가 정보보다 수명주기원가에 대한 정보가 요구된다. 기업이 특정 사업부나 제품라인을 폐지할 것인가에 대한 의사결정에서는 회피가능원가가 요구된다. 부서별로 회계성과에 근거한 성과평가에 대한 의사결정에서는 통제가능원가가 요구된다.

각기 다양한 의사결정에는 각기 다른 정보가 요구된다. 필요한 관리회계 정보는 의사결정 목적에 따라 적절한 정보여야만 한다. 원가정보 역시 의사결정의 내용이 무엇이냐에 따라 다르게 선택하여 제공되어야 한다.

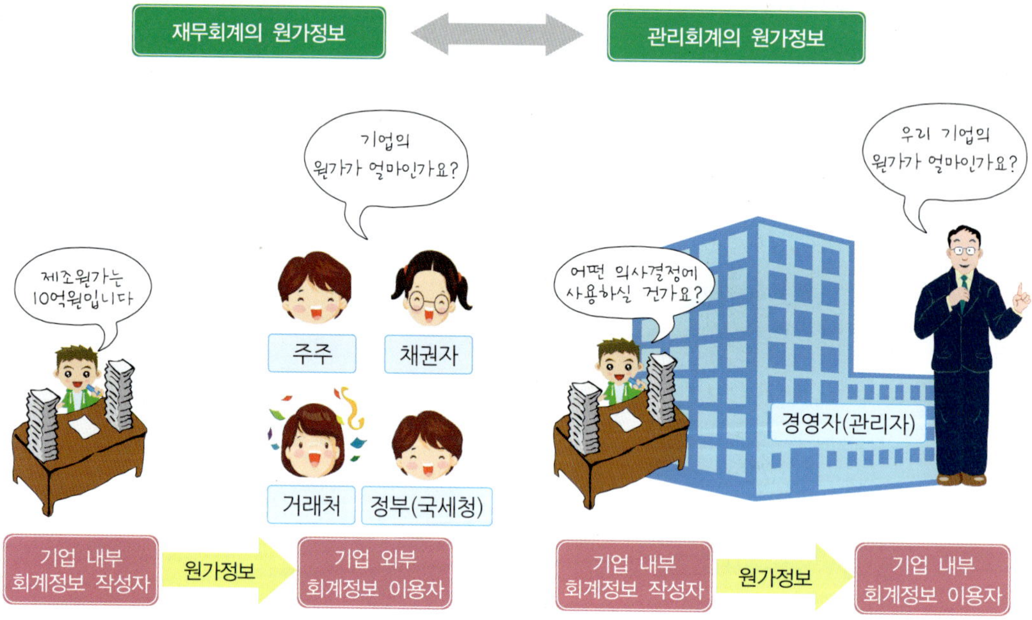

02 용어정리

간접원가(indirect cost)
특정 원가대상에 쉽고 명확하게 추적할 수 없는 원가

고정원가(fixed cost)
기업의 활동수준과 무관하게 일정한 원가

공통원가(common cost)
많은 원가대상에 공통적으로 포함되는 원가로, 개별적으로 추적할 수 없는 원가

기간비용(period cost)
당기에 발생한 비용으로 포괄손익계산서에 당기비용으로 처리되는 원가

기초원가(prime cost)
제조원가에 속하는 원가항목 중에서 직접재료원가와 직접노무원가를 의미함. 원가항목 중에서 가장 기본적이고 기초적인 제조원가

기회원가(opportunity cost)
선택가능한 대안 중 하나의 대안을 선택함으로써 포기하게 되는 잠재적 효익

당기제품제조원가(cost of goods manufactured)
당기에 완성된 제품의 원가

당기총제조원가(current total manufacturing costs)
당기에 발생한 직접재료원가, 직접노무원가, 제조간접원가의 합

매몰원가(sunk costs)
과거에 이미 지출된 비용으로서 향후 의사결정에 따라 변화할 수 없는 비용

변동원가(variable cost)
기업의 활동수준에 따라 변화하는 원가

비제조원가(nonmanufacturing costs)
제조활동 이외의 판매활동과 관리활동에서 발생하는 원가

수명주기원가(life-cycle costs)
제품의 탄생과정에서 발생하는 원가부터 시작하여 생산에 투입되는 원가와 판매 후의 사후서비스에 투입되는 원가까지의 전 과정을 고려한 모든 원가

원가대상(cost objects)
원가를 계산하고자 하는 집합

원재료(raw materials)
제품의 생산을 위해서 구입해 온 원료, 재료와 같은 재고자산

재공품(work in process)
제품의 생산을 위하여 생산공정에서 현재 가공 단계에 있는 재고자산

제조간접원가(manufacturing overhead cost)
직접재료원가와 직접노무원가를 제외한 나머지 모든 제조원가

제조원가(manufacturing costs)
제조기업의 생산 · 제조활동과정에서 발생하는 모든 원가

제품(products)
생산 가공하여 완성된 재고자산, 즉 판매를 목적으로 보유하고 있는 재고자산

제품원가(product costs)
제품을 만드는 과정에서 발생된 원가

직접원가(direct costs)
특정 원가대상에 쉽고 명확하게 추적할 수 있는 원가

직접노무원가(direct labor cost)
제품에 직접적으로 추적할 수 있는 노무원가

직접재료원가(direct material cost)
제품에 직접적으로 추적할 수 있는 재료원가

통제가능원가(controllable costs)
피평가자인 관리자(부서장 등)가 통제할 수 있는 범위 내의 원가

회피가능원가(avoidable costs)
기업이 어떤 활동을 하지 않게 될 때 더 이상 발생하지 않는 원가

주관식 개념문제

1. 원가대상에 대해 설명하라.
2. 직접원가와 간접원가는 어떻게 구별되는가를 설명하라.
3. 제조원가와 비제조원가는 어떻게 구별되는가를 설명하라.
4. 재고가능원가와 기간비용의 회계처리방법의 차이를 설명하라.
5. 제조기업이 지니고 있는 세 가지 재고자산이 무엇인가를 설명하라.
6. 상기업의 매출원가 계산과정과 제조기업의 매출원가 계산과정이 어떻게 다른가를 설명하라.
7. 기본원가와 가공원가가 어떻게 구별되는가를 설명하라.
8. 변동원가와 고정원가가 어떻게 구별되는가를 설명하라.
9. 기회원가에 대해 설명하라.
10. 매몰원가에 대해 설명하라.
11. 수명주기원가가 어떤 의사결정에 사용될 수 있는가를 설명하라.
12. 회피가능원가가 어떤 의사결정에 사용될 수 있는가를 설명하라.
13. 통제가능원가가 어떤 의사결정에 사용될 수 있는가를 설명하라.

객관식 개념문제

1. 다음 중 제조원가가 아닌 것은?

① 직접재료원가 ② 직접노무원가 ③ 제조간접원가
④ 간접재료원가 ⑤ 판매비

2. 다음 중 제조원가에 대한 설명으로 틀린 것은?

① 제조원가에는 직접재료원가, 직접노무원가, 제조간접원가가 포함된다.
② 제조원가는 발생하면 재고자산으로 기록한다.
③ 제조원가는 발생하면 당 회계기간의 비용으로 모두 처리한다.
④ 제조원가는 제품원가라고 불린다.
⑤ 제조원가는 재고가능원가라고 불린다.

3. 다음 중 직접재료원가가 포함되는 개념만으로 구성된 것은?

① 제품원가, 제조간접원가, 기간비용
② 기본원가, 전환원가, 재고가능원가
③ 제품원가, 재고가능원가, 기간비용
④ 제조원가, 제품원가, 재고가능원가
⑤ 기본원가, 제품원가, 전환원가

4. 다음 중 제조원가가 아닌 것은?

① 간접재료원가
② 판매부서의 직원급여
③ 공장설비 감가상각비
④ 공장 보험료
⑤ 제품을 검사하는 직원 급여

5. 다음 중 가공원가는?

① 직접재료원가, 직접노무원가
② 직접재료원가, 제조간접원가
③ 직접노무원가, 제조간접원가
④ 판매비, 관리비
⑤ 직접노무원가, 관리비

6. 다음 중 변동원가는?

① 직접재료원가, 직접노무원가, 제조간접원가, 판매비와 관리비
② 직접재료원가, 직접노무원가, 변동제조간접원가
③ 직접재료원가, 직접노무원가, 변동제조간접원가, 판매비와 관리비
④ 직접재료원가, 직접노무원가, 변동제조간접원가, 변동판매비와 관리비
⑤ 직접재료원가, 직접노무원가

7. 다음 설명 중 틀린 것은?

① 외부보고용 재무제표 작성에는 회계기준에 규정된 대로 제조과정에서 발생한 제조원가만이 사용되어야 한다.
② 기업이 특정 사업부나 제품라인을 폐지할 것인가에 대한 의사결정에서는 회피가능원가가 요구된다.
③ 경영자는 모든 의사결정에서 기회원가도 반드시 함께 고려해야 한다.
④ 경영자는 모든 의사결정에서 매몰원가도 반드시 함께 고려해야 한다.
⑤ 경영자의 다양한 의사결정에는 각기 다른 원가회계 정보가 요구된다.

8. 다음 중 각 원가개념과 관련된 설명이 올바르게 연결된 것은?

① 기회원가－기업이 어떤 활동을 하지 않게 될 때 더 이상 발생하지 않는 원가
② 매몰원가－과거에 지출된 비용으로서 향후 의사결정에 따라 변할 수 없는 비용
③ 회피가능원가－여러 개의 대안 중 하나의 대안을 선택함으로써 포기하게 되는 잠재적 효익
④ 통제가능원가－제품의 탄생 이전부터 제품이 소멸하기까지의 전 과정의 원가
⑤ 수명주기원가－활동수준에 따라 변화하는 원가

정답

1. ⑤　2. ③　3. ④　4. ②　5. ③　6. ④　7. ④　8. ②

기본문제

1. (주)YSB의류는 여성복을 만든다. 20×1년에 직접재료를 ₩20,000에 구입해 왔고, 직접노무원가는 ₩12,000, 제조간접원가는 ₩20,000이 발생하였다.

	기 초	기 말
직 접 재 료	₩10,000	₩5,000
재 공 품	25,000	20,000
제 품	20,000	30,000

요구사항

1. 당기총제조원가를 계산하라.
2. 당기제품제조원가를 계산하라.
3. 매출원가를 계산하라.

풀이 및 해설

1. 직접재료원가 : 기초직접재료재고액 + 당기직접재료매입액 − 기말직접재료재고액
   = ₩10,000 + ₩20,000 − ₩5,000
   = ₩25,000

   당기총제조원가 : 직접재료원가 + 직접노무원가 + 제조간접원가
   = ₩25,000 + ₩12,000 + ₩20,000
   = ₩57,000
2. 당기제품제조원가 : 기초재공품재고액 + 당기총제조원가 − 기말재공품재고액
   = ₩25,000 + ₩57,000 − ₩20,000
   = ₩62,000
3. 매출원가 : 기초제품재고액 + 당기제품제조원가 − 기말제품재고액
   = ₩20,000 + ₩62,000 − ₩30,000
   = ₩52,000

2. (주)YSB의류는 여성복을 만든다. 20×1년에 직접재료를 ₩10,000에 구입해 왔고, 기본원가는 ₩15,000, 제조간접원가는 가공원가의 30%이다. 20×1년의 매출액은 ₩30,000이고, 매출총이익률은 40%이다.

	기 초	기 말
직 접 재 료	₩3,000	₩5,000
재 공 품	15,000	20,000
제 품	7,000	?

요구사항

1. 제조간접원가를 계산하라.
2. 기말제품재고액을 계산하라.

풀이 및 해설

1. 직접재료원가 : 기초직접재료재고액＋당기직접재료매입액－기말직접재료재고액
   ＝₩3,000＋₩10,000－₩5,000＝₩8,000

   기본원가 : 직접재료원가＋직접노무원가
   ＝₩8,000＋직접노무원가＝₩15,000
   ∴ 직접노무원가 : ₩7,000

   제조간접원가 : (직접노무원가＋제조간접원가)×30%
   X＝(₩7,000＋X)×0.3
   0.7X＝₩2,100
   ∴ 제조간접원가 : ₩3,000

2. 당기총제조원가 : 직접재료원가＋직접노무원가＋제조간접원가
   ＝₩8,000＋₩7,000＋₩3,000＝₩18,000

   당기제품제조원가 : 기초재공품재고액＋당기총제조원가－기말재공품재고액
   ＝₩15,000＋₩18,000 ₩20,000＝₩13,000

   매출총이익률 : $\frac{\text{매출총이익}}{\text{매출액}}=\frac{\text{매출총이익}}{₩30,000}=40\%$
   ∴ 매출총이익 : ₩12,000
   매출액－매출원가＝매출총이익
   ₩30,000－매출원가＝₩12,000
   ∴ 매출원가 : ₩18,000

   매출원가 : 기초제품재고액＋당기제품제조원가－기말제품재고액
   ₩18,000＝₩7,000＋₩13,000－기말제품재고액
   ∴ 기말제품재고액 : ₩2,000

연습문제

1. [원가개념] 다음 빈칸 안에 들어갈 용어로 옳은 것을 고르라.

<table>
<tr><th></th><th>추적가능성에
따른 분류</th><th>자산화가능성에
따른 분류</th><th></th></tr>
<tr><td>직접재료원가</td><td rowspan="2">Ⓐ</td><td rowspan="3">Ⓒ</td><td rowspan="5">Ⓔ</td></tr>
<tr><td>직접노무원가</td></tr>
<tr><td>제조간접원가</td><td>Ⓑ</td></tr>
<tr><td>판 매 비</td><td rowspan="2"></td><td rowspan="2">Ⓓ</td></tr>
<tr><td>관 리 비</td></tr>
</table>

① Ⓐ－가공원가　② Ⓑ－기간비용　③ Ⓒ－재고가능원가
④ Ⓓ－간접원가　⑤ Ⓔ－제조원가

2. [원가의 분류] 다음은 (주)정의DVD에서 발생한 비용들에 대한 자료이다. (주)정의DVD는 영화 DVD를 제작하는 기업이다. 다음 항목 중 제조원가의 합계는 얼마인가?

항 목	금 액 (단위 : 억원)	항 목	금 액 (단위 : 억원)
광고료	30	DVD 제작기계 감가상각비	10
DVD 플라스틱 케이스 구입비	15	판매직원들의 임금	22
공 DVD 구입비	33	판매부서의 소모품비	15
공장 관리자의 임금	5	DVD를 제조하는 작업을 수행하였던 직원들의 임금	55
공장 소모품비	12	DVD 안에 들어가는 용지 구입비	15

① 67억원　② 140억원　③ 145억원
④ 182억원　⑤ 212억원

3. **[원가의 분류]** (주)청송기업은 핸드폰을 제조하는 기업으로, A와 B라는 두 종류의 핸드폰을 생산한다. 공장에서 발생한 비용 항목들은 다음과 같다. 다음 중 올바르게 연결된 것은?

Ⓐ A핸드폰을 조립하였던 노동자의 임금
Ⓑ 공장의 화재보험료
Ⓒ A핸드폰 조립에 사용되는 칩들
Ⓓ 공장 기계의 감가상각비
Ⓔ 공장의 전기료
Ⓕ B핸드폰 조립에 사용되는 납땜 재료
Ⓖ 공장 관리책임자의 임금

① 직접재료원가 – Ⓒ, Ⓔ, Ⓕ
② 직접재료원가 – Ⓒ, Ⓓ, Ⓔ, Ⓕ
③ 직접노무원가 – Ⓐ, Ⓖ
④ 제조간접원가 – Ⓑ, Ⓓ, Ⓔ
⑤ 제조간접원가 – Ⓑ, Ⓓ, Ⓔ, Ⓖ

4. **[원가의 흐름]** 다음 빈칸 안에 들어갈 금액으로 옳은 것은? (단, 영업이익은 총원가의 30%이고, 판매비와 관리비는 제조원가의 50%이다) (2018년 감정평가사 기출문제)

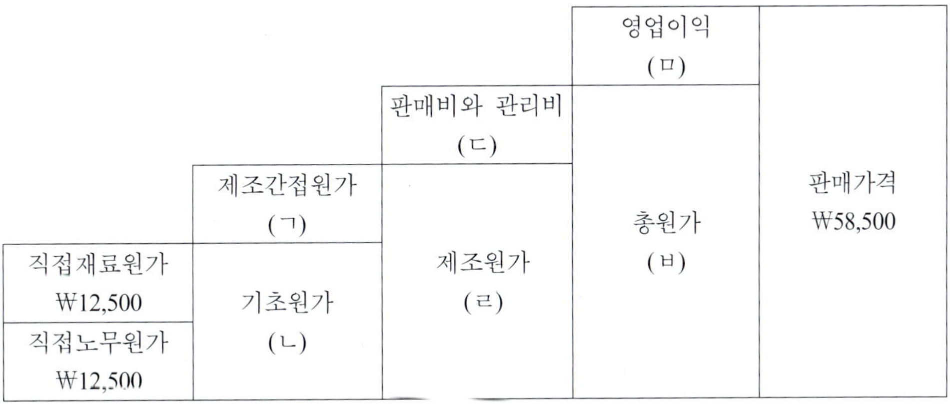

	(ㄱ)	(ㄴ)	(ㄷ)	(ㄹ)	(ㅁ)	(ㅂ)
①	₩5,000	₩25,000	₩15,000	₩30,000	₩13,500	₩45,000
②	₩5,000	₩25,000	₩17,500	₩35,000	₩10,500	₩48,000
③	₩10,000	₩25,000	₩15,000	₩30,000	₩13,500	₩45,000
④	₩10,000	₩25,000	₩17,500	₩35,000	₩10,500	₩48,000
⑤	₩10,000	₩25,000	₩17,500	₩30,000	₩10,500	₩48,000

5. [원가의 흐름] 다음 빈칸 안에 들어갈 올바른 값을 고르라. (가), (나), (다)는 서로 독립적이다.

	직접재료원가	직접노무원가	제조간접원가	당기 총제조원가	기초재공품	기말재공품	당기제품 제조원가
(가)	Ⓐ	₩61,000	₩50,000	₩151,000	₩120,000	Ⓑ	₩189,000
(나)	₩81,000	75,000	140,000	Ⓒ	123,000	₩98,000	321,000
(다)	55,000	144,000	Ⓓ	310,000	Ⓔ	58,000	715,000

① Ⓐ－₩41,000　② Ⓑ－₩83,000　③ Ⓒ－₩300,000
④ Ⓓ－₩112,000　⑤ Ⓔ－₩463,000

6. [원가의 분류] (주)청송의 20×1년도 재무자료는 다음과 같다. 20×1년도의 제조원가는 얼마인가?

• 매출액	₩6,000,000	• 직접재료원가	₩680,000
• 직접노무원가	1,360,000	• 변동제조간접원가	320,000
• 고정제조간접원가	600,000	• 변동판매관리비	150,000
• 고정판매관리비	250,000		

① ₩2,040,000　② ₩2,360,000　③ ₩2,960,000
④ ₩3,110,000　⑤ ₩3,360,000

7. [원가의 분류] (주)창조의 20×1년도 재무자료는 다음과 같다. 20×1년도의 당기총제조원가는 얼마인가?

• 직접재료매입액	₩80,000	• 직접재료사용액	₩56,000
• 직접노무원가	19,000	• 간접노무원가	11,000
• 판매직원 급여	10,000	• 기타 공장비용	20,000
• 판매관리비	21,000		

① ₩82,000　② ₩95,000　③ ₩106,000
④ ₩109,000　⑤ ₩130,000

※ 다음 자료는 [문제 8]~[문제 9]에 적용된다. (주)창조의 당기원가자료는 아래와 같다.

• 직접재료원가	₩400	• 직접노무원가	₩350
• 변동제조간접원가	900	• 고정제조간접원가	240
• 변동판매관리비	500	• 고정판매관리비	550

8. [원가의 분류] 기본원가는 얼마인가?

① ₩750 ② ₩1,300 ③ ₩1,890
④ ₩1,750 ⑤ ₩1,050

9. [원가의 분류] 가공원가는 얼마인가?

① ₩1,490 ② ₩1,250 ③ ₩590
④ ₩750 ⑤ ₩1,050

10. [원가의 분류] (주)백운의 20×1년 3월중의 기본원가는 ₩500,000이었다. 3월중의 가공원가는 ₩1,000,000인데 이 중 70%가 제조간접비이다. 20×1년 3월중의 (주)백운의 총제조원가는 얼마인가?

① ₩300,000 ② ₩500,000 ③ ₩700,000
④ ₩1,200,000 ⑤ ₩1,500,000

11. [원가의 흐름] (주)한국의 20×1년 4월초와 4월말 재고자산 금액은 다음과 같다. 4월중 직접재료매입액은 ₩150,000이고, 가공원가는 ₩594,000이다. (주)한국의 4월 매출원가는?

(2019년 9급공무원 기출문제)

	20×1년 4월 1일	20×1년 4월 30일
직 접 재 료	₩18,000	₩16,000
재 공 품	4,000	14,000
제 품	16,000	12,000

① ₩726,000 ② ₩738,000 ③ ₩740,000
④ ₩752,000 ⑤ ₩760,000

12. [원가의 흐름] 다음은 (주)관세의 20×1년 생산, 판매와 관련된 자료이다. 다음 자료를 이용하여 계산한 (주)관세의 20×1년 매출총이익은? (2019년 관세사 기출문제)

• 기초재공품	₩170,000	• 전환원가(가공원가)	₩2,250,000
• 기말재공품	320,000	• 기초제품	130,000
• 직접재료원가	830,000	• 기말제품	110,000
• 직접노무원가	750,000	• 매출액	3,835,000

① ₩135,000 ② ₩885,000 ③ ₩905,000
④ ₩925,000 ⑤ ₩965,000

13. [원가의 흐름] 다음은 (주)이화의 제조원가와 관련한 일부 자료이다. 기말재공품재고액은 얼마인가?

• 기초제품	₩150,000	• 기말제품	₩200,000
• 직접재료원가	600,000	• 기초재공품	100,000
• 가공원가	1,000,000	• 간접재료원가	200,000
• 직접노무원가	600,000	• 매출원가	1,400,000
• 간접노무원가	100,000		

① ₩200,000 ② ₩250,000 ③ ₩300,000
④ ₩350,000 ⑤ ₩400,000

14. [직접노무원가 추정] 20×1년 (주)관세의 제조와 관련된 원가가 다음과 같을 때 직접노무원가는? (2018년 관세사 기출문제)

• 당기제품제조원가	₩1,400,000	• 기본원가(prime cost)	₩1,200,000
• 가공원가(전환원가)	1,100,000	• 기초재공품	100,000
• 기말재공품	200,000		

① ₩400,000 ② ₩500,000 ③ ₩600,000
④ ₩800,000 ⑤ ₩900,000

15. [직접노무원가 추정] (주)청연은 5월중 ₩60,000의 직접재료를 구입하였다. 5월중 제조간접원가의 합은 ₩45,000이었고 총제조원가는 ₩220,000이었다. 직접재료의 5월초 재고가 ₩15,000이었고 5월말 재고가 ₩14,000이었다면 5월중 직접노무원가는 얼마인가?

(2004년 세무사 기출문제 수정)

① ₩105,000　② ₩60,000　③ ₩159,000
④ ₩114,000　⑤ ₩235,000

16. [당기총제조원가] (주)연세는 전기에 설립되어 영업중이다. 다음 자료는 당기에 발생한 원가, 재고자산과 관련된 자료이다. (주)연세의 당기총제조원가는? 당기에는 직접재료를 ₩500만큼 매입하였다.

(2001년 공인회계사 기출문제 수정)

	전기말		당기말
재고자산			
직접재료액	₩2,000		₩500
당기중 발생비용			
직접노무비		₩900	
간접노무비		300	
감가상각비(생산설비)		500	
공장책임자 급여		100	
영업직원 급여		50	
판 매 비		80	

① ₩3,800　② ₩3,850　③ ₩3,930
④ ₩3,300　⑤ ₩2,800

17. [당기제품제조원가] 당기제품제조원가는 얼마인가?

(1) 직접재료원가는 ₩400이며 당기총제조원가의 20%이다.
(2) 제조간접원가는 가공원가의 30%를 차지한다.
(3) 기초재공품은 당기총제조원가의 25%이고 기말재공품은 기초재공품의 1.5배이다.

① ₩2,000　② ₩1,600　③ ₩1,750
④ ₩2,250　⑤ ₩1,800

18. [당기제품제조원가, 매출원가] (주)세무의 기초 및 기말 재고자산은 다음과 같다. 원재료의 제조공정 투입금액은 모두 직접재료원가이며 당기중 매입한 원재료는 ₩83,000이다. 기초원가(prime cost)는 ₩306,000이고, 전환원가(conversion cost)의 50%가 제조간접원가이다. (주)세무의 당기제품제조원가와 당기매출원가는? (2019년 세무사 기출문제)

	기초잔액	기말잔액
원 재 료	₩27,000	₩9,000
재 공 품	30,000	15,000
제 품	35,000	28,000

	당기제품제조원가	매출원가
①	₩408,500	₩511,000
②	₩511,000	₩511,000
③	₩511,000	₩526,000
④	₩526,000	₩526,000
⑤	₩526,000	₩533,000

※ 다음 자료는 [문제 19]와 [문제 20]에 적용된다. (주)청연의 원가자료는 다음과 같다.

	기 초	기 말
직 접 재 료	₩400,000	₩300,000
재 공 품	2,000,000	5,000,000
제 품	?	2,000,000

당기총제조원가는 ₩10,000,000, 당기직접재료매입액은 ₩1,400,000, 매출원가는 ₩8,000,000이다.

19. [가공원가 추정] (주)청연의 가공원가는 얼마인가?

① ₩2,400,000 ② ₩7,000,000 ③ ₩8,500,000
④ ₩1,500,000 ⑤ ₩7,500,000

20. [원가흐름과 제품원가 추정] (주)청연의 기초제품재고액은 얼마인가?

① ₩500,000 ② ₩3,000,000 ③ ₩6,000,000
④ ₩7,000,000 ⑤ ₩8,000,000

21. [원가의 흐름] (주)창조는 20%의 매출총이익을 달성한 우량기업이다. 아래 자료를 참고하여 기초제품재고액을 계산하라.

• 매 출 액	₩8,000	• 직접재료원가	₩3,100
• 기초재공품	1,500	• 직접노무원가	1,200
• 기말재공품	2,000	• 제조간접원가	2,200
• 기 말 제 품	1,000		

① ₩1,000 ② ₩1,400 ③ ₩1,500
④ ₩2,000 ⑤ ₩2,400

22. [직접재료원가 추정] (주)관세의 20×1년 6월 매출액은 ₩400,000이며, 매출총이익률은 25%이다. 원가관련 자료가 다음과 같을 때 6월말 직접재료재고액은? (2020년 관세사 기출문제)

	6월초	6월말
직 접 재 료	₩20,000	?
재 공 품	50,000	₩40,000
제 품	90,000	100,000
직접재료매입액	₩180,000	
전환(가공)원가	130,000	

① ₩20,000 ② ₩30,000 ③ ₩40,000
④ ₩50,000 ⑤ ₩60,000

심화문제

23. [원가의 분류] (주)청송은 기계장치를 제조, 판매하는 기업이다. 아래 자료를 고려하여 원가계산을 했을 경우 타당하지 않은 것을 고르라. (2010년 공인회계사 기출문제 수정)

• 기초재공품	₩200	• 기말재공품	₩100
• 직접재료원가	120	• 간접재료원가	50
• 직접노무원가	130	• 제조간접경비	50
• 판매관리직급여	60	• 광고비	30
• 이자비용	10		

(a) 기초원가는 ₩250이다.
(b) 가공원가는 ₩230이다.
(c) 당기총제조원가는 ₩350이다.
(d) 기간원가는 ₩40이며, 재고불능원가라고 부른다.
(e) 당기제품제조원가는 ₩510이다.

① (a), (b)　② (d), (e)　③ (b), (d), (e)
④ (c), (d), (e)　⑤ (c), (d)

24. [원가의 흐름] (주)세무의 20×1년 5월중 자료는 다음과 같다.

	5월 1일	5월 31일
재 공 품	₩30,000	₩25,000
제 품	20,000	10,000

5월중 기초원가(prime cost)는 ₩325,000이고, 가공원가(conversion cost)가 직접재료원가의 40%이며, 제조간접원가는 ₩25,000이다. (주)세무의 5월 매출원가는?

(2016년 세무사 기출문제)

① ₩320,000　② ₩345,000　③ ₩350,000
④ ₩360,000　⑤ ₩365,000

25. [기본원가 추정] (주)청송의 20×1년 원가자료는 다음과 같다. 20×1년 직접재료매입액은 ₩210,000이었고, 매출원가는 ₩900,000이었다. 가공원가의 40%가 직접노무원가라면 기초원가는?

(2013년 세무사 기출문제 수정)

	기 초	기 말
직 접 재 료	₩30,000	₩40,000
재 공 품	500,000	450,000
제 품	700,000	600,000

① ₩340,000　② ₩360,000　③ ₩380,000
④ ₩400,000　⑤ ₩420,000

26. [원가의 흐름] 다음 자료를 이용하여 당기총제조원가 중 기초(기본)원가를 계산하면 얼마인가?
(2020년 보험계리사 기출문제)

- 기초재공품은 기말재공품의 200%
- 매출원가 ₩20,000, 기초제품 ₩5,000, 기말제품 ₩3,000
- 직접재료원가 발생액은 ₩6,000
- 제조간접원가는 직접노무원가 발생액의 1/2만큼 발생
- 기말재공품은 ₩3,000

① ₩8,000 ② ₩9,000 ③ ₩12,000
④ ₩15,000 ⑤ ₩18,000

27. [원가의 흐름과 영업이익의 계산] (주)백운의 기중에 발생한 비용과 재고자산 관련 자료는 아래와 같다.

- 재고자산 현황

	기 초	기 말
직 접 재 료	₩1,000	₩800
재 공 품	500	300
제 품	900	400

- 당기에 발생한 비용

직접재료원가	₩1,800
직접노무원가	1,200
감가상각비(본사에 70%, 공장에 30% 배부예정)	1,000
기타 제조간접원가	1,500
기타 판매관리비	800

위 자료를 바탕으로 (주)백운의 매출액이 ₩9,000일 때 매출원가와 당기영업이익을 계산하면 얼마인가?
(2009년 세무사 기출문제 수정)

	매출원가	당기영업이익
①	₩5,500	₩1,800
②	₩5,900	₩2,000
③	₩5,500	₩2,000
④	₩5,900	₩2,200
⑤	₩5,500	₩2,200

28. **[원가의 흐름과 영업이익의 계산]** 단일제품을 생산하는 (주)감평은 매출원가의 20%를 이익으로 가산하여 제품을 판매하고 있다. 당기의 생산 및 판매 자료가 다음과 같다면, (주)감평의 당기 직접재료매입액과 영업이익은? (2019년 감정평가사 기출문제)

• 재고자산

	기초재고	기말재고
직접재료	₩17,000	₩13,000
재공품	20,000	15,000
제품	18,000	23,000

• 기본(기초)원가	₩85,000
• 가공(전환)원가	98,000
• 매출액	180,000
• 판매관리비	10,000

	직접재료매입액	영업이익
①	₩46,000	₩15,000
②	₩48,000	₩15,000
③	₩48,000	₩20,000
④	₩52,000	₩20,000
⑤	₩52,000	₩26,000

정답 및 해설

1. ③

Ⓐ – 직접원가　　Ⓑ – 간접원가　　Ⓒ – 재고가능원가
Ⓓ – 기간비용　　Ⓔ – 총원가

2. ③

광고료, 판매직원의 임금, 판매부서의 소모품비는 비제조원가이다.

3. ⑤

직접재료원가 – Ⓒ, Ⓕ
직접노무원가 – Ⓐ
제조간접원가 – Ⓑ, Ⓓ, Ⓔ, Ⓖ

4. ①

영업이익 : 총원가×30%

판매가격 : 총원가+영업이익

₩58,500=총원가×1.3

∴ 총원가=₩45,000

∴ 영업이익=₩13,500

판매비와 관리비 : 제조원가×50%

총원가 : 제조원가+판매비와 관리비

₩45,000=제조원가×1.5

∴ 제조원가=₩30,000

∴ 판매비와 관리비=₩15,000

기초원가 : 직접재료원가+직접노무원가

=₩12,500+₩12,500=₩25,000

제조원가 : 기초원가+제조간접원가

₩30,000=₩25,000+제조간접원가

∴ 제조간접원가=₩5,000

5. ⑤

Ⓐ - ₩40,000

Ⓑ - ₩82,000

Ⓒ - ₩296,000

Ⓓ - ₩111,000

6. ③

₩680,000+₩1,360,000+₩320,000+₩600,000=₩2,960,000

∵ 여기서, 제조원가란 생산·제조활동과정에서 발생하는 모든 원가를 의미하므로, 직접재료원가, 직접노무원가, 변동제조간접원가, 고정제조간접원가가 포함된다.

7. ③

당기총제조원가 : 직접재료원가+직접노무원가+제조간접원가

=₩56,000+₩19,000+(₩11,000+₩20,000)=₩106,000

8. ①

기본원가 : ₩400+₩350=₩750

9. ①

가공원가 : ₩350+₩900+₩240=₩1,490

10. ④

기본원가 : 직접재료원가+직접노무원가

총제조원가 : 직접재료원가+직접노무원가+제조간접원가=기본원가+제조간접원가

=₩500,000+₩1,000,000×0.7=₩1,200,000

11. ③

직접재료원가 : 기초직접재료재고액＋당기직접재료매입액－기말직접재료재고액
＝₩18,000＋₩150,000－₩16,000＝₩152,000

당기총제조원가 : 직접재료원가＋가공원가
＝₩152,000＋₩594,000＝₩746,000

당기제품제조원가 : 기초재공품재고액＋당기총제조원가－기말재공품재고액
＝₩4,000＋₩746,000－₩14,000＝₩736,000

매출원가 : 기초제품재고액＋당기제품제조원가－기말제품재고액
＝₩16,000＋₩736,000－₩12,000＝₩740,000

12. ②

당기총제조원가 : 직접재료원가＋전환원가
＝₩830,000＋₩2,250,000＝₩3,080,000

당기제품제조원가 : 기초재공품재고액＋당기총제조원가－기말재공품재고액
＝₩170,000＋₩3,080,000－₩320,000＝₩2,930,000

매출원가 : 기초제품재고액＋당기제품제조원가－기말제품재고액
＝₩130,000＋₩2,930,000－₩110,000＝₩2,950,000

매출총이익 : 매출액－매출원가
＝₩3,835,000－₩2,950,000＝₩885,000

13. ②

매출원가 : 기초제품재고액＋당기제품제조원가－기말제품재고액
₩1,400,000＝₩150,000＋당기제품제조원가－₩200,000
∴ 당기제품제조원가＝₩1,450,000

당기총제조원가 : 직접재료원가＋가공원가
＝₩600,000＋₩1,000,000

당기제품제조원가 : 기초재공품재고액＋당기총제조원가－기말재공품재고액
₩1,450,000＝₩100,000＋₩1,600,000－기말재공품재고액
∴ 기말재공품재고액＝₩250,000

14. ④

당기제품제조원가 : 기초재공품재고액＋당기총제조원가－기말재공품재고액
₩1,400,000＝₩100,000＋(₩1,200,000＋제조간접원가)－₩200,000
∴ 제조간접원가＝₩300,000

가공원가 : 직접노무원가＋제조간접원가
₩1,100,000＝직접노무원가＋₩300,000
∴ 직접노무원가＝₩800,000

15. ④

직접재료원가 : 기초직접재료재고액＋당기직접재료매입액－기말직접재료재고액
당기발생재료원가 : ₩15,000＋₩60,000－₩14,000
∴ 직접재료원가 : ₩61,000

당기총제조원가 : 직접재료원가 + 직접노무원가 + 제조간접원가
₩220,000 = ₩61,000 + 직접노무원가 + ₩45,000
∴ 직접노무원가 : ₩114,000

16. ①
직접재료원가 : 기초직접재료재고액 + 당기직접재료매입액 − 기말직접재료재고액
= ₩2,000 + ₩500 − ₩500 = ₩2,000
직접노무원가 : ₩900
제조간접원가 : ₩300 + ₩500 + ₩100 = ₩900
당기총제조원가 : 직접재료원가 + 직접노무원가 + 제조간접원가
= ₩2,000 + ₩900 + ₩900 = ₩3,800

17. ③
직접재료원가 : ₩400
당기총제조원가 : $\frac{₩400}{20\%}$ = ₩2,000
기초재공품 : ₩2,000 × 25% = ₩500
기말재공품 : ₩500 × 1.5 = ₩750
당기제품제조원가 : 기초재공품재고액 + 당기총제조원가 − 기말재공품재고액
= ₩500 + ₩2,000 − ₩750 = ₩1,750

18. ⑤
직접재료원가 : 기초직접재료재고액 + 직접재료매입액 − 기말직접재료재고액
= ₩27,000 + ₩83,000 − ₩9,000 = ₩101,000
기초원가 : 직접재료원가 + 직접노무원가
₩306,000 = ₩101,000 + 직접노무원가
∴ 직접노무원가 = ₩205,000
전환원가 × 50% = 제조간접원가 직접노무원가 : 제조간접원가 = 1 : 1
∴ 전환원가 = ₩410,000
당기총제조원가 : 직접재료원가 + 전환원가
= ₩101,000 + ₩410,000 = ₩511,000
당기제품제조원가 : 기초재공품재고액 + 당기총제조원가 − 기말재공품재고액
= ₩30,000 + ₩511,000 − ₩15,000 = ₩526,000
매출원가 : 기초제품재고액 + 당기제품제조원가 − 기말제품재고액
= ₩35,000 + ₩526,000 − ₩28,000 = ₩533,000

19. ③
직접재료원가 : 기초직접재료재고액 + 당기직접재료매입액 − 기말직접재료재고액
= ₩400,000 + ₩1,400,000 − ₩300,000 = ₩1,500,000
당기총제조원가 : ₩10,000,000
당기발생가공원가 : ₩10,000,000 − ₩1,500,000 = ₩8,500,000

20. ②

당기제품제조원가 : 기초재공품재고액 + 당기총제조원가 − 기말재공품재고액
= ₩2,000,000 + ₩10,000,000 − ₩5,000,000 = ₩7,000,000

매출원가 : 기초제품재고액 + 당기제품제조원가 − 기말제품재고액
= 기초제품재고액 + ₩7,000,000 − ₩2,000,000 = ₩8,000,000

∴ 기초제품재고액 : ₩3,000,000

21. ②

매출원가 : ₩8,000 × 80% = ₩6,400

당기제품제조원가 : (₩3,100 + ₩1,200 + ₩2,200) + ₩1,500 − ₩2,000 = ₩6,000
(당기총제조원가: ₩3,100 + ₩1,200 + ₩2,200)

기초제품재고액 : ₩6,400 + ₩1,000 − ₩6,000 = ₩1,400

22. ②

매출원가 : 매출액 × (1 − 매출총이익률)
= ₩400,000 × (1 − 0.25) = ₩300,000

매출원가 : 기초제품재고액 + 당기제품제조원가 − 기말제품재고액

₩300,000 = ₩90,000 + 당기제품제조원가 − ₩100,000

∴ 당기제품제조원가 = ₩310,000

당기제품제조원가 : 기초재공품재고액 + 당기총제조원가 − 기말재공품재고액

₩310,000 = ₩50,000 + 당기총제조원가 − ₩40,000

∴ 당기총제조원가 = ₩300,000

당기총제조원가 : 직접재료원가 + 전환원가

₩300,000 = 직접재료원가 + ₩130,000

∴ 직접재료원가 = ₩170,000

직접재료원가 : 기초직접재료재고액 + 직접재료매입액 − 기말직접재료재고액

₩170,000 = ₩20,000 + ₩180,000 − 기말직접재료재고액

∴ 기말직접재료재고액 = ₩30,000

23. ②

기초원가 : ₩120 + ₩130 = ₩250

가공원가 : ₩130 + ₩50 + ₩50 = ₩230

기간원가 : ₩60 + ₩30 + ₩10 = ₩100

당기총제조원가 : ₩120 + ₩130 + ₩50 + ₩50 = ₩350

당기제품제조원가 : ₩200 + ₩350 − ₩100 = ₩450

24. ⑤

재 공 품

기 초	30,000	당기제품제조원가	355,000
기초원가	325,000		
제조간접원가	25,000	기 말	25,000
	380,000		380,000

제 품

기 초	20,000	매출원가	365,000
당기제품제조원가	355,000	기 말	10,000
	375,000		375,000

25. ⑤

직접재료원가 : 기초직접재료재고액 + 당기직접재료매입액 − 기말직접재료재고액
= ₩30,000 + ₩210,000 − ₩40,000 = ₩200,000

가공원가 : 직접노무원가 + 제조간접원가 = ₩550,000

직접노무원가 : ₩550,000 × 40% = ₩220,000

기초원가 : 직접재료원가 + 직접노무원가
= ₩200,000 + ₩220,000 = ₩420,000

26. ③

매출원가 : 기초제품재고액 + 당기제품제조원가 − 기말제품재고액

₩20,000 = ₩5,000 + 당기제품제조원가 − ₩3,000

∴ 당기제품제조원가 = ₩18,000

당기제품제조원가 : 기초재공품재고액 + 당기총제조원가 − 기말재공품재고액

₩18,000 = ₩6,000 + 당기총제조원가 − ₩3,000

∴ 당기총제소원가 = ₩15,000

당기총제조원가 : 직접재료원가 + 직접노무원가 + 제조간접원가

₩15,000 = ₩6,000 + 직접노무원가 × 1.5

∴ 직접노무원가 = ₩6,000

기본원가 : 직접재료원가 + 직접노무원가
= ₩6,000 + ₩6,000 = ₩12,000

27. ③

당기총제조원가 : ₩1,800 + ₩1,200 + ₩1,500 + ₩1,000 × 30% = ₩4,800

당기제품제조원가 : ₩500 + ₩4,800 − ₩300 = ₩5,000

매출원가 : ₩900 + ₩5,000 − ₩400 = ₩5,500

영업이익 : ₩9,000 − ₩5,500 − ₩1,000 × 70% − ₩800 = ₩2,000

28. ③

매출액 : 매출원가×1.2

₩180,000＝매출원가×1.2

∴ 매출원가＝₩150,000

매출원가 : 기초직접재료재고액＋직접재료매입액－기말직접재료재고액＋가공원가
＋기초재공품재고액－기말재공품재고액＋기초제품재고액－기말제품재고액

₩150,000＝₩17,000＋직접재료매입액－₩13,000＋₩98,000＋₩20,000－₩15,000
＋₩18,000－₩23,000

∴ 직접재료매입액＝₩48,000

영업이익 : 매출액－매출원가－판매관리비
＝₩180,000－₩150,000－₩10,000＝₩20,000

CHAPTER

3 개별원가계산

본장에서는 개별원가계산을 소개한다.

첫째, 본장에서는 개별원가계산을 학습한다. 독특하고 차별화된 제품이나 서비스를 제공하는 기업들은 개별원가계산을 사용한다. 특별한 수요가 존재하거나 주문을 받아서 고객이 원하는 형태의 제품을 생산하는 기업들이 사용하는 개별원가계산은 주문 작업별 원가계산이라고도 한다. 이에 반해 동일하거나 유사한 제품을 대량생산하는 기업들은 종합원가계산을 사용한다. 본장에서는 개별원가계산의 절차를 알아본다.

둘째, 본장에서는 실제개별원가계산과 정상개별원가계산을 학습한다. 경영자에게 적시성 있고 안정성 있는 원가정보를 제공하기 위해서는 예정제조간접원가배부율을 이용한 정상개별원가계산이 요구된다. 그러나 정상개별원가계산은 실제제조간접원가배부율을 이용하지 않으므로, 연말에 배부차이가 발생한다. 배부차이를 조정하는 다양한 결산조정분개에 대해 알아본다.

본장에서는 구체적으로 다음과 같은 내용들을 학습한다.

- 개별원가계산과 종합원가계산은 어떠한 차이가 있는가?
- 작업이란 무엇인가?
- 작업원가표란 무엇인가?
- 제조간접원가를 개별 작업에 어떻게 배부하는가?
- 정상원가계산과 실제원가계산은 어떠한 차이가 있는가?
- 실제원가계산이 지니는 한계점은 무엇인가?
- 배부차이가 발생하는 원인은 무엇인가?
- 배부차이를 조정하는 방법은 무엇인가?

Accounting Insight **관리회계 경영 사례**

회계장부에 불분명한 기타 비용이 8%…

성호전자는 1973년에 설립된 전자부품제조업체이다. 성호전자는 2001년 143억원이었던 매출액이 2010년 1,350억원으로 9배 이상 급격한 성장을 기록했다. 하지만 10년 사이 가파른 기업의 성장으로 인해 제품, 자재, 출납은 계속 복잡해져만 갔고, 개별 제품별 원가계산 및 재고자산 파악은 점점 어려워졌다. 2010년 성호전자의 회계장부에는 사용처가 불분명하여 '기타'로 처리된 비용이 전체의 8%가 넘었다. 관련 비용이 발생한 것은 사실이지만, 관련 비용이 연구개발과정에서 사용된 것인지, 샘플제작과정에서 사용된 것인지, 정확한 출처를 알 수 없었다. 또한 개별 제품의 원가계산을 단순히 감각에만 의존하다 보니, 제품을 하나 판매하고 난 후 정확히 얼마의 이익이 발생했는가를 파악할 수 없었다.

성호전자 박환우 대표는 "연 매출 300억원 미만일 때에는 복잡한 원가계산을 하지 않아도 개별 제품의 수익성을 파악할 수 있었지만, 매출이 1,000억원이 넘어가자 아리송하기만 했다"고 말했다.

성호전자는 2011년 IBK기업은행을 통해 회계 컨설팅을 받았다. 컨설팅 과정에서 원가계산 방법, 재고자산관리 방법 등에서 여러 가지 문제점을 진단받고 수정되는 과정을 거쳤다. 컨설팅 후 성호전자는 여러 가지 변화를 직접 경험했다. 불분명한 원자재 비율이 컨설팅 전 8%에서 컨설팅 후 0.5%로 감소했고, 제품별 원가계산에서 그동안 공통비로 인과관계 없이 두루뭉술하게 처리되던 회계처리들도, 컨설팅 후 인건비와 판매관리비가 사업부별로 적절한 인과관계에 따라 나뉘어 비용처리되기 시작했다.

생각해 볼 문제 • • •

① 성호전자 사례를 통해 볼 때, 기업의 성장과 함께 뒷받침되어야 할 기업의 시스템은 무엇인가?
② 관리회계적인 관점에서, 개별제품의 수익성을 정확히 파악하는 것이 중요한 이유는 무엇인가?

자료출처 : 중앙일보(2012. 2. 28), "'회계 맞춤 치료'… 사용처 몰랐던 원자재 8% → 0. 4%로 뚝"

개별원가계산과 종합원가계산

기업이 어떤 제품이나 서비스를 제공하고 있느냐에 따라서 크게 두 가지 원가계산 방법으로 나누어 집계한다. 독특하고 차별화된 제품이나 서비스를 제공하는 기업들은 개별원가계산을 사용한다. 반면 유사한 제품이나 서비스를 제공하는 기업들은 종합원가계산을 사용한다.

개별원가계산

다양한 형태의 제품을 생산하는 기업들의 경우에는 주문생산방식을 취하게 된다. 특별한 수요가 존재하거나 주문을 받아서 고객이 원하는 다양한 형태의 제품을 생산하는 기업들은 개별원가계산(job-order costing)을 사용한다. 이를 다른 용어로 주문 작업별 원가계산이라고도 한다.

개별원가계산은 작업별로 원가계산을 수행하게 되는데, 여기서 작업(job)이란 재료나 노동력이 명확하게 구분되는 하나의 단위 또는 집합을 의미한다. 예를 들어 다양한 탁자를 생산하고 있는 기업이 있을 때, 20개의 서로 다른 형태의 탁자를 생산한다면, 20개의 구별된 작업이 수행되고 있는 것이다.

보통 작업은 고객들의 특별한 주문과 관련성이 있다. 개별원가계산은 명확히 구분되는 서로 다른 주문 작업별로 원가계산을 수행한다. 즉 개별원가계산은 작업별로 원가를 추적하여 집계하는 원가계산시스템이다.

일반적으로 개별원가계산을 사용하고 있는 기업들은 다음과 같다.

- 인쇄업
- 조선업
- 건설업
- 가구제조업

개별원가계산		
기업명	제 품	
현대미포조선	선박	
GS건설	리조트	
CJ엔터테인먼트	영화	
제일기획	광고	

예를 들어 조선업에 속하는 현대미포조선은 고객으로부터 수주를 받은 후 고객이 원하는 형태의 선박을 제조한다. 광고업체인 제일기획은 광고주로부터 광고 의뢰가 들어오면 광고주가 원하는 형태의 광고를 제작한다. 개별원가계산을 사용하는 기업들은 명확히 구분되는 주문 작업별로 원가를 계산한다.

종합원가계산

동일하거나 유사한 형태의 제품을 대량생산하는 기업들은 종합원가계산(process costing)을 사용한다. 이를 다른 용어로 공정별 원가계산이라고도 한다.

일반적으로 종합원가계산을 사용하고 있는 기업들은 다음과 같다.

- 식품가공업
- 화학공업
- 제약업

<table>
<tr><th colspan="3">종합원가계산</th></tr>
<tr><th>기업명</th><th colspan="2">제 품</th></tr>
<tr><td>오리온</td><td>과자</td><td>
</td></tr>
<tr><td>하이닉스반도체</td><td>반도체</td><td>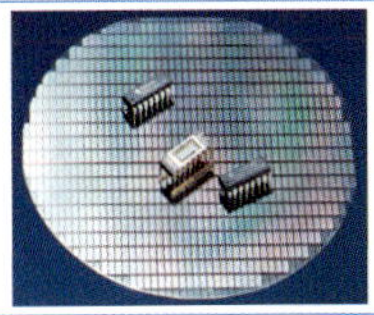</td></tr>
<tr><td>삼진제약</td><td>약품</td><td>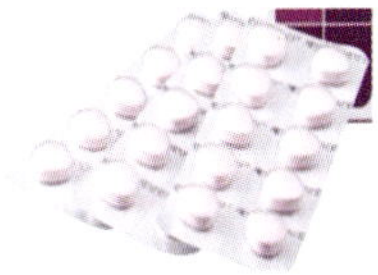</td></tr>
<tr><td>롯데케미칼</td><td>화학제품</td><td></td></tr>
</table>

예를 들어 식품가공기업인 오리온은 초코파이와 바나나 초코파이를 대량으로 생산한다. 제약회사인 삼진제약은 게보린이라는 해열진통제를 동일한 품질과 규격으로 대량생산한다. 종합원가계산을 사용하는 기업들은 생산공정에서 발생한 모든 제조원가를 하나로 집계한 다음에 생산수량으로 나누어 제품의 단가를 계산한다.

$$\text{제품의 단가} = \frac{\text{총제조원가}}{\text{총제조수량}}$$

공정별로 원가를 계산하는 종합원가계산에 대한 구체적인 방법에 대해서는 다음 장에서 다룬다.

개별원가계산의 절차

종합예제 1

(주)YSB조선소는 여러 종류의 선박을 주문생산한다. 20×1년에 고객들로부터 어선, 유람선, 화물선을 구매하겠다는 주문을 받고 생산에 들어갔다.

개별원가계산은 주문 작업별 원가계산이라고도 불리는데, 주문이나 특정수요가 분명하게 파악되는 경우에 제조활동을 시작하는 기업에서 주로 사용되는 원가계산시스템이다. 위 예제와 같이 조선업이나 건설업, 항공기제조업 등에서 주로 사용되는 원가계산시스템이다.

개별원가계산에서 재료나 노동력이 명확하게 구분되어 인식되는 단위를 작업이라 한다. 이는 하나의 제품일 수도 있고 여러 제품일 수도 있다. 위 예제에서 작업은 크게 세 가지로 어선작업, 유람선작업, 화물선작업으로 분류 가능하다. 따라서 (주)YSB조선소는 어선작업, 유람선작업, 화물선작업별로 원가를 구분하여 기록 · 집계하게 된다. 개별원가계산은 종합원가계산처럼 동일하거나 유사한 형태의 제품을 대량생산하는 것이 아니므로, 모든 제조원가를 하나로 집계한 다음에 생산수량으로 나누어 제품의 단가를 계산할 수 없다. 따라서 주문생산방식의 기업은 구분되는 작업별로 원가를 계산하는 과정을 거쳐야 한다.

개별원가계산을 사용하는 기업들은 고객으로부터 주문요청서가 도착하면, 제품을 제작하기 위한 준비를 시작한다. 기업은 주문요청서를 받고, 제품에 대한 제조과정이 면밀하게 기록되어 있는 제조지시서를 작성한다. 제조지시서 작성이 완료되면, 작업자들은 작성된 제조지시서에 따라서 제조활동에 참여하게 된다. 또한 제조지시서에 따른 작업이 완료되면 작업자들은 작업원가표를 작성한다.

개별원가계산에서는 다음과 같은 작업원가표(job cost sheet)를 통해서 각 작업별로 원가를 집계할 수 있다. 모든 작업은 다음에 예시된 바와 같이 제조원가를 직접재료원가, 직접노무원가, 제조간접원가로 구분하여 기록 · 집계한다.

작업원가표(Job Cost Sheet)

작업번호 : A-165　　　　　　　　작업개시일 :
부 서 명 :　　　　　　　　　　　작업완료일 :

직접재료원가		직접노무원가			제조간접원가		
재료단가	수량	작업시간	시간당 임금	작업자수	작업시간	배부율	금액

작업별로 직접재료원가와 직접노무원가를 파악한다

먼저, 작업별로 직접재료원가를 집계한다. 예를 들어, (주)YSB조선소의 A-165번 작업이 철판 두 개를 용접하는 작업이라면, 작업자는 제조지시서에 따라 작업을 완료한 후, 사용한 철판의 재료단가와 수량을 기록한다. 작업자는 작업완료 후, 작성한 작업원가표를 기업 내부의 회계부서에 제출한다. 이러한 과정을 통해서 기업의 회계팀은 작업별로 발생한 직접재료원가를 집계할 수 있다.

직접재료원가 = 재료단가 × 재료수량

둘째, 작업별로 직접노무원가를 집계한다. 예를 들어, (주)YSB조선소의 A-165번 작업에서 시간당 3만원의 임금을 받고 있는 작업자 2명이 3시간 동안 작업하였다면, 작업시간과 시간당 임금, 작업자수의 정보를 작업원가표에 기록한다(3시간 × 시간당 3만원 × 2명 = 직접노무원가 18만원). 작업자는 작업완료 후, 작성한 작업원가표를 기업 내부의 회계부서에 제출한다. 이러한 과정을 통해서 기업의 회계팀은 작업별로 발생한 직접노무원가를 집계할 수 있다.

직접노무원가 = 작업시간 × 시간당 임금 × 작업자수

따라서 작업원가표를 작성하면, 아래 그림과 같이 어선작업, 유람선작업, 화물선작업에 각각 얼마의 원가가 발생되었는가를 추적하여 집계할 수 있다.

제조간접원가를 배분한다

직접재료원가 및 직접노무원가와 달리, 제조간접원가의 경우에는 구분된 작업별 추적이 불가능하다. 예를 들어, (주)YSB조선소에서 어선, 유람선, 화물선을 제조하는 과정에서 타워크레인이 모두 사용되었다면, 타워크레인의 감가상각비는 제조간접원가로 분류된다. 모든 작업에 공통적으로 사용된 타워크레인의 감가상각비는 어떻게 각각의 작업별로 배분해줄 수 있을까?

제조간접원가는 개별 작업에 대응시킬 수 없으므로, 적정한 배부기준(allocation base)에 의해 금액을 배분한다. 기업에서 일반적으로 많이 사용하고 있는 배부기준은 크게 세 가지로, 직접노무원가기준, 직접노무시간기준, 기계시간기준이 그것이다. 기업은 흔히 이 세 가지 기준 중 하나를 선택해서 사용한다. 기업이 무엇을 배부기준으로 사용해야 할 것인가는 매우 중요한 문

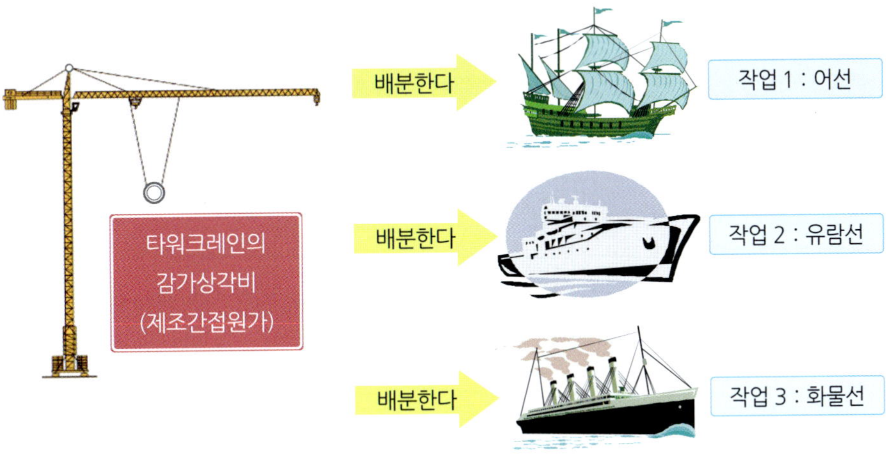

제이다. 기업은 배부기준을 선택할 때, 다음과 같은 사항들을 고려해야만 한다.

- 제조간접원가의 발생원인과 인과관계를 고려하여 선택해야 한다.
- 편리하게 적용이 가능한 방법을 선택해야 한다.

$$\text{제조간접원가} = \text{배부기준량} \times \text{제조간접원가배부율}$$

$$\text{제조간접원가배부율} = \frac{\text{총제조간접원가}}{\text{총배부기준량}}$$

종합예제 2 실제제조간접원가 배분

(주)YSB조선소는 20×1년 한 해 동안 #101, #102, #103 세 가지 작업에 착수하여 모두 완성하였다. 당기에 발생한 #101, #102, #103 작업의 실제발생원가와 실제발생시간은 아래와 같다. 연말에 집계된 실제제조간접원가는 ₩12,000이다.

	작업 #101	작업 #102	작업 #103	합 계
직접재료원가	₩4,000	₩3,500	₩2,500	₩10,000
직접노무원가	4,000	6,000	10,000	20,000
직접노무시간	500	300	200	1,000시간
기계시간	1,000	400	600	2,000시간

요구사항

1. (주)YSB조선소가 아래와 같은 배부기준을 이용할 경우, 각각의 제조간접원가배부율을 계산하라.
   1) 직접노무원가기준
   2) 직접노무시간기준
   3) 기계시간기준
2. 위에서 구한 제조간접원가배부율을 이용하여, 작업별 제조원가를 계산하라.

풀이 및 해설

1. 1) 직접노무원가기준
   제조간접원가배부율＝총제조간접원가/총직접노무원가
   ₩12,000/₩20,000＝직접노무원가당 ₩0.6
   2) 직접노무시간기준
   제조간접원가배부율＝총제조간접원가/총직접노무시간
   ₩12,000/1,000시간＝직접노무시간당 ₩12
   3) 기계시간기준
   제조간접원가배부율＝총제조간접원가/총기계시간
   ₩12,000/2,000시간＝기계시간당 ₩6

2. 1)

	작업 #101	작업 #102	작업 #103	합 계
직접재료원가	₩4,000	₩3,500	₩2,500	₩10,000
직접노무원가	4,000	6,000	10,000	20,000
제조간접원가	2,400	3,600	6,000	12,000
제조원가	₩10,400	₩13,100	₩18,500	₩42,000

2)

	작업 #101	작업 #102	작업 #103	합 계
직접재료원가	₩4,000	₩3,500	₩2,500	₩10,000
직접노무원가	4,000	6,000	10,000	20,000
제조간접원가	6,000	3,600	2,400	12,000
제조원가	₩14,000	₩13,100	₩14,900	₩42,000

3)

	작업 #101	작업 #102	작업 #103	합 계
직접재료원가	₩4,000	₩3,500	₩2,500	₩10,000
직접노무원가	4,000	6,000	10,000	20,000
제조간접원가	6,000	2,400	3,600	12,000
제조원가	₩14,000	₩11,900	₩16,100	₩42,000

실제원가계산과 정상원가계산

경영자가 적절한 의사결정을 내리기 위해서는 적시성 있고 안정성 있는 원가 정보의 집계가 필요하다. 개별원가계산을 적용하는 기업들은 정상원가계산을 통해서 경영자가 원하는 시점에 원가정보를 제공한다. 실제원가계산과 정상원가계산에 대해 알아보자.

	실제원가계산 (Actual Costing)	정상원가계산 (Normal Costing)
직접재료원가 (Direct Material Cost)	실제원가	실제원가
직접노무원가 (Direct Labor Cost)	실제원가	실제원가
제조간접원가 (Manufacturing Overhead Cost)	실제원가	예정원가

실제원가계산

실제원가계산(actual costing)은 직접재료원가, 직접노무원가, 제조간접원가의 계산에 실제 발생한 원가를 이용하는 원가계산이다. 제조간접원가를 계산할 때, 실제제조간접원가배부율에 실제배부기준량을 곱하여 계산한다.

$$제조간접원가 = 실제배부기준량 \times 실제제조간접원가배부율$$

$$실제제조간접원가배부율 = \frac{총실제제조간접원가}{총실제배부기준량}$$

실제개별원가계산은 다음과 같은 한계점이 있어서, 실무에서 대다수의 기업들은 실제개별원가계산을 사용하지 않는다.

첫째, 실제제조간접원가배부율을 사용할 경우에 원가계산이 지연되는 문제점이 발생한다. 실제제조간접원가배부율을 계산하기 위해서는 실제 발생한 총제조간접원가를 알아야 하는데, 총실제제조간접원가는 12월말, 즉 연말이 되어야만 정확히 알 수 있다. 제조간접원가에 포함되는 전화요금이나 전기료, 수도료 등이 실제로 얼마가 발생되었는가는 연말까지 기다려야만 집계가능하다. 그러나 경영자는 연말이 되기 이전에 회계기간중에라도 자신이 알고자 하는 시점에 원가정보를 이용해야만 한다. 즉 제품에 대한 원가관리, 수익성분석 등을 위해서는 경영자에게 적시에 원가정보가 제공되어야만 한다. 그러나 실제원가계산은 이와 같은 회계정보의 적시성을 충족시킬 수 없다.

둘째, 실제제조간접원가배부율을 사용할 경우에 제품의 단가가 변동되는 문제점이 발생한다. 실무에서 기업들은 월별로 제조간접원가를 배부하고 있는데, 실제제조간접원가배부율을 이용할 경우 제품의 수요가 월별로 다를 수 있으므로 제조간접원가배부율이 변동될 수 있다. 예를 들어 초콜릿을 제조하는 기업은 화이트데이나 발렌타인데이가 포함되어 있는 달의 총실제제조간접원가가 높게 집계될 것이다. 이럴 경우 배부기준량이 큰 폭으로 변화되어 제조간접원가배부율이 변동하게 된다. 실제원가계산은 안정성 있는 원가정보를 제공할 수 없다.

따라서 대부분의 기업들은 경영자에게 적시성 있고 안정성 있는 원가정보를 제공하기 위하여 정상개별원가계산을 사용한다.

정상원가계산

정상원가계산(normal costing)은 직접재료원가, 직접노무원가는 실제 발생한 원가를 이용하고 제조간접원가는 예정원가를 이용하는 원가계산이다. 제조간접원가를 계산할 때, 예정제조간접원가배부율에 실제배부기준량을 곱하여 계산한다.

$$\text{제조간접원가} = \text{실제배부기준량} \times \text{예정제조간접원가배부율}$$

$$\text{예정제조간접원가배부율} = \frac{\text{총예정제조간접원가(제조간접원가 예산)}}{\text{총예정배부기준량(배부기준의 예산수량)}}$$

종합예제 3 예정배부율을 이용한 개별원가계산

(주)YSB조선소는 20×1년 한 해 동안 #101, #102, #103 세 가지 작업에 착수하여 모두 완성하였다. 당기에 발생한 #101, #102, #103 작업의 실제발생원가와 실제발생시간은 아래와 같다.

	작업 #101	작업 #102	작업 #103	합 계
직접재료원가	₩4,000	₩3,500	₩2,500	₩10,000
직접노무원가	4,000	6,000	10,000	20,000
직접노무시간	200	300	500	1,000시간
기계시간	1,000	400	600	2,000시간

요구사항

1. (주)YSB조선소가 연초에 아래와 같이 예상하였을 때, 각각의 예정제조간접원가배부율을 계산하라.
   1) 연초에 과거 자료를 이용하여 1,200시간의 직접노무시간이 발생될 것으로 예상하였다. 연간 고정제조간접원가 예산은 ₩6,000이며 변동제조간접원가 예산은 시간당 ₩5이다. 직접노무시간을 기준으로 할 경우, 예정제조간접원가배부율은 얼마인가?
   2) 연초에 과거 자료를 이용하여 2,000시간의 기계시간이 발생될 것으로 예상하였다. 연간 고정제조간접원가 예산은 ₩6,000이며 변동제조간접원가 예산은 시간당 ₩2이다. 기계시간을 기준으로 할 경우, 예정제조간접원가배부율은 얼마인가?
2. 위에서 구한 예정제조간접원가배부율을 이용하여, 작업별 제조원가를 계산하라.

풀이 및 해설

1. 1) 직접노무시간기준 : 예정제조간접원가배부율
   =제조간접원가 예산/총예정배부기준량
   =(₩6,000+@₩5×1,200시간)/1,200시간
   =직접노무시간당 ₩10

2) 기계시간기준 : 예정제조간접원가배부율
=제조간접원가 예산/총예정배부기준량
=(₩6,000+@₩2×2,000시간)/2,000시간
=기계시간당 ₩5

2. 1)

	작업 #101	작업 #102	작업 #103	합 계
직접재료원가	₩4,000	₩3,500	₩2,500	₩10,000
직접노무원가	4,000	6,000	10,000	20,000
제조간접원가	2,000	3,000	5,000	10,000
제조원가	₩10,000	₩12,500	₩17,500	₩40,000

2)

	작업 #101	작업 #102	작업 #103	합 계
직접재료원가	₩4,000	₩3,500	₩2,500	₩10,000
직접노무원가	4,000	6,000	10,000	20,000
제조간접원가	5,000	2,000	3,000	10,000
제조원가	₩13,000	₩11,500	₩15,500	₩40,000

배부차이 조정

정상원가계산의 장점은 제조원가를 경영자가 원하는 시점에 안정성 있게 산출가능하다는 데 있다. 예정제조간접원가배부율을 이용한 정상원가계산은 그만큼 편리하고 유용한 원가계산시스템이다. 그러나 정상원가계산은 실제원가를 이용하는 것이 아니라, 연초에 미리 추정한 예정제조간접원가배부율을 이용하여 제조간접원가를 산출하기 때문에 실제제조간접원가배부율과는 차이를 보일 수밖에 없다. 연초에 미리 설정한 예정제조간접원가배부율은 연말에 산출한 실제제조간접원가배부율과는 동일하지 않을 가능성이 더 크다. 연중에 배부한 제조간접원가 예정배부액과 연말에 집계한 제조간접원가 실제발생액과의 차이를 배부차이라 한다. 따라서 정상원가계산을 이용하고 있는 기업들은 회계기간 말에 결산조정분개(결산수정분개)를 이용하여 배부차이를 조정해야 한다.

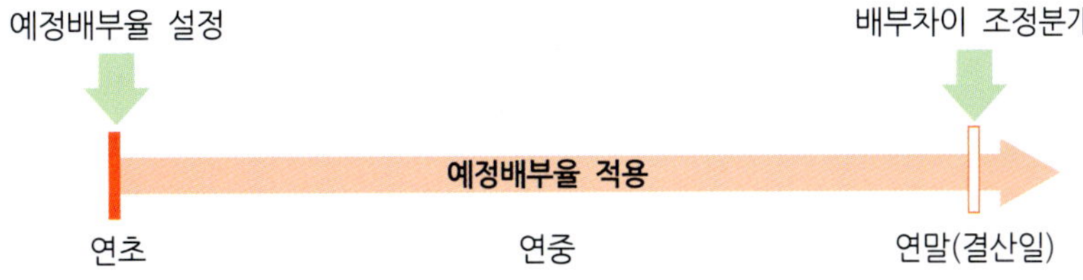

제조간접원가의 과대배부, 과소배부

제조간접원가 과대배부	제조간접원가 과소배부
정상원가>실제원가	정상원가<실제원가
제조간접원가 예정배부액>제조간접원가 실제발생액	제조간접원가 예정배부액<제조간접원가 실제발생액
매출원가, 제품, 재공품 계정 하향조정	매출원가, 제품, 재공품 계정 상향조정

제조간접원가 과대배부액이란 회계기간 동안 적용한 제조간접원가 예정배부액이 회계기간 말에 집계된 제조간접원가 실제발생액보다 큰 경우를 일컫는다. 이 경우에는 매출원가, 제품, 재공품 계정이 실제원가보다 과대계산되므로, 이를 하향조정하는 결산조정분개가 요구된다.

제조간접원가 과소배부액이란 회계기간 동안 적용한 제조간접원가 예정배부액이 회계기간 말에 집계된 제조간접원가 실제발생액보다 작은 경우를 일컫는다. 이 경우에는 매출원가, 제품, 재공품 계정이 실제원가보다 과소계산되므로, 이를 상향조정하는 결산조정분개가 요구된다.

제조간접원가(통제)

실제발생액	×××	예정배부액	×××

재 공 품

기초재공품	×××	당기제품제조원가	×××
직접재료원가	×××		
직접노무원가	×××		
제조간접원가	×××	기말재공품	×××

제 품

기 초 제 품	×××	매 출 원 가	×××
당기제품제조원가	×××	기 말 제 품	×××

매출원가

매 출 원 가	×××		

제조간접원가 배부차이를 재공품, 제품, 매출원가 계정에서 조정하는 이유는 아래와 같다. 앞서 제2장에서 다룬 바와 같이 원가의 흐름은 제조간접원가 → 재공품 → 제품 → 매출원가로 흘러간다. 따라서 제조간접원가의 예정배부액은 재공품계정의 차변에 영향을 미치며, 이는 다시 제품계정과 매출원가계정에 차례로 영향을 미친다. 따라서 결산일에 제조간접원가의 배부차이가 발생하면 이 계정들에서 배부차이를 조정하게 된다.

제조간접원가의 배부차이 조정방법

배부차이를 조정하는 방법에는 크게 세 가지가 존재한다.

● 배부차이를 매출원가계정에서 전액 조정하는 방법(매출원가조정법)

제조간접원가의 배부차이를 매출원가에서 전액 조정하는 방법이다. 제조간접원가 과소배부액은 매출원가에 가산하고, 제조간접원가 과대배부액은 매출원가에서 차감한다.

제조간접원가(통제)

실제발생액	12,000	예정배부액	10,000

위와 같이 제조간접원가 과소배부액이 ₩2,000 발생하였을 때, 매출원가계정에서 전액 조정하는 분개를 한다. 아래와 같은 분개를 통해 매출원가는 ₩2,000만큼 증가한다.

(차) 매 출 원 가 2,000 (대) 제조간접원가(통제) 2,000

제조간접원가(통제)

실제발생액	12,000	예정배부액	14,000

반대로 위와 같이 제조간접원가 과대배부액이 ₩2,000 발생하였을 때, 매출원가계정에서 전액 조정하는 분개를 한다. 다음과 같은 분개를 통해 매

출원가는 ₩2,000만큼 감소한다.

(차) 제조간접원가(통제)	2,000	(대) 매 출 원 가	2,000

● 배부차이를 재공품, 제품, 매출원가 계정의 기말잔액을 기준으로 상대적인 비율에 따라 조정하는 방법(총원가비례배분법, 기말잔액기준법)

제조간접원가의 배부차이를 재공품, 제품, 매출원가 계정의 기말잔액의 비율에 따라 상대적으로 배분하는 방법이다.

제조간접원가 과소배부액이 ₩2,000 발생하였고, 기말 현재 매출원가가 ₩10,000, 기말제품이 ₩6,000, 기말재공품이 ₩4,000이라고 가정하자. 제조간접원가 과소배부액을 재공품의 기말잔액, 제품의 기말잔액 및 매출원가의 상대적 비율로 배부하면 기말재공품에 ₩400(20%), 기말제품에 ₩600(30%) 매출원가에 ₩1,000(50%)이 배부되어 각 계정의 금액이 증가하게 된다. 이에 대한 분개는 아래와 같다.

(차) 매 출 원 가	1,000	(대) 제조간접원가(통제)	2,000
제 품	600		
재 공 품	400		

이와 달리, 제조간접원가 과대배부액이 ₩2,000 발생한 경우에는 아래와 같이 제조간접원가(통제)가 차변에 기록되고 재공품, 제품, 매출원가는 대변에 기록되어 각 계정의 금액은 감소하게 된다. 이에 대한 분개는 아래와 같다.

(차) 세조간집원가(통제)	2,000	(대) 매 출 원 가	1,000
		제 품	600
		재 공 품	400

● 재공품, 제품, 매출원가 계정에 포함된 제조간접원가배부액을 기준으로 상대적인 비율에 따라 조정하는 방법(원가요소별 비례배분법, 제조간접원가기준법)

제조간접원가의 배부차이를 재공품, 제품, 매출원가 계정에 포함된 제조간접원가의 배부비율에 따라 상대적으로 배분하는 방법이다.

제조간접원가 과소배부액이 ₩2,000 발생하였고, 매출원가에 포함된 제조간접원가가 ₩6,000, 기말제품에 포함된 제조간접원가가 ₩2,500, 기말재공품에 포함된 제조간접원가가 ₩1,500이라고 가정하자. 제조간접원가 과소배부액을 재공품, 제품 및 매출원가에 포함된 제조간접원가의 상대적 비율에 따라 배부하면 매출원가에 ₩1,200(60%), 기말제품에 ₩500(25%), 기말재공품에 ₩300(15%)이 배부되어 각 계정의 금액이 증가하게 된다. 이에 대한 분개는 아래와 같다.

(차) 매 출 원 가	1,200	(대) 제조간접원가(통제)	2,000
제 품	500		
재 공 품	300		

이와 달리, 제조간접원가 과대배부액이 ₩2,000 발생한 경우에는 아래와 같이 제조간접원가(통제)가 차변에 기록되고 재공품, 제품, 매출원가는 대변에 기록되어 각 계정의 금액은 감소하게 된다. 이에 대한 분개는 아래와 같다.

(차) 제조간접원가(통제)	2,000	(대) 매 출 원 가	1,200
		제 품	500
		재 공 품	300

종합예제 4 배부차이 조정

(주)YSB조선소는 20×1년 한 해 동안 #101, #102, #103을 만들기 시작하였다. 연말까지 #101과 #102는 완성하였고, #103은 미완성하였다. 그리고 #101은 판매하였다. 당기에 발생한 #101, #102, #103 작업의 실제발생원가와 실제발생시간은 아래와 같다. (주)YSB조선소의 기초재고자산은 없다.

	작업 #101	작업 #102	작업 #103	합 계
직접재료원가	₩4,000	₩3,500	₩2,500	₩10,000
직접노무원가	4,000	6,000	10,000	20,000
직접노무시간	200	300	500	1,000시간

(주)YSB조선소는 정상원가계산을 사용하고 있다. (주)YSB조선소는 연초에 과거 자료를 이용하여 1,200시간의 직접노무시간이 발생될 것으로 예상하였다. 연간 고정제조간접원가 예산은 ₩6,000이며 변동제조간접원가 예산은 직접노무시간당 ₩50이다. 연말에 집계된 실제제조간접원가는 ₩12,000이다.

요구사항

1. 20×1년에 발생한 배부차이는 얼마인가?
2. 20×1년에 발생한 배부차이를 매출원가조정법을 통해 조정했을 때, 재공품, 제품, 매출원가의 기말잔액은 각각 얼마인가?
3. 20×1년에 발생한 배부차이를 기말잔액을 기준으로 조정했을 때, 재공품, 제품, 매출원가의 기말잔액은 각각 얼마인가?
4. 20×1년에 발생한 배부차이를 제조간접원가를 기준으로 조정했을 때, 재공품, 제품, 매출원가의 기말잔액은 각각 얼마인가?

풀이 및 해설

1. 제조간접원가 예정배부율 = 제조간접원가 예산/총예정배부기준량
   (₩6,000 + @₩5 × 1,200시간)/1,200시간 = 직접노무시간당 ₩10

	작업 #101	작업 #102	작업 #103	합 계
직접재료원가	₩4,000	₩3,500	₩2,500	₩10,000
직접노무원가	4,000	6,000	10,000	20,000
제조간접원가	2,000	3,000	5,000	10,000
제조원가	₩10,000	₩12,500	₩17,500	₩40,000
	매출원가	기말제품	기말재공품	

제조간접원가 예정배부액은 ₩10,000이며, 제조간접원가 실제발생액은 ₩12,000이다. 따라서 ₩2,000의 배부차이가 발생하였고, 제조간접원가가 ₩2,000만큼 과소배부되었다.

제조간접원가(통제)

실제발생액	12,000	예정배부액	10,000

(주)YSB조선소는 당기에 #101, #102, #103을 만들기 시작하여, #101과 #102는 완성하였으나 #103은 미완성하였다. 따라서 미완성된 #103은 기말재공품이 된다. 완성된 #101과 #102는 당기제품제조원가가 되어 제품계정으로 옮겨진다.

완성된 #101과 #102 중에서 #101은 판매하였다. 따라서 #101은 매출원가가 되어 제품계정에서 매출원가계정으로 옮겨진다. 반면 완성하였으나 판매하지 못한 #102는 기말제품이 된다.

2. 매출원가계정에서 전액 조정하는 방법(매출원가조정법)

	매출원가	기말제품	기말재공품	합 계
기말잔액	₩10,000	₩12,500	₩17,500	₩40,000
매출원가에서 전액 조정	2,000	0	0	2,000
조정 후 잔액	12,000	12,500	17,500	42,000

제조간접원가 과소배부액 ₩2,000을 20×1년 발생한 매출원가에서 전액 조정하면 매출원가가 ₩2,000만큼 증가하게 된다. 이에 대한 분개는 아래와 같다.

(차) 매 출 원 가	2,000	(대) 제조간접원가(통제)	2,000

따라서 기말조정분개를 통해 포괄손익계산서상에 매출원가는 ₩12,000이 된다.

3. 기말잔액을 기준으로 조정하는 방법(총원가비례배분법, 기말잔액기준법)

	매출원가	기말제품	기말재공품	합 계
기말잔액	₩10,000	₩12,500	₩17,500	₩40,000
기말잔액기준으로 조정	500	625	875	2,000
조정 후 잔액	10,500	13,125	18,375	42,000

제조간접원가 과소배부액 ₩2,000을 20×1년 재공품의 기말잔액, 제품의 기말잔액 및 매출원가의 상대적 비율로 배부하면 기말재공품에 ₩875, 기말제품에 ₩625, 매출원가에 ₩500이 배부되어 각 계정의 금액이 증가하게 된다. 이에 대한 분개는 아래와 같다.

(차) 매 출 원 가	500	(대) 제조간접원가(통제)	2,000
제 품	625		
재 공 품	875		

따라서 기말조정분개를 통해 재무상태표상에 기말재공품은 ₩18,375, 기말제품은 ₩13,125, 포괄손익계산서상에 매출원가는 ₩10,500이 된다.

4. 제조간접원가를 기준으로 조정하는 방법(원가요소별 비례배분법, 제조간접원가기준법)

	매출원가	기말제품	기말재공품	합 계
기말잔액	₩10,000	₩12,500	₩17,500	₩40,000
(제조간접원가)	(2,000)	(3,000)	(5,000)	(10,000)
제조간접원가를 기준으로 조정	400	600	1,000	2,000
조정 후 잔액	10,400	13,100	18,500	42,000

제조간접원가 과소배부액 ₩2,000을 20×1년 재공품, 제품, 매출원가에 포함된 제조간접원가의 상대적 비율에 따라 배부하면 기말재공품에 ₩1,000, 기말제품에 ₩600, 매출원가에 ₩400이 배부되어 각 계정의 금액이 증가하게 된다. 이에 대한 분개는 아래와 같다.

(차) 매 출 원 가	400	(대) 제조간접원가(통제)	2,000
제 품	600		
재 공 품	1,000		

따라서 기말조정분개를 통해 재무상태표상에 기말재공품은 ₩18,500, 기말제품은 ₩13,100, 포괄손익계산서상에 매출원가는 ₩10,400이 된다.

제조간접원가의 배부차이 조정방법 선택

제조간접원가의 배부차이를 조정할 수 있는 세 가지 방법 중에 기업이 어떤 방법을 선택할 것인가는 아래와 같은 점들을 고려해서 결정한다.

가장 정확한 조정방법을 선택하고자 한다면 재공품, 제품, 매출원가 계정에 포함된 제조간접원가배부액을 기준으로 상대적인 비율에 따라 조정하는 방법을 선택하는 것이 바람직하다. 제조간접원가 배부차이를 조정하여 재무제표에 보고되는 기말재고자산과 매출원가를 보다 정확하게 집계하고, 개별 작업에 대한 정확한 원가계산을 원한다면, 제조간접원가를 기준으로 배부차이를 조정하는 제조간접원가기준법(원가요소별 비례배분법)이 가장 우수하다.

가장 편리한 방법을 선택하고자 한다면 매출원가조정법을 선택하여 배부차이 전액을 매출원가계정에서 조정하는 방법을 선택하는 것이 바람직하다. 매출원가조정법은 제조간접원가의 배부차이 발생액이 크지 않거나 기말재고자산이 크게 중요하지 않은 경우에 많이 사용한다.

03 용어정리

개별원가계산(job-order costing)
특별한 수요가 존재하거나 주문을 받아서 고객이 원하는 형태의 다양한 제품을 생산하는 기업들이 사용하는 원가계산시스템

배부기준(allocation base)
원가를 원가대상에 배부하기 위하여 사용되는 직접노무원가, 직접노무시간, 기계시간과 같은 측정치

실제원가계산(actual costing)
직접재료원가, 직접노무원가, 제조간접원가의 계산에 실제 발생한 원가를 이용하는 원가계산시스템

작업(job)
재료나 노동력이 명확하게 구분되는 하나의 단위 또는 집합

작업원가표(job cost sheet)
개별원가계산에서 각 작업별로 원가를 집계할 때 사용하는 양식(표)

정상원가계산(normal costing)
직접재료원가, 직접노무원가는 실제 발생한 원가를 이용하고 제조간접원가는 예정원가를 이용하는 원가계산시스템

제조간접원가 예정배부율(predetermined overhead rate)
제조간접원가를 각 작업에 배부하기 위해 연초에 미리 산정해 놓은 배부율. 당기에 예상되는 총제조간접원가를 총배부기준량으로 나누어서 계산함

종합원가계산(process costing)
동일하거나 유사한 형태의 제품을 대량생산하는 기업들이 사용하는 원가계산시스템. 다른 용어로 공정별 원가계산이라고도 함

주관식 개념문제

1. 개별원가계산과 종합원가계산의 차이점에 대해 설명하라.

2. 개별원가계산을 사용하는 기업을 예를 들어 설명하라.

3. 작업의 개념을 설명하라.

4. 기업들이 많이 사용하고 있는 제조간접원가 배부기준에 대해 설명하라.

5. 제조간접원가 배부기준을 선택할 때, 고려할 사항에 대해 설명하라.

6. 정상원가계산과 실제원가계산의 차이점에 대해 설명하라.

7. 실제원가계산이 지니는 한계점에 대해 설명하라.

8. 배부차이가 발생하는 원인에 대해 설명하라.

9. 배부차이를 조정하는 방법에 대해 설명하라.

객관식 개념문제

1. 다음 중 개별원가계산에 대한 설명이 아닌 것은?

① 독특하고 차별화된 제품이나 서비스를 제공하는 기업에서 사용한다.
② 특별한 수요가 존재하거나 주문을 받아서 생산하는 기업에서 사용한다.
③ 인쇄업, 조선업, 건설업, 가구제조업 등에서 많이 사용한다.
④ 주문 작업별 원가계산이라고도 한다.
⑤ 모든 제조원가를 하나로 집계한 다음에 생산수량으로 나누어 제품의 단가를 계산할 수 있다.

2. 다음 중 개별원가계산을 주로 사용하는 기업이 아닌 것은?

① 조선업 ② 건설업 ③ 가구제조업
④ 식품가공업 ⑤ 항공기제조업

3. 다음 중 제조간접원가 배부기준에 대한 적절한 설명이 아닌 것은?

① 제조간접원가 배부기준으로 직접노무비를 선택할 수 있다.
② 제조간접원가 배부기준으로 직접노무시간을 선택할 수 있다.
③ 제조간접원가 배부기준으로 기계시간을 선택할 수 있다.
④ 제조간접원가 배부기준은 제조간접원가의 발생원인과 인과관계를 고려하여 선택해야 한다.
⑤ 제조간접원가 배부기준은 다소 시간이 많이 걸리고 불편하더라도 발생원인과 인과관계가 뚜렷한 배부기준을 선택해야 한다.

4. 다음 중 정상원가계산에 대한 적절한 설명이 아닌 것은?

① 재무제표 작성을 목적으로 정확성을 높이기 위하여 정상원가계산을 사용한다.
② 경영자에게 적시성이 있는 정보를 제공하기 위해서 정상원가계산을 사용한다.
③ 경영자에게 안정성이 있는 정보를 제공하기 위해서 정상원가계산을 사용한다.

④ 예정제조간접원가배부율을 이용한다.
⑤ 정상원가계산은 직접재료원가, 직접노무원가는 실제 발생한 원가를 이용하고 제조간접원가는 예정원가를 이용한다.

5. 다음 중 배부차이 조정에 대한 적절한 설명이 아닌 것은?

① 제조간접원가 실제발생액과 제조간접원가 예정배부액의 차이를 배부차이라 한다.
② 정상원가가 실제원가보다 크면 제조간접원가가 과대배부된 것이다
③ 실제발생액은 제조간접원가(통제)계정의 대변에 집계된다.
④ 가장 정확한 조정방법을 선택하고자 한다면 재공품, 제품, 매출원가 계정에 포함된 제조간접원가배부액을 기준으로 상대적인 비율에 따라 조정하는 방법을 선택하는 것이 바람직하다.
⑤ 가장 편리한 방법을 선택하고자 한다면 매출원가조정법을 선택하여 배부차이 전액을 매출원가계정에서 조정하는 방법을 선택하는 것이 바람직하다.

정답

1. ⑤ 2. ④ 3. ⑤ 4. ① 5. ③

기본문제

1. (주)YSB조선소는 연초에 과거 자료를 이용하여 1,000시간의 직접노무시간이 발생될 것으로 예상하였다. 연간 고정제조간접원가 예산은 ₩100,000이며 변동제조간접원가 예산은 시간당 ₩50이다.

요구사항

직접노무시간을 기준으로 하여, 예정제조간접원가배부율을 계산하라.

풀이 및 해설

예정제조간접원가배부율＝제조간접원가 예산/총예정배부기준량
(₩100,000＋@₩50×1,000시간)/1,000시간＝직접노무시간당 ₩150

2. 다음은 정상개별원가 계산을 채택하고 있는 (주)YSB조선소가 제조간접원가(통제)계정으로 배부차이를 조정하기 전의 기록이다.

제조간접원가(통제)

차변	대변
330,000	300,000

	기말재공품	기말제품	매출원가
직접재료비	₩45,000	₩5,000	₩80,000
직접노무원가	55,000	15,000	100,000
제조간접원가	100,000	80,000	120,000
합 계	₩200,000	₩100,000	₩300,000

요구사항

1. 제조간접원가 실제발생액은 얼마인가?
2. 제조간접원가 예정배부액은 얼마인가?
3. 배부차이는 얼마인가?

4. 발생한 배부차이를 매출원가조정법을 통해 조정했을 때, 포괄손익계산서상의 매출원가는 얼마인가?
5. 발생한 배부차이를 기말잔액을 기준으로 조정했을 때, 포괄손익계산서상의 매출원가는 얼마인가?
6. 발생한 배부차이를 제조간접원가를 기준으로 조정했을 때, 포괄손익계산서상의 매출원가는 얼마인가?

풀이 및 해설

1. ₩330,000
2. ₩300,000
3. ₩30,000(과소배부)
4.

(차)	매 출 원 가	30,000	(대) 제조간접원가(통제)	30,000

∴ ₩300,000 + ₩30,000 = ₩330,000

5.

(차)	매 출 원 가	15,000	(대) 제조간접원가(통제)	30,000
	제 품	5,000		
	재 공 품	10,000		

∴ ₩300,000 + ₩15,000 = ₩315,000

6.

(차)	매 출 원 가	12,000	(대) 제조간접원가(통제)	30,000
	제 품	8,000		
	재 공 품	10,000		

∴ ₩300,000 + ₩12,000 = ₩312,000

연습문제

※ 다음 자료는 [문제 1]~[문제 3]에 적용된다. (주)이화는 정상개별원가계산을 사용한다. (주)이화는 한 해 동안 세 가지 작업에 착수하여 모두 완성하였다. (주)이화는 작업 #101은 직접노무원가를 기준으로, 작업 #102는 직접노무시간을 기준으로, 작업 #103은 기계시간을 기준으로 각각 제조간접원가를 배부하고 있다(작업 #101, 작업 #102, 작업 #103은 서로 독립적임). (주)이화가 연초에 예정제조간접원가배부율을 계산하기 위하여 이용한 예산 자료는 아래와 같다.

	작업 #101	작업 #102	작업 #103
제조간접원가	₩1,200,000	₩1,500,000	₩900,000
직접노무원가	1,500,000	1,250,000	450,000
직접노무시간	100,000	125,000	40,000
기계시간	400,000	500,000	120,000

1월 한 달 동안 발생한 실제발생원가와 실제발생시간은 아래와 같다.

	작업 #101	작업 #102	작업 #103
직접재료원가	₩140,000	₩126,000	₩78,000
직접노무원가	120,000	110,000	37,500
제조간접원가	99,000	124,000	79,000
직접노무시간	8,000	11,000	3,500
기계시간	34,000	45,000	10,400

1. [예정제조간접원가배부율] 다음 중 작업별 예정제조간접원가배부율이 바르게 제시된 것을 고르라.

	작업 #101	작업 #102	작업 #103
①	직접노무원가당 ₩0.8	직접노무시간당 ₩12	기계시간당 ₩7.5
②	직접노무원가당 ₩0.8	직접노무시간당 ₩28.8	기계시간당 ₩30
③	직접노무원가당 ₩1.8	직접노무시간당 ₩12	기계시간당 ₩7.5
④	직접노무원가당 ₩2.4	직접노무시간당 ₩12	기계시간당 ₩30
⑤	직접노무원가당 ₩2.4	직접노무시간당 ₩28.8	기계시간당 ₩7.5

2. [제조원가] 위에서 구한 예정제조간접원가배부율을 이용하여, 작업별 제조원가를 계산한 결과로 옳은 것은?

	작업 #101	작업 #102	작업 #103
①	₩356,000	₩368,000	₩200,500
②	₩356,000	₩368,000	₩225,000
③	₩368,000	₩356,000	₩193,500
④	₩356,000	₩368,000	₩193,500
⑤	₩368,000	₩356,000	₩200,500

3. [배부차이] 다음 중 작업별 배부차이가 바르게 제시된 것을 고르라.

	작업 #101	작업 #102	작업 #103
①	₩3,000 과대배부	₩2,000 과대배부	₩1,000 과대배부
②	₩3,000 과소배부	₩8,000 과소배부	₩1,000 과소배부
③	₩3,000 과소배부	₩8,000 과대배부	₩1,000 과소배부
④	₩3,000 과대배부	₩8,000 과소배부	₩1,000 과대배부
⑤	₩3,000 과소배부	₩2,000 과소배부	₩1,000 과소배부

4. [배부차이] (주)청송은 개별원가계산을 사용한다. #101의 조립과 생산에 대한 원가정보는 다음과 같다. #101의 제조간접원가 배부차이를 구하면 얼마인가?

• 직접노무임금	₩25,000	• 직접재료사용	₩60,000
• 간접노무원가	5,000	• 공장 공과금	800
• 공장 화재보험	900	• 제조간접원가 예정배부액	12,000
• 간접재료원가	5,000	• 설비감가상각비	500

① ₩200(과대배부) ② ₩200(과소배부) ③ ₩400(과소배부)
④ ₩500(과대배부) ⑤ ₩600(과대배부)

5. [정상개별원가계산] (주)창조의 개별원가계산시스템에서는 제조간섭원가를 연간 제조간접원가 예정배부율을 이용하여 재공품에 배부한다. 1년차 9월 동안 (주)창조의 거래내역은 다음과 같다. 20×1년 9월 제품계정으로 대체되는 완료된 작업의 원가는 얼마인가? (단, 제조간접원가 배부차이는 전액 매출원가에서 조정하고 (주)창조의 기초 및 기말 재공품은 없다)

• 생산에 투입된 직접재료	₩190,000	• 생산에 투입된 간접재료	₩10,000
• 제조간접원가 발생액	350,000	• 제조간접원가 배부액	216,000
• 직접노무원가	204,000		

① ₩610,000 ② ₩620,000 ③ ₩630,000
④ ₩744,000 ⑤ ₩754,000

6. **[실제개별원가계산]** 실제개별원가계산제도를 사용하는 (주)감평의 20×1년도 연간 실제원가는 다음과 같다. (주)감평은 20×1년중 작업지시서 #901을 수행하였는데 이 작업에 320시간의 직접노무시간이 투입되었다. (주)감평은 제조간접원가를 직접노무시간을 기준으로 실제배부율을 사용하여 각 작업에 배부한다. 20×1년도 실제총직접노무시간은 2,500시간이다. (주)감평이 작업지시서 #901에 배부해야 할 제조간접원가는? (2018년 감정평가사 기출문제)

• 직접재료원가	₩4,000,000	• 직접노무원가	₩5,000,000
• 제조간접원가	1,000,000		

① ₩98,000 ② ₩109,000 ③ ₩128,000
④ ₩160,000 ⑤ ₩175,000

7. **[직접재료원가 추정]** (주)청송은 개별원가계산제도를 채택하고 있다. 제품 A의 제조와 관련된 다음의 자료를 토대로 당기에 발생한 제품 A의 직접재료원가를 구하면 얼마인가? (2005년 세무사 기출문제 수정)

• 당기총제조원가 : ₩600,000
• 당기제품제조원가 : ₩490,000
• 제조간접원가는 직접노무원가의 60%가 배부되었는데, 이는 당기총제조원가의 25%에 해당한다.

① ₩150,000 ② ₩200,000 ③ ₩360,000
④ ₩400,000 ⑤ ₩500,000

8. [제조간접원가 예정배부] (주)한국은 정상개별원가계산을 사용하며 기계작업시간을 기준으로 제조간접원가를 배부하고 있다. 20×1년 연간 제조간접원가 예산은 ₩3,960,000이다. 20×1년 실제 발생한 제조간접원가는 ₩3,800,000이고 실제기계작업시간은 20,000시간이다. 20×1년 제조간접원가 과소배부액이 ₩200,000이라고 할 때, 20×1년 제조간접원가 예정배부액은 얼마인가? (2019년 보험계리사 기출문제)

① ₩3,400,000 ② ₩3,600,000 ③ ₩3,760,000
④ ₩4,160,000 ⑤ ₩4,360,000

9. [정상개별원가계산] (주)백운은 정상개별원가계산을 사용하고 있다. 아래 제품 A와 관련된 원가를 고려했을 때 총제조원가는? (단, 배부차이는 고려하지 않는다)

• 직접재료 매입액	₩60,000	• 직접재료 사용액	₩40,000
• 직접노무시간	120시간	• 직접노무원가 임률	₩300/시간
• 기계시간	510시간		
• 실제제조간접원가배부율(기계시간당)	₩900		
• 예정제조간접원가배부율(기계시간당)	₩800		

① ₩484,000 ② ₩504,000 ③ ₩535,000
④ ₩555,000 ⑤ 답이 없다.

10. [제조간접원가 예정배부] (주)정의는 개별원가계산을 채택하고 있는 기업이다. 작업번호 #101에서 발생한 직접재료원가는 ₩12,000, 제조간접원가는 ₩15,000이다. 한편 작업번호 #102에서 발생한 직접재료원가는 ₩5,000, 제조간접원가는 ₩12,000이다. 제조간접원가는 직접노무원가의 150%를 배부한다. 위 설명을 고려하여 작업번호 #101에서 발생한 총제조원가와 작업번호 #102에서 발생한 직접노무원가는 얼마인가? (2000년 세무사 기출문제 수정)

	#101의 총제조원가	#102의 직접노무원가
①	₩10,000	₩25,000
②	₩37,000	₩8,000
③	₩37,000	₩25,000
④	₩49,500	₩8,000
⑤	₩49,500	₩18,000

※ **다음 자료는 [문제 11]과 [문제 12]에 적용된다. (주)YSB는 개별원가계산제도를 채택하고 있으며 공통자료는 다음과 같다.**

> 제조간접원가 배부기준은 직접노무원가로 150%를 배부하며, 제조간접원가의 배부차이는 전액 매출원가에서 조정한다.
> (1) 작업 #101만 전기말에 재공품이었으며 직접재료원가 ₩4,000, 직접노무원가 ₩3,000, 제조간접원가(배부액) ₩4,500이다.
> (2) 작업 #102, #103, #104는 당기에 착수하였다.
> (3) 당기에 사용한 직접재료는 ₩20,000이다.
> (4) 당기직접노무원가는 ₩16,000
> (5) 제조간접원가 실제발생액은 ₩24,800이다.
> (6) 기말재공품은 작업 #103으로 유일하며 직접재료원가는 ₩2,800, 직접노무원가는 ₩1,800이다.

11. [정상개별원가계산의 원가흐름] 당기제품제조원가는 얼마인가?

① ₩52,700 ② ₩53,500 ③ ₩60,000
④ ₩64,200 ⑤ ₩65,000

12. [제조간접원가 배부차이] 당기에 발생한 제조간접원가의 배부차이는 얼마인가?

① ₩800(과소배부) ② ₩800(과대배부) ③ ₩1,900(과소배부)
④ ₩1,900(과대배부) ⑤ 답이 없다.

13. [배부차이 조정] (주)한국은 정상원가계산을 적용하여 제조간접원가 배부차이금액을 재공품, 제품, 매출원가의 조정 전 기말잔액의 크기에 비례하여 배분한다. 다음 자료를 이용하여 제조간접원가 배부차이 조정 전후 설명으로 옳지 않은 것은? (2020년 9급공무원 기출문제)

	조정 전 기말잔액
재 공 품	₩500,000
제 품	300,000
매 출 원 가	1,200,000
합 계	₩2,000,000

• 실제발생 제조간접비 ₩1,000,000
• 예정배부된 제조간접비 ₩1,100,000
• 재공품과 제품의 기초재고는 없는 것으로 가정한다.

① 조정 전 기말잔액에 제조간접원가가 과대배부되었다.
② 제조간접원가 배부차이 금액 중 기말재공품에 ₩25,000이 조정된다.
③ 제조간접원가 배부차이 조정 후 기말제품은 ₩315,000이다.
④ 제조간접원가 배부차이 조정 후 매출원가 ₩60,000이 감소된다.
⑤ 제조간접원가 배부차이 조정 후 이익이 ₩60,000이 증가된다.

※ 다음 자료는 [문제 14]와 [문제 15]에 적용된다. (1994년 세무사 기출문제 수정)

(주)YSB는 제조간접원가를 직접노무시간기준으로 배부하고 있다. 추정제조간접원가 총액은 ₩6,000,000이고, 추정직접노무시간은 400,000시간이다. 당기말의 제조간접원가 잔액은 ₩6,400,000이고, 실제사용 직접노무시간은 420,000시간이다.

14. [배부차이] 당기의 제조간접원가 과소(대)배부액은?

① ₩400,000 과소배부 ② ₩400,000 과대배부 ③ ₩200,000 과소배부
④ ₩100,000 과소배부 ⑤ ₩100,000 과대배부

15. [배부차이 조정] (주)YSB의 재고자산의 기말잔액이 아래와 같을 경우, 위에서 발생한 배부차이를 총원가비례배분법을 적용하여 배부하면 기말제품은 얼마인가?

재공품	제 품	매출원가	합 계
₩2,200,000	₩3,600,000	₩4,200,000	₩10,000,000

① ₩4,242,000 ② ₩2,222,000 ③ ₩3,636,000
④ ₩4,236,000 ⑤ ₩3,642,000

16. [배부차이 조정] (주)청송은 정상원가계산을 사용하고 있다. 20×1년 원가차이 조정 전의 제조간접원가가 다음과 같을 때 물음에 답하라. (2009년 세무사 기출문제 수정)

제조간접원가(통제)	
4,000	3,000

(A) 20×1년 제조간접원가배부액은 얼마인가?
(B) 당기에 조정해야 하는 원가차이는 얼마인가?
(C) 원가차이를 매출원가조정법으로 처리한다면 필요한 분개는?

	(A)	(B)	(C)
①	₩3,000	₩1,000 (과소)	매 출 원 가 1,000 / 제조간접원가 1,000
②	₩3,000	₩1,000 (과소)	제조간접원가 1,000 / 매 출 원 가 1,000
③	₩3,000	₩1,000 (과대)	매 출 원 가 1,000 / 제조간접원가 1,000
④	₩4,000	₩1,000 (과대)	제조간접원가 1,000 / 매 출 원 가 1,000
⑤	₩4,000	₩1,000 (과대)	매 출 원 가 1,000 / 재 공 품 1,000

17. **[배부차이가 영업이익에 미치는 영향]** (주)감평은 정상원가계산을 사용하고 있으며, 직접노무시간을 기준으로 제조간접원가를 예정배부하고 있다. (주)감평의 20×1년도 연간 제조간접원가 예산은 ₩600,000이고, 실제제조간접원가 발생액은 ₩650,000이다. 20×1년도 연간 예정조업도는 20,000시간이고, 실제직접노무시간은 18,000시간이다. (주)감평은 제조간접원가 배부차이를 전액 매출원가에서 조정하고 있다. 20×1년도 제조간접원가 배부차이 조정 전 매출총이익이 ₩400,000이라면, 포괄손익계산서에서 인식할 매출총이익은?

(2019년 감정평가사 기출문제)

① ₩290,000　② ₩360,000　③ ₩400,000
④ ₩450,000　⑤ ₩510,000

18. **[배부차이가 영업이익에 미치는 영향]** 제조간접원가(통제)계정 차변금액이 ₩6,000만큼 더 크다. 배부차이를 총원가비례배분법에 의하여 회계처리할 때 매출원가조정법에 의해 처리할 때에 비하여 당기순이익에는 어떠한 영향을 미치겠는가?

매출원가	기말재공품	기말제품	원재료
₩5,000	₩3,500	₩1,500	₩2,000

① ₩3,000만큼 당기순이익이 감소한다.
② ₩3,000만큼 당기순이익이 증가한다.
③ ₩2,000만큼 당기순이익이 증가한다.
④ ₩1,500만큼 당기순이익이 감소한다.
⑤ ₩500만큼 당기순이익이 증가한다.

19. [원가 발생액 및 실제개별원가계산] (주)대한은 20×1년초에 설립되었으며 정상원가계산을 적용하고 있다. 제조간접원가 배부기준은 기계시간이다. (주)대한은 20×1년초에 연간 제조간접원가를 ₩80,000으로, 기계시간을 4,000시간으로 예상하였다. (주)대한의 20×1년 생산 및 판매 관련 자료는 다음과 같다. (주)대한이 총원가기준 비례배부법을 이용하여 배부차이를 조정한다면, 20×1년 매출총이익은 얼마인가? (2021년 공인회계사 기출문제)

- 20×1년중 작업 #101, #102, #103을 착수하였다.
- 20×1년중 작업별 실제 발생한 원가 및 기계시간은 다음과 같다.

	#101	#102	#103	합 계
직접재료원가	₩27,000	₩28,000	₩5,000	₩60,000
직접노무원가	25,000	26,000	13,000	64,000
기계시간	1,400시간	1,800시간	600시간	3,800시간

- 20×1년 실제 발생한 제조간접원가는 총 ₩82,000이다.
- 작업 #101과 #102는 20×1년중 완성되었으나, #103은 20×1년말 현재 작업중이다.
- 20×1년중 #101은 ₩120,000에 판매되었으나, #102는 20×1년말 현재 판매되지 않았다. (주)대한의 매출은 #101이 유일하다.

① ₩24,600 ② ₩27,300 ③ ₩28,600
④ ₩37,600 ⑤ ₩39,400

20. [원가 발생액 및 실제개별원가계산] (주)청솔은 개별원가계산방법을 적용한다. 제조지시서 #1은 전기부터 작업이 시작되었고, 제조지시서 #2와 #3은 당기초에 착수되었다. 당기중 제조지시서 #1과 #2는 완성되었으나, 당기말 현재 제조지시서 #3은 미완성이다. 당기 제조간접원가는 직접노무원가에 근거하여 배부한다. 당기에 제조지시서 #1 제품은 전량 판매되었고, 제조지시서 #2 제품은 전량 재고로 남아 있다. 다음 자료와 관련된 설명으로 옳지 않은 것은? (2016년 세무사 기출문제)

구 분	#1	#2	#3	합 계
기초금액	₩450	–	–	
[당기투입액]				
직접재료원가	₩6,000	₩2,500		₩10,000
직접노무원가	500			1,000
제조간접원가		1,000		4,000

① 당기제품제조원가는 ₩12,250이다.
② 당기총제조원가는 ₩15,000이다.
③ 기초재공품은 ₩450이다.
④ 기말재공품은 ₩2,750이다.
⑤ 당기매출원가는 ₩8,950이다.

21. [정상개별원가계산 직접재료원가 추정] (주)청연은 단일제품을 생산하며 개별정상원가계산을 사용한다. 제조간접원가는 직접노무시간당 ₩6을 예정배부한다. 재료계정의 기초금액은 ₩10,000이며, 기말금액은 ₩15,000이다. 재료는 모두 직접재료로 사용되고 간접재료로 사용되지 않는다. 당기총제조원가는 ₩650,000이며 당기제품제조원가는 ₩640,000이다. 직접노무원가는 ₩250,000이며, 실제 발생한 직접노무시간은 20,000시간이다. (주)청연이 당기에 매입한 재료금액은? (2017년 세무사 기출문제)

① ₩270,000 ② ₩275,000 ③ ₩280,000
④ ₩285,000 ⑤ ₩290,000

22. [정상개별원가계산 직접재료원가 추정] (주)YSB는 정상개별원가계산을 채택하고 있는 기업이다. (주)YSB는 제조간접원가 배부기준으로 직접노무원가를 사용하고 있으며 예정배부율은 직접노무원가의 70%이다. 당기에 착수한 작업 #101이 20×1년말 완성되지 않았으며, #101에 배부된 제조간접원가는 ₩2,100이다. 20×1년 (주)YSB의 재공품내역은 아래와 같다. (주)YSB가 작업 #101에 투입한 직접재료원가는 얼마인가? (2002년 세무사 기출문제 수정)

• 기초재공품	₩3,000	• 직접재료원가	₩12,000
• 직접노무원가	15,000	• 제조간접원가	10,500
• 당기제품제조원가	32,000		

① ₩400 ② ₩3,000 ③ ₩3,400
④ ₩4,930 ⑤ ₩8,500

심화문제

23. [예상직접노무시간 추정] (주)한국은 정상개별원가계산을 사용하며 직접노무시간을 기준으로 제조간접원가를 배부하고 있다. 20×1년 연간 제조간접원가 예산은 ₩5,000,000이다. 20×1년 실제 발생한 제조간접원가는 ₩3,800,000이고 실제직접노무시간은 20,000이다. 20×1년중 제조간접원가 과대배부액이 ₩200,000이라고 할 때 연간 예산(예상)직접노무시간은?

(2020년 보험계리사 기출문제)

① 20,000시간 ② 22,000시간 ③ 24,000시간
④ 25,000시간 ⑤ 26,000시간

24. [배부차이가 영업이익에 미치는 영향] (주)청솔은 사업 첫해에 정상개별원가계산을 사용하며, 제조간접원가는 직접노무시간기준으로 배부한다. 제조간접원가의 배부차이 조정 전 매출원가에 포함된 제조간접원가배부액은 ₩280,000이다. 다음의 자료를 사용하여 제조간접원가 배부차이를 매출원가에서 전액 조정하는 경우와 제조간접원가를 기준으로 조정하는 경우 영업이익의 차이는 얼마인가?

• 예정총제조간접원가	₩500,000	• 예정총직접노무시간	100,000시간
• 실제총제조간접원가	420,000	• 실제총직접노무시간	60,000시간

① 매출원가에서 전액 조정하는 경우가 영업이익이 ₩8,000만큼 더 적다.
② 매출원가에서 전액 조정하는 경우가 영업이익이 ₩10,000만큼 더 적다.
③ 매출원가에서 전액 조정하는 경우가 영업이익이 ₩12,000만큼 더 많다.
④ 매출원가에서 전액 조정하는 경우가 영업이익이 ₩20,000만큼 더 많다.
⑤ 영업이익의 차이가 없다.

25. [제조간접원가 예정배부율 추정] (주)창조는 당기에 설립되어 영업중인 회사이다. 원가계산은 정상개별원가계산을 적용하고 있다. 제조간접비는 직접노무시간을 기준으로 예정배부한다. (주)창조는 제조간접원가 배부차이를 기말재고자산, 매출원가에 배부된 제조간접원가금액에 비례하여 조정한다. 당기에 기말재공품, 기말제품, 매출원가에 2 : 3 : 4 비율로 제조간접원가가 예정배부되었으며, 기말재공품에 가산하여 조정된 배부차이는 ₩2,400이다. 실제 발생된 제조간접원가는 ₩25,000이고, 실제직접노무시간은 800시간이다. 예정제조간접원가배부율은 직접노무시간당 얼마인가?

(2008년 공인회계사 기출문제 수정)

① ₩17.75 ② ₩20.75 ③ ₩22.25
④ ₩23.75 ⑤ ₩44.75

정답 및 해설

1. ①

작업 #101 : ₩1,200,000÷₩1,500,000=직접노무원가당 ₩0.8
작업 #102 : ₩1,500,000÷125,000=직접노무시간당 ₩12
작업 #103 : ₩900,000÷120,000=기계시간당 ₩7.5

2. ④

제조원가	작업 #101	작업 #102	작업 #103
직접재료원가	₩140,000	₩126,000	₩78,000
직접노무원가	120,000	110,000	37,500
제조간접원가	96,000*	132,000**	78,000***
제조원가	₩356,000	₩368,000	₩193,500

* ₩120,000×직접노무원가당 ₩0.8
** 11,000×직접노무시간당 ₩12
*** 10,400×기계시간당 ₩7.5

3. ③

제조간접원가	작업 #101	작업 #102	작업 #103
실제발생액	₩99,000	₩124,000	₩79,000
예정배부액	96,000	132,000	78,000
배부차이	₩3,000	(₩8,000)	₩1,000
	과소배부	과대배부	과소배부

4. ②

제조간접원가 실제발생액 : ₩5,000+₩800+₩900+₩5,000+₩500=₩12,200
배부차이 : 제조간접원가 실제발생액−제조간접원가 예정배부액
=₩12,200−₩12,000=₩200(과소배부)

5 ①

₩190,000+₩204,000+₩216,000=₩610,000
정상개별원가계산이므로 기중에는 제조간접원가 예정배부액을 사용하여 계산한다.

6. ③

제조간접원가배부율 : ₩1,000,000/2,500시간=직접노무시간당 ₩400
#901 배부 제조간접원가 : 320시간×₩400=₩128,000

7. ②

제조간접원가 : ₩600,000 × 25% = ₩150,000

직접노무원가 : ₩150,000 ÷ 60% = ₩250,000

직접재료원가 : ₩600,000 − ₩150,000 − ₩250,000 = ₩200,000

8. ②

제조간접원가 실제발생액 : ₩3,800,000

제조간접원가 예정배부액 : ₩3,800,000 − ₩200,000 = ₩3,600,000

9. ①

직접재료원가 : ₩40,000

직접노무원가 : 120시간 × ₩300 = ₩36,000

제조간접원가 : 510시간 × ₩800 = ₩408,000

합계 : ₩484,000

10. ②

#101 총제조원가 : ₩12,000 + ₩15,000 ÷ 1.5 + ₩15,000 = ₩37,000

#102 직접노무원가 : ₩12,000 ÷ 1.5 = ₩8,000

11. ④

기초재공품원가 : ₩4,000 + ₩3,000 + ₩4,500 = ₩11,500

당기총제조원가 : ₩20,000 + ₩16,000 + ₩16,000 × 1.5 = ₩60,000

기말재공품원가 : ₩2,800 + ₩1,800 + ₩1,800 × 1.5 = ₩7,300

당기제품제조원가 : ₩11,500 + ₩60,000 − ₩7,300 = ₩64,200

12. ①

실제발생액 : ₩24,800

예정배부액 : ₩16,000 × 1.5 = ₩24,000

배부차이 : ₩800(과소배부)

13. ③

제조간접원가 배부차이 조정 후 기말제품

$$= ₩300{,}000 - ₩100{,}000 \times \frac{₩300{,}000}{₩2{,}000{,}000} = ₩285{,}000$$

14. ④

예정배부율 : ₩6,000,000 ÷ 400,000시간 = 직접노무시간당 ₩15

예정배부액 : ₩15 × 420,000시간 = ₩6,300,000

배부차이 : ₩6,400,000 − ₩6,300,000 = ₩100,000 과소배부

15. ③

(차) 매 출 원 가	42,000	(대) 제조간접원가(통제)	100,000
제　　품	36,000		
재 공 품	22,000		

제품에 가산할 금액 : (₩3,600,000/₩10,000,000)×₩100,000=₩36,000
기말제품 : ₩3,600,000+₩36,000=₩3,636,000

16. ①

제조간접원가 T계정 차변은 실제발생액을, 대변은 예정배부액을 의미한다.
실제발생액>예정배부액이므로 원가가 과소배부되었음을 알 수 있다.

17. ①

제조간접비 예정배부율 $=\dfrac{₩600{,}000}{20{,}000\text{시간}}=₩30$

제조간접비 예정배부액=18,000시간×₩30=₩540,000
실제제조간접비 발생액=₩650,000
배부차이 ₩540,000−₩650,000=−₩110,000(과소배부)
배부차이 조정 후 매출총이익=₩400,000−₩110,000=₩290,000

18. ②

1. 총원가비례배분법에 의한 회계처리

(차) 매 출 원 가	3,000	(대) 제조간접원가	6,000
기말재공품	2,100		
기 말 제 품	900		

2. 매출원가조정법에 의한 회계처리

(차) 매 출 원 가	6,000	(대) 제조간접원가	6,000

3. 이익차이
   ① 매출원가에 전액 가감시키는 경우 매출원가가 ₩6,000 증가
   ② 총원가비례배분법에 가감시키는 경우 매출원가 ₩3,000 증가
   ①과 ②의 차이인 ₩3,000만큼 당기순이익 증가

19. ④

제조간접비 예정배부율 $=\dfrac{₩80{,}000}{4{,}000\text{시간}}=₩20$

수정 전 잔액
매출원가(#101) : ₩27,000+₩25,000+(1,400시간×₩20)=₩80,000
기말재고(#102) : ₩28,000+₩26,000+(1,800시간×₩20)=₩90,000
기말재공품(#103) : ₩5,000+₩13,000+(600시간×₩20)=₩30,000
제조간접원가 배부차이 : 실제제조간접원가(₩82,000)−제조간접비 예정배부액
(3,800시간×₩20)=₩6,000(과소배부)
매출원가에 가산할 금액 : (₩80,000/₩200,000)×₩6,000=₩2,400
배부차이 조정 후 매출원가 : ₩80,000+₩2,400=₩82,400
∴ 매출총이익=₩120,000−₩82,400=₩37,600

20. ①

구 분	#1	#2	#3	합 계
기초금액	₩450	–	–	
[당기투입액]				
직접재료원가	₩6,000	₩2,500	₩1,500	₩10,000
직접노무원가	500	250	250	1,000
제조간접원가	2,000	1,000	1,000	4,000

당기총제조원가	15,000
+기초재공품(#1)	450
−기말재공품(#3)	(2,750)
당기제품제조원가	12,700
+기초제품	–
−기말제품(#2)	(3,750)
매출원가	8,950

21. ④

원 재 료

기 초	10,000	직접재료원가	280,000
매 입	285,000	기 말	15,000
	295,000		295,000

재 공 품

직접재료원가	280,000	
직접노무원가	250,000	
제조간접원가	6×20,000	
당기총제조원가 :	650,000	

직접재료원가=₩650,000−₩250,000−₩120,000=₩280,000
당기원재료매입액=₩280,000+₩15,000−₩10,000=₩285,000

22. ③

재공품 차변 합계 : ₩3,000+₩12,000+₩15,000+₩10,500=₩40,500
기말재공품(#101) : ₩40,500−₩32,000=₩8,500
직접재료원가 : ₩8,500−(₩2,100÷0.7)−₩2,100=₩3,400

23. ④

제조간접원가 배부액 : ₩3,800,000+₩200,000(과대배부)=₩4,000,000
₩4,000,000=20,000시간×예정제조간접원가배부율
∴ 예정제조간접원가배부율=₩200
예산(예상)직접노무시간=x

예정제조간접원가배부율 : ₩5,000,000/x = ₩200

∴ x = 25,000시간

24. ①

예정배부율 : ₩500,000 ÷ 100,000시간 = 시간당 ₩5

예정배부액 : ₩5 × 60,000시간 = ₩300,000

실제발생액 : ₩420,000

매출원가에서 전액 조정하는 경우 배부차이 :

₩420,000 − ₩300,000 = ₩120,000

제조간접원가를 기준으로 조정하는 경우 배부차이 :

₩120,000 × (₩280,000 ÷ ₩300,000) = ₩112,000

∴ 매출원가에서 전액 조정하는 경우가 영업이익이 ₩8,000만큼 더 적다.

25. ①

제조간접원가 배부차이 : ₩2,400 × (9 ÷ 2) = ₩10,800 과소배부

예정배부율 : (₩25,000 − ₩10,800) ÷ 800시간 = ₩17.75

CHAPTER

4 종합원가계산

본장에서는 종합원가계산을 소개한다.

첫째, 본장에서는 종합원가계산을 학습한다. 종합원가계산이란 동일하거나 유사한 제품을 대량생산하는 기업들이 사용하는 원가계산시스템이다. 종합원가계산은 한 회계기간 동안 발생한 총제조원가를 총제조수량으로 나누어서, 제품의 단위원가를 계산한다. 전통적인 원가계산시스템 중 하나인 종합원가계산은 다섯 단계의 계산절차를 통해 완성품원가와 기말재공품원가를 산출한다. 완성품환산량 개념을 적용하여 원가를 계산하는 절차가 종합원가계산의 핵심이다. 완성품환산량이란 완성되었다고 가정한다면 얼마만큼이 완성되었는가 하는 개념이다. 본장에서는 종합원가계산의 절차를 알아본다.

둘째, 본장에서는 기초재공품이 있는 경우의 종합원가계산을 학습한다. 기초재공품이 존재하는 경우에는 기초재공품에 대한 가정이 요구된다. 가정은 크게 가중평균법과 선입선출법이 있다. 가중평균법은 기초재공품원가와 당기발생원가를 서로 합하여, 당기제품의 단위원가를 계산하는 방법이다. 선입선출법은 기초재공품원가와 당기발생원가를 서로 구분하여, 기초재공품원가는 모두 완성품원가에 포함하고, 당기발생원가만을 가지고 당기제품의 단위원가를 계산하는 방법이다. 본장에서는 가중평균법과 선입선출법 가정에 따른 종합원가계산의 차이에 대해 알아본다.

▶ 영화 [Modern Times], 1936

본장에서는 구체적으로 다음과 같은 내용들을 학습한다.

- 종합원가계산은 무엇인가?
- 완성품환산량이란 무엇인가?
- 종합원가계산의 다섯 단계 절차는 무엇인가?
- 기초재공품이 있는 경우에 두 가지 가정은 무엇인가?
- 가중평균법을 이용한 종합원가계산방법은 무엇인가?
- 선입선출법을 이용한 종합원가계산방법은 무엇인가?

Accounting Insight 관리회계 경영 사례

전 세계 모든 점포에 맛의 균질화… 맥도날드

2020년 기준 전 세계 39,000여개의 매장을 운영하며 200억 달러 이상의 매출액을 지니고 있는 맥도날드는 햄버거의 '대명사'이며 프랜차이즈의 효시라고 할 수 있다. 레이 크락이라는 한 사업가는 1954년 미국 캘리포니아주 샌버나디노에서 '독특한 사업방식'으로 햄버거 가게를 운영하던 맥도날드 형제를 만났고, 크락은 맥도날드 형제의 사업방식이 사업성이 매우 높다고 판단하여 당시 돈으로 950달러라는 헐값에 맥도날드에 관한 모든 권리를 매입했다.

크락이 가장 사업성이 있다고 판단한 맥도날드 형제의 '독특한 사업방식' 중 하나가 맛의 균질화이다. 맛의 균질화는 조리방법 및 공정의 매뉴얼화를 통해 이루어지고 있었다. 각 메뉴에 대해 동일한 브랜딩과 포장을 실시함으로써 브랜드의 시각화를 이루고 있었다. 그리고 대량주문을 동시에 수용할 수 있는 독특한 아이디어를 통해 주문 후 1분 이내에 조리가 완성될 수 있는 시스템을 갖추고 있었다. 또한, 햄버거, 프렌치프라이, 파이, 밀크셰이크, 콜라, 소다수 등으로 메뉴를 단순화함으로써 주문처리 및 조리과정에 있어서의 효율성을 극대화하였다. 크락이 특히 감탄해 마지않았던 것은 5개의 감자튀김 조리통과 콜라 및 밀크셰이크 5잔을 동시에 처리할 수 있는 특수기계였다. 또한, 햄버거 제조과정에 자동차회사에서나 쓰일 법한 컨베이어벨트 시스템을 이용하고 있다는 사실에 경악할 수밖에 없었다.

생각해 볼 문제

① 동일하고 균질적인 제품을 대량생산할 경우에는 개별제품의 제조간접비 배부는 크게 문제되지 않는다. 그 이유는 무엇인가?

② 동일한 제품을 대량생산할 때 원가계산과정에서 고려해야 할 점은 무엇인가?

자료출처 : 동아일보(2019. 7. 15), "전 세계 어디서든 똑같은 '빅맥' 맛… 맥도날드 60년의 힘이죠"
업코리아(2006. 10. 25), "맥도날드의 독특한 사업방식"

종합원가계산

종합원가계산(process costing)이란 동일하거나 유사한 형태의 제품을 대량생산하는 기업들이 사용하는 원가계산시스템이다. 식품가공업, 화학공업, 제지업, 제철업 등 표준화된 제품을 연속적으로 반복하여 생산하는 기업에서 사용된다. 이에 반해 개별원가계산은 차별적이고 다양한 제품이나 서비스를 고객별로 제공하는 기업이 사용하는 원가계산시스템이다. 조선업, 항공기제조업, 인쇄업, 가구제조업 등 주문이나 특별한 수요가 존재하는 고객맞춤형 제품이나 서비스를 제공하는 기업에서 사용된다. 본장에서는 종합원가계산시스템에 대해 알아본다.

	개별원가계산	종합원가계산
생산형태	• 다양한 형태의 제품 생산 • 특별한 수요나 주문에 따른 소량생산	• 동일하거나 유사한 형태의 제품 생산 • 연속적인 형태의 대량생산
적용기업	• 인쇄업 • 조선업 • 건설업 • 가구제조업	• 식품가공업 • 화학공업 • 제약업
원가집계	• 작업별	• 공정별
원가분류	• 직접비 • 간접비	• 재료비 • 가공비
핵심이슈	• 제조간접원가의 배부	• 완성품환산량 계산

공정별 원가계산

개별원가계산은 제조원가를 각 주문별, 작업별로 집계하며 그 작업에서 생산된 제품단위에 원가를 배분하는 방법이라면, 종합원가계산은 제조원가를 각

공정별로 집계하며 그 공정을 통과한 제품단위에 원가를 배분하는 방법이다. 따라서 종합원가계산을 공정별 원가계산(process costing)이라고도 한다.

개별원가계산의 흐름

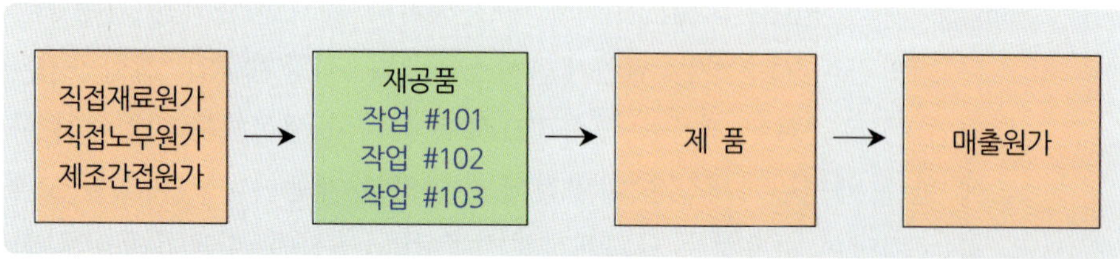

종합원가계산의 흐름

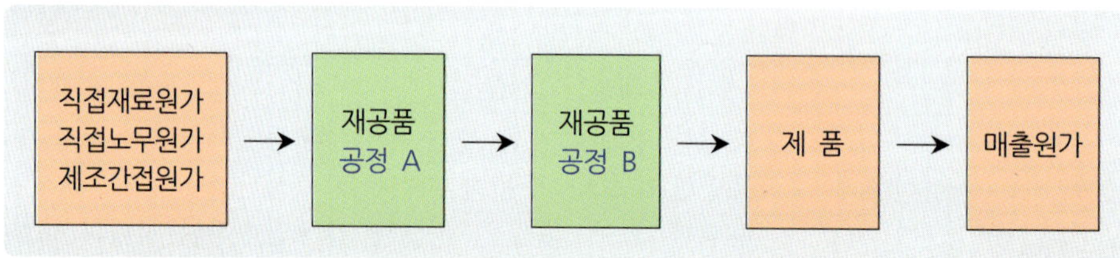

공정(process department)이란 동일한 제품을 생산하는 과정에서 수행하게 되는 동질적인 생산과정으로 발생하는 재료원가, 노무원가, 제조간접원가가 구분되는 단위를 의미한다.

예를 들어 (주)농심에서 새우깡을 만드는 공정은 다음과 같다. 공정초기에 생새우와 밀가루 등의 원재료를 투입하고, 재료를 분말로 만들어 잘 혼합해 준다. 혼합된 재료를 롤러로 얇게 밀어주고, 빗살무늬를 넣어 뜨겁게 달궈준 다음, 알맞은 크기로 자른 후 포장하면 완성된다. 이와 같이 동일한 제품을 생산하는 과정에서 발생하는 동질적인 생산과정을 공정이라고 한다. 어떤 제품은 단일공정일 수 있고, 어떤 제품은 여러 단계의 공정일 수도 있다. 이러한 공정별로 원가를 계산하는 원가계산시스템을 종합원가계산이라 한다.

동일한 제품을 대량으로 생산하는 경우에는 원가대상이 되는 제품이 하나이기 때문에, 개별원가계산처럼 원가를 제품별(작업별)로 구분하여 계산할 필요가 없다. 따라서 종합원가계산은 한 회계기간 동안 발생한 제조원가 총

액을 집계한 다음, 이를 당기에 완성된 제품의 총수량으로 나누어 제품의 단위원가를 계산한다.

$$\text{제품의 단위원가} = \frac{\text{당기총제조원가}}{\text{당기총제조수량}}$$

완성품환산량

종합예제 1

단일제품을 대량으로 생산하는 (주)YS유업은 올 초에 영업을 개시하였다. 당기에 생산공정에 투입된 물량 2,000개를 만들기 시작하여, 이 중에서 1,000개는 완성하고, 나머지 1,000개는 미완성하였다. 미완성된 1,000개의 완성도는 50%이다. 당기에 발생한 제조원가는 모두 ₩15,000이다.

완 성 품	1,000개
기말재공품	1,000개 (50% 완성)
총제조원가	₩15,000

(주)YS유업의 당기총제조수량은 1,000개인가? 아니면 2,000개인가? 당기총제조원가 ₩15,000을 2,000개로 나누어서 개당 ₩7.5씩 동일한 원가가 발생되었다고 집계하는 원가계산방법이 과연 적절한 방법인가? 완성품의 원가와 기말재공품의 원가를 동일하게 처리하는 것은 매우 적절하지 못한 방법일 것이다.

종합원가계산에서는 완성품환산량이라는 개념을 이용하여 제조원가를 계산한다. 완성품환산량(equivalent units of porduction)이란 제품이 완성되었다고 가정한다면 얼마만큼이 완성되었는가 하는 개념이다. 즉 제품의 완성도를 의미한다. 위 예제에서 완성된 1,000개는 완성도 100%에 해당되는 제품이 1,000개가 생산된 것으로 완성품환산량은 1,000개이다. 반면 미완성된 1,000개는 완성도가 50%이므로 완성품환산량은 500개이다. 즉 50% 완성도를 지닌 기말재공품 1,000개는, 100% 완성도를 지닌 완성품 500개와 같다.

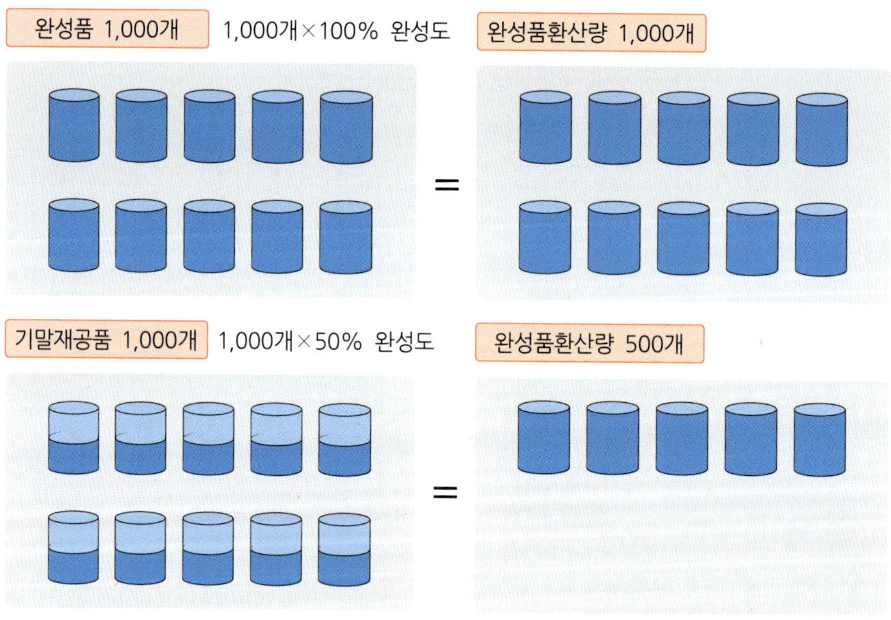

완성품 1,000개 기말재공품 1,000개

완성품환산량 1,000개 + 완성품환산량 500개 = 완성품환산량 1,500개

$$제품의\ 단위원가 = \frac{당기총제조원가}{완성품환산량}$$

$$= \frac{₩15{,}000}{1{,}500개} = 완성품환산량당\ ₩10$$

(주)YS유업의 제품단위원가는 ₩10이 된다. 따라서 완성품 1,000개의 원가는 ₩10,000이며, 기말재공품 1,000개의 원가는 ₩5,000이다.

완성품 1,000개	:	완성품환산량 1,000개	×	완성품환산량 단위원가 @₩10	=	완성품의 원가 ₩10,000
기말재공품 1,000개	:	완성품환산량 500개	×	완성품환산량 단위원가 @₩10	=	완성품의 원가 ₩5,000

종합원가계산의 다섯 단계 절차

종합원가계산은 다음과 같은 다섯 단계 절차를 거친다.

STEP 1 : 물량흐름 분석
STEP 2 : 완성품환산량 계산
STEP 3 : 원가의 집계
STEP 4 : 완성품환산량 단가 계산
STEP 5 : 완성품과 기말재공품에 원가배분

전통적인 원가계산시스템 중 하나인 종합원가계산의 다섯 단계 계산절차를 이해하고, 절차에 따라 계산을 수행할 수 있어야 한다. 완성품환산량 개념을 적용하여 원가를 계산하는 절차가 종합원가계산의 핵심이다.

STEP 1 : 물량흐름 분석

첫 번째 단계에서는 물량의 흐름을 분석한다. 물량이 어디에서 와서 어떻게 흘러갔는가를 분석하는 것이다. 기초재공품과 당기투입된 물량이 공정을 거쳐서 완성품과 기말재공품이 된다. 따라서 기초재공품과 당기투입된 물량이 각각 얼마이고, 이 중에서 얼마가 완성된 물량이며 얼마가 미완성되어 기말재공품으로 남게 된 물량인가를 분석하는 것이 첫 번째 단계이다.

> 물량흐름＝기초재공품물량＋당기투입물량＝완성품물량＋기말재공품물량

STEP 2 : 완성품환산량 계산

두 번째 단계에서는 당기완성품과 기말재공품의 완성품환산량을 계산한다. 완성품환산량이란 완성되었다고 가정한다면 얼마만큼이 완성되었는가 하는 개념이다. 완성품환산량을 계산할 때에는 재료비와 가공비를 구분하여 계산해야 한다.

STEP 3 : 원가의 집계

세 번째 단계에서는 총원가를 집계한다. 즉 기초재공품원가와 당기발생원가를 재료비와 가공비로 구분하여 집계한다.

STEP 4 : 완성품환산량 단가 계산

네 번째 단계에서는 완성품환산량의 단가를 계산한다. 즉 세 번째 단계에서 집계한 재료비와 가공비의 합계를 두 번째 단계에서 계산한 완성품환산량으로 나누면 된다.

STEP 5 : 완성품과 기말재공품에 원가배분

다섯 번째 단계에서는 총원가를 완성품원가와 기말재공품원가에 배분한다.

기초재공품은 없고 기말재공품만 있는 단일공정의 종합원가계산

기초재공품은 없고 기말재공품만 있는 단일공정 사례에서의 종합원가계산에 대해 알아보자.

종합예제 2

(주)YS유업은 단일제품의 두유를 대량으로 생산하고 있다. 7월중에 1,500개를 만들기 시작하여, 이 중에서 1,000개는 완성되었고, 500개는 50%의 공정만을 거친 채 미완성되었다. 원재료는 공정초기에 모두 투입되고, 가공비는 공정 전반에 걸쳐 균등하게 발생된다. 기초재공품은 없다.

생산자료	물 량	완성도
당 기 완 성	1,000개	100%
기말재공품	500개	50%

원가자료	재료원가	가공원가
기초재공품	₩0	₩0
당기발생원가	150,000	187,500

요구사항

위 자료를 이용하여, 완성품환산량과 완성품원가, 기말재공품원가를 각각 구하라.

STEP 1 : 물량흐름 분석

첫 번째 단계는 물량의 흐름을 파악하는 것이다. 기초재공품과 당기투입된 물량이 공정을 거쳐서 완성품과 기말재공품이 된다. 따라서 물량흐름 분석이란 기초재공품과 당기투입된 물량이 각각 얼마이고, 이 중에서 얼마가 완성된 물량이며 얼마가 미완성되어 기말재공품으로 남게 된 물량인가를 분석하는 단계이다.

위 예제에서 기초재공품은 없으므로 당기에 1,500개 물량이 투입되어, 이 중에서 당기에 완성된 물량이 1,000개이고 미완성된 기말재공품은 500개가 된다.

[1단계] 물량흐름 분석	물 량	완성도
기초재공품	0	
당 기 투 입	1,500	
	1,500	
당 기 완 성	1,000	100%
기말재공품	500	50%
	1,500	

아래 그림은 공정의 흐름도를 통해서 물량의 흐름을 파악한 것이다.

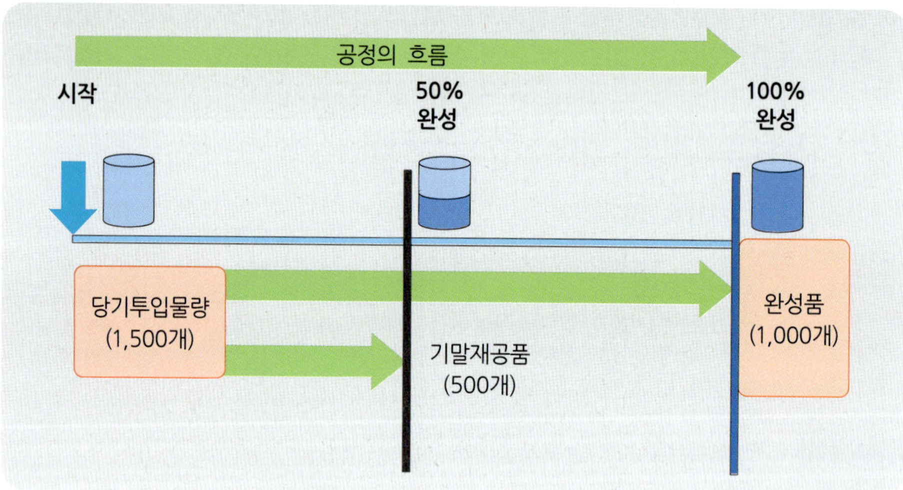

STEP 2 : 완성품환산량 계산

두 번째 단계는 당기완성품과 기말재공품의 완성품환산량을 계산하는 단계이다. 완성품환산량이란 완성되었다고 가정한다면 얼마만큼이 완성되었는가 하는 개념이다. 완성품환산량을 계산할 때 유의할 점은, 재료원가와 가공원가를 구분하여 완성품환산량을 계산해야 한다는 점이다. 그 이유는 위 예제에서 모든 원재료는 생산공정의 초기에서 전량 투입되지만, 가공원가는 공정이 진행되면서 고르게 투입되기 때문이다. 이는 원재료 창고에서 생산공정으로 재료가 옮겨 오면, 재료가 이미 다 사용된 것으로 가정하는 것이다. 즉 공정에 투입된 재료를 이용하여 가공절차가 시작된다는 의미이다. 이에 반해 가공원가는 공정의 진척 정도에 따라 고르게 투입된다. 예를 들어 10명의 근로자를 거쳐서 완성되는 공정이라면, 1명의 근로자를 거쳤다면 10%의 노무원가가, 5명의 근로자를 거쳤다면 50%의 노무원가가, 10명의 근로자를 모두 거쳤다면 100%의 노무원가가 발생했다고 볼 수 있다.

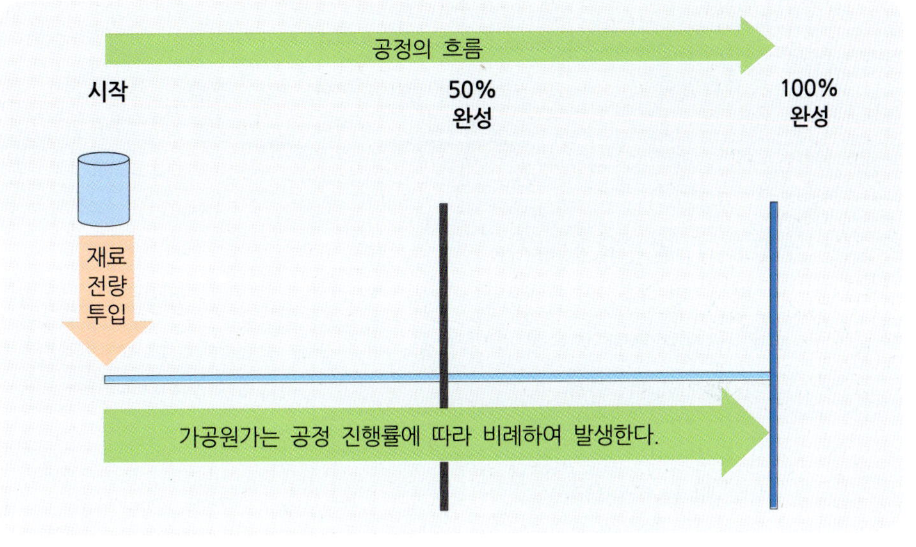

따라서 예제에서 당기에 완성된 1,000개는 100% 완성도를 보이므로, 재료비의 완성품환산량은 1,000개, 가공비의 완성품환산량은 1,000개이다. 즉 완성된 1,000개는 재료비도 100%, 가공비도 100% 발생하여 완성된 것이다.

그러나 기말재공품 500개는 50%의 완성도를 보이므로 재료비의 완성품환산량은 500개, 가공비의 완성품환산량은 250개이다. 즉 미완성되었다 해도 재료비는 공정초기에 전량 모두 발생되므로 재료비의 완성품환산량은 100% 모두 발생된 500개이고, 가공비의 경우에는 50%의 진행 정도에 비례하여 발생하므로 완성품환산량은 250개가 된다.

[1단계] 물량흐름 분석			[2단계] 완성품환산량 계산	
			재료비	가공비
기초재공품	0			
당 기 투 입	1,500			
	1,500			
당 기 완 성	1,000		1,000	1,000
기말재공품	500	(50%)	500	250
	1,500		1,500	1,250

STEP 3 : **원가의 집계**

세 번째 단계는 기초재공품원가와 당기발생원가를 파악하는 단계이다. 위 예제에서는 기초재공품이 없으므로, 기초재공품원가는 없다. 따라서 당기발생원가만 파악하면 된다.

[3단계] 원가의 집계		재료비	가공비
기초재공품원가	0	0	0
당기발생원가	337,500	150,000	187,500
	337,500	150,000	187,500

STEP 4 : **완성품환산량 단가 계산**

네 번째 단계는 재료원가와 가공원가에 대한 완성품환산량의 단가(단위당 원가) 계산을 수행하는 단계이다. 세 번째 단계에서 산출한 재료원가의 합과 가공원가의 합을 두 번째 단계에서 계산한 완성품환산량으로 나누어준다.

재료비의 완성품환산량 단가는 ₩150,000을 1,500개로 나누면 @₩100이 되고, 가공비의 완성품환산량 단가는 ₩187,500을 1,250개로 나누면 @₩150이 된다.

STEP 5 : **완성품과 기말재공품에 원가배분**

다섯 번째 단계는 완성품과 기말재공품에 원가를 배분하는 단계이다.

완성품원가＝(1,000개×@₩100)＋(1,000개×@₩150)＝₩250,000

기말재공품원가=(500개×@₩100)+(250개×@₩150)=₩87,500

최종적으로 완성품원가와 기말재공품원가를 배분한다.

[3단계] 원가의 집계		[5단계] 원가배분	
기초재공품원가	0	완성품원가	250,000
당기발생원가	337,500	기말재공품원가	87,500
	337,500		337,500

위 다섯 단계를 하나의 표로 정리하면 다음과 같다.

[1단계] 물량흐름 분석			[2단계] 완성품환산량 계산	
			재료비	가공비
기초재공품	0			
당 기 투 입	1,500			
	1,500			
당 기 완 성	1,000		1,000	1,000
기말재공품	500	(50%)	500	250
	1,500		1,500	1,250
[3단계] 원가의 집계				
기초재공품원가	0		0	0
당기발생원가	337,500		150,000	187,500
	337,500		150,000	187,500
[4단계] 완성품환산량 단가 계산				
[3단계] / [2단계]			@100	@150
[5단계] 원가배분				
완성품원가	250,000	=	(1,000개×@100)+(1,000개×@150)	
기말재공품원가	87,500	=	(500개×@100)+(250개×@150)	

기초재공품에 대한 두 가지 가정

기초재공품이 존재하는 경우에는 기초재공품에 대한 가정이 요구된다. 가정은 크게 가중평균법과 선입선출법이 있다.

가중평균법

가중평균법(weighted average costing method)은 기초재공품원가와 당기발생원가를 서로 합하여, 당기제품의 단위원가를 계산하는 방법이다. 물량흐름으로 볼 때에는 기초재공품물량과 당기투입물량이 서로 구분 없이 뒤섞여서 완성품과 기말재공품이 나오게 된다는 가정이다.

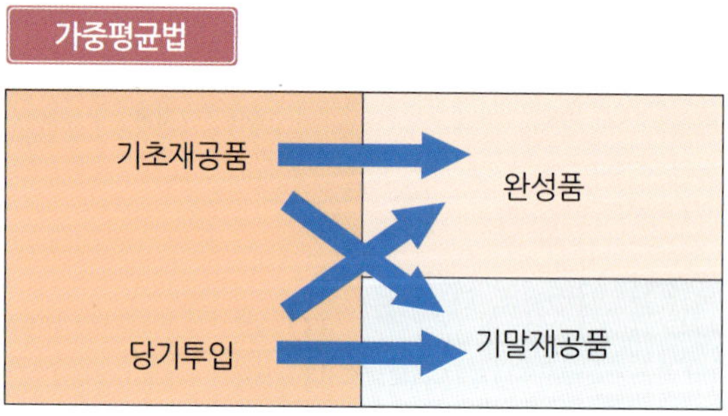

선입선출법

선입선출법(FIFO costing method)은 기초재공품원가와 당기발생원가를 서로 구분하여, 기초재공품원가는 모두 완성품원가에 포함하고, 당기발생원가만을 가지고 당기제품의 단위원가를 계산하는 방법이다. 물량흐름으로 볼 때에는 기초재공품물량은 먼저 완성품이 되고, 당기투입된 물량 중에서 완성품과 기말재공품이 나오게 된다는 가정이다.

Accounting Insight 관리회계 경영 사례

'물량흐름에 대한 가정'의 차이에 따라 희비가 엇갈린 기업

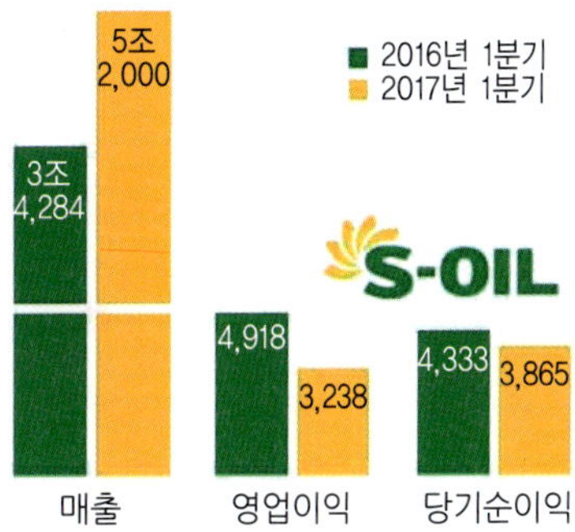

에쓰오일 지난해와 올해 1분기 실적 비교(단위 : 원)

올해 1분기 실적 발표를 마친 에쓰오일과 SK이노베이션이 각기 다른 재고자산 평가방식으로 희비가 엇갈렸다. 에쓰오일은 지난해 4분기 약 750억원의 재고평가이익을 거뒀다가 올해 1분기에는 관련 이익을 보지 못한 반면 SK이노베이션은 1분기에도 약 1,900억원의 재고평가이익을 거뒀다. 에쓰오일의 정유부문의 매출은 4조 440억원, 영업이익은 1,000억원으로 지난해 같은 기간(2,190억원)보다 54% 줄었다. 이는 지난해와 달리 재고평가이익(원유 구입 시점과 제품 판매 시점 차이를 통해 올리는 수익)을 거두지 못한 것에 영향을 받은 것이다. 반면 SK이노베이션은 석유 부문 매출 8조636억원, 영업이익 4,539억원을 1분기에 기록했다. 영업이익은 지난해 같은 기간보다 16% 늘었다. 재고평가이익도 약 1,900억원을 거뒀다.

이와 같이 SK이노베이션과 에쓰오일이 재고자산 평가에서 희비가 엇갈린 이유는 '물량흐름에 대한 가정'이 서로 다르기 때문이다. SK이노베이션은 기존에 있던 재고 단가와 분기 내에 새로 구입한 단가를 합쳐 총물량으로 나눠 평균을 내는 '평균법'을 쓴다. 반면 에쓰오일은 먼저 구입한 제품을 먼저 판매한다고 가정하는 '선입선출법'을 사용한다. 예컨대, SK이노베이션과 에쓰오일이 1분기 말 재고 원유가 100배럴이고, 모두 3월에 들여온 것이 남았다고 가정하면 SK이노베이션은 1분기 평균 두바이유 가격(배럴당 53달러)을 적용해 재고자산 평가 가치가 5,300달러가 된다. 실제 3월 두바이유 평균 가격인 51.2달러에 100배럴을 들여왔다고 하더라도 1, 2월 합쳐서 평균을 낸 가격을 적용하는 것이다. 하지만 에쓰오일은 3월 두바이유 가격(배럴당 51.2달러)을 그대로 100배럴에 적용하기 때문에 5,120달러로 SK이노베이션에 비해 재고자산 가치가 떨어지게 된다. 먼저 들여온 제품은 판매됐다는 가정하에 최근 가격을 재고자산에 적용하기 때문이다.

평균법의 경우 분기 초에 있는 재고와 그 분기 매입의 평균을 내서 매출원가로 반영하기 때문에 유가의 변동에 영향을 덜 받는 특징이 있다. 반면 선입선출법은 판매하고 남은 재고에 최근 가격을 적용하기 때문에 유가가 오를 때 유리한 반면, 떨어질 경우 손실을 보게 된다.

정유업계 관계자는 "정제마진이 지난해 4분기와 올해 1분기가 비슷한 수준인데도 에쓰오일의 정유부문 실적이 줄어든 것은 재고평가방식 때문"이라며 "국제유가가 올해 3월 들어 하락세를 보임에 따라 선입선출법 가정을 쓰는 에쓰오일이 재고평가이익을 상대적으로 덜 거둔 것으로 보인다"고 말했다.

생각해 볼 문제

① 국내 정유사들의 대부분은 '평균법' 가정을 사용하고 있다. 그 이유는 무엇인가?
② 유가가 상승할 경우에는 선입선출법이 유리한가? 평균법이 유리한가? 그 이유는 무엇인가?

자료출처 : 머니투데이(2017. 5. 5), "'재고평가이익'이 뭐길래… 희비 엇갈린 SK이노 · 에쓰오일"

선입선출법

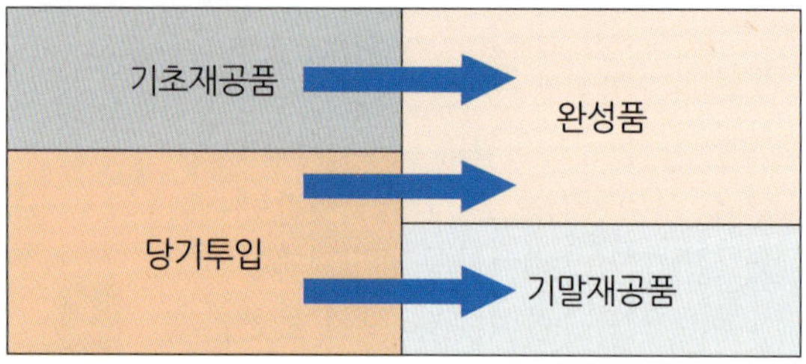

종합예제 3

(주)YS유업은 단일제품의 두유를 대량으로 생산하고 있다. 7월초에 75%의 공정을 마친 20,000개의 기초재공품이 남아 있었고, 7월중에 40,000개를 공정에 새로 투입하였다. 이 중에서 50,000개는 완성되었고, 10,000개는 25%의 공정만을 마친 채 미완성되었다. 본 예제에서 모든 원가는 공정 전반에 걸쳐 균등하게 발생한다고 가정한다.

〈생산자료〉

기초재공품(75% 완성)	20,000개
당기투입된 물량	40,000개
완성된 물량	50,000개
기말재공품(25% 완성)	10,000개

〈원가자료〉

기초재공품	₩15,000
당기발생원가	90,000

요구사항

1. 가중평균법 가정을 적용하여 완성품환산량과 완성품원가, 기말재공품원가를 각각 구하라.
2. 선입선출법 가정을 적용하여 완성품환산량과 완성품원가, 기말재공품원가를 각각 구하라.

가중평균법을 이용한 종합원가계산

가중평균법에서는 기초재공품물량과 당기투입물량이 서로 구분 없이 뒤섞여서 평균적으로 완성품과 기말재공품이 나오게 된다는 가정이다. 따라서 공정에 기초재공품 20,000개와 당기투입된 40,000개가 구분 없이 뒤섞여서, 평균적으로 50,000개는 완성되고, 10,000개는 25%만 완성된 것이다. 결국 당기완성된 50,000개는 100% 완성도를 보이므로 완성품환산량은 50,000개이고, 기말재공품으로 남은 10,000개는 25% 완성도를 보이므로 완성품환산량은 2,500개가 된다.

- 완성품환산량 계산

완 성 품 50,000개 :	50,000개×100%=	완성품환산량 50,000개
기말재공품 10,000개 :	10,000개× 25%=	완성품환산량 2,500개
		52,500개

가중평균법을 적용하는 경우에는 기초재공품원가와 당기발생원가를 서로 합하여 총제조원가를 집계한다. 즉 기초재공품원가 ₩15,000과 당기발생원가 ₩90,000이 모두 합해져서 총제조원가 ₩105,000을 산출한다. 그 다음 총제조원가 ₩105,000을 완성품환산량 52,500개로 나누어 완성품환산량 단위원가를 계산한다.

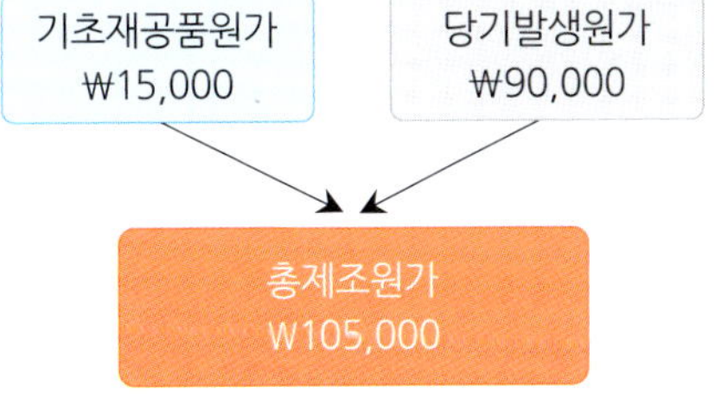

$$\text{제품의 단위원가} = \frac{₩105,000}{52,500\text{개}} = \text{완성품환산량당 ₩2}$$

완성품(50,000개×₩2)	₩100,000
기말재공품(2,500개×₩2)	5,000
	₩105,000

결국 총제조원가 ₩105,000을 완성품에 ₩100,000, 기말재공품에 ₩5,000 배부하게 된다.

선입선출법을 이용한 종합원가계산

선입선출법에서는 기초재공품물량은 먼저 완성품이 되어 나가고, 당기투입된 물량 중에서 완성품과 기말재공품이 나오게 된다는 가정이다. 따라서 기초재공품 20,000개는 완성품이 되고, 당기투입된 물량 40,000개 중에서 30,000개는 완성되고, 10,000개는 기말재공품이 된다. 다시 말해 당기완성된 50,000개 중에는 기초재공품 20,000개가 포함되어 있고, 나머지 30,000개가 당기투입된 물량이다. 또한 당기투입된 물량 중 10,000개는 기말재공품이다.

따라서 기초재공품 20,000개는 25%의 추가공정만을 거치면 완성되므로 완성품환산량은 5,000개이다. 당기투입된 물량 중 완성된 30,000개는 100% 공정을 거쳐 완성되므로 완성품환산량은 30,000개이다. 기말재공품으로 남은 10,000개는 25% 완성도를 보이므로 완성품환산량은 2,500개이다.

• 완성품환산량 계산

완성품(기초재공품) 20,000개 : 20,000개×25%=	완성품환산량	5,000개
완성품(당기투입) 30,000개 : 30,000개×100%=	완성품환산량	30,000개
기말재공품 10,000개 : 10,000개×25%=	완성품환산량	2,500개
		37,500개

선입선출법을 적용하는 경우에는 기초재공품원가와 당기발생원가가 서로 구분된다. 기초재공품원가는 모두 완성품원가에 포함되며, 당기발생원가만을 가지고 당기제품의 단위원가를 계산하게 된다. 즉 기초재공품은 모두 완성품이 되므로, 기초재공품원가 ₩15,000은 모두 완성품원가에 배분된다. 당기발생원가 ₩90,000만을 가지고 당기제품의 단위원가를 계산하여, 완성품에 ₩84,000, 기말재공품에 ₩6,000을 배부하게 된다.

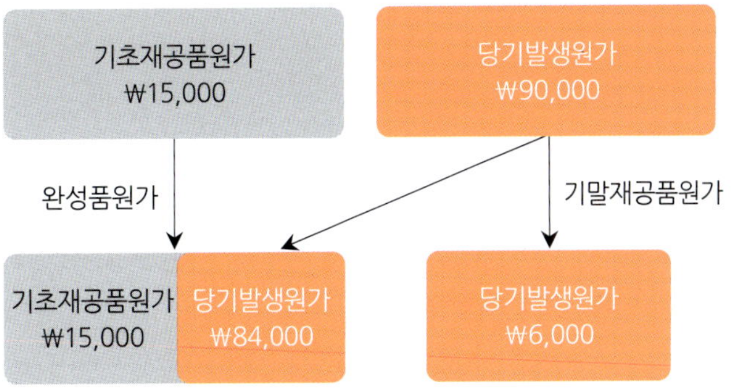

$$\text{제품의 단위원가} = \frac{₩90{,}000}{37{,}500\text{개}} = \text{완성품환산량당 } ₩2.4$$

완성품원가	
기초재공품원가	₩15,000
당기투입(35,000개 × ₩2.4)	84,000
기말재공품(2,500개 × ₩2.4)	6,000
	₩105,000

결국 기초재공품원가 ₩15,000과 당기투입원가 ₩84,000이 합해진 ₩99,000이 완성품원가로 집계되고, 기말재공품에는 ₩6,000이 배부된다.

기초재공품과 기말재공품이 모두 있는 단일공정의 종합원가계산

기초재공품과 기말재공품이 모두 있는 단일공정 사례에서의 종합원가계산에 대해 알아보자. 다음 예제를 가중평균법과 선입선출법의 가정으로 각각 풀이해보면 다음과 같다.

종합예제 4

(주)YS유업은 단일제품의 두유를 대량으로 생산하고 있다. 7월초에 40%의 공정을 마친 200개의 기초재공품이 남아 있었다. 7월중 1,000개를 완성하였고, 500개는 50%의 공정만을 거친 채 미완성하였다. 원재료는 공정초기에 모두 투입되고, 가공비는 공정 전반에 걸쳐 균등하게 발생한다.

생산자료	물 량	완성도
기초재공품	200개	40%
당 기 완 성	1,000개	100%
기말재공품	500개	50%

원가자료	재료원가	가공원가
기초재공품	₩13,500	₩9,660
당기발생원가	136,500	177,840

요구사항

1. 가중평균법 가정을 적용하여 완성품환산량과 완성품원가, 기말재공품원가를 각각 구하라.
2. 선입선출법 가정을 적용하여 완성품환산량과 완성품원가, 기말재공품원가를 각각 구하라.

가중평균법

STEP 1 : 물량흐름 분석

첫 번째 단계는 물량의 흐름을 파악하는 것이다. 기초재공품과 당기투입된 물량이 공정을 거쳐서 완성품과 기말재공품이 된다. 따라서 기초재공품과 당기투입된 물량이 각각 얼마이고, 이 중에서 얼마가 완성된 물량이며 얼마가 미완성되어 기말재공품으로 남게 된 물량인가를 분석하는 것이 첫 번째 단계이다.

위 예제에서 당기완성량이 1,000개이고 기말재공품이 500개이므로, 공정에는 1,500개의 물량이 존재했음을 알 수 있다. 따라서 기초재공품이 200개로 나와 있으므로, 당기투입된 물량은 1,300개임을 파악할 수 있다. 결국 기초재공품 200개와 당기투입량 1,300개가 공정을 거쳐 완성품 1,000개와 기말재공품 500개가 된 것이다.

[1단계] 물량흐름 분석	물 량	완성도
기초재공품	200	
당 기 투 입	1,300	
	1,500	
당 기 완 성	1,000	100%
기말재공품	500	50%
	1,500	

아래 그림은 공정의 흐름도를 통해서 물량의 흐름을 파악한 것이다.

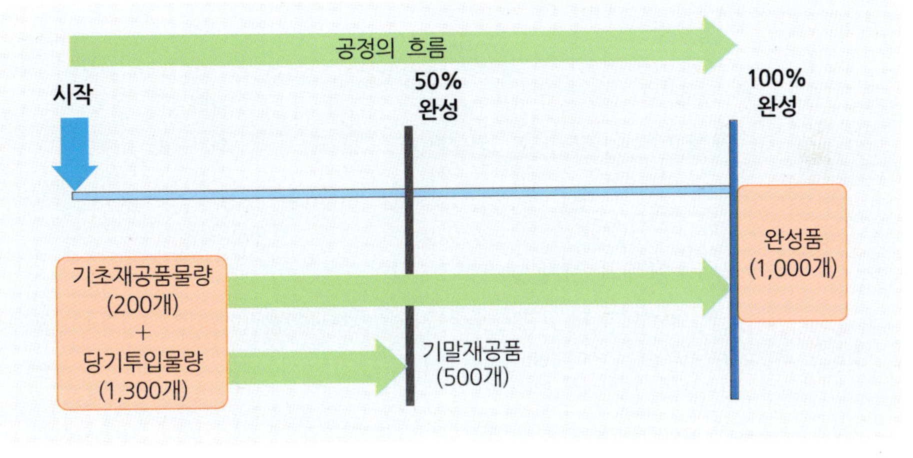

가중평균법에서는 기초재공품물량이든, 당기투입물량이든 관계없이 함께 뒤섞여서 공정에 흘러간다. 기초재공품물량 200개와 당기투입물량 1,300개가 함께 뒤섞여서 평균적으로 완성품과 기말재공품이 된다. 즉 1,500개(기초재공품물량+당기투입물량) 중에서 1,000개가 완성되고, 500개가 50%의 완성도를 지니게 된 것이다.

STEP 2 : 완성품환산량 계산

두 번째 단계는 당기완성품과 기말재공품의 완성품환산량을 계산하는 단계이다. 완성품환산량이란 완성되었다고 가정한다면 얼마만큼이 완성되었는가 하는 개념이다. 완성품환산량을 계산할 때 유의할 점은, 재료원가와 가공원가를 구분하여 완성품환산량을 계산해야 한다는 점이다. 그 이유는 모든 원재료는 생산공정의 초기에서 전량 투입되지만, 가공원가는 공정이 진행되면서 고르게 투입되기 때문이다.

당기완성된 1,000개는 100% 완성도를 보이므로, 재료비의 완성품환산량은 1,000개, 가공비의 완성품환산량은 1,000개이다. 기말재공품 500개는 50%의 완성도를 보이므로 재료비의 완성품환산량은 500개, 가공비의 완성품환산량은 250개이다.

[1단계] 물량흐름 분석			[2단계] 완성품환산량 계산	
			재료비	가공비
기초재공품	200			
당 기 투 입	1,300			
	1,500			
당 기 완 성	1,000		1,000	1,000
기말재공품	500	(50%)	500	250
	1,500		1,500	1,250

STEP 3 : 원가의 집계

세 번째 단계는 기초재공품원가와 당기발생원가를 파악하는 단계이다. 가중평균법에서는 기초재공품원가이든 당기발생원가이든 모두 합산되어 총원가로 집계한다. 이렇게 집계한 총원가를 완성품과 기말재공품에 배분하게 된다.

[3단계] 원가의 집계		재료비	가공비
기초재공품원가	23,160	13,500	9,660
당기발생원가	314,340	136,500	177,840
	337,500	150,000	187,500

STEP 4 : 완성품환산량 단가 계산

네 번째 단계는 재료원가와 가공원가에 대한 완성품환산량의 단가(단위당 원가) 계산을 수행하는 단계이다. 세 번째 단계에서 산출한 재료원가의 합과 가공원가의 합을 두 번째 단계에서 계산한 완성품환산량으로 나누어준다.

재료비의 완성품환산량은 ₩150,000을 1,500개로 나누어 @₩100이 되고, 가공비의 완성품환산량은 ₩187,500을 1,250개로 나누어 @₩150이 된다.

STEP 5 : 완성품과 기말재공품에 원가배분

다섯 번째 단계는 완성품과 기말재공품에 원가를 배분하는 단계이다.

완성품원가 = (1,000개 × @₩100) + (1,000개 × @₩150) = ₩250,000
기말재공품원가 = (500개 × @₩100) + (250개 × @₩150) = ₩87,500

아래 표에서 알 수 있듯이, 가중평균법에서는 기초재공품원가와 당기발생원가를 구분 없이 모두 합산하여 얻은 평균원가를 이용하여, 완성품원가와 기말재공품원가를 배분한다.

[3단계] 원가의 집계		[5단계] 원가배분	
기초재공품원가	23,160	완성품원가	250,000
당기발생원가	314,340	기말재공품원가	87,500
	337,500		337,500

위 다섯 단계를 하나의 표로 정리하면 다음과 같다.

[1단계] 물량흐름 분석			[2단계] 완성품환산량 계산 재료비	가공비
기초재공품	200			
당 기 투 입	1,300			
	1,500			
당 기 완 성	1,000		1,000	1,000
기말재공품	500	(50%)	500	250
	1,500		1,500	1,250
[3단계] 원가의 집계				
기초재공품원가	23,160		13,500	9,660
당기발생원가	314,340		136,500	177,840
	337,500		150,000	187,500
[4단계] 완성품환산량 단가 계산				
[3단계] / [2단계]			@100	@150
[5단계] 원가배분				
완성품원가	250,000	=	(1,000개 × @100) + (1,000개 × @150)	
기말재공품원가	87,500	=	(500개 × @100) + (250개 × @150)	

선입선출법

STEP 1 : 물량흐름 분석

첫 번째 단계는 물량의 흐름을 파악하는 것이다. 위 예제에서 당기완성량이 1,000개이고 기말재공품이 500개이므로, 공정에는 1,500개의 물량이 존재했음을 알 수 있다. 따라서 기초재공품이 200개로 나와 있으므로, 당기투입된 물량은 1,300개임을 파악할 수 있다. 선입선출법이므로 기초재공품은 전량 모두 완성품이 된다. 따라서 당기완성량 1,000개 안에는 기초재공품 200개, 당기투입물량 800개가 포함되어 있음을 알 수 있다.

[1단계] 물량흐름 분석	물 량	완성도
기초재공품	200	
당 기 투 입	1,300	
	1,500	
당 기 완 성		
기초재공품	200	40%
당 기 투 입	800	
기말재공품	500	50%
	1,500	

아래 그림은 공정의 흐름도를 통해서 물량의 흐름을 파악한 것이다.

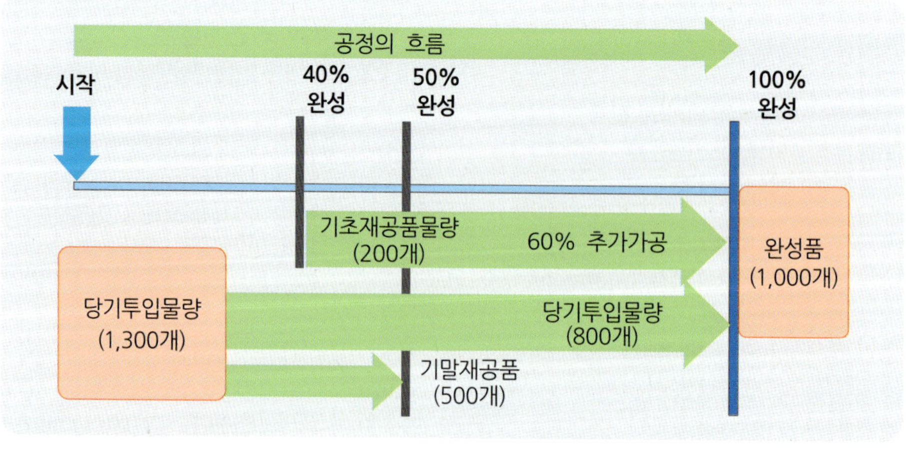

선입선출법에서는 기초재공품물량은 전량 모두 완성품이 되고, 당기투입된 물량 중에서 완성품과 기말재공품이 나온다. 즉, 기초재공품물량 200개는 60% 추가가공 후에 완성품이 먼저 되고, 당기투입물량 1,300개 중에서 800개가 완성되고, 500개가 50%까지 완성된 것이다.

STEP 2 : **완성품환산량 계산**

두 번째 단계는 당기완성품과 기말재공품의 완성품환산량을 계산하는 단계이다. 선입선출법에서 완성품환산량을 계산할 때 유의할 점은, 당기완성물량을 기초재공품과 당기투입물량으로 구분하여 완성품환산량을 계산해야 한다는 점이다. 그 이유는 완성된 물량 안에 포함된 기초재공품과 당기투입물량이 서로 다른 공정 진행률을 갖고 있기 때문이다. 기초재공품 200개는 추가적인 재료원가가 발생하지 않는다. 그 이유는 재료원가는 공정 초기에만 발생하기 때문이다. 당기에는 기초재공품은 40% 공정에서부터 진행되어 왔으므로 추가적인 재료가 투입되지 않았다. 따라서 기초재공품의 재료비 완성품환산량은 0개이다. 기초재공품 200개의 가공원가는 60%만 발생한다. 그 이유는 전기에 기초재공품은 40% 공정까지 완료된 상태에서 당기로 이월되었기 때문이다. 따라서 기초재공품은 40% 공정에서부터 진행되므로 60% 추가가공원가만 투입하면 완성하게 된다. 결국 기초재공품의 가공비 완성품환산량은 120개(200개×60%)이다. 당기투입물량 중 완성된 800개는 100% 완성도를 보이므로, 재료비의 완성품환산량은 800개, 가공비의 완성품환산량은 800개이다. 기말재공품 500개는 50%의 완성도를 보이므로 재료비의 완성품환산량은 500개, 가공비의 완성품환산량은 250개이다.

[1단계] 물량흐름 분석			[2단계] 완성품환산량 계신	
			재료비	가공비
기초재공품	200			
당 기 투 입	1,300			
	1,500			
당 기 완 성				
기초재공품	200	(40%)	0	120
당 기 투 입	800		800	800
기말재공품	500	(50%)	500	250
	1,500		1,300	1,170

STEP 3 : 원가의 집계

세 번째 단계는 기초재공품원가와 당기발생원가를 파악하는 단계이다. 선입선출법에서는 당기발생원가만 집계한다. 기초재공품원가는 계산과정에 포함시키지 않고, 별도로 요약해둔다.

[3단계] 원가의 집계		재료비	가공비
기초재공품원가	23,160	–	–
당기발생원가	314,340	136,500	177,840
	337,500	136,500	177,840

STEP 4 : 완성품환산량 단가 계산

네 번째 단계는 재료원가와 가공원가 각각에 대한 완성품환산량의 단가(단위당 원가) 계산을 수행하는 단계이다. 세 번째 단계에서 산출한 당기발생원가의 재료원가의 합과 가공원가의 합을 두 번째 단계에서 계산한 완성품환산량으로 나누어준다.

재료비의 완성품환산량은 ₩136,500을 1,300개로 나누어 @₩105이 되고, 가공비의 완성품환산량은 ₩177,840을 1,170개로 나누어 @₩152이 된다.

STEP 5 : 완성품과 기말재공품에 원가배분

다섯 번째 단계는 완성품과 기말재공품에 원가를 배분하는 것이다. 이 과정에서 기초재공품원가는 완성품원가에 모두 포함시키고, 당기발생원가는 완성품환산량 단위당 원가에 의하여 완성품원가와 기말재공품원가에 배분한다. 즉 선입선출법에서는 기초재공품은 모두 완성품의 원가이므로 완성품환산량 단가 계산에 포함시키지 않았다가, 전액 완성품원가로 집계한다.

완성품원가＝(800개×@₩105)＋(920개×@₩152)
＋₩23,160(기초재공품원가)＝₩247,000
기말재공품원가＝(500개×@₩105)＋(250개×@₩152)＝₩90,500

다음 표에서 알 수 있듯이, 선입선출법에서는 기초재공품원가는 전액 모두 완성품원가로 집계되고, 당기발생원가를 이용하여 완성품원가와 기말재공품원가를 배분한다.

[3단계] 원가의 집계		[5단계] 원가배분	
기초재공품원가	23,160	완성품원가	247,000
당기발생원가	314,340	기말재공품원가	90,500
	337,500		337,500

위 다섯 단계를 하나의 표로 정리하면 다음과 같다.

[1단계] 물량흐름 분석			[2단계] 완성품환산량 계산	
			재료비	가공비
기초재공품	200			
당 기 투 입	1,300			
	1,500			
당 기 완 성				
기초재공품	200	(40%)	0	120
당 기 투 입	800		800	800
기말재공품	500	(50%)	500	250
	1,500		1,300	1,170
[3단계] 원가의 집계				
기초재공품원가	23,160		–	–
당기발생원가	314,340		136,500	177,840
	337,500		136,500	177,840
[4단계] 완성품환산량 단가 계산				
[3단계] / [2단계]			@105	@152
[5단계] 원가배분				
완성품원가	247,000	= (800개 × @105) + (920개 × @152) + 23,160		
기말재공품원가	90,500	= (500개 × @105) + (250개 × @152)		

04 용어정리

가중평균법(weighted average costing method)
당기의 수량과 원가가 전기의 수량 및 원가와 섞인다고 보는 방법

공정(process)
동일한 제품을 생산하는 과정에서 수행하게 되는 동질적인 생산과정으로 발생하는 재료원가, 노무원가, 제조간접원가가 구분되는 단위

선입선출법(FIFO costing method)
완성품환산량과 단위당 원가가 당기중에 완성된 작업에만 관련되어 있는 것으로 보는 방법

완성품환산량(equivalent units of production)
기말재공품의 수량과 완성된 비율(%)

종합원가계산(process costing)
동일하거나 유사한 제품을 계속적으로 대량생산을 하는 기업에서 사용되는 방법으로, 원가계산기간에 발생한 총원가를 그 기간의 총생산량으로 나누어 제품단위당 원가를 산정하는 원가계산시스템

주관식 개념문제

1. 개별원가계산과 종합원가계산의 차이점에 대해 설명하라.
2. 종합원가계산을 사용하는 기업을 예를 들어 설명하라.
3. 완성품환산량의 개념을 설명하라.
4. 종합원가계산의 다섯 단계 계산절차에 대해 설명하라.
5. 기초재공품이 존재하는 경우에, 요구되는 가정에 대해 설명하라.
6. 가중평균법과 선입선출법 가정의 종합원가계산 차이에 대해 설명하라.

객관식 개념문제

1. 다음 중 종합원가계산에 대한 설명이 아닌 것은?

① 동일하거나 유사한 제품을 대량생산하는 기업이 사용하는 원가계산시스템이다.
② 표준화된 제품을 연속적으로 반복하여 생산하는 기업에서 사용된다.
③ 주문별, 작업별로 원가를 집계한다.
④ 총제조원가를 총제조수량으로 나누어서, 제품의 단위원가를 계산한다.
⑤ 완성품환산량이라는 개념을 이용하여 제조원가를 계산한다.

2. 다음 중 종합원가계산을 주로 사용하는 기업이 아닌 것은?

① 제약업　② 건설업　③ 제철업
④ 식품가공업　⑤ 화학공업

3. 다음 중 종합원가계산에 대한 적절한 설명이 아닌 것은?

① 완성품환산량이란 완성되었다고 가정한다면 얼마만큼이 완성되었는가 하는 개념이다.
② 일반적으로 완성품환산량을 계산할 때에는 재료비와 가공비를 구분하여 계산해야 한다.
③ 가중평균법을 적용할 경우에는 기초재공품원가와 당기발생원가를 서로 합하여, 당기제품의 단위원가를 계산한다.
④ 선입선출법은 기초재공품원가만을 가지고 당기제품의 단위원가를 계산하는 방법이다.
⑤ 선입선출법에서 기초재공품원가는 모두 완성품원가에 포함된다.

정답

1. ③　**2.** ②　**3.** ④

기본문제

1. 다음 빈칸에 들어갈 내용을 적으라.

	개별원가계산	종합원가계산
생산형태		
적용기업		
원가집계		
원가분류		
핵심이슈		

풀이 및 해설

	개별원가계산	종합원가계산
생산형태	• 다양한 형태의 제품 생산 • 특별한 수요나 주문에 따른 소량 생산	• 동일하거나 유사한 형태의 제품 생산 • 연속적인 형태의 대량생산
적용기업	• 인쇄업 • 조선업 • 건설업 • 가구제조업	• 식품가공업 • 화학공업 • 제약업
원가집계	• 작업별	• 공정별
원가분류	• 직접비 • 간접비	• 재료비 • 가공비
핵심이슈	• 제조간접원가의 배부	• 완성품환산량 계산

2. (주)YS유업은 단일제품의 두유를 생산 판매하고 있다. 7월초에 60%의 공정을 마친 100개의 기초재공품이 남아 있었다. 7월중에 400개는 완성되었고, 200개는 70%의 공정만을 거친 채 미완성되었다. 원재료는 공정초기에 모두 투입되고, 가공비는 공정 전반에 걸쳐 균등하게 발생한다.

생산자료	물 량	완성도
기초재공품	100개	60%
당기완성량	400개	
기말재공품	200개	70%
원가자료	**재료원가**	**가공원가**
기초재공품	₩44,000	₩21,300
당기발생원가	250,000	192,000

요구사항

1. 가중평균법 가정을 이용하여 완성품환산량과 완성품원가, 기말재공품원가를 각각 구하라.
2. 선입선출법 가정을 이용하여 완성품환산량과 완성품원가, 기말재공품원가를 각각 구하라.

풀이 및 해설

1. 가중평균법을 이용한 종합원가계산

[1단계] 물량흐름 파악 / [2단계] 완성품환산량 계산

			재료비	가공비
기초재공품	100			
당 기 투 입	500			
	600			
당 기 완 성	400		400	400
기말재공품	200	(70%)	200	140
	600		600	540

[3단계] 원가의 집계

		재료비	가공비
기초재공품원가	65,300	44,000	21,300
당기발생원가	442,000	250,000	192,000
	507,300	294,000	213,300

[4단계] 완성품환산량 단가 계산

	재료비	가공비
[3단계] / [2단계]	@490	@395

[5단계] 원가배분

완성품원가	354,000	=	(400개×@490)+(400개×@395)
기말재공품원가	153,300	=	(200개×@490)+(140개×@395)

2. 선입선출법을 이용한 종합원가계산

[1단계] 물량흐름 파악 / [2단계] 완성품환산량 계산

			재료비	가공비
기초재공품	100			
당 기 투 입	500			
	600			
기초재공품	100	(60%)	0	40
당 기 투 입	300		300	300
기말재공품	200	(70%)	200	140
	600		500	480

[3단계] 원가의 집계

		재료비	가공비
기초재공품원가	65,300	–	–
당기발생원가	442,000	250,000	192,000
	507,300	250,000	192,000

[4단계] 완성품환산량 단가 계산

		재료비	가공비
[3단계] / [2단계]		@500	@400

[5단계] 원가배분

완성품원가	351,300	=(300개×@500)+(340개×@400)+65,300
기말재공품원가	156,000	=(200개×@500)+(140개×@400)

연습문제

1. [완성품환산량] (주)정의의 제조와 관련된 자료는 다음과 같다. 원재료는 공정초기에 모두 투입되고, 가공비는 공정 전반에 걸쳐 균등하게 발생한다. 3월, 5월, 7월에는 기초재공품이 없었다고 가정한다. 각 달의 완성품환산량이 올바르게 제시된 것을 고르라.

	기초재공품	당월완성	월말재공품	
	물 량	물 량	물 량	완성도
3월	0	25,000	10,000	30%
5월	0	50,000	20,000	40%
7월	0	45,000	16,000	25%

		재료비 완성품환산량	가공비 완성품환산량
①	3월	35,000	35,000
②	3월	35,000	32,000
③	5월	70,000	58,000
④	5월	70,000	62,000
⑤	7월	61,000	45,000

2. [기초재공품이 없는 단일공정] (주)세무는 종합원가계산제도를 채택하고 있다. (주)세무의 20×1년 당기제조착수량은 100단위, 기말재공품은 40단위(전환원가 완성도 25%)이며, 당기투입원가는 직접재료원가 ₩40,000, 전환원가(conversion cost) ₩70,000이다. 직접재료는 공정이 시작되는 시점에서 전량 투입되며, 전환원가는 공정 전반에 걸쳐 균등하게 발생할 때, 기말재공품의 원가는? (단, 기초재공품, 공손 및 감손은 없다) (2020년 세무사 기출문제)

① ₩10,000 ② ₩16,000 ③ ₩26,000
④ ₩28,000 ⑤ ₩56,000

3. [가중평균법] 가중평균법에 의한 월말재공품원가를 계산하면 얼마인가? (단, 직접재료는 공정초기에 모두 투입되고, 가공비는 공정 전반에 걸쳐 균등하게 발생된다)

• 월초재공품 : 1,200개(60%)	직접재료비 ₩44,000	가공비 ₩22,000
• 당월제조착수 : 5,000개	직접재료비 ₩80,000	가공비 ₩35,100
• 당월완성수량 : 5,500개		
• 월말재공품 : 700개(30%)		

① ₩12,670 ② ₩15,300 ③ ₩16,100
④ ₩16,114 ⑤ ₩21,000

4. [가중평균법] (주)창조는 가중평균법에 의한 종합원가계산을 채택하고 있다. 기초재공품이 25,000단위이고 당기착수량이 75,000단위이다. 기말재공품이 10,000단위인데 직접재료는 전량 투입되었고, 가공비완성도는 70%이다. 기초재공품에 포함된 가공비가 ₩14,000이고 당기발생 가공비가 ₩180,000이면 기말재공품에 얼마의 가공비가 배부되어야 하는가?

(2008년 세무사 기출문제 수정)

① ₩20,000 ② ₩10,000 ③ ₩16,000
④ ₩18,000 ⑤ ₩14,000

5. [가중평균법] (주)정의는 가중평균법에 의한 종합원가계산제도를 채택하고 있다. 직접재료는 공정초기에 전량 투입되고, 전환원가(conversion costs)는 공정 전반에 걸쳐 균등하게 발생한다. 20×1년 직접재료원가에 대한 총완성품환산량은 20,000단위, 전환원가에 대한 총완성품환산량은 18,000단위, 완성품 수량은 15,000단위이다. 20×1년 기말재공품의 전환원가 완성도는?

(2018년 세무사 기출문제)

① 50% ② 60% ③ 75%
④ 80% ⑤ 90%

6. [선입선출법] 다음은 (주)백운의 완성품환산량에 대한 자료이다. 가공원가는 공정을 통해 균등하게 발생한다고 가정할 경우 (주)백운의 선입선출법에 의한 3월의 가공원가 완성품환산량은 얼마인가?

• 기초재공품(50% 완성)	5,000단위
• 3월 착수량	17,000단위
• 당기완성량	15,000단위
• 기말재공품(80% 완성)	7,000단위

① 13,900단위 ② 18,100단위 ③ 21,000단위
④ 30,000단위 ⑤ 30,500단위

7. [선입선출법] 다음은 종합원가계산제도를 채택하여 원가계산을 실시하는 (주)창조의 자료이다. 원재료는 공정초기단계에서 100% 투입한다. 원가흐름의 가정을 선입선출법으로 한다면 완성품원가는 얼마인가? (2009년 공인회계사 기출문제 수정)

구 분	물 량	가공원가 완성도	직접재료원가	가공원가
기초재공품	700	2/7	₩46,500	₩10,800
	800	50%		
당 기 착 수	8,500	–	₩255,000	₩184,000
기말재공품	400	50%	?	

① ₩374,700 ② ₩423,000 ③ ₩432,000
④ ₩480,005 ⑤ ₩480,300

8. [선입선출법] (주)감평은 단일공정을 통해 단일제품을 생산하고 있으며, 선입선출법에 의한 종합원가계산을 적용하고 있다. 직접재료는 공정초에 전량 투입되고, 가공원가는 공정 전반에 걸쳐 균등하게 발생한다. (주)감평의 20×1년 기초재공품은 10,000단위(가공원가 완성도 40%), 당기착수량은 30,000단위, 기말재공품은 8,000단위(가공원가 완성도 50%)이다. 기초재공품의 직접재료원가는 ₩170,000이고, 가공원가는 ₩72,000이며, 당기투입된 직접재료원가와 가공원가는 각각 ₩450,000과 ₩576,000이다. 다음 설명 중 옳은 것은? (단, 공손 및 감손은 발생하지 않는다) (2020년 감정평가사 기출문제)

① 기말재공품원가는 ₩192,000이다.
② 가공원가의 완성품환산량은 28,000단위이다.
③ 완성품원가는 ₩834,000이다.
④ 직접재료원가의 완성품환산량은 22,000단위이다.
⑤ 직접재료원가와 가공원가에 대한 완성품환산량 단위당 원가는 각각 ₩20.7과 ₩20.3이다.

※ 다음 자료는 [문제 9]와 [문제 10]에 적용된다. (주)백운은 종합원가계산를 적용하고 있는 기업이다. 재료는 공정초기에 전량 투입되고 가공원가는 공정 전반에 걸쳐 균일하게 발생한다.

• 월초재공품	10,000단위(완성도 30%)	재료원가 ₩330,000, 가공원가 ₩100,000
• 당기완성수량	60,000단위	
• 당기투입수량	54,000단위	
• 월말재공품	4,000단위(완성도 50%)	
• 발생원가		재료원가 ₩2,160,000, 가공원가 ₩1,180,000

9. [선입선출법] 선입선출법을 적용하여 재료원가와 가공원가의 완성품환산량을 계산하면 각각 몇 단위인가?

	재료원가	가공원가
①	54,000단위	53,000단위
②	54,000단위	55,000단위
③	54,000단위	59,000단위
④	64,000단위	65,000단위
⑤	64,000단위	69,000단위

10. [선입선출법] 선입선출법을 적용하여 계산할 경우 재료원가의 완성품환산량 단위당 원가는 얼마인가?

① ₩20 ② ₩40 ③ ₩60
④ ₩80 ⑤ ₩100

11. [선입선출법] 다음은 종합원가계산제도를 채택하는 회사의 자료이다. 재료는 공정초기에 투입되며, 가공비는 공정 진행에 따라 균등하게 발생한다. 선입선출법에 의해 재공품을 평가할 때, 당기제품제조원가는 얼마인가?

1) 기초재공품 : 100개(30%) 재료비 ₩10,000 노무비 ₩40,000 제조간접비 ₩10,000
2) 당기제조비용 : 재료비 ₩200,000 가공비 ₩480,000
3) 기말재공품 : 100개(70%)
4) 당기완성품 : 200개

① ₩200,000 ② ₩240,000 ③ ₩480,000
④ ₩500,000 ⑤ ₩740,000

※ 다음 자료는 [문제 12]와 [문제 13]에 적용된다. (주)청연은 종합원가계산을 하고 있다. 2월 완성품 환산량 단위당 원가는 재료비가 ₩20, 가공비가 ₩50이며, 당월중 생산과 관련된 자료는 다음과 같다. 원재료는 공정초기에 투입되고, 가공비는 공정 전반에 걸쳐 발생한다.

- 기초재공품 1,000단위 (완성도 30%)
- 기말재공품 2,000단위 (완성도 50%)
- 당기완성품 7,000단위

12. [선입선출/가중평균법 비교] 선입선출법을 적용할 경우 당월에 실제 발생한 총제조원가(재료비+가공비)는 얼마인가?

① ₩500,000 ② ₩535,000 ③ ₩540,000
④ ₩545,000 ⑤ ₩550,000

13. [선입선출/가중평균법 비교] 가중평균법을 적용할 경우 당월에 실제 발생한 총제조원가(재료비+가공비)는 얼마인가? (단, 기초재공품은 ₩80,000이다)

① ₩580,000 ② ₩500,000 ③ ₩400,000
④ ₩350,000 ⑤ ₩180,000

14. [선입선출/가중평균법 비교] (주)대한은 종합원가계산을 적용하고 있다. 직접재료는 공정의 시작시점에서 100% 투입되며, 가공원가는 공정 전반에 걸쳐 균등하게 발생한다. (주)대한의 생산 관련 자료는 다음과 같다. (주)대한의 종합원가계산과 관련된 다음의 설명 중 옳지 않은 것은? (단, 당기중에 공손이나 감손은 발생하지 않았다고 가정한다) (2021년 공인회계사 기출문제)

	물 량	재료원가	가공원가
기초재공품	2,000단위(완성도 60%)	₩24,000	₩10,000
당기착수량	10,000단위		
기말재공품	4,000단위(완성도 50%)		
당기투입원가		1,500,000	880,000

① 평균법을 사용한다면 가공원가에 대한 완성품환산량은 10,000단위이다.
② 평균법을 사용한다면 기말재공품원가는 ₩686,000이다.
③ 선입선출법을 사용한다면 완성품원가는 ₩1,614,000이다.
④ 선입선출법을 사용한다면 기초재공품원가는 모두 완성품원가에 배부된다.
⑤ 완성품원가는 선입선출법으로 계산한 값이 평균법으로 계산한 값보다 크다.

15. [선입선출/가중평균법 비교] (주)관세는 종합원가계산을 채택하고 있으며, 제품생산 관련 정보는 다음과 같다. 직접재료는 공정초에 모두 투입되고 전환(가공)원가는 공정 전반에 걸쳐 균등하게 발생한다. 평균법과 선입선출법하의 완성품환산량에 관한 다음 설명 중 옳지 않은 것은?

(2020년 관세사 기출문제)

- 기초재공품수량 : 1,000개(완성도 60%)
- 당기착수량 : 2,000개
- 당기완성품수량 : 2,400개
- 기말재공품수량 : 600개(완성도 50%)

① 평균법에 의한 직접재료원가의 완성품환산량은 3,000개이다.
② 선입선출법에 의한 직접재료원가의 완성품환산량은 2,000개이다.
③ 평균법에 의한 전환(가공)원가의 완성품환산량은 2,700개이다.
④ 선입선출법에 의한 전환(가공)원가의 완성품환산량은 2,200개이다.
⑤ 평균법과 선입선출법 간에 각 원가요소의 완성품환산량 차이가 발생하는 것은 기초재공품 때문이다.

16. [선입선출법] 선입선출법을 사용하여 종합원가계산을 하는 기업의 재료비에 대한 자료이다. 재료비의 완성품환산량은 얼마인가?

- 재료비는 공정 초기에 전량 투입된다.
- 기초재공품의 재료비는 ₩400,000이며 완성도는 50%이다.
- 단위당 재료비 완성품원가는 ₩200이다.
- 완성품원가에 포함된 재료비는 ₩3,200,000이다.
- 기말재공품의 재료비는 ₩800,000이며 완성도는 30%이다.

① 16,000개　② 17,000개　③ 18,000개
④ 19,000개　⑤ 20,000개

심화문제

17. [기말재공품 완성도 추정] 다음은 당기에 영업을 개시하였으며 종합원가계산제도를 사용중인 (주)연세의 자료이다.

• 당기착수량	1,500단위		
• 당기발생원가			
직접재료원가	₩135,000	직접노무원가	₩118,500
제조간접원가	₩87,000	기말재공품수량	700단위

(주)연세의 모든 제조원가는 공정 전반에 걸쳐 균등하게 발생된다. 완성품 단위당 원가가 ₩285으로 계산되었다면, 기말재공품의 완성도는 얼마인가? (2012년 세무사 기출문제 수정)

① 12.78% ② 23.44% ③ 56.39%
④ 68.44% ⑤ 79.65%

18. [기초재공품 완성도 추정] (주)감평은 종합원가계산제도를 채택하고 단일제품을 생산하고 있다. 재료는 공정이 시작되는 시점에서 전량 투입되며, 가공(전환)원가는 공정 전체에 걸쳐 균등하게 발생한다. 가중평균법과 선입선출법에 의한 가공(전환)원가의 완성품환산량은 각각 108,000단위와 87,000단위이다. 기초재공품의 수량이 70,000단위라면 기초재공품 가공(전환)원가의 완성도는? (2018년 감정평가사 기출문제)

① 10% ② 15% ③ 20%
④ 25% ⑤ 30%

19. [기초재공품 수량 추정] (주)창조는 종합원가계산을 사용하고 있는 기업이다. 직접재료는 공정 투입과 동시에 100% 투입되며, 가공원가는 공정 전반에 걸쳐 균등하게 발생한다. 가중평균법과 선입선출법에 의한 가공원가 완성품환산량은 각각 9,300개, 8,700개이다. 기초재공품의 가공원가 완성도가 15%라면, 기초재공품수량은 몇 개인가? (2011년 세무사 기출문제 수정)

① 2,000개 ② 3,000개 ③ 4,000개
④ 5,000개 ⑤ 6,000개

20. [선입선출법] (주)한국은 단일공정에서 단일의 제품 X를 생산 · 판매하고 있다. 회사는 실제원가에 의한 종합원가계산을 적용하고 있으며, 재공품 평가방법은 선입선출법이다. 제품 생산을 위해 직접재료는 공정 초에 전량 투입되며, 전환원가(가공원가 : conversion costs)는 공정 전반에 걸쳐 균등하게 발생한다. 20×1년 2월중 (주)한국의 완성품 수량은 7,000단위이며, 생산 및 원가 자료는 다음과 같다. (단, 괄호 안의 숫자는 전환원가의 완성도를 의미하고, 공손품은 발생하지 않는다) (주)한국이 20×1년 2월중 완성한 제품의 원가(㉠)와 월말재공품원가(㉡)는 얼마인가? (2016년 공인회계사 기출문제)

	물량단위	직접재료원가	전환원가
월초재공품	2,000단위(30%)	₩42,500	₩22,900
당월 착수 및 투입	?	216,000	276,000
월말재공품	4,000단위(70%)	?	?

① ㉠ 완성한 제품의 원가 ₩407,400 ㉡ 월말재공품원가 ₩180,000
② ㉠ 완성한 제품의 원가 ₩377,400 ㉡ 월말재공품원가 ₩163,200
③ ㉠ 완성한 제품의 원가 ₩377,400 ㉡ 월말재공품원가 ₩180,000
④ ㉠ 완성한 제품의 원가 ₩407,400 ㉡ 월말재공품원가 ₩163,200
⑤ ㉠ 완성한 제품의 원가 ₩312.000 ㉡ 월말재공품원가 ₩163,200

정답 및 해설

1. ③

3월			재료비 완성품환산량	가공비 완성품환산량
당 월 완 성	25,000		25,000	25,000
월말재공품	10,000	(30%)	10,000	3,000
	35,000		35,000	28,000

5월			재료비 완성품환산량	가공비 완성품환산량
당 월 완 성	50,000		50,000	50,000
월말재공품	20,000	(40%)	20,000	8,000
	70,000		70,000	58,000

7월			재료비 완성품환산량	가공비 완성품환산량
당 월 완 성	45,000		45,000	45,000
월말재공품	16,000	(25%)	16,000	4,000
	61,000		61,000	49,000

2. ③

[1단계] 물량흐름 분석			[2단계] 완성품환산량 계산	
			재료비	가공비
기초재공품	0			
당 기 투 입	100			
	100			
당 기 완 성	60		60	60
기말재공품	40	(25%)	40	10
	100		100	70
[3단계] 원가의 집계				
기초재공품원가			0	0
당기발생원가			40,000	70,000
			40,000	70,000
[4단계] 완성품환산량 단가 계산				
[3단계] / [2단계]			@400	@1,000
[5단계] 원가배분				
완성품원가				
기말재공품원가	26,000＝(40단위×@400)＋(10단위×@1,000)			

3. ③

[1단계] 물량흐름 분석			[2단계] 완성품환산량 계산	
			재료비	가공비
월초재공품	1,200			
당 월 투 입	5,000			
	6,200			
당 월 완 성	5,500		5,500	5,500
월말재공품	700	(30%)	700	210
	6,200		6,200	5,710

[3단계] 원가의 집계

월초재공품원가	66,000	44,000	22,000
당월발생원가	115,100	80,000	35,100
	181,100	124,000	57,100

[4단계] 완성품환산량 단가 계산

[3단계] / [2단계]	@20	@10

[5단계] 원가배분

완성품원가 165,000=(5,500개×@20)+(5,500개×@10)

월말재공품원가 16,100=(700개×@20)+(210개×@10)

4. ⑤

가공원가 완성품 : 25,000+75,000−10,000=90,000

가공원가 완성품환산량 : 90,000+10,000×70%=97,000

가공원가 단위당 원가 : (₩14,000+₩180,000)÷97,000=@₩2

∴ 기말재공품에 배부되는 가공원가 : @₩2×(10,000×70%)=₩14,000

5. ②

종합원가계산에서 평균법 [2단계] 절차인 '완성품 환산량'을 이용

	재료비	가공비
당기 완성	15,000	15,000
기말재공품	X	Y
	20,000	18,000

기말재공품의 재료비(X) : 20,000단위−15,000단위=5,000단위

기말재공품의 가공비(Y) : 18,000단위−15,000단위=3,000단위

기말재공품의 전환원가 완성도 : 3,000단위/5,000단위=0.6

∴ 60%

6. ②

[1단계] 물량흐름 분석			[2단계] 완싱품환신량 계산	
			재료비	가공비
기초재공품	5,000			
당 월 투 입	17,000			
	22,000			
당 월 완 성				
월초재공품	5,000	(50%)	0	2,500
당 월 투 입	10,000		10,000	10,000
월말재공품	7,000	(80%)	7,000	5,600
	22,000		17,000	18,100

7. ⑤

[1단계] 물량흐름 분석			[2단계] 완성품환산량 계산	
			재료비	가공비
기초재공품	700			
	800			
당 기 투 입	8,500			
	10,000			
당 기 완 성				
기초재공품	700	(2/7)	0	500
	800	(50%)	0	400
당 기 투 입	8,100		8,100	8,100
기말재공품	400	(50%)	400	200
	10,000		8,500	9,200
[3단계] 원가의 집계				
기초재공품원가	57,300			
당기발생원가	439,000		255,000	184,000
	496,300		255,000	184,000
[4단계] 완성품환산량 단가 계산				
[3단계] / [2단계]			@30	@20

[5단계] 원가배분

완성품원가 480,300=(8,100개×@30)+(9,000개×@20)+57,300

기말재공품원가 16,000=(400개×@30)+(200개×@20)

8. ①

(1) 완성품환산량

[1단계] 물량흐름 분석			[2단계] 완성품환산량 계산	
			재료비	가공비
기초재공품	10,000			
당 기 투 입	30,000			
	40,000			
당 기 완 성				
기초재공품	10,000	(40%)	0	6,000
당 기 투 입	22,000		22,000	22,000
기말재공품	8,000	(50%)	8,000	4,000
	40,000		30,000	32,000

[3단계] 원가의 집계

기초재공품원가	–	–
당기발생원가	450,000	576,000
	450,000	576,000

[4단계] 완성품환산량 단가 계산

[3단계] / [2단계]	@15	@18

[5단계] 원가배분

완성품원가 1,076,000＝242,000＋(22,000개×@15)＋(28,000개×@18)

기말재공품원가 192,000＝(8,000개×@15)＋(4,000개×@18)

9. ③

[문제 10] 해설 참조.

10. ②

[1단계] 물량흐름 분석 / [2단계] 완성품환산량 계산

			재료비	가공비
월초재공품	10,000			
당 월 투 입	54,000			
	64,000			
당 월 완 성				
월초재공품	10,000	(30%)	0	7,000
당 월 투 입	50,000		50,000	50,000
월말재공품	4,000	(50%)	4,000	2,000
	64,000		54,000	59,000

[3단계] 원가의 집계

월초재공품원가	430,000	–	–
당월발생원가	3,340,000	2,160,000	1,180,000
	3,770,000	2,160,000	1,180,000

[4단계] 완성품환산량 단가 계산

[3단계] / [2단계]	@40	@20

11. ④

[1단계] 물량흐름 분석			[2단계] 완성품환산량 계산	
			재료비	가공비
기초재공품	100			
당 기 투 입	200			
	300			
당 기 완 성				
기초재공품	100	(30%)	0	70
당 기 투 입	100		100	100
기말재공품	100	(70%)	100	70
	300		200	240
[3단계] 원가의 집계				
기초재공품원가	60,000		–	–
당기발생원가	680,000		200,000	480,000
	740,000		200,000	480,000
[4단계] 완성품환산량 단가 계산				
[3단계] / [2단계]			@1,000	@2,000

[5단계] 원가배분

완성품원가 500,000=(100개×@1,000)+(170개×@2,000)+60,000

기말재공품원가 240,000=(100개×@1,000)+(70개×@2,000)

12. ④

(1) 선입선출법 재료원가 완성품환산량

1,500단위×0%	+	6,000단위	+	2,000단위×100%	=	8,000단위
기초완성량		당기착수완성량		기말재공품완성량		

(2) 선입선출법 가공원가 완성품환산량

1,000단위×70%	+	6,000단위	+	2,000단위×50%	=	7,700단위
기초완성량		당기착수완성량		기말재공품완성량		

(3) 당기총제조원가 : 8,000단위×₩20(재료원가)+7,700단위×₩50=₩545,000

(4) 선입선출법에서 완성품환산량 단위당원가는 당기발생원가를 당기완성품환산량으로 나눈 값이다. 따라서 선입선출법 완성품환산량에 단위당 원가를 곱하면 당기발생원가를 역산할 수 있다.

13. ②

(1) 가중평균법 재료원가 완성품환산량 : 7,000단위+2,000단위×100%=9,000단위

(2) 가중평균법 가공원가 완성품환산량 : 7,000단위+2,000단위×50%=8,000단위

(3) 당기총제조원가 : 9,000단위×₩20+8,000단위×₩50−₩80,000=₩500,000

14. ⑤

(1) 선입선출법

[1단계] 물량흐름 분석 / [2단계] 완성품환산량 계산

			재료비	가공비
기초재공품	2,000			
당 기 투 입	10,000			
	12,000			
당 기 완 성				
기초재공품	2,000	(60%)	0	800
당 기 투 입	6,000		6,000	6,000
기말재공품	4,000	(50%)	4,000	2,000
	12,000		10,000	8,800

[3단계] 원가의 집계

	재료비	가공비
기초재공품원가	–	–
당기발생원가	1,500,000	880,000
	1,500,000	880,000

[4단계] 완성품환산량 단가 계산

	재료비	가공비
[3단계] / [2단계]	@150	@100

[5단계] 원가배분

완성품원가 1,614,000=(6,000개×@150)+(6,800개×@100)+34,000

기말재공품원가 800,000=(4,000개×@150)+(2,000개×@100)

(2) 가중평균법

[1단계] 물량흐름 분석 / [2단계] 완성품환산량 계산

			재료비	기공비
기초재공품	2,000			
당 기 투 입	10,000			
	12,000			
당 기 완 성				
기초재공품	2,000	(60%)	2,000	2,000
당 기 투 입	6,000		6,000	6,000
기말재공품	4,000	(50%)	4,000	2,000
	12,000		12,000	10,000

[3단계] 원가의 집계

기초재공품원가	24,000	10,000
당기발생원가	1,500,000	880,000
	1,524,000	890,000

[4단계] 완성품환산량 단가 계산

[3단계] / [2단계]	@127	@89

[5단계] 원가배분

완성품원가 1,728,000＝(8,000개×@127)＋(8,000개×@89)

기말재공품원가 686,000＝(4,000개×@127)＋(2,000개×@89)

15. ④

(1) 선입선출법

[1단계] 물량흐름 분석			[2단계] 완성품환산량 계산	
			재료비	가공비
기초재공품	1,000			
당 기 투 입	2,000			
	3,000			
당 기 완 성				
기초재공품	1,000	(60%)	0	400
당 기 투 입	1,400		1,400	1,400
기말재공품	600	(50%)	600	300
	3,000		2,000	2,100

(2) 가중평균법

[1단계] 물량흐름 분석			[2단계] 완성품환산량 계산	
			재료비	가공비
기초재공품	1,000			
당 기 투 입	2,000			
	3,000			
당 기 완 성	2,400		2,400	2,400
기말재공품	600	(50%)	600	300
	3,000		3,000	2,700

16. ③

완성품원가＋기말재공품원가＝기초재공품원가＋당기발생원가

총제조원가(₩3,600,000)＝총발생원가(₩4,000,000)－기초재공품원가(₩400,000)

완성품환산량＝₩3,600,000/₩200＝18,000개

17. ③

총원가(₩135,000＋₩118,500＋₩87,000)－완성품원가(@₩285×800단위)
＝기말재공품원가(₩112,500)

기말재공품 단위당 원가 : ₩112,500÷700단위＝@₩160.714

기말재공품 완성도 : @₩160.714÷@₩285＝56.39%

18. ⑤

108,000단위－87,000단위＝21,000단위

70,000단위×완성도＝21,000단위

∴ 완성도 : 30%

19. ③

9,300개－8,700개 : 600개

기초재공품수량×15%＝600개

∴ 기초재공품수량 : 4,000개

20. ③

[1단계] 물량흐름 분석			[2단계] 완성품환산량 계산	
			재료비	가공비
월초재공품	2,000			
당 월 투 입	9,000			
	11,000			
당 월 완 성				
월초재공품	2,000	(30%)	0	1,400
당 월 투 입	5,000		5,000	5,000
월말재공품	4,000	(70%)	4,000	2,800
	11,000		9,000	9,200
[3단계] 원가의 집계				
월초재공품원가			–	–
당월발생원가			216,000	276,000
			216,000	276,000
[4단계] 완성품환산량 단가 계산				
[3단계] / [2단계]			@24	@30

[5단계] 원가배분

완성품원가 377,400＝(5,000개×@24)＋(6,400개×@30)＋65,400

기말재공품원가 180,000＝(4,000개×@24)＋(2,800개×@30)

CHAPTER

5 결합원가계산

본장에서는 결합원가계산을 소개한다.

결합원가계산이란 동일한 원료 또는 재료를 동일한 공정에서 가공하여 서로 다른 복수의 제품을 생산하는 산업에서 주로 사용되는 원가계산시스템이다. 일반적으로 농업, 낙농업, 임업, 광물산업 등에서 많이 이용되고 있다. 결합원가계산에서 가장 중요한 이슈는 서로 다른 제품으로 분리되기 이전까지, 동일공정에서 발생한 결합원가를 개별제품에 어떻게 배부해줄 것인가 하는 부분이다. 결합원가를 배부하는 방법에는 물량기준법, 상대적 판매가치법, 순실현가치법, 균등매출총이익률법이 있다. 본장에서는 결합원가를 배부하는 방법에 대해 알아본다.

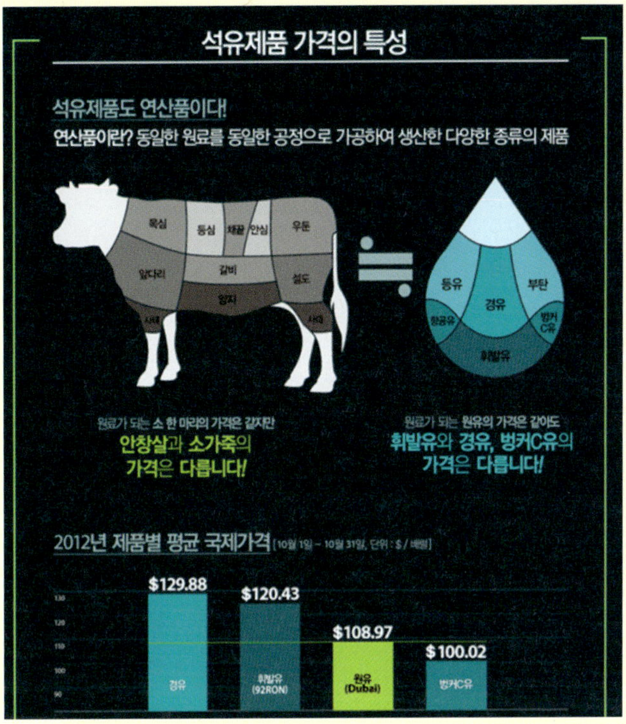

▶ 출처 : Insight of GS Caltex

본장에서는 구체적으로 다음과 같은 내용들을 학습한다.

- 결합원가계산은 무엇인가?
- 결합원가계산은 어떤 산업에서 사용되는가?
- 결합원가의 개념은 무엇인가?
- 주산품과 부산물의 차이는 무엇인가?
- 결합원가를 배분하는 기준에는 어떤 방법들이 있는가?
- 물량기준법을 이용하여 결합원가를 배분하는 방법은?
- 상대적 판매가치법을 이용하여 결합원가를 배분하는 방법은?
- 순실현가치법을 이용하여 결합원가를 배분하는 방법은?
- 균등매출총이익률법을 이용하여 결합원가를 배분하는 방법은?

Accounting Insight 관리회계 경영 사례

정유사 원가계산이 어려운 이유…

정유업계는 휘발유 가격이 조정될 때마다 여러 가지 비판에 직면한다. 특히 국내 휘발유 가격은 국제 휘발유 가격과 비대칭성을 지닌다는 날선 비판을 받기도 한다. 즉 국제유가가 오를 땐 정유사들이 이를 국내 휘발유 가격에 재빨리 반영하면서, 반면 국제유가가 떨어질 땐 이를 잘 반영하지 않는다는 것이다. 또한 국제 휘발유 가격에 비해 국내 휘발유 가격이 너무 높다는 비판도 존재한다.

그러나 이러한 비판 속에서, 정유업계는 석유제품의 원가는 다른 산업과는 큰 차이가 발생하므로 쉽게 설명하기 어렵다는 입장이다. 즉 석유제품은 원유에서 휘발유, 경유, 등유, LPG 등 시장가치가 서로 다른 20여개 이상의 제품이 동시에 생산되는 '연산품(連産品 · joint product)'이어서 개별 원가 산정이 어렵고, 개별 주유소가 스스로 가격을 결정하는 상황하에서 수많은 주유소를 상대로 강요할 수 있는 이야기가 아니라는 설명이다. 또한 이를 빗대어 소 한 마리를 키우면서, 등심이나 갈빗살에 들어가는 생산비용이 얼마인지를 따로 계산할 수 없는 것과 같은 이치라고도 설명한다.

즉, 같은 재료를 사용하고 같은 공정을 거치지만 전혀 다른 여러 종류의 제품을 생산하게 되는 정유업의 특성상 개별 제품의 원가 산정이 어렵다는 게 정유업계의 주장이다. 정유업계의 주장을 소개하면 아래와 같다.

"소한테 여물을 먹이는 데 투입되는 비용은 산정할 수 있다. 또한 소 한 마리의 판매가격으로 마진을 계산할 수도 있다. 소 한 마리의 가격은 산정할 수 있지만 부위별 가격은 어떻게 책정할 수 있겠는가. 소 한 마리에 대한 원가는 있지만 소 등심이나 소 꼬리의 원가가 얼마냐고 물으면 그 기준을 찾을 수 없다. 소고기가 부위와 상관없이 그램당 얼마로 책정되지는 않지 않는가. 휘발유와 경유도 마찬가지다."

"석유제품의 가치는 시장에서 매겨지는 가치에 따라 판매가격이 형성된다. 등심이 다른 부속보다 비싼 것과 같은 맥락이다. 나프타와 벙커씨유 같은 제품은 생산하면 생산할수록 손해가 발생한다. 하지만 정유사는 계속해서 팔 수밖에 없다. 시장에 가치가 낮기 때문에 그 가치에 수렴해서 파는 것이다."

"정유사마다 공정도 다르고 설비 용량도 다르다. 하지만 시장에서 보는 가치는 비슷하다. 정유사마다 이익을 많이 보고 적게 보고는 여기서 결정된다."

생각해 볼 문제

① 정유업은 다른 산업에 비해 원가계산과정에서 뚜렷한 차이가 발생한다. 그 원인은 무엇인가?
② 동일한 원재료를 통해 생산된 휘발유, 경유, 등유 등 연산품의 원가는 어떤 방식으로 측정할 수 있겠는가?

자료출처 : 시사오늘(2022. 10. 16), "기름값이 묘하다, 정유사 원가계산 어려운 이유"
신동아(2012. 1), "면밀한 검토 사전조율 없는 유가정책이 불신 불렀다"

결합원가계산

결합원가계산(joint costing)이란 동일한 원료 또는 재료를 동일한 공정에서 가공하여 서로 다른 복수의 제품을 생산하는 산업에서 주로 사용되는 원가계산시스템이다. 일반적으로 농업, 낙농업, 임업, 광물산업 등에서 많이 이용되고 있다.

- 소(목심, 등심, 채끝, 안심, 우둔, 앞다리, 갈비, 양지, 설도, 사태)
- 돼지(목심, 등심, 안심, 갈비, 앞다리, 뒷다리, 삼겹살)
- 원유(휘발유, 경유, 등유, 부탄, 항공유, 벙커C유)
- LPG원료(부탄, 에탄, 프로판)
- 석탄(코크스, 가스, 벤졸, 타르, 암모니아)
- 목재(다양한 종류의 목재, 톱밥)

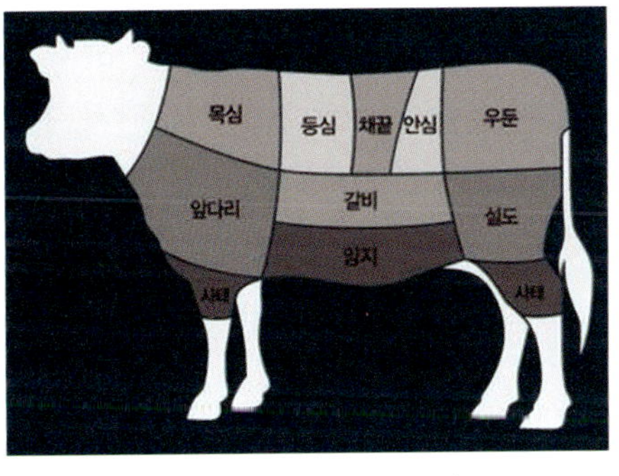

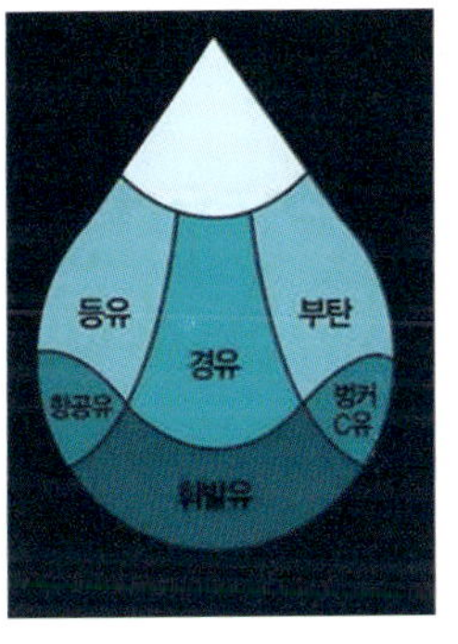

▶ 출처 : Insight of GS Caltex (http://www.insightofgscaltex.com/?p=30158)

결합원가

결합원가(joint cost)는 동일한 원료 또는 재료를 가공하여 서로 다른 제품들을 생산하는 과정에서 발생한 원가이다. 예를 들어 동일한 LPG원료를 이용하여 동일한 생산공정을 거쳐서 부탄, 에탄, 프로판이라는 서로 다른 제품을 만들 수 있다. 또한 소라는 동일한 재료를 가지고 동일한 공정을 거쳐서 목심, 등심, 채끝, 안심, 우둔, 앞다리, 갈비, 양지, 설도, 사태 등 다양한 제품을 얻게 된다. 이처럼 동일한 원재료가 단일 공정을 거치면서 공통으로 발생한 원가가 결합원가이다.

결합원가를 투입하여 동시에 생산되는 서로 다른 두 종류 이상의 개별제품을 연산품(joint product) 또는 결합제품이라 한다. 즉 위의 예에서 부탄, 에탄, 프로판이 바로 연산품 또는 결합제품이다. 또한 동일한 원재료에서 출발하여 서로 다른 개별제품으로 인식되는 시점을 분리점(split-off point)이라 한다.

분리점 이후에 개별제품에 발생하는 원가로 개별제품에 추적이 가능한 원가를 추가가공원가 또는 분리가능원가(separable cost)라 한다. 분리가능원가는 분리점 이후에 추가가공으로 발생하는 가공원가, 유통비용, 마케팅비용 등이 모두 포함된 원가이다. 분리점에서 판매할 것인가 또는 분리점 이후에 추가가공을 해서 판매할 것인가는 기업 경영자가 의사결정해야 할 부분이다. 예를 들어 분리점 이후에 생산된 휘발유도 그 자체로 판매가능하지만, 추가가공하여 더 높은 판매가치를 지닌 제품인 고급휘발유 또는 무연휘발유 등을 생산할 수 있다. 휘발유를 추가가공하여 더 높은 판매가치를 지니는 고급휘발유 또는 무연휘발유 등으로 판매하기 위해서 발생하는 모든 원가가 추가가공원가, 분리가능원가이다.

위에서 설명한 내용들을 그림으로 요약하면 아래와 같다.

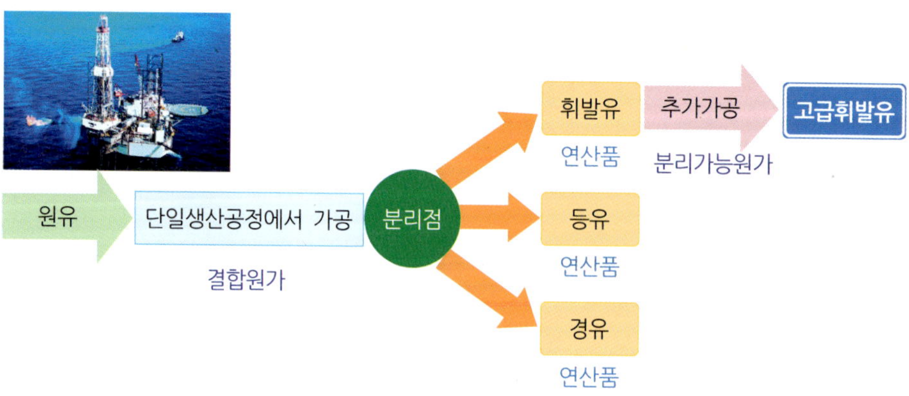

주산품과 부산물

동일공정에서 두 개 이상의 연산품을 생산할 때, 하나의 제품이 다른 연산품에 비해 상대적으로 판매가치가 매우 큰 경우에 이를 주산품(main product)이라 한다. 반면에 상대적으로 판매가치가 매우 낮은 경우에 이를 부산물(by-product)이라 한다. 예를 들어 산에서 나무를 베어 생산가공을 하여 깔끔한 목재를 만들 수 있고, 깔끔한 목재를 만드는 과정에서 톱밥을 얻을 수 있다. 이 경우에 목재도 판매할 수 있는 제품이고, 톱밥도 판매할 수 있는 제품이다. 그러나 목재의 판매가치가 톱밥의 판매가치에 비해 월등하게 높다. 목재는 주산품이고, 톱밥은 부산물이 된다. 또한 생산공정을 통해 나오는 것들 중에서 판매가치가 없거나, 판매비용이 판매가치보다 더 높은 것을 작업폐물(scrap)이라 한다. 즉 목재와 톱밥 이외에 나뭇잎이나 벌레, 쓰레기 등 판매가치가 없거나 판매가치가 음(−)인 것들은 작업폐물이라 한다.

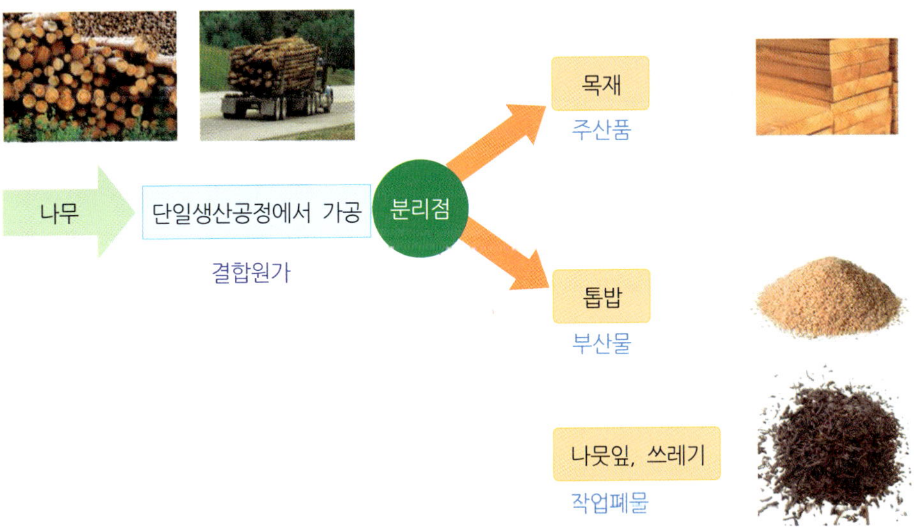

결합원가를 어떻게 배분할 것인가?

결합원가계산에서 가장 중요한 이슈는 서로 다른 제품으로 분리되기 이전까지, 동일공정에서 발생한 결합원가(재료원가와 가공원가)를 개별제품에 어떻게 배부해 줄 것인가 하는 부분이다. 결합원가를 배부하는 방법에는 크게 네 가지가 있다.

- 물량기준법
- 상대적 판매가치법
- 순실현가치법
- 균등매출총이익률법

종합예제 1 물량기준법, 상대적 판매가치법

(주)맛있는치킨은 닭을 가공하여 세 개의 연산품을 생산한다. 7월중에 닭다리살, 닭가슴살, 닭날개살을 모두 1,000kg 생산하였다. 생산자료 및 기타자료는 아래와 같다. 7월중 발생한 결합원가는 ₩20,000이다.

부 분	중량(kg)	kg당 판매가격
닭다리살	200	₩80
닭가슴살	500	50
닭날개살	300	30

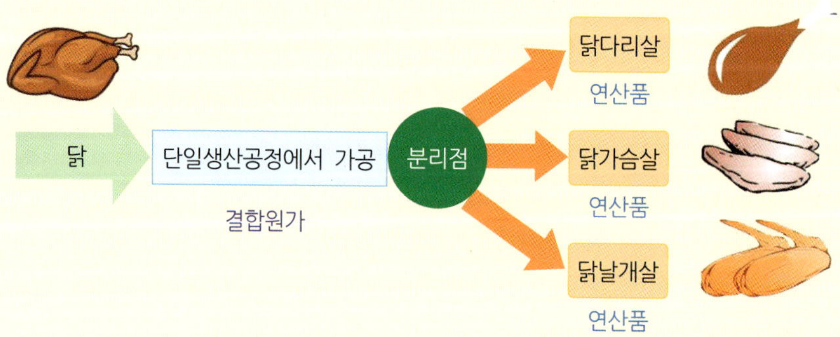

물량기준법

물량기준법(physical measure method)이란 분리점에서 각 개별제품의 수량, 무게, 부피, 면적 등과 같은 물리량을 기준으로 결합원가를 배부하는 방법이다. 물량기준법은 개별제품의 물량 단위당 판매가격이 비슷한 경우에 이용된다.

(주)맛있는치킨이 1,000kg을 생산하였고, 중량을 기준으로 결합원가 ₩20,000을 배분하면 다음과 같다.

부 분	중량(kg)	결합원가
닭다리살	200	₩4,000
닭가슴살	500	10,000
닭날개살	300	6,000
	1,000	₩20,000

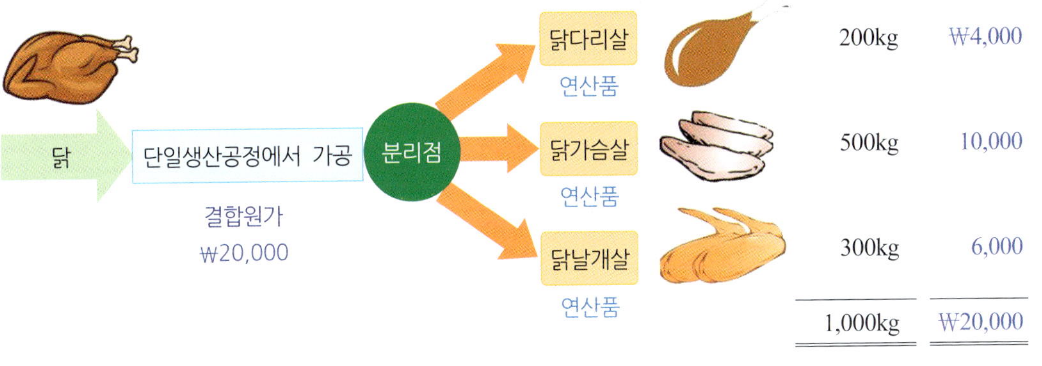

물량기준법은 다음과 같은 문제점을 지닌다.

첫째, 물량기준법을 사용하면 개별제품에 대한 수익성을 잘못 판단할 가능성이 높다. 소는 각 부위별로 판매가격이 다르다. 중량을 기준으로 배부한다면, 사골이나 소꼬리와 같이 뼈가 포함되어 있는 무거운 제품의 원가가 안심과 등심처럼 상대적으로 가벼운 제품보다 더 비싸게 측정될 것이다. 이는 제품의 수익성을 크게 왜곡시킬 가능성이 있다.

둘째, 어떤 개별제품들은 비교가능한 동일한 물리적 측정치를 사용하는 것이 불가능할 수 있다. 결합제품으로 생산한 석유(액체)와 천연가스(기체)는 동일한 측정치를 이용하여 계산할 수 없다. 즉 결합제품이 액체, 고체, 기체 등 서로 다른 물리적 형태로 존재할 경우 물량기준법을 사용할 수 없다.

상대적 판매가치법

상대적 판매가치법(relative sales value method)이란 분리점에서 각 개별제품이 갖는 상대적 판매가치에 따라 결합원가를 배분하는 방법이다.

(주)맛있는치킨의 결합원가 ₩20,000을 상대적 판매가치를 기준으로 배분하면 다음과 같다.

Accounting Insight 관리회계 경영 사례

돼지고기의 부위별 가격 차이

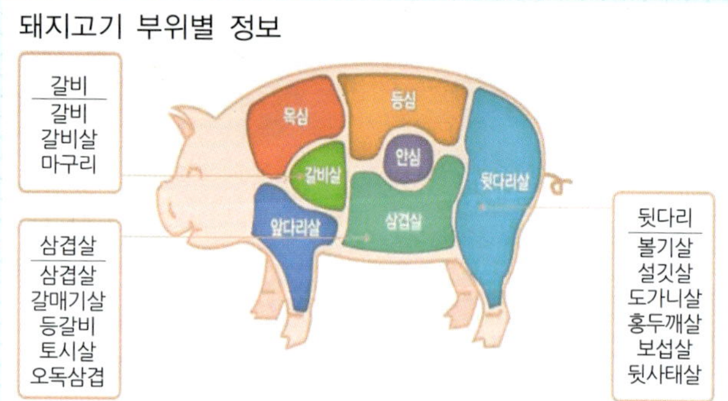

가공한 돼지 한 마리에서 생산되는 부위는 삼겹살, 목살, 안심, 등심, 앞다리살, 뒷다리살 등 다양하다. 돼지라는 동일한 재료를 가지고 동일한 공정을 거쳐서 생산되지만, 부위별로 가격은 큰 차이를 보인다. 부위별로 가격차이가 발생하는 가장 큰 이유는 사람들이 좋아하는 부위가 어디냐는 것이다.

농촌진흥청이 발표한 축산물 소비실태 조사 결과에 따르면 우리나라 사람들이 가장 즐겨먹는 고기는 돼지고기이고, 가장 선호하는 부위는 삼겹살(61%), 목살(32.8%)로 모두 고지방 부위이다. 돼지의 부위별로 활동량이 크게 달라 근육량의 차이로 인해 맛이 달라지는데, 사람들은 고지방 부위인 삼겹살과 목살을 주로 좋아한다. 그러나 삼겹살 부위는 가공한 돼지 한 마리의 고작 20%로 안심, 등심, 앞다리, 뒷다리살인 저지방 부위보다 지방은 2배, 열량은 9배나 높은데 가격은 3배나 비싼 것으로 나타났다.

생각해 볼 문제

돼지고기나 소고기의 경우에 결합원가를 배분할 때, 물량기준법과 상대적 판매가치법 중 어떤 방법을 사용하는 것이 더 적절하겠는가? 그 이유는 무엇인가?

자료출처 : 대한급식신문(2017. 5. 13), "돼지고기, 영양·맛 뛰어나지만 가격 낮은 부위는?"

부 분	상대적 판매가치	결합원가
닭다리살	200kg × ₩80 = ₩16,000	₩6,400
닭가슴살	500kg × ₩50 = ₩25,000	10,000
닭날개살	300kg × ₩30 = ₩9,000	3,600
	₩50,000	₩20,000

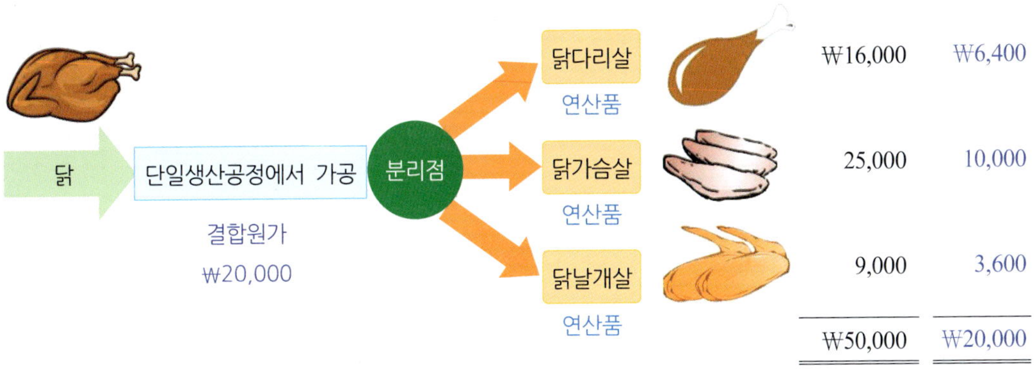

상대적 판매가치법은 판매가치가 높은 개별제품에는 상대적으로 더 많은 원가를 배분하고, 판매가치가 낮은 개별제품에는 상대적으로 더 낮은 원가를 배분하는 방법이다. 이는 앞서 살펴본 물량기준법에 비해 개별제품의 수익성을 적절하게 파악할 수 있다는 큰 장점이 있다. 그러나 어떤 제품들의 경우에는 분리점 이후에 판매가치가 존재하지 않는 경우가 있다. 이 경우에는 상대적 판매가치법을 이용할 수 없다.

종합예제 2 순실현가치법, 균등매출총이익률법

(주)맛있는치킨은 닭을 가공하여 세 개의 연산품을 생산한다. 7월중에 닭다리살, 닭가슴살, 닭날개살을 생산하였고, ₩20,000의 결합원가가 발생하였다. (주)맛있는치킨은 분리점 이후에 생산된 닭다리살, 닭가슴살, 닭날개살을 추가가공하여 뼈 없는 닭다리살, 훈제 닭가슴살, 양념 닭날개살로 판매하고 있다. 생산자료 및 기타자료는 아래와 같다.

부 분	중량(kg)	kg당 판매가격	추가가공원가
뼈 없는 닭다리살	200	₩80	₩3,500
훈제 닭가슴살	500	50	5,000
양념 닭날개살	300	30	1,500

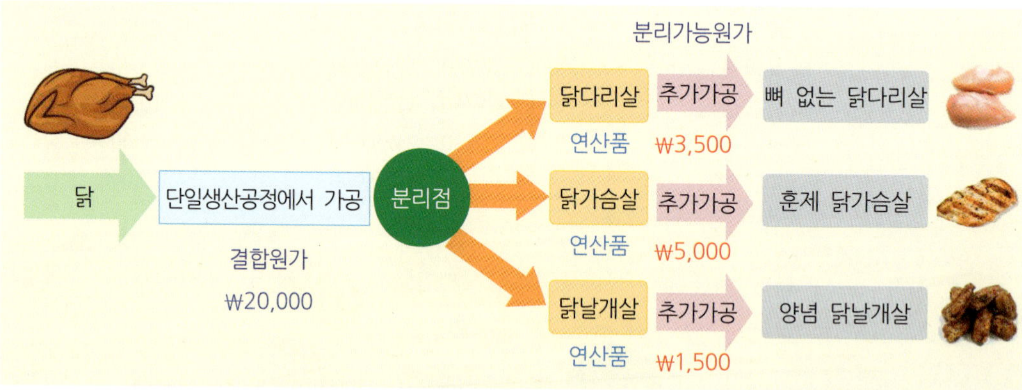

순실현가치법

순실현가치법(net realizable value method)이란 연산품의 순실현가치를 기준으로 결합원가를 배분하는 방법이다. 여기서 순실현가치란 각 제품의 최종판매가치에서 추가가공원가와 판매비용을 차감한 금액이다. 즉 최종판매가치에서 분리점 이후에 추가가공으로 발생하는 가공원가, 유통비용, 마케팅비용 등을 차감한 순액(net value)을 의미한다.

> 순실현가치＝최종판매가치－분리가능원가－판매비용

순실현가치법은 분리점에서 개별제품에 대한 판매가치를 알 수 없는 경우에 많이 이용된다.

(주)맛있는치킨의 결합원가 ₩20,000을 순실현가치법을 이용하여 배분하면 다음과 같다.

부 분	최종판매가치	추가 가공원가	순실현가치 (최종판매가치－추가가공원가)	결합원가
뼈 없는 닭다리살	200kg×₩80＝₩16,000	₩3,500	₩12,500	₩6,250
훈제 닭가슴살	500kg×₩50＝₩25,000	5,000	20,000	10,000
양념 닭날개살	300kg×₩30＝ ₩9,000	1,500	7,500	3,750
	₩50,000	₩10,000	₩40,000	₩20,000

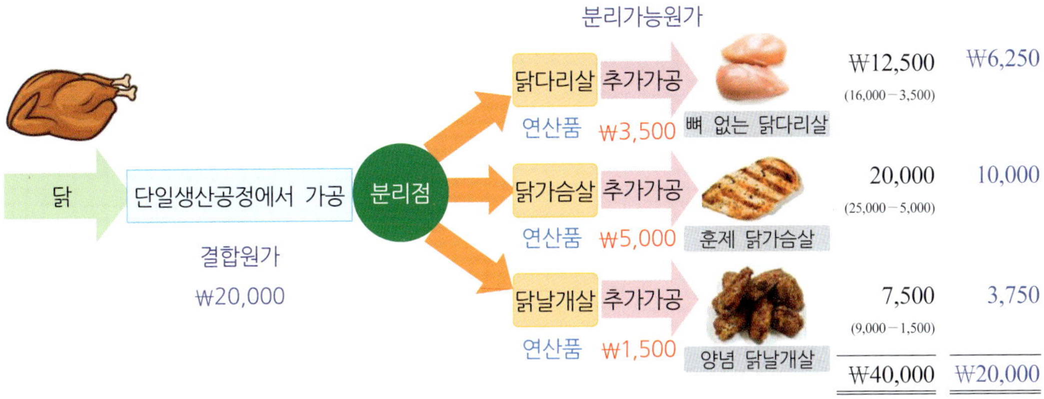

균등매출총이익률법

균등매출총이익률법(constant gross-margin percentage method)이란 개별제품의 매출총이익률이 동일하게 되도록 결합원가를 배분하는 방법이다. 순실현가치법을 이용하여 결합원가를 배분하면 각 제품의 매출총이익률이 서로 다르게 산출된다. 그러나 균등매출총이익률법을 이용하면 모든 개별제품에 동일한 매출총이익률이 산출된다.

1단계 : 매출총이익률 계산

균등매출총이익률법에 의한 결합원가 배분을 하기 위해서는 제일 먼저 전체 매출총이익률을 계산해야 한다.

$$\text{매출총이익률} = \frac{\text{매출총이익}}{\text{총매출액}} = \frac{\text{최종판매가치} - \text{추가가공원가} - \text{결합원가}}{\text{최종판매가치}}$$

(주)맛있는치킨의 매출총이익률을 계산하면 아래와 같다.

① 최종판매가치 계산 : 200kg × ₩80 + 500kg × ₩50 + 300kg × ₩30
= ₩50,000

② 총원가 계산(결합원가 + 추가가공원가) : ₩20,000 + ₩3,500 + ₩5,000
+ ₩1,500 = ₩30,000

③ 매출총이익률 계산 : (₩50,000－₩30,000)/₩50,000＝0.4

2단계 : 제품별 제조원가 계산

위에서 계산한 매출총이익률을 이용하여 (1－매출총이익률)을 최종판매가치에 곱하면 제품별 제조원가가 파악된다.

	최종판매가치	×(1－매출총이익률)	=	제품별 제조원가
뼈 없는 닭다리살	₩16,000	×(1－0.4)	=	₩9,600
훈제 닭가슴살	25,000	×(1－0.4)	=	15,000
양념 닭날개살	9,000	×(1－0.4)	=	5,400
	₩50,000	×(1－0.4)	=	₩30,000

3단계 : 제품별 결합원가 계산

위에서 산출한 제품별 제조원가에서 추가가공원가를 차감하면, 아래와 같은 결과를 얻게 된다.

	최종판매가치	제품별 제조원가	추가가공원가	결합원가
뼈 없는 닭다리살	₩16,000	₩9,600	₩3,500	₩6,100
훈제 닭가슴살	25,000	15,000	5,000	10,000
양념 닭날개살	9,000	5,400	1,500	3,900
	₩50,000	₩30,000	₩10,000	₩20,000

균등매출총이익률법을 이용하여 결합원가 배분을 하면, 분리점 이후에 추가가공을 하는 경우에도 각 개별제품의 매출총이익률은 동일하다.

	매출액 (최종판매가치)	매출총이익 (매출액－매출원가)	매출총이익률
뼈 없는 닭다리살	₩16,000	₩6,400	40%
훈제 닭가슴살	25,000	10,000	40%
양념 닭날개살	9,000	3,600	40%

결합원가 배분을 위해 이용하는 상대적 판매가치법과 순실현가치법이 이익을 고려하지 않는 배분방법이라면, 이에 비해 균등매출총이익률법은 이익과 결합원가를 모두 고려하여 배부하는 방법이라는 데 그 장점이 있다.

05 용어정리

결합원가계산(joint costing)
동일한 원료 또는 재료를 동일한 공정에서 가공하여 서로 다른 복수의 제품을 생산하는 산업에서 주로 사용되는 원가계산시스템

균등매출총이익법(constant gross-margin percentage method)
개별제품의 매출총이익률이 동일하게 되도록 결합원가를 배분하는 방법

물량기준법(physical measure method)
분리점에서 각 개별제품의 수량, 무게, 부피, 면적 등과 같은 물리량을 기준으로 결합원가를 배부하는 방법

부산물(by-product)
동일공정에서 두 개 이상의 연산품을 생산할 때, 하나의 제품이 다른 연산품에 비해 상대적으로 판매가치가 매우 낮은 경우

분리점(split-off point)
동일한 원재료에서 출발하여 서로 다른 개별제품으로 인식되는 시점

상대적판매가치법(relative sales value method)
분리점에서 각 개별제품이 갖는 상대적 판매가치에 따라 결합원가를 배분하는 방법. 판매가치가 높은 개별제품에는 상대적으로 더 많은 원가를 배분하고, 판매가치가 낮은 개별제품에는 상대적으로 더 낮은 원가를 배분하는 방법

순실현가치(net realizable value)
각 제품의 최종판매가치에서 추가가공원가와 판매비용을 차감한 금액

순실현가치법(net realizable value method)
연산품의 순실현가치를 기준으로 결합원가를 배분하는 방법

연산품(joint product)
결합원가를 투입하여 동시에 생산되는 서로 다른 두 종류 이상의 개별제품

작업폐물(scrap)
생산공정을 통해 나오는 것들 중에서 판매가치가 없거나, 판매비용이 판매가치보다 더 높은 것

주산품(main product)
동일공정에서 두 개 이상의 연산품을 생산할 때, 하나의 제품이 다른 연산품에 비해 상대적으로 판매가치가 매우 큰 경우

추가가공원가 = 분리가능원가(Separable cost)
분리점 이후에 개별제품에 발생하는 원가. 개별제품에 추적이 가능한 원가

주관식 개념문제

1. 결합원가의 개념에 대해 설명하라.
2. 결합원가계산을 사용하는 기업을 예를 들어 설명하라.
3. 주산품과 부산물의 차이점에 대해 설명하라.
4. 결합원가를 배분하는 방법에는 어떤 종류가 있는지 설명하라.
5. 물량기준법의 문제점에 대해 설명하라.
6. 물량기준법에 비해 상대적 판매가치법이 지닌 장점에 대해 설명하라.
7. 균등매출총이익률법이 지닌 장점에 대해 설명하라.

객관식 개념문제

1. 다음 중 결합원가와 관련된 설명으로 틀린 것은?

① 결합원가는 동일한 원료 또는 재료를 가공하여 서로 다른 제품들을 생산하는 과정에서 발생한 원가이다.
② 분리점 이후에 개별제품에 발생하는 원가로 개별제품에 추적이 가능한 원가를 추가가공원가 또는 분리가능원가라 한다.
③ 분리가능원가는 분리점 이후에 추가가공으로 발생하는 가공원가, 유통비용, 마케팅비용 등이 모두 포함된 원가이다.
④ 결합원가를 투입하여 동시에 생산되는 서로 다른 두 종류 이상의 개별제품을 주산품이라 한다.
⑤ 동일한 원재료에서 출발하여 서로 다른 개별제품으로 인식되는 시점을 분리점이라 한다.

2. 다음 중 결합원가 배분방법에 대한 설명으로 틀린 것은?

① 물량기준법을 사용하면 개별제품에 대한 수익성을 잘못 판단할 가능성이 높다.
② 결합제품이 액체, 고체, 기체 등 서로 다른 물리적 형태로 존재할 경우 물량기준법을 사용할 수 없다.
③ 상대적 판매가치법은 분리점 이후에 판매가치가 존재하지 않는 경우에는 이용할 수 없다.
④ 순실현가치법은 이익과 결합원가를 모두 고려하여 배부하는 방법이라는 데 그 장점이 있다.
⑤ 균등매출총이익률법을 이용하여 결합원가 배분을 하면, 분리점 이후에 추가가공을 하는 경우에도 각 개별제품의 매출총이익률은 동일하다.

3. 결합원가계산에 관한 설명으로 옳지 않은 것은? (2016년 세무사 기출문제)

① 물량기준법은 모든 연산품의 물량 단위당 결합원가 배부액이 같아진다.

② 분리점판매가치법(상대적 판매가치법)은 분리점에서 모든 연산품의 매출총이익률을 같게 만든다.

③ 균등이익률법은 추가가공 후 모든 연산품의 매출총이익률을 같게 만든다.

④ 순실현가치법은 추가가공 후 모든 연산품의 매출총이익률을 같게 만든다.

⑤ 균등이익률법과 순실현가치법은 추가가공을 고려한 방법이다.

정답

1. ④ **2.** ④ **3.** ④

기본문제

1. (주)맛있는치킨은 닭을 가공하여 세 개의 연산품을 생산한다. 7월중에 닭다리살, 닭가슴살, 닭날개살을 모두 2,000kg 생산하였다. 생산자료 및 기타자료는 아래와 같다. 7월중 발생한 결합원가는 ₩4,000이다.

부 분	중량(kg)	kg당 판매가격
닭다리살	400	₩8
닭가슴살	1,000	5
닭날개살	600	3

요구사항

1. 물량기준법에 의해 결합원가를 배분하라.
2. 상대적 판매가치법에 의해 결합원가를 배분하라.

풀이 및 해설

1. (주)맛있는치킨의 결합원가 ₩4,000을 중량을 기준으로 배분하면 아래와 같다.

부 분	중량(kg)	결합원가
닭다리살	400	₩800
닭가슴살	1,000	2,000
닭날개살	600	1,200
	2,000	₩4,000

2. (주)맛있는치킨의 결합원가 ₩4,000을 상대적 판매가치를 기준으로 배분하면 아래와 같다.

부 분	상대적 판매가치	결합원가
닭다리살	400kg × ₩8 = ₩3,200	₩1,280
닭가슴살	1,000kg × ₩5 = ₩5,000	2,000
닭날개살	600kg × ₩3 = ₩1,800	720
	₩10,000	₩4,000

2. (주)맛있는치킨은 닭을 가공하여 세 개의 연산품을 생산한다. 7월중에 닭다리살, 닭가슴살, 닭날개살을 생산하였고, ₩4,500의 결합원가가 발생하였다. (주)맛있는치킨은 분리점 이후에 생산된 닭다리살, 닭가슴살, 닭날개살을 추가가공하여 뼈 없는 닭다리살, 훈제 닭가슴살, 양념 닭날개살로 판매하였다. 생산자료 및 기타자료는 아래와 같다.

부 분	중량(kg)	kg당 판매가격	추가가공원가
뼈 없는 닭다리살	400	₩10	₩400
훈제 닭가슴살	1,000	8	2,000
양념 닭날개살	600	5	600

요구사항

1. 순실현가치법에 의해 결합원가를 배분하라.
2. 균등매출총이익률법에 의해 결합원가를 배분하라.

풀이 및 해설

1. (주)맛있는치킨의 결합원가 ₩4,500을 순실현가치법을 기준으로 배분하면 아래와 같다.

부 분	최종판매가치	추가가공원가	순실현가치(최종판매가치－추가가공원가)	결합원가
뼈 없는 닭다리살	400kg×₩10＝₩4,000	₩400	₩3,600	₩1,350
훈제 닭가슴살	1,000kg×₩8＝₩8,000	2,000	6,000	2,250
양념 닭날개살	600kg×₩5＝₩3,000	600	2,400	900
	₩15,000	₩3,000	₩12,000	₩4,500

2. (주)맛있는치킨의 결합원가 ₩4,500을 균등매출총이익률법을 기준으로 배분하면 아래와 같다.

① 최종판매가치 계산 : ₩10×400kg＋₩8×1,000kg＋₩5×600kg＝₩15,000
② 총원가 계산(결합원가＋추가가공원가) : ₩4,500＋₩400＋₩2,000＋₩600＝₩7,500
③ 매출총이익률 계산 : ₩7,500/₩15,000＝0.5

	최종판매가치	제품별 제조원가	추가가공원가	결합원가
뼈 없는 닭다리살	₩4,000	₩2,000	₩400	₩1,600
훈제 닭가슴살	8,000	4,000	2,000	2,000
양념 닭날개살	3,000	1,500	600	900
	₩15,000	₩7,500	₩3,000	₩4,500

연습문제

※ 다음 자료는 [문제 1]과 [문제 2]에 적용된다. (주)청송은 결합제품을 생산하고 있다. 결합원가가 ₩30,000이고, 관련 자료는 아래와 같다.

연산품	중 량	kg당 판매가격
X	20kg	₩1,200
Y	40kg	600

1. [물량기준법] 물량기준법에 의한 결합원가 배분시 두 연산품 X와 Y의 원가는 얼마인가?

	X	Y		X	Y
①	₩10,000	₩20,000	②	₩20,000	₩10,000
③	₩15,000	₩15,000	④	₩12,000	₩18,000
⑤	₩0	₩30,000			

2. [상대적 판매가치법] 상대적 판매가치법에 의한 결합원가 배분시 두 연산품 X와 Y의 원가는 얼마인가?

	X	Y		X	Y
①	₩10,000	₩20,000	②	₩20,000	₩10,000
③	₩15,000	₩15,000	④	₩12,000	₩18,000
⑤	₩0	₩30,000			

3. [상대적 판매가치법] (주)백운은 20×1년 8월에 폐타이어를 동일한 공정에서 가공하여 A매트와 B매드를 생산한다. 생산량은 각각 900단위와 800단위이며, 분리점에서의 단위당 판매가격은 각각 ₩200과 ₩400이다. 분리점에서의 상대적 판매가치에 따라 A매트에 결합원가 ₩108,000을 배분하였다. (주)백운에 발생한 20×1년 8월의 결합원가 총액은 얼마인가? (단, 기초 및 기말 재고자산은 없다) (2012년 주택관리사 기출문제 수정)

① ₩192,000　② ₩200,000　③ ₩300,000
④ ₩388,800　⑤ ₩500,000

4. [상대적 판매가치법] (주)한국은 20×1년 동일한 원재료 R 100kg을 결합생산공정에 투입하여 분리점에서 즉시 판매가능한 제품 A 40kg과 제품 B 60kg을 생산하였다. (주)한국은 생산한 제품 A 40kg을 분리점에서 즉시 외부에 판매하였지만, 제품 B 60kg은 추가가공을 거쳐 제품 BB 80kg을 생산하여 판매하였다. 각 제품별 kg당 판매가격은 다음과 같다. (주)한국이 20×1년중 분리점까지 발생한 결합원가는 ₩5,000이었고, 제품 B를 제품 BB로 가공하는 데 추가로 발생한 원가는 ₩4,000이었다. (주)한국은 상대적 판매가치법에 따라 결합원가를 배부하고 있으며, 각 제품에 대한 20×1년 기초재고와 기말재고는 없다. 제품 A와 제품 B 각각에 배부되는 결합원가는?

(2018년 보험계리사 기출문제)

	제품 A	제품 B	제품 BB
판매가격	₩90	₩40	₩75

	제품 A	제품 B
①	₩3,125	₩1,875
②	₩3,000	₩2,000
③	₩1,875	₩3,125
④	₩1,500	₩3,500
⑤	₩2,000	₩3,000

5. [상대적 판매가치법] (주)정의는 20×1년 9월에 폐타이어를 동일한 공정에서 가공하여 결합제품 I, V, F를 생산하였다. 9월 한 달 동안 공정에 투입된 재료원가는 ₩6,000,000, 노무원가는 ₩2,000,000, 제조간접원가는 ₩4,000,000이다. 분리점에서의 상대적 판매가치에 따라 원가를 배분한다고 할 때, 결합제품 I에 배분되는 원가는 얼마인가? (단, 기초 및 기말 재고자산은 없다) 생산량과 단위당 판매가격은 아래와 같다.

연산품	중 량	kg당 판매가격
I	800kg	₩6,250
V	2,000kg	1,500
F	2,500kg	2,800

① ₩2,400,000　② ₩3,600,000　③ ₩4,000,000
④ ₩5,600,000　⑤ ₩6,000,000

6. [순실현가치법] (주)한국은 결합생산공정으로부터 두 종류의 연산품 A, B를 생산하며, 당기의 결합원가 발생액은 ₩50,000이다. 각 제품에 관한 자료는 다음과 같다. (단, 기초재고와 기말재공품은 없다)

제 품	분리점 이후 추가가공원가	생산량	최종판매가치
A	₩10,000	1,000단위	₩70,000
B	15,000	1,500단위	55,000

(주)한국이 순실현가능가치(net realizable value)를 기준으로 결합원가를 배부한다면, 연산품 A에 배부되는 결합원가는 얼마인가? (2015년 공인회계사 기출문제 수정)

① ₩20,000 ② ₩25,000 ③ ₩30,000
④ ₩35,000 ⑤ ₩40,000

7. [순실현가치법] (주)청송오일은 순실현가치법을 사용하여 결합원가를 배분한다. D에 결합원가 ₩4,000을 배분하였다. (주)청송오일에 발생한 결합원가 총액은 얼마인가? (단, 기초 및 기말 재고자산은 없다)

연산품	용 량	l 당 판매가격	추가가공원가
D	198 l	₩30	₩1,290
F	265 l	25	115
C	385 l	20	260

① ₩16,000 ② ₩18,000 ③ ₩20,000
④ ₩24,000 ⑤ ₩28,000

8. [순실현가치법] (주)한국은 결합제품 A, B를 생산하고 있으며, 결합원가는 분리점에서의 상대적 순실현가치를 기준으로 배분한다. (주)한국의 20×1년 원기자료는 다음과 같다. 기초와 기말 제품재고는 없다고 가정할 때, 20×1년도 제품 A와 제품 B의 매출총이익은?
(2019년 9급공무원 기출문제)

	제품 A	제품 B
생산량	2,000단위	5,000단위
단위당 추가가공원가	₩100	₩80
추가가공 후 단위당 판매가격	₩400	₩160
결합원가	₩350,000	

	제품 A	제품 B		제품 A	제품 B
①	₩325,000	₩325,000	②	₩390,000	₩260,000
③	₩425,000	₩225,000	④	₩500,000	₩150,000
⑤	₩390,000	₩325,000			

9. [순실현가치법] 20×1년초 설립된 (주)관세는 결합된 화학처리공정을 통해 두 가지 연산품 A제품과 B제품을 생산한다. A제품은 분리점에서 판매되고, B제품은 추가가공을 거쳐 판매된다. 연산품에 관한 생산 및 판매 관련 자료는 다음과 같다.

제 품	생산량	기말재고량	kg당 판매가격
A	1,200kg	200kg	₩100
B	800kg	100kg	120

결합원가는 ₩40,000이고, B제품에 대한 추가가공원가가 ₩16,000이다. (주)관세가 결합원가를 순실현가치법으로 배부할 경우, 20×1년 매출원가는? (단, 기말재공품은 없다)

(2021년 관세사 기출문제)

① ₩45,000 ② ₩46,500 ③ ₩48,000
④ ₩49,500 ⑤ ₩50,500

10. [순실현가치법] (주)정의는 결합제품 A와 B를 각각 2,000개, 3,000개 생산하였다. 분리점에서 A와 B를 각각 단위당 ₩135, 단위당 ₩180에 판매할 수 있다. 그러나 제품 B는 추가가공을 하면 단위당 ₩250에 더 비싸게 팔 수 있다. 제품 B를 추가가공할 때 발생하는 원가가 단위당 ₩40이다. 순실현가치법을 이용하여 제품 A에 배부된 결합원가는 ₩240,000이다. 분리점 이전의 총결합원가는 얼마인가?

① ₩240,000 ② ₩270,000 ③ ₩630,000
④ ₩800,000 ⑤ ₩900,000

11. [순실현가치법] (주)청연은 닭을 가공하여 닭가슴살과 닭다리살을 생산한다. 6월중 닭가슴살과 닭다리살의 생산과정에서 발생한 직접재료원가는 ₩160,000, 가공원가는 ₩200,000이었다. 분리점에서 닭가슴살의 판매가치는 ₩200,000인 반면, 닭다리살은 뼈를 발라내는 추가가공을 거쳐 뼈 없는 닭다리살이라는 제품으로 전환되어 ₩360,000에 판매된다. 추가공정에서는 ₩60,000의 가공원가가 발생한다. 순실현가치법을 이용할 때, 최종판매시점에서 닭가슴살과 닭다리살의 매출총이익률은 각각 얼마인가?

	닭가슴살	닭다리살
①	28%	20%
②	28%	23.3%
③	28%	40%
④	30%	23.3%
⑤	30%	40%

12. [균등매출총이익률법] (주)세연은 ₩500,000의 원재료를 투입하고 ₩400,000으로 가공해서 초콜릿 500개와 사탕 500개를 생산한다. (주)세연은 자사 고유의 기술을 도입하여 만들기 위해 초콜릿에 ₩400,000의 원가를 투입하여 추가가공한 뒤 단위당 ₩4,000에 판매하고, 사탕은 ₩200,000의 원가를 투입하여 추가가공한 뒤 단위당 ₩2,000에 판매한다. (주)세연은 균등매출총이익률법에 따라 결합원가를 제품에 배부하고 있다. 이때 초콜릿에 배분되는 결합원가는 얼마인가?

① ₩300,000 ② ₩350,000 ③ ₩470,000
④ ₩600,000 ⑤ ₩620,000

13. [균등매출총이익률법] (주)대한은 결합생산공정을 통해 결합제품 X와 Y를 생산 및 판매하고 있으며, 균등매출총이익률법을 적용하여 결합원가를 배부한다. (주)대한은 20×1년에 결합제품 X와 Y를 모두 추가가공하여 전량 판매하였으며, 추가가공원가는 각 제품별로 추적가능하고 모두 변동원가이다. (주)대한의 20×1년 생산 및 판매 관련 자료는 다음과 같다.

제 품	생산량	추가가공원가	최종판매단가
X	6,000단위	₩30,000	₩50
Y	10,000단위	20,000	20

20×1년중 발생한 결합원가가 ₩350,000일 경우, (주)대한이 제품 X와 Y에 배부할 결합원가는 각각 얼마인가? (단, 공손 및 감손은 없으며, 기초 및 기말 재공품은 없다)

(2022년 공인회계사 기출문제)

	제품 X	제품 Y
①	₩200,000	₩150,000
②	₩210,000	₩140,000
③	₩220,000	₩130,000
④	₩230,000	₩120,000
⑤	₩240,000	₩110,000

14. [균등매출총이익률법] (주)관세는 균등이익률법을 적용하여 결합원가계산을 하고 있다. 당기에 결합제품 A와 B를 생산하였고, 균등매출총이익률은 30%이다. 관련 자료가 다음과 같을 때 결합제품 A에 배부되는 결합원가는? (단, 재공품재고는 없다) (2018년 관세사 기출문제)

제 품	생산량	판매가격(단위당)	추가가공원가(총액)
A	300단위	₩30	₩2,100
B	320단위	25	3,200

① ₩2,400 ② ₩3,200 ③ ₩3,800
④ ₩4,200 ⑤ ₩5,100

15. [균등매출총이익률법] (주)이화는 결합제품을 생산하고 있다. 각 제품에 대한 자료는 아래와 같다. 균등매출총이익률법에 의해 결합제품 B에 배부된 결합원가가 ₩56,800일 때, 총결합원가는 얼마인가?

결합제품	용 량	kg당 최종판매가격	추가가공원가
A	200kg	₩250	₩8,300
B	350kg	300	16,700

① ₩26,700 ② ₩56,800 ③ ₩83,500
④ ₩73,500 ⑤ ₩108,000

심화문제

16. [상대적 판매가치법] (주)세연석탄은 20×1년 8월에 동일한 공정을 거쳐 결합제품 J와 K를 생산하였다. 생산량은 각각 4,000단위와 5,000단위이며, 분리점에서 J의 단위당 판매가격은 ₩500이다. 분리점에서 상대적 판매가치에 따라 결합제품 J에 결합원가 ₩128,000을 배분하였다. 8월에 동일한 공정에서 발생한 결합원가 총액이 ₩320,000이라면, (주)세연석탄의 결합제품 K의 단위당 판매가격은 얼마인가? (단, 기초 및 기말 재고자산은 없다)

① ₩400 ② ₩500 ③ ₩600
④ ₩700 ⑤ ₩800

17. [순실현가치법] (주)백운은 결합원가 ₩15,000으로 제품 A와 제품 B를 생산한다. 제품 A와 제품 B는 각각 ₩7,000과 ₩3,000의 추가가공원가(전환원가)를 투입하여 판매된다. 순실현가치법을 사용하여 결합원가를 배분하면 제품 B의 총제조원가는 ₩6,000이며 매출총이익률은 20%이다. 제품 A의 매출총이익률은? (2017년 세무사 기출문제)

① 23%　② 24%　③ 25%
④ 26%　⑤ 27%

18. [상대적 판매가치법] (주)세무는 결합공정에서 제품 A, B, C를 생산한다. 당기에 발생된 결합원가 총액은 ₩80,000이고 결합원가는 분리점에서의 상대적 판매가치를 기준으로 제품에 배분되며 관련 자료는 다음과 같다. 추가가공이 유리한 제품만을 모두 고른 것은? (단, 결합공정 및 추가가공 과정에서 공손과 감손은 발생하지 않고, 생산량은 모두 판매되며 기초 및 기말 재공품은 없다) (2019년 세무사 기출문제)

제 품	분리점에서의 단위당 판매가격	생산량	추가가공원가	추가가공 후 단위당 판매가격
A	₩20	3,000단위	₩10,000	₩23
B	30	2,000단위	15,000	40
C	40	2,000단위	15,000	50

① A　② A, B　③ A, C
④ B, C　⑤ A, B, C

정답 및 해설

1. ①

X＝20kg/60kg × ₩30,000＝₩10,000

Y＝40kg/60kg × ₩30,000＝₩20,000

2. ③

X＝20kg × ₩1,200＝₩24,000

Y＝40kg × ₩600＝₩24,000

∴ 판매가치가 서로 같으므로, ₩15,000씩 배부하면 된다.

3. ③

	상대적 판매가치	결합원가
A매트	900단위 × ₩200 = ₩180,000	₩108,000
B매트	800단위 × ₩400 = ₩320,000	
	₩500,000	x

A매트 = ₩180,000/₩500,000 × x = ₩108,000
x = ₩300,000

4. ②

	상대적 판매가치	결합원가
A	40kg × @90 = ₩3,600	₩3,000
B	60kg × @40 = ₩2,400	2,000
	₩6,000	₩5,000

제품 A에 배부되는 결합원가 : ₩5,000 × ₩3,600/₩6,000 = ₩3,000
제품 B에 배부되는 결합원가 : ₩5,000 × ₩2,400/₩6,000 = ₩2,000

5. ③

	상대적 판매가치	결합원가
I	800kg × ₩6,250 = ₩5,000,000	₩4,000,000
V	2,000kg × ₩1,500 = ₩3,000,000	2,400,000
F	2,500kg × ₩2,800 = ₩7,000,000	5,600,000
	₩15,000,000	₩12,000,000

6. ③

	최종판매가치	추가가공원가	순실현가치(최종판매가치－추가가공원가)	결합원가
A	₩70,000	₩10,000	₩60,000	₩30,000
B	55,000	15,000	40,000	20,000
			₩100,000	₩50,000

7. ①

	최종판매가치	추가가공원가	순실현가치(최종판매가치－추가가공원가)	결합원가 배부율
D	198 l × ₩30 = ₩5,940	₩1,290	₩4,650	25%
F	265 l × ₩25 = ₩6,625	115	6,510	35%
C	385 l × ₩20 = ₩7,700	260	7,440	40%
			₩18,600	100%

∴ ₩4,000/25% = ₩16,000

8. ②

제품 A의 결합원가 배부액 $= ₩350,000 \times \frac{2,000\text{단위} \times ₩300}{(2,000\text{단위} \times ₩300) + (5,000\text{단위} \times ₩80)}$

$= ₩210,000$

제품 B의 결합원가 배부액＝₩350,000－₩210,000＝₩140,000
제품 A의 매출총이익＝(2,000단위×₩400)－(2,000단위×₩100)－₩210,000＝₩390,000
제품 B의 매출총이익＝(5,000단위×₩160)－(5,000단위×₩80)－₩140,000＝₩260,000

9. ③

분리점에서 A의 판매가치＝1,200kg×₩100＝₩120,000
분리점에서 B의 판매가치＝800kg×₩120－₩16,000＝₩80,000
A에 배부된 제품원가＝₩40,000×₩120,000/₩200,000＝₩24,000
B에 배부된 제품원가＝(₩40,000×₩80,000/₩200,000)＋₩16,000＝₩32,000
A의 매출원가＝₩24,000×1,000kg/1,200kg＝₩20,000
B의 매출원가＝₩32,000×700kg/800kg＝₩28,000
총매출원가＝₩48,000

10. ④

	최종판매가치	추가가공원가	순실현가치(최종판매가치－추가가공원가)	결합원가
A	2,000개×₩135＝₩270,000	－	₩270,000	₩240,000
B	3,000개×₩250＝₩750,000	3,000개×₩40	630,000	
			₩900,000	

∴ ₩240,000/30%＝₩800,000

11. ②

	최종판매가치	추가가공원가	순실현가치(최종판매가치－추가가공원가)	결합원가
닭가슴살	₩200,000	－	₩200,000	₩144,000
닭다리살	360,000	₩60,000	300,000	216,000
			₩500,000	₩360,000

(₩200,000－₩144,000)/₩200,000＝28%
(₩360,000－₩216,000－₩60,000)/₩360,000＝23.3%

12. ④

기업 전체의 매출총이익률 ₩1,500,000/₩3,000,000＝50%
결합원가 배분을 하면 다음과 같다.

	최종판매가치	제품별 제조원가	추가가공원가	결합원가
초콜릿	₩4,000×500개	₩1,000,000	₩400,000	₩600,000
사탕	₩2,000×500개	500,000	200,000	300,000
	₩3,000,000	₩1,500,000	₩600,000	₩900,000

13. ②

균등원가율=(₩350,000+₩30,000+₩20,000)/(6,000단위+₩50+10,000단위×₩20)
=80%

제품 X에 배부될 결합원가=(6,000단위×₩50)×0.8−₩30,000=₩210,000

제품 Y에 배부될 결합원가=(10,000단위×₩20)×0.8−₩20,000=₩140,000

14. ④

최종판매가치 계산 : 300단위×₩30+320단위×₩25=₩17,000

총원가 계산(추가가공원가+결합원가) : ₩2,100+₩3,200+결합원가=₩11,900

∴ 결합원가=₩6,600

매출총이익률 계산 : (₩17,000−총원가)/₩17,000=30%

∴ 총원가=₩11,900

	최종판매가치	제품별 제조원가	추가가공원가	결합원가
A	₩9,000	₩6,300	₩2,100	₩4,200
B	8,000	5,600	3,200	2,400
	₩17,000	₩11,900	₩5,300	₩6,600

15. ③

	최종판매가치	제품별 제조원가	추가가공원가	결합원가
A	₩50,000		₩8,300	
B	105,000		16,700	₩56,800
	₩155,000			

(₩105,000−₩16,700−₩56,800)/₩105,000=0.3

균등매출총이익률법이므로, 모든 결합제품의 매출총이익률은 30%가 된다.

따라서 제품별 제조원가는 최종판매가치의 70%이다.

A의 최종판매가치 ₩50,000×0.7=₩35,000

	최종판매가치	제품별 제조원가	추가가공원가	결합원가
A	₩50,000	₩35,000	₩8,300	₩26,700
B	105,000	73,500	16,700	56,800
	₩155,000	₩108,500	₩25,000	₩83,500

16. ③

	상대적 판매가치	결합원가
J	4,000단위×₩500=₩2,000,000	₩128,000
K	5,000단위×x	192,000
	y	₩320,000

₩2,000,000/y×₩320,000=₩128,000

$y = ₩5{,}000{,}000$

$5{,}000x = ₩3{,}000{,}000$

$x = ₩600$

17. ②

B를 먼저 구하고 이후에 A값 추정

* 제품별 제조원가＝추가가공원가＋결합원가

　∴ 결합원가＝제품별 제조원가－추가가공원가

B　₩3,000　₩6,000　₩3,000

$$\text{B의 결합원가} = \frac{\text{B의 순실현가치}}{\text{총순실현가치}} \times \text{총결합원가} = ₩3{,}000 = \frac{₩4{,}500}{\text{총순실현가치}} \times ₩15{,}000$$

$$\therefore \text{총순실현가치} = \frac{₩15{,}000 \times ₩4{,}500}{₩3{,}000} = ₩22{,}500$$

∴ A의 순실현가치＝₩18,000

	최종판매가치	－추가가공원가	＝순실현가치
A	₩25,000	₩7,000	₩18,000
B	7,500	3,000	4,500

　최종판매가치×0.8＝₩6,000

A의 결합원가＝₩15,000－₩3,000＝₩12,000

$$\text{A의 매출총이익률} = \frac{₩25{,}000 - \underset{(\text{결합원가})}{₩12{,}000} - \underset{(\text{분리가능원가})}{₩7{,}000}}{₩25{,}000} = 0.24$$

∴ 24%

18. ④

	A		B		C	
추가가공 후 판매가치	3,000단위×₩23＝	₩69,000	2,000단위×₩40＝	₩80,000	2,000단위×₩50＝	₩100,000
분리점에서의 판매가치	3,000단위×₩20＝	(₩60,000)	2,000단위×₩30＝	(₩60,000)	2,000단위×₩40＝	(₩80,000)
추가가공시 증분수익		9,000		20,000		20,000
추가가공시 증분비용		(10,000)		(15,000)		(15,000)
추가가공시 증분이익		(1,000)		5,000		5,000

CHAPTER

6 활동기준원가계산

본장에서는 활동기준원가계산방법을 소개한다.

본장에서는 활동기준원가계산방법을 학습한다. 최근 들어 제조간접원가의 비중이 증가되고 기업이 제공하는 제품과 서비스가 다양화됨에 따라 전통적 제품원가계산으로는 개별제품의 정확한 수익성을 파악하기에 어려움이 있었다. 이에 새롭게 도입된 원가계산시스템이 바로 활동기준원가계산이다.

활동기준원가계산은 활동별로 원가를 집계하는 원가계산시스템이다. 활동기준원가계산을 수행하기 위한 첫 번째 단계는 유사한 활동들을 묶어서 몇 개의 활동(집합)들로 분류하는 것이다. 그 다음 자원을 활동에 배부하고 이를 다시 제품에 배부하는 두 단계의 배부과정을 수행한다. 즉 활동기준원가계산은 '자원→(자원동인)→활동→(원가동인)→제품'의 흐름에 따라 원가를 계산한다. 첫 번째 배부과정의 기준을 자원동인이라 하고, 두 번째 배부과정의 기준을 원가동인이라 한다.

전통적 제품원가계산방법과 활동기준원가계산방법의 제품원가계산 결과는 뚜렷한 차이가 발생한다. 이러한 차이는 전통적 제품원가계산의 제조간접원가 배부의 부정확성이 제품원가를 왜곡시킨 결과이며, 이에 비해 활동기준원가계산은 보다 정확한 원가계산을 가능하게 한다. 본장에서는 활동기준원가계산의 구체적인 절차와 특징에 대해 알아본다.

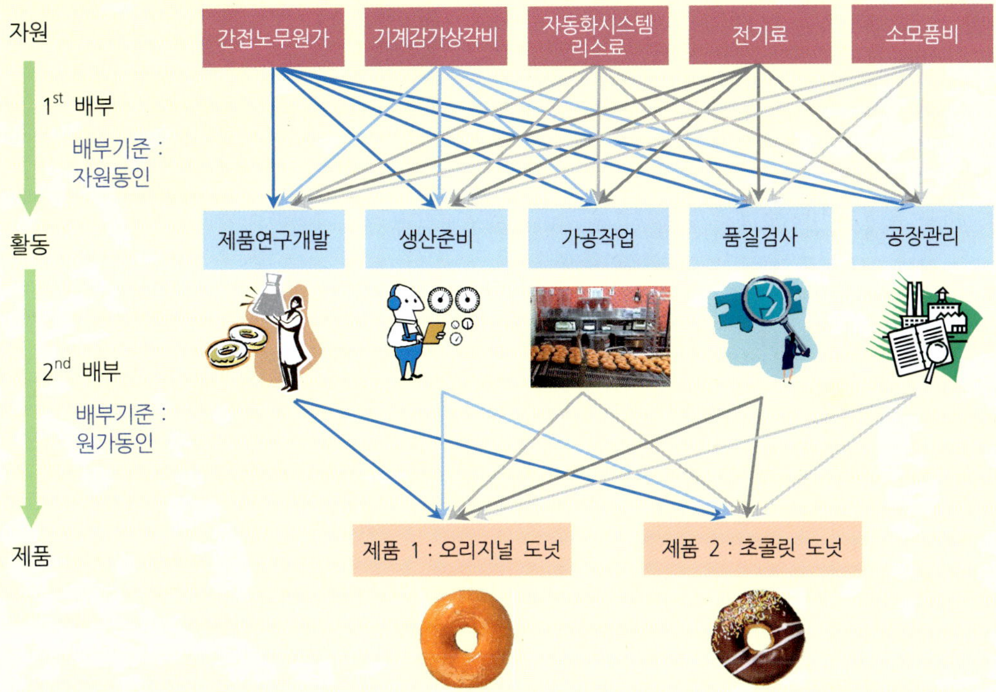

본장에서는 구체적으로 다음과 같은 내용들을 학습한다.

- 활동기준원가계산의 도입배경은 무엇인가?
- 활동기준원가계산은 어떤 절차를 거치는가?
- 활동분석이란 무엇인가?
- 활동수준은 어떻게 구분되는가?
- 거래동인과 기간동인은 어떻게 구분되는가?
- 전통적 제품원가계산과 활동기준원가계산은 어떠한 차이가 있는가?
- 활동기준원가계산이 가지고 있는 문제점에는 어떠한 것들이 있는가?

Accounting Insight 관리회계 경영 사례

의료기관의 활동기준원가계산 도입에 대한 논의…

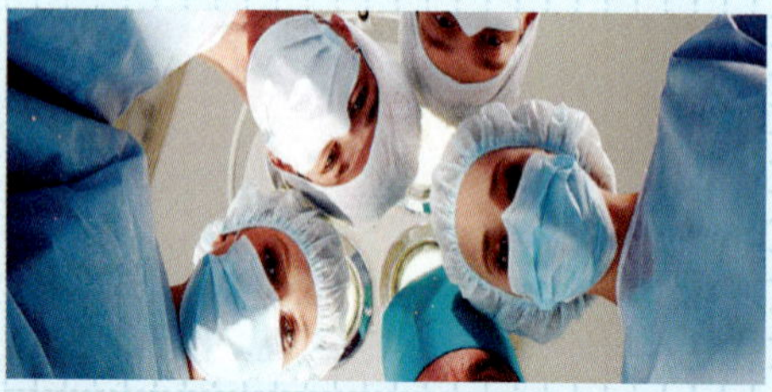

최근 많은 의료기관들이 활동기준원가계산(ABC)을 도입 또는 검토하고 있다. 의료기관들도 지속적인 성장과 발전을 위해서 보다 체계적인 원가관리시스템 도입이 필요하게 되었다. 즉 진료과별 또는 의사별로 원가를 집계하고 각각의 성과를 보다 정확하게 파악할 수 있는 원가관리시스템을 이용하여, 보다 합리적인 투자와 지원을 해나가야 할 필요성이 제기되었다.

의료기관에서 전통적인 원가계산시스템을 통해 각 시술별로 원가를 계산한다고 할 때, 재료비와 인건비의 파악은 어느 정도 용이하다. 각 시술별로 재료비의 집계는 가능하며, 의사의 인건비는 어떤 시술에 얼마나 많은 시간을 투입했느냐에 따라 시술별로 배부가능하다. 그러나 시술별 원가계산시 어려움은 간접비의 배분이다. 전기요금을 어떻게 시술별로 배부할 것이고, 경영지원인력의 인건비를 어떻게 배부할 것인가 등의 문제가 발생한다. 전통적인 원가계산시스템하에서는 매출액이나 환자수 등을 기준으로 하여 획일적으로 배부해왔다. 그러나 이러한 조업도 기준의 획일적인 간접비 배분은 시술별 원가를 크게 왜곡시킬 수 있다.

그러나 활동기준원가계산(ABC)을 도입하게 되면 간접비가 보다 적절하게 배분가능하다. 경영지원인력 중 상담실장의 인건비를 배분하는 경우를 생각해 보자. 상담실장이 각각의 시술별로 얼마만큼의 상담시간을 투입하고 있는가를 파악하고, 상담실장의 급여를 상담시간에 기초하여 배분할 수 있다. 전기료의 경우에는 시술별로 사용되는 전구의 수를 파악하고, A형 시술에는 전구가 5개, B형 시술에는 전구가 15개가 사용된다면 이를 기초로 하여 배분할 수 있다.

이와 같은 활동기준원가계산(ABC)시스템 도입이 의료기관의 원가와 성과를 보다 정확하게 나타내 줄 수 있을 것이라는 기대가 존재하고 있지만, 여전히 실무에서는 회의적인 시각들이 다수 존재하고 있다.

생각해 볼 문제 • • •

① 의료기관에서는 전통적으로 간접원가를 배분할 때 매출액이나 환자수, 병상수 등을 이용해왔다. 이러한 배분방법이 원가를 왜곡할 수 있는 이유는 무엇인가?

② 활동기준원가계산시스템이 경영진에게 많은 도움을 줄 수 있음에도 불구하고, 아직 많은 경영진들이 이에 대해 회의적인 시각을 가지고 있는 경우도 존재한다. 그 이유는 무엇인가?

자료출처 : 헬스조선(2014. 4. 8), "활동기준원가계산시스템으로 병원의 성장을 견인해 보자"

활동기준원가계산의 도입배경

최근 들어 전통적 제품원가계산시스템의 문제점이 제기되면서 새로운 원가계산시스템 도입이 요구되었다. 이에 새로운 원가계산시스템으로 가장 주목받은 원가계산이 바로 활동기준원가계산이다. 활동기준원가계산의 도입배경은 아래와 같다.

첫째, 제조간접원가의 비중이 크게 증가됨에 따라 획일적인 배부기준을 사용할 경우에 원가측정의 부정확성을 가져올 가능성이 제기되었다. 한정된 종류의 제품을 대량생산해오던 과거 산업사회에서는 노동력에 의존한 생산체제였으므로 직접노무원가의 비중은 매우 높았으나 상대적으로 제조간접원가가 차지하고 있는 비중은 매우 낮았다. 그러나 최근 들어 생산기술이 발달하고 생산공정이 자동화됨에 따라 제조원가 항목 중에서 직접노무원가의 비중은 점차 줄어들고 제조간접원가의 비중은 점차 증가하였다. 제조간접원가의 비중이 증가되면서 전통적 제품원가계산방법에 따라 제조간접원가를 직접노무원가나 직접노무시간 등과 같은 하나의 배부기준으로만 제품에 획일적으로 배부할 경우에 제품원가가 크게 왜곡되는 현상이 발생하였다. 즉 제조간접원가 내에 기계나 자동화설비 등의 감가상각비, 유지비, 수리비 등이

원가구성의 변화

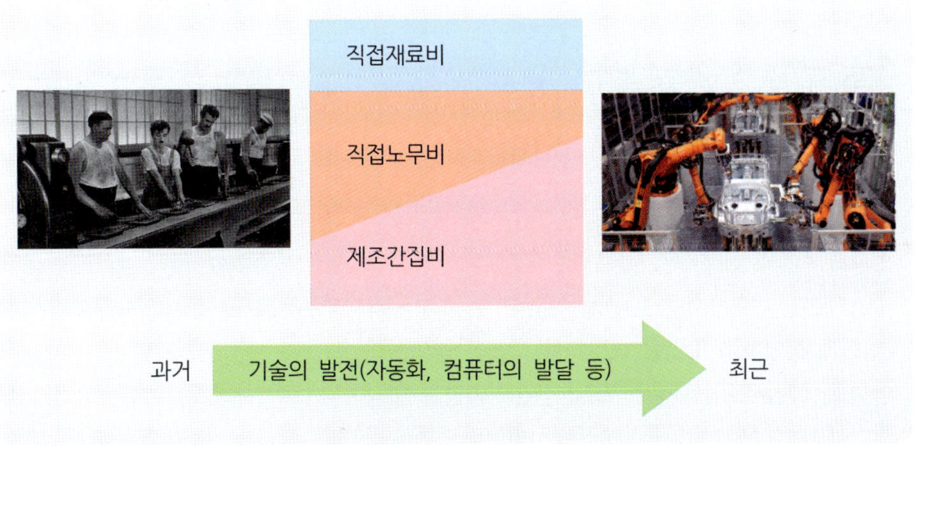

큰 폭으로 증가되면서, 제조간접원가와 직접노무원가(또는 직접노무시간) 간의 인과관계가 크게 감소하였다. 또한 기계시간을 단일 배부기준으로 사용하는 경우에도 복잡, 다양해진 생산체제를 적절히 반영하지 못하여 원가배분의 정확성이 크게 감소하였다. 이에 보다 정확한 제품원가계산이 가능한 새로운 원가계산시스템 도입이 요구되었다.

둘째, 기업이 제공하는 제품과 서비스가 다양화됨에 따라 개별제품의 정확한 수익성을 파악할 수 있는 보다 정확한 원가계산시스템이 요구되었다. 과거에 기업들은 단일 또는 한정된 종류의 제품과 서비스만을 대량으로 생산하였다. 단일 또는 한정된 종류의 제품과 서비스를 제공하던 과거에는 제조간접원가를 하나의 배부기준으로만 일괄적으로 배부해도 제품원가의 왜곡현상은 크게 문제되지 않았다. 그러나 경쟁이 치열해지고 고객의 욕구가 다양화되면서 기업들은 점차 다양한 종류의 제품과 서비스를 시장에 공급하기 시작하였다. 제품과 서비스가 다양화되면서 원가대상 전체에 적용되는 획일적인 배부기준을 이용할 경우, 다양한 원가대상에 대한 정확한 원가정보를 제공하는 데 한계를 나타냈다.

셋째, 컴퓨터와 정보처리 기술이 발달하고 전산설비와 소프트웨어 가격이 하락함으로 인해, 과거에는 불가능하였던 원가정보 수집 및 처리가 가능해졌다. 이에 보다 정확한 제조간접원가 배부를 통해 제품원가의 왜곡을 줄이기 위하여 활동기준원가계산시스템이 도입되었다.

전통적 제품원가계산과 활동기준원가계산

종합예제 1

(주)YS도넛은 오리지널 도넛과 초콜릿 도넛 두 종류의 도넛을 생산하여 판매한다. (주)YS도넛은 세 명의 작업자가 도넛을 생산하는 작업을 담당한다. 작업자 1은 오리지널 도넛 생산작업만을 담당하고, 작업자 2는 초콜릿 도넛 생산작업만을 담당한다. 그러나 작업자 3은 오리지널 도넛과 초콜릿 도넛 생산작업 양쪽을 모두 지원한다. (주)YS도넛은 작업자 세 명 모두에게 ₩900,000씩의

노무원가를 지급하고 있다. 작업자 3의 활동을 분석해본 결과, 작업자 3은 오리지널 도넛을 만드는 과정에서는 우유를 한 번 운반하고 밀가루를 한 번 운반한다. 반면 초콜릿 도넛을 만드는 과정에서는 우유를 한 번 운반하고 밀가루를 한 번 운반하며 초콜릿시럽을 한 번 운반하고 초콜릿 시럽을 도넛에 바르는 작업을 하게 된다. 즉 오리지널 도넛에 2회 활동을 할 때, 초콜릿 도넛에는 4회 활동을 하고 있다. (단, 다른 노무원가는 발생하지 않는다고 가정한다)

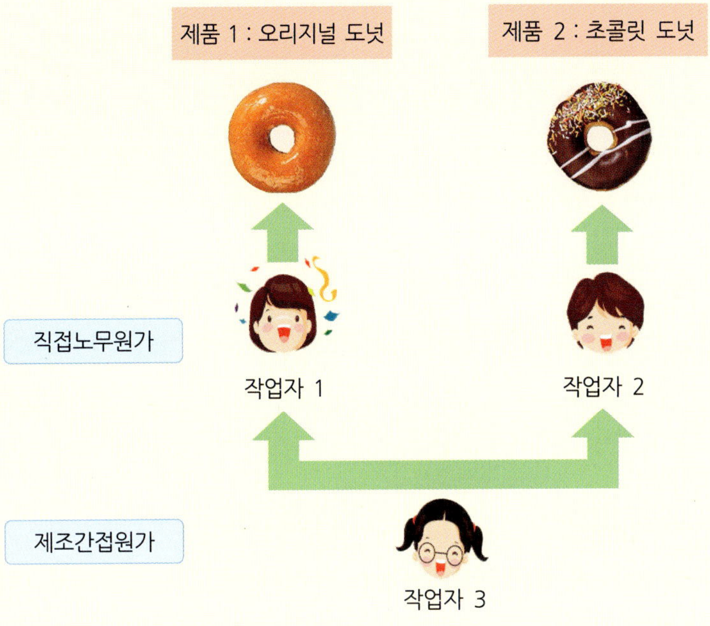

요구사항

1. (주)YS도넛은 직접노무원가를 기준으로 제조간접원가를 배부하고 있다. 이 경우 오리지널 도넛과 초콜릿 도넛에 간접노무원가를 배부하라.
2. (주)YS도넛은 활동을 기준으로 제조간접원가를 배부하고 있다. 이 경우 오리지널 도넛과 초콜릿 도넛에 간접노무원가를 배부하라.

전통적 제품원가계산시스템하에서는 직접노무원가, 직접노무시간, 기계시간 중 하나의 획일적인 배부기준을 가지고 제조간접원가를 배부하였다. 요구사항 1은 결국 전통적 제품원가계산방법이라 하겠다. 요구사항 1에 따라 직접노무원가를 배부기준으로 하여 제조간접원가(간접노무원가)를 계산하면 아래와 같다. 오리지널 도넛과 초콜릿 도넛에는 각각 1명씩의 전담 작업자가 근무하고 각각의 직접노무원가는 ₩900,000씩 동일하다. 따라서 작업자

3의 간접노무원가 ₩900,000은 각 제품에 동일하게 50%씩 배부된다.

	전통적 제품원가계산	배부기준
오리지널 도넛	₩450,000	직접노무원가기준
초콜릿 도넛	450,000	직접노무원가기준

두 제품에 동일하게 작업자 3의 간접노무원가를 배부하는 것이 과연 적절했을까? 위 예제에서 작업자 3은 오리지널 도넛에 2회 활동을 할 때, 초콜릿 도넛에는 4회 활동을 하고 있다. 즉 작업자 3은 오리지널 도넛보다 초콜릿 도넛에 더 많은 작업활동을 수행하고 있는 중이다. 그렇다면 작업자 3의 인적자원은 오리지널 도넛보다는 초콜릿 도넛에 더 많이 소비되고 있는 것이다.

오리지널 도넛처럼 자원을 더 적게 소비하고 있는 원가대상에 위와 같은 배부를 할 경우에는 제품원가가 과대계상된다. 반면 초콜릿 도넛처럼 자원을 더 많이 소비하고 있는 원가대상에 위와 같은 배부를 할 경우에는 제품원가는 과소계상된다.

- **제품원가 과대계상**(product overcosting): 상대적으로 적은 자원을 소비하고 있음에도 불구하고 높은 원가가 배부된 경우(오리지널 도넛)
- **제품원가 과소계상**(product undercosting): 상대적으로 많은 자원을 소비하고 있음에도 불구하고 낮은 원가가 배부된 경우(초콜릿 도넛)

제품원가를 위와 같이 과대계상하거나 과소계상하면 기업 경영자는 개별제품의 수익성을 잘못 판단할 수 있다. 이처럼 제품원가를 잘못 계산하면 판매가격을 제대로 결정하지 못할 수 있으며, 제조활동에 대한 적절한 정보가 제공되지 못하여 기업 경영자의 장·단기의사결정의 정확성을 크게 감소시킬 수 있다. 또한 최악의 경우에는 기업의 매출이 증가해도 손실만 보는 결과를 가져올 수도 있다.

결국 위 예제에서 작업자 3의 노무원가는 오리지널 도넛보다는 초콜릿 도넛에 더 많이 배부하는 것이 보다 올바를 것이다. 활동횟수를 기준으로 작업자 3의 노무원가를 오리지널 도넛(2회)과 초콜릿 도넛(4회)에 다시 배부하면 다음과 같다.

	활동기준원가계산	배부기준
오리지널 도넛	₩300,000	활동횟수(2/6 × ₩900,000)
초콜릿 도넛	600,000	활동횟수(4/6 × ₩900,000)

기업은 자원을 소비하는 활동을 통해 원가를 발생시킨다. 따라서 제품생산과정에서 발생하는 활동들을 중심으로 원가를 배부하는 원가계산시스템이 전통적 제품원가계산시스템보다는 보다 정확한 원가계산을 가능하게 한다.

활동기준원가계산의 절차

활동기준원가계산(ABC : Activity Based Costing)이란 활동별로 원가를 집계하는 원가계산시스템이다. 활동기준원가계산은 활동에 초점을 둔다. 활동(activity)은 기업이 제품을 생산하는 데 자원을 소비하는 구체적인 과정 또는 절차이다.

전통적 제품원가계산이 자원을 제품에 단일 배부기준으로 획일적으로

전통적 제품원가계산과 활동기준원가계산의 비교

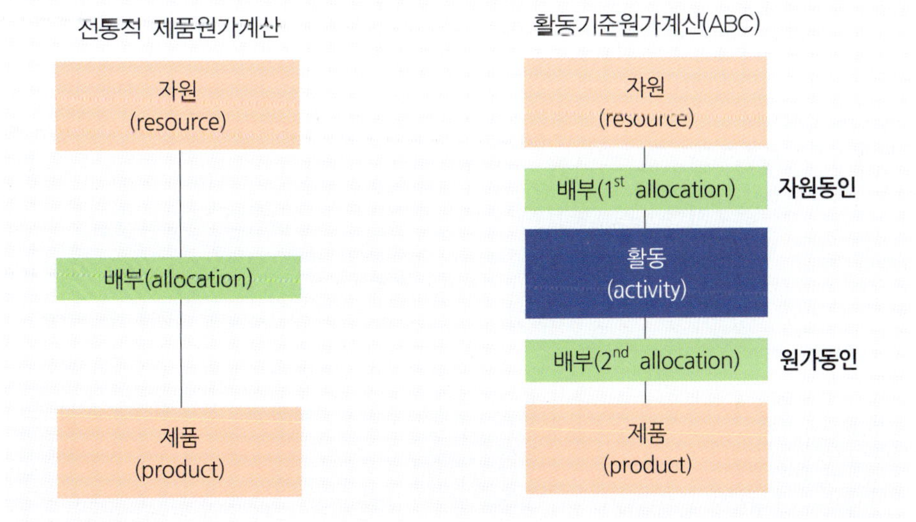

배부해주었다면, 활동기준원가계산은 자원을 활동에 1단계 배부(1st stage allocation)하고 이를 다시 제품에 배부하는 2단계 배부(2nd stage allocation)를 수행하는 두 단계의 배부과정을 지닌다. 즉 활동기준원가계산은 '자원 → (자원동인) → 활동 → (원가동인) → 제품'의 흐름에 따라 원가를 계산해주는 방법이다. 1단계 배부과정의 기준을 자원동인(resource driver)이라 하고 2단계 배부과정의 기준을 원가동인(cost driver) 또는 활동동인(activity driver)이라 한다.

활동기준원가계산의 절차

1st stage allocation : 자원원가를 활동에 배부 (배부기준 : 자원동인)

1단계 : 활동분석
2단계 : 활동별 원가집계

2nd stage allocation : 활동원가를 제품에 배부 (배부기준 : 원가동인)

3단계 : 원가동인 결정
4단계 : 활동별 원가배부율 산정
5단계 : 제품원가계산

활동기준원가계산의 구체적인 절차를 살펴보도록 하자.

1단계 : 활동분석

활동기준원가계산을 수행하기 위한 첫 번째 단계는 기업 내 활동을 명확하게 파악하는 것이다. 그러나 기업 내 활동을 파악하는 과정은 그리 간단하지 않다. 그 이유는 기업 내의 활동이 수백 개, 수천 개 또는 그 이상도 될 수 있기 때문이다.

활동기준원가계산을 도입하기 위해서는 최우선적으로 기업 내부의 제조, 유통, 회계, 관리, 마케팅 등의 담당자를 만나 인터뷰를 수행하고, 근로자들에게 설문조사하여 그들의 주요 업무를 기술하도록 하며, 직접적으로 주요 활동들을 면밀히 관찰하는 등의 활동분석(activity analysis)을 수행한다.

활동분석과정에서 수행해야 할 주된 작업은 기업의 활동(집합)을 정하는 일이다. 활동수가 지나치게 많으면 원가계산과정이 너무 복잡해져 시간과 비용이 지나치게 많이 발생할 수 있다. 따라서 적절한 활동수를 결정하는 일은 매우 중요하다. 즉 유사한 활동들을 하나의 활동으로 묶음으로써 활동수를 줄여나간다. 예를 들어 재료를 실어오고 창고로 이동하여 보관하는 활동들을 재료처리활동이라는 하나의 활동으로 묶을 수 있다. 또는 공정검수 및 위생 점검, 매뉴얼 준수 확인, 온도습도 점검, 이물질 예방 점검, 청소·청결 점검 등을 품질관리활동이라는 하나의 활동으로 묶을 수 있다. 이처럼 유사한 활동들을 하나로 묶어 원가계산을 수행하기 위한 활동(활동집합, 활동중심점)을 만든다.

활동을 분석하는 과정에서 주의할 점은 서로 다른 수준의 활동을 하나로 묶어서는 안 된다는 점이다. 활동은 크게 단위수준활동, 묶음수준활동, 제품수준활동, 설비수준활동으로 분류된다. 예를 들어 한 단위당 수행되는 활동(단위수준활동)과 제품별로 수행되는 활동(제품수준활동)을 하나의 활동으로 묶어서는 안 된다. 일반적으로 활동원가계산에서는 활동을 크게 네 가지 원가계층(cost hierarchy)으로 분류하고 있으며, 활동원가 계층별로 서로 다른 원가동인을 사용한다.

단위수준활동

단위수준활동(unit level activity)은 제품을 한 단위 생산할 때마다 생산량에 비례하여 발생하는 활동이다. 단위수준활동의 예는 생산되는 모든 제품에 대한 검사(전수검사)활동, 동력비, 기계감가상각비, 기계수선비 등이다.

묶음수준활동

묶음수준활동(batch level activity)은 배치수준활동이라고도 불리는데, 제품 개별단위가 아닌 하나의 묶음(배치)별로 수행되는 활동이다. 묶음수준활동의 예는 구매주문활동, 기계장치세팅활동, 작업준비활동, 선적활동, 묶음별 검사(표본검사)활동 등이다.

제품수준활동

제품수준활동(product level activity)은 특정제품(라인)마다 수행되는 활동이다. 이는 생산량이나 묶음과는 무관하게 제품종류의 수에 영향을 받는다. 제품수준활동의 예는 연구개발활동, 제품설계활동, 제품디자인활동, 제품수정활동, 제품광고활동 등이다.

● 설비수준활동

설비수준활동(facility level activity)은 공정 전체의 생산과 설비를 유지하기 위해 수행되는 활동이다. 이는 특정제품과의 연관성이 없으며 전반적으로 모든 생산과 관련성이 있다. 설비수준활동의 예는 공장의 보험료, 임차료, 공장관리활동, 공장냉난방활동, 건물관리활동, 안전관리활동 등이다.

활동수준과 원가동인

활동수준	대표적 활동	원가동인
단위수준활동	동력비, 기계감가상각비, 기계수선비, 모든 제품에 대한 검사(전수검사)	• 생산량 • 직접작업시간 • 기계작업시간
묶음수준활동	구매주문, 기계장치세팅, 작업준비, 선적, 묶음별 검사(표본검사)	• 주문횟수 • 장치세팅시간 • 작업준비시간 • 재료이동횟수 • 검사시간
제품수준활동	연구개발, 제품설계, 제품디자인, 제품수정, 제품광고	• 제품의 가짓수 • 부품의 수
설비수준활동	보험료, 임차료, 공장관리, 공장냉난방, 건물관리, 안전관리	• 공간의 면적 • 작업자의 수

2단계 : 활동별 원가집계

두 번째 단계는 활동분석을 통해 수집된 자료를 바탕으로 자원원가를 활동별로 집계하는 과정이다. 활동분석한 결과를 토대로, 각 자원들이 각 활동에서 어떻게 소비되었는가에 따라 원가를 배분한다. 자원원가를 활동별로 배분함에 따라 각 활동에는 원가가 집계된다.

3단계 : 원가동인 결정

원가동인은 활동별로 집계된 원가를 제품에 배부할 때 사용되는 배부기준이다. 활동기준원가계산에서는 각 활동별로 상이한 원가동인을 사용하여 제조간접원가를 제품에 배부한다.

앞서 논의한 활동을 분석하는 과정도 중요하지만, 어떤 원가동인을 선택할 것인가도 매우 중요하다. 일반적으로 활동분석과정에서 각 활동에 대한 원가동인도 함께 선정된다. 각 활동에 대한 적절한 원가동인을 선정하기 위해서는 활동과 원가동인 간의 인과관계를 충분히 고려해야 한다. 과거의 자료가 많지 않은 경우에는 현장 담당자의 경험과 판단을 근거로 하고, 과거의 자료가 충분히 있을 경우에는 통계적인 분석방법을 통해 어떤 원가동인이 보다 관련성이 높은가를 분석하여 결정한다. 이러한 과정을 통해 해당활동과의 인과관계가 높고 자료수집이 용이한 원가동인을 선정하게 된다.

원가동인에는 거래동인과 기간동인이 있다.

● 거래동인

거래동인(transaction drivers)은 횟수를 기준으로 하는 원가동인이다. 검사횟수, 조립횟수, 이동횟수, 배송횟수, 발송횟수 등이 거래동인의 예이다.

● 기간동인

기간동인(duration drivers)은 시간을 기준으로 하는 원가동인이다. 검사시간, 조립시간, 이동시간, 배송시간, 발송시간 등이 기간동인의 예이다.

4단계 : 활동별 원가배부율 산정

활동별 원가배부율은 각 활동별로 집계된 원가를 각 활동별 총원가동인량으로 나누어 계산한다.

$$\text{활동별 원가배부율} = \frac{\text{활동별로 집계된 원가}}{\text{활동별 총원가동인량}}$$

5단계 : 제품원가계산

제품원가 중 직접재료원가, 직접노무원가는 전통적 제품원가계산시스템과 동일하게 추적하여 합산한다. 제조간접원가는 활동별로 산출한 원가배부율에 제품별 원가동인량을 곱하여 제품별로 계산한다.

활동기준원가계산의 적용

종합예제 2

(주)YS도넛은 오리지널 도넛과 초콜릿 도넛 두 종류의 도넛을 생산하여 판매한다. (주)YS도넛은 보다 정확한 원가계산을 하기 위해 활동기준원가계산을 도입하기로 결정하였다. (주)YS도넛의 생산과 관련된 자료는 아래와 같다.

오리지널 도넛 초콜릿 도넛

	오리지널 도넛 (10,000개)		초콜릿 도넛 (10,000개)	합 계
직접재료원가	₩1,000,000		₩1,300,000	₩2,300,000
직접노무원가	900,000		900,000	1,800,000
제조간접원가				3,000,000
간접노무인력(간접노무원가)		₩900,000		
기계장치(감가상각비)		600,000		
자동화시스템(리스료)		800,000		
전력(전기료)		400,000		
소모품(소모품비)		300,000		

(주)YS도넛은 활동분석을 통해 제품연구개발, 작업준비, 가공작업, 품질검사, 공장관리의 다섯 가지 활동으로 구분하였다. 각 활동별 자원의 소비량은 다음과 같다.

활 동	간접노무인력 근무시간	기계장치 사용비율	자동화시스템 사용비율	전력 사용량	소모품 사용비율
제품연구개발	100시간	10%	0%	50kw	40%
작업준비	200시간	20%	25%	50kw	0%
가공작업	300시간	40%	25%	200kw	30%
품질검사	200시간	20%	25%	50kw	30%
공장관리	100시간	10%	25%	50kw	0%
합 계	900시간	100%	100%	400kw	100%

요구사항

(주)YS도넛의 자원원가를 활동별로 집계하라.

활동기준원가계산의 목적은 제조간접원가(자원)를 보다 정확하게 배분하는 것이다. 제품원가 중 직접재료원가, 직접노무원가는 전통적 제품원가계산 시스템과 동일하게 추적하여 합산하면 된다.

따라서 위 예제에서 제조간접원가 ₩3,000,000을 원가대상인 오리지널 도넛과 초콜릿 도넛에 활동을 기준으로 보다 정확하게 배분하는 것이 활동기준원가계산의 목적이다.

1단계 : 활동분석

활동기준원가계산을 하기 위한 첫 번째 단계는 기업의 활동을 구분하는 것이다. (주)YS도넛은 활동분석을 통해 제품연구개발, 작업준비, 가공작업, 품질검사, 공장관리의 다섯 가지 활동으로 세분화하였다. 제품연구개발은 제품수준활동이고, 작업준비와 품질검사는 묶음수준활동이며, 가공작업은 단위수준활동이고, 공장관리는 설비수준활동이다.

활 동	활동수준 구분
제품연구개발	제품수준
작업준비	묶음수준
가공작업	단위수준
품질검사	묶음수준
공장관리	설비수준

2단계 : 활동별 원가집계

활동분석을 통해 유사한 활동을 하나로 묶은 후에는 자원원가를 활동에 집계하는 과정을 갖는다. (주)YS도넛의 자원원가는 간접노무인력의 간접노무원가, 기계장치의 감가상각비, 자동화시스템의 리스료, 전기료, 소모품비 등이다.

(주)YS도넛은 활동분석과정에서 직무수행과정을 직접적으로 관찰하거나 간접노무인력과의 면담이나 인터뷰를 수행하는 등의 분석과정을 갖게 된다. 그 결과 간접노무인력은 총 900시간을 근무하고 있고, 제품연구개발활동에 100시간, 작업준비활동에 200시간, 가공작업활동에 300시간, 품질검사활동에 200시간, 공장관리활동에 100시간을 근무하고 있음을 파악할 수 있었다. 그렇다면 간접노무원가 ₩900,000을 근무시간을 기준으로 각각의 활동에 배분할 수 있을 것이다.

또한 (주)YS도넛은 활동분석과정을 통해 기계사용비율을 측정해본 결과, 기계장치가 제품연구개발활동에는 10%, 작업준비활동에는 20%, 가공작업활동에는 40%, 품질검사활동에는 20%, 공장관리활동에는 10% 사용되고 있음을 파악할 수 있었다. 그렇다면 기계장치의 감가상각비 ₩600,000을 사용비율을 기준으로 하여 각각의 활동에 배분할 수 있을 것이다.

간접노무원가나 기계감가상각비와 마찬가지로 자동화시스템 및 전력, 소모품도 자동화시스템사용비율, 전력사용량, 소모품사용비율을 기준으로 각각 활동에 배분할 수 있을 것이다. 여기서 자원원가를 활동별로 배분하는데 기준이 된 근무시간, 기계사용비율, 자동화시스템사용비율, 전력사용량, 소모품사용비율을 자원동인(resource driver)이라 한다.

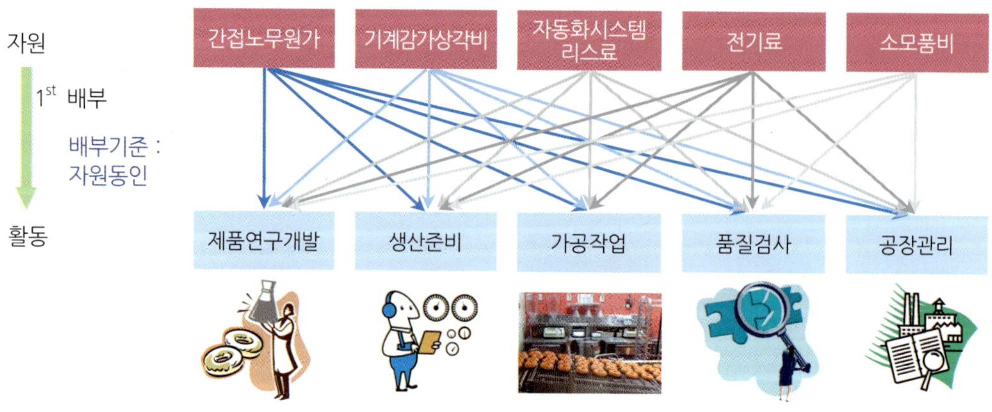

활 동	관리자 근무시간	기계장치 사용비율	자동화시스템 사용비율	전력 사용량	소모품 사용비율	합 계
제품연구개발	₩100,000	₩60,000	₩0	₩50,000	₩120,000	₩330,000
작업준비	200,000	120,000	200,000	50,000	0	570,000
가공작업	300,000	240,000	200,000	200,000	90,000	1,030,000
품질검사	200,000	120,000	200,000	50,000	90,000	660,000
공장관리	100,000	60,000	200,000	50,000	0	410,000
합 계	₩900,000	₩600,000	₩800,000	₩400,000	₩300,000	₩3,000,000

종합예제 3

(주)YS도넛은 오리지널 도넛과 초콜릿 도넛 두 종류의 도넛을 생산하여 판매한다. (주)YS도넛은 활동분석을 통해 다섯 가지 활동에 대한 활동원가와 원가동인량을 아래와 같이 집계하였다.

활 동	활동원가	원가동인	총원가동인량	오리지널 도넛	초콜릿 도넛
제품연구개발	₩330,000	연구시간	33시간	11시간	22시간
생산준비	570,000	생산준비시간	285시간	85시간	200시간
가공작업	1,030,000	기계사용시간	412시간	162시간	250시간
품질검사	660,000	품질검사횟수	200회	100회	100회
공장관리	410,000	해당면적	820m^2	310m^2	510m^2

두 제품의 직접원가는 아래와 같다.

	오리지널 도넛 (10,000개)	초콜릿 도넛 (10,000개)	합 계
직접재료원가	₩1,000,000	₩1,300,000	₩2,300,000
직접노무원가	900,000	900,000	1,800,000

요구사항

1. (주)YS도넛의 활동별 원가배부율을 구하라.
2. 오리지널 도넛과 초콜릿 도넛의 제품원가를 구하라.

3단계 : 원가동인 결정

활동별로 집계된 원가를 제품으로 배분하는 데 기준이 되는 연구시간, 생산준비시간, 기계사용시간, 품질검사횟수, 해당면적을 원가동인(cost driver)이라 한다. 여기서 횟수를 기준으로 하는 원가동인인 품질검사횟수는 거래동인에 속한다. 또한 시간을 기준으로 하는 연구시간, 생산준비시간, 기계사용시간은 기간동인에 속한다.

활동별 원가동인 결정

4단계 : 활동별 원가배부율 산정

활동별 원가배부율은 각 활동별로 집계된 원가를 각 활동별 총원가동인량으로 나누어 계산한다.

$$제품연구개발활동\ 원가배부율 = \frac{₩330,000}{33시간} = 연구시간당\ ₩10,000$$

$$생산준비활동\ 원가배부율 = \frac{₩570,000}{285시간} = 준비시간당\ ₩2,000$$

$$가공작업활동\ 원가배부율 = \frac{₩1,030,000}{412시간} = 기계시간당\ ₩2,500$$

$$품질검사활동\ 원가배부율 = \frac{₩660,000}{200회} = 검사횟수당\ ₩3,300$$

$$공장관리활동\ 원가배부율 = \frac{₩410,000}{820m^2} = m^2당\ ₩500$$

5단계 : 제품원가계산

다음으로 산출한 활동별 배부율을 각 원가동인량에 곱한다.

오리지널 도넛의 활동별 제조간접원가 계산

활 동	원가동인	활동별 원가배부율		×	원가동인량		
제품연구개발	연구시간	연구시간당	₩10,000	×	11시간	=	₩110,000
생산준비	생산준비시간	준비시간당	₩2,000	×	85시간	=	170,000
가공작업	기계사용시간	기계시간당	₩2,500	×	162시간	=	405,000
품질검사	품질검사횟수	검사횟수당	₩3,300	×	100회	=	330,000
공장관리	해당면적	m^2당	₩500	×	$310m^2$	=	155,000

초콜릿 도넛의 활동별 제조간접원가 계산

활 동	원가동인	활동별 원가배부율		×	원가동인량		
제품연구개발	연구시간	연구시간당	₩10,000	×	22시간	=	₩220,000
생산준비	생산준비시간	준비시간당	₩2,000	×	200시간	=	400,000
가공작업	기계사용시간	기계시간당	₩2,500	×	250시간	=	625,000
품질검사	품질검사횟수	검사횟수당	₩3,300	×	100회	=	330,000
공장관리	해당면적	m^2당	₩500	×	$510m^2$	=	255,000

오리지널 도넛과 초콜릿 도넛의 직접재료원가와 직접노무원가는 추적하여 합산한다. 그리고 오리지널 도넛과 초콜릿 도넛의 활동별로 제조간접원가 계산을 한 결과를 합산한다.

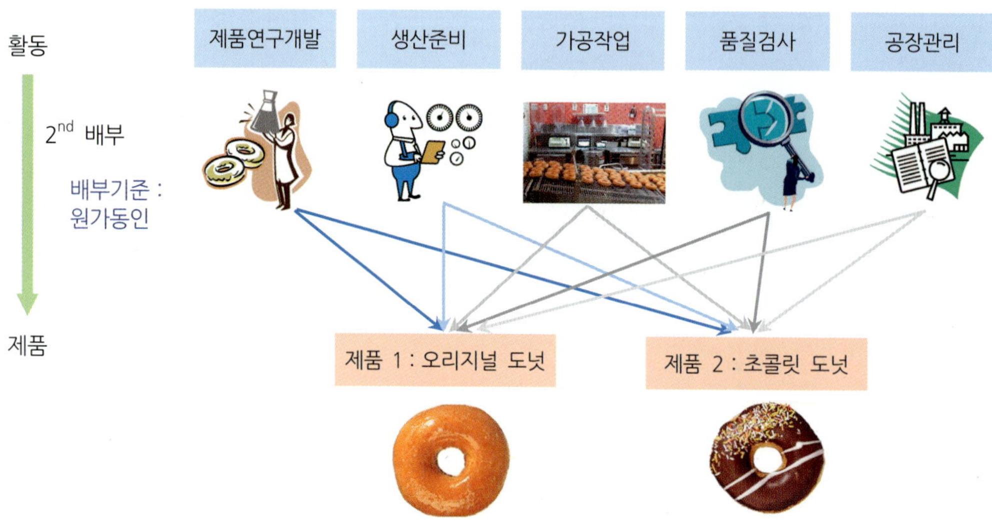

최종적인 활동기준원가계산의 제품원가계산 결과는 다음과 같다.

	활동기준원가계산(ABC)		
	오리지널 도넛 (10,000개)	초콜릿 도넛 (10,000개)	합 계
직접재료원가	₩1,000,000	₩1,300,000	₩2,300,000
직접노무원가	900,000	900,000	1,800,000
제조간접원가			
제품연구개발	110,000	220,000	330,000
생 산 준 비	170,000	400,000	570,000
가 공 작 업	405,000	625,000	1,030,000
품 질 검 사	330,000	330,000	660,000
공 장 관 리	155,000	255,000	410,000
제 품 원 가	3,070,000	4,030,000	7,100,000

전통적 제품원가계산과 활동기준원가계산의 차이

전통적 제품원가계산과 활동기준원가계산의 결과를 비교하면 아래와 같다.

	전통적 제품원가계산		활동기준원가계산	
	오리지널 도넛 (10,000개)	초콜릿 도넛 (10,000개)	오리지널 도넛 (10,000개)	초콜릿 도넛 (10,000개)
직접재료원가	₩1,000,000	₩1,300,000	₩1,000,000	₩1,300,000
직접노무원가	900,000	900,000	900,000	900,000
제조간접원가	1,500,000	1,500,000		
제품연구개발			110,000	220,000
생 산 준 비			170,000	400,000
가 공 작 업			405,000	625,000
품 질 검 사			330,000	330,000
공 장 관 리			155,000	255,000
제 품 원 가	3,400,000	3,700,000	3,070,000	4,030,000
제품단위당 원가	340	370	307	403

전통적 제품원가계산에 따르면 오리지널 도넛의 제품원가는 ₩3,400,000이고 초콜릿 도넛의 제품원가는 ₩3,700,000이다. 이에 반해 활동기준원가계산에 따르면 오리지널 도넛의 제품원가는 ₩3,070,000이고 초콜릿 도넛의 제품원가는 ₩4,030,000이다.

결국 전통적 제품원가계산은 오리지널 도넛에는 원가를 과대배부하고 있고, 초콜릿 도넛에는 원가를 과소배부하고 있다. 이로 인해 오리지널 도넛의 이익은 낮게 계산되는 반면, 초콜릿 도넛의 이익은 높게 계산된다. 즉 전통적 제품원가계산에서는 제품원가와 이익에 왜곡이 발생된다.

그러나 활동기준원가계산은 활동을 중심으로 한 제조간접원가 배부를 통해 전통적 제품원가계산에 비해 보다 정확하고 유용성 있는 정보를 제공한다.

전통적 제품원가계산과 활동기준원가계산의 제품원가와 이익의 차이가 발생하는 원인은 다음과 같이 요약할 수 있다.

전통적 제품원가계산과 활동기준원가계산의 차이

차 이	전통적 제품원가계산	활동기준원가계산
가정	제품이 자원을 소비한다는 가정	제품이 활동을 소비하고, 활동이 자원을 소비한다는 가정
계산과정	단일 단계 배부과정	두 단계 배부과정
배부기준	단일 또는 소수의 배부기준	다수의 배부기준
배부기준과의 인과관계	배부기준과 원가대상 간의 인과관계가 약함	배부기준과 활동원가집합 간의 인과관계가 강함

첫째, 전통적 제품원가계산에서는 제품이 자원을 소비한다는 가정하에서 원가를 계산한다. 즉 제품의 조업도에 비례하여 제조간접원가가 발생한다고 본다. 이에 반해 활동기준원가계산은 제품이 활동을 소비하고, 활동이 자원을 소비한다는 가정하에서 원가를 계산한다. 즉 제품생산과정에서 발생하는 다양한 활동이 결국 자원을 소비하고 있다는 것으로 가정한다.

둘째, 전통적 제품원가계산은 단일 단계의 배부과정을 지닌다. 즉 각 제품이 실제로 어떤 원가를 구체적으로 소비했는지 그 인과관계에 대한 고려 없이 단 한 번의 배부과정을 통해 모든 제조간접원가를 각 제품에 배부한다.

이에 반해 활동기준원가계산은 두 단계 배부과정을 지닌다. 활동수행에 소비된 희소자원의 원가를 여러 활동에 할당하는 첫 번째 배부과정, 활동에 집계된 원가를 최종원가대상에 배부하는 두 번째 배부과정을 거친다.

셋째, 전통적 제품원가계산은 단일 또는 소수의 배부기준을 이용하는 데 반해, 활동기준원가계산은 다수의 배부기준을 사용한다. 전통적 제품원가계산은 직접노무원가, 노무시간, 기계시간 중 하나를 선택하는 데 반해, 활동기준원가계산은 연구시간, 생산준비시간, 기계사용시간, 품질검사횟수, 해당면적 등 다양한 배부기준을 사용함에 따라 보다 정확한 원가계산을 가능하게 한다.

넷째, 전통적 제품원가계산은 배부기준과 원가대상 간의 인과관계가 약한 반면, 활동기준원가계산은 배부기준과 활동원가집합 간의 인과관계가 강하다. 전통적 제품원가계산이 사용하고 있는 배부기준인 직접노무원가, 노무시간, 기계시간 등은 조업도와 관련성이 있는 것이다. 그러나 실제원가가 조업도와의 관련성을 지니고 있는가는 매우 불명확하다. 이에 반해 활동기준원가계산은 각 활동별로 인과관계가 높은 배부기준을 선택하므로 실제원가와의 관련성이 보다 명확하다.

전통적 제품원가계산

활동기준원가계산

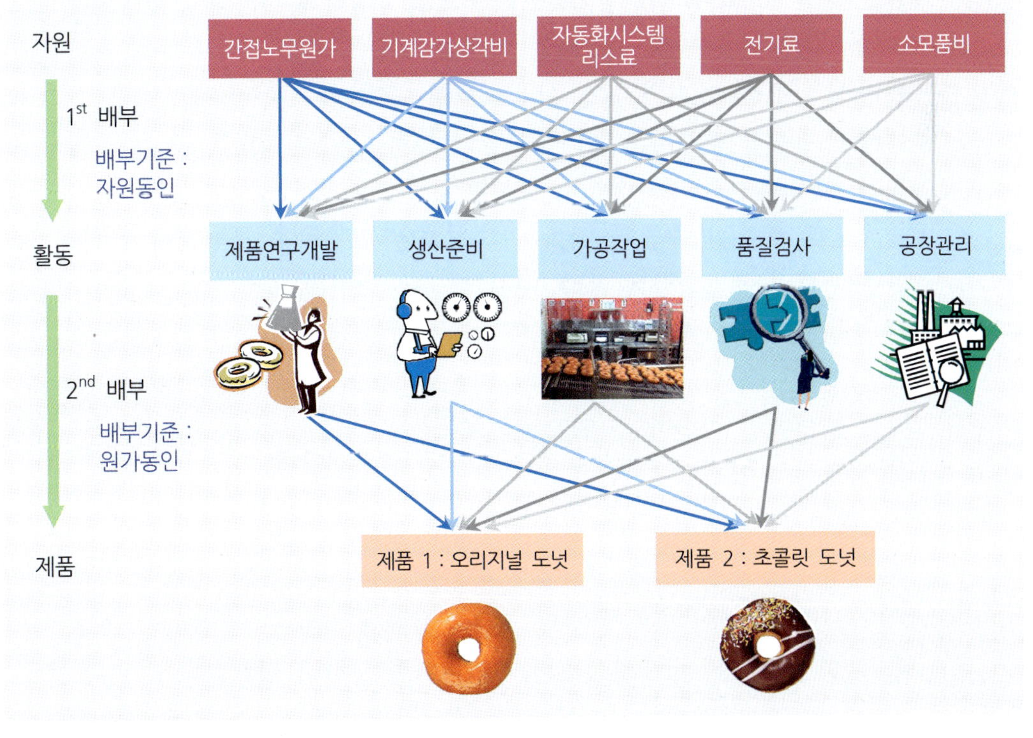

활동기준원가계산 실행의 문제점

앞서 서술한 바와 같이, 활동기준원가계산시스템은 전통적 제품원가계산시스템에 비해 보다 정확하고 유용성 있는 정보를 제공한다. 그러나 활동기준원가계산 역시 완벽한 원가계산시스템은 아니며, 다음과 같은 문제점들을 지니고 있다.

첫째, 활동기준원가계산을 도입하기 위한 활동분석과정에는 매우 큰 비용과 많은 시간이 소비된다. 따라서 제조간접원가의 비중이 높지 않은 기업은 활동기준원가계산을 도입함으로써 얻게 되는 효익이 발생하는 비용에 비해 작을 수 있다. 제조간접원가 비중이 크지 않은 기업은 활동기준원가계산 도입에 실효성이 크지 않다.

둘째, 실행과정에서 모든 활동과 다양한 원가동인이 고려되기보다는, 정보처리가 가능한 제한적인 범위 내에서만 활동이 분류되고 원가동인이 선정된다. 실무에서 활동을 세부적으로 구분하고 활동별로 원가동인을 선정하는 일은 기대와 달리 지극히 제한적이다. 기업의 활동은 수백 개, 수천 개 또는 그 이상일 수 있다. 이러한 모든 활동들을 정확하게 파악하고 활동별로 세부적인 원가동인을 달리 선정하는 데에는 많은 시간과 정보획득을 위한 높은 원가가 발생한다. 따라서 실무에서는 정보처리가 가능한 제한적인 범위 내에서만 활동을 분류하고 원가동인을 선정하고 있다. 이러한 제한은 결국 활동기준원가계산의 정확성을 감소시킬 수 있다.

셋째, 활동의 구분과 원가동인을 찾는 과정에서 주관적이고 자의적인 판단이 개입될 가능성이 크다. 어떤 활동을 어떤 분류에 포함시켜야 하는가가 불분명한 경우도 있고, 어떤 활동은 여러 가지 활동과 복합적인 관련성을 지닌 경우도 있다. 원가동인 역시 마찬가지이다. 결국 분석과정에서 주관적이고 자의적인 판단이 개입될 수밖에 없으며, 이로 인해 활동기준원가계산의 정확성이 감소될 수 있다.

넷째, 새로운 원가계산시스템의 도입은 기존 방법에 익숙한 임직원들에게는 불편함과 저항감을 가져올 수 있다. 따라서 최고경영자의 강력한 도입의지와 추진능력이 있어야 하며, 임직원들에게 새로운 원가계산시스템 도입의 필요성에 대한 이해와 공감을 얻기 위한 노력이 필요하다.

06 용어정리

1단계 배부(1st stage allocation)
활동기준원가계산에서 자원원가(간접원가)를 활동에 배부하는 과정

2단계 배부(2nd stage allocation)
활동기준원가계산에서 활동원가를 제품에 배부하는 과정

거래동인(transaction drivers)
각 활동의 횟수(건수)를 기준으로 하는 원가동인

기간동인(duration drivers)
각 활동의 시간을 기준으로 하는 원가동인

단위수준활동(unit level activity)
제품을 한 단위 생산할 때마다 생산량에 비례하여 발생하는 활동

묶음수준활동(bath level activity)
배치수준활동이라고도 불리는데, 제품 개별단위가 아닌 하나의 묶음(배치)별로 수행되는 활동

설비수준활동(facility level activity)
공정 전체의 생산과 설비를 유지하기 위해 수행되는 활동

제품수준활동(product level activity)
특정제품(라인)마다 수행되는 활동

활동(activity)
기업이 제품을 생산하는 데 자원을 소비하는 구체적인 과정 또는 절차

활동기준원가계산(ABC : Activity Based Costing)
활동을 기준으로 원가를 집계하는 원가계산시스템

주관식 개념문제

1. 활동기준원가계산의 도입배경에 대해 설명하라.

2. 활동기준원가계산의 절차에 대해 설명하라.

3. 원가계층(cost hierarchy) 분류에 따른 네 가지 활동수준에 대해 설명하고, 각 활동수준마다 두 가지 이상의 예를 제시하라.

4. 거래동인과 기간동인의 차이에 대해 설명하고, 각 동인별로 두 가지 이상의 예를 제시하라.

5. 전통적 제품원가계산과 활동기준원가계산의 차이에 대해 설명하라.

6. 활동기준원가계산을 실행하는 데 발생할 수 있는 문제점에 대해 설명하라.

객관식 개념문제

1. 다음 중 활동기준원가계산을 도입하기 위한 순서로 가장 적합한 것은?

a. 활동분석	b. 활동별 원가배부율 산정
c. 자원동인 결정	d. 활동별 원가집계
e. 제품원가계산	f. 원가동인 결정

① a－b－c－d－f－e
② a－b－d－c－f－e
③ a－c－d－b－f－e
④ a－c－d－b－f－e
⑤ a－c－d－f－b－e

2. 다음 중 원가계층(cost hierarchy)의 네 가지 활동수준 분류에 해당되지 않는 것은?

① 설비수준 ② 제품수준 ③ 묶음(배치)수준
④ 원가수준 ⑤ 단위수준

3. 다음 중 원가계층(cost hierarchy)의 활동수준 분류와 해당원가의 예, 그리고 원가동인의 조합이 적절하지 않은 것은?

① 단위수준활동－전수검사－생산량
② 묶음수준활동－구매주문－주문횟수
③ 단위수준활동－작업준비－작업준비시간
④ 제품수준활동－제품설계－제품의 가짓수
⑤ 설비수준활동－건물관리－공간의 면적

4. 다음 중 활동기준원가계산의 도입배경으로 적절하지 않은 것은?

① 제조간접원가의 비중이 크게 증가됨에 따라 획일적인 배부기준을 사용할 경우에 원가측정의 부정확성을 가져올 가능성이 제기되었다.
② 기업이 제공하는 제품과 서비스가 다양화됨에 따라 개별제품의 정확한 수익성을 파악할 수 있는 보다 정확한 원가계산시스템이 요구되었다.
③ 컴퓨터와 정보처리 기술이 발달하고, 전산설비와 소프트웨어 가격이 하락함으로 인해, 과거에는 불가능하였던 원가정보의 수집 및 처리가 가능해졌다.
④ 다양한 배부기준보다는 하나의 배부기준이 보다 효율적일 것이라는 주장이 제기되었다.
⑤ 전통적 제품원가계산이 제품원가를 왜곡시키는 경우가 발생하였다.

5. 활동기준원가계산에 대한 다음 설명 중 옳지 않은 것은? (2021년 공인회계사 기출문제)

① 활동기준원가계산은 발생한 원가를 활동중심점별로 집계하여 발생한 활동원가동인수로 배부하는 일종의 사후원가계산제도이다.
② 활동기준원가계산을 활용한 고객수익성 분석에서는 제품원가뿐만 아니라 판매관리비까지도 활동별로 집계하여 경영자의 다양한 의사결정에 이용할 수 있다.
③ 제조간접원가에는 생산량 이외의 다른 원가동인에 의하여 발생하는 원가가 많이 포함되어 있다.
④ 활동이 자원을 소비하고 제품이 활동을 소비한다.
⑤ 원재료구매, 작업준비, 전수조사에 의한 품질검사는 묶음수준활동(batch level activities)으로 분류된다.

6. 다음 중 활동기준원가계산에 대한 설명으로 적절하지 않은 것은?

① 활동기준원가계산은 제품의 조업도에 비례하여 제조간접원가가 발생된다고 본다.
② 활동기준원가계산은 두 단계 배부과정을 지닌다.
③ 활동기준원가계산은 다수의 배부기준을 사용한다.
④ 활동기준원가계산은 배부기준과 활동원가집합 간의 인과관계가 강하다.
⑤ 활동기준원가계산은 제품이 활동을 소비하고, 활동이 자원을 소비한다는 가정하에서 원가를 계산한다.

7. 활동기준원가계산에 관한 설명으로 옳지 않은 것은? (2017년 세무사 기출문제)

① 간접원가의 비중이 높을수록 활동기준원가계산의 도입효과가 크다.
② 전통적인 간접원가 배부방법에 비해 다양한 배부기준이 사용된다.
③ 판매관리비에는 활동기준원가계산을 적용하지 않는다.
④ 활동원가의 계층구조 중 배치(묶음)수준원가는 배치 수나 활동시간 등을 원가동인으로 사용한다.
⑤ 전통적인 간접원가 배부방법에 비해 인과관계를 반영하는 배부기준을 찾아내는 데 많은 노력을 들인다.

정답

1. ⑤ **2.** ④ **3.** ③ **4.** ④ **5.** ⑤ **6.** ① **7.** ③

기본문제

1. (주)YS도넛은 바나나맛 도넛과 딸기맛 도넛 두 종류의 도넛을 생산하여 판매한다. (주)YS도넛은 활동분석을 통해 네 가지 활동에 대한 활동원가와 원가동인량을 아래와 같이 집계하였다.

활 동	활동원가	원가동인	총원가동인량	바나나맛 도넛	딸기맛 도넛
작업준비	₩240,000	작업준비시간	60시간	20시간	40시간
재료처리	450,000	재료처리횟수	90회	30회	60회
가공작업	600,000	기계사용시간	250시간	90시간	160시간
제품운반	360,000	운반횟수	200회	100회	100회

두 제품의 직접원가는 아래와 같다.

	바나나맛 도넛 (10,000개)	딸기맛 도넛 (10,000개)	합 계
직접재료원가	₩1,000,000	₩1,200,000	₩2,200,000
직접노무원가	900,000	900,000	1,800,000

요구사항

1. (주)YS도넛의 활동별 원가배부율을 구하라.
2. 바나나맛 도넛과 딸기맛 도넛의 제품원가를 구하라.

풀이 및 해설

1.

$$작업준비활동\ 원가배부율 = \frac{₩240,000}{60시간} = 작업준비시간당\ ₩4,000$$

$$재료처리활동\ 원가배부율 = \frac{₩450,000}{90회} = 처리횟수당\ ₩5,000$$

$$가공작업활동\ 원가배부율 = \frac{₩600,000}{250시간} = 기계시간당\ ₩2,400$$

$$제품운반활동\ 원가배부율 = \frac{₩360,000}{200회} = 운반횟수당\ ₩1,800$$

2.

	활동기준원가계산(ABC)		
	바나나맛 도넛 (10,000개)	딸기맛 도넛 (10,000개)	합 계
직접재료원가	₩1,000,000	₩1,200,000	₩2,200,000
직접노무원가	900,000	900,000	1,800,000
제조간접원가			
작 업 준 비	80,000	160,000	240,000
재 료 처 리	150,000	300,000	450,000
가 공 작 업	216,000	384,000	600,000
제 품 운 반	180,000	180,000	360,000
제 품 원 가	2,526,000	3,124,000	5,650,000

연습문제

※ 다음 자료는 [문제 1]과 [문제 2]에 적용된다. (주)세명인형은 봉제인형을 제작하는 회사이다. (주)세명인형은 활동기준원가계산을 사용하며, 관련된 자료는 아래와 같다.

활 동	활동원가	총원가동인량
디자인	₩900,000	10,000시간 (디자인시간)
봉제	8,000,000	160,000시간 (봉제시간)
손질	2,880,000	80,000시간 (노동시간)
포장	672,000	32,000회 (포장횟수)

1. [활동기준원가계산] 다음 중 (주)세명인형의 각 활동과 활동별 원가배부율이 바르게 연결된 것은 무엇인가?

① 디자인활동 – 디자인시간당 ₩80
② 봉제활동 – 봉제시간당 ₩40
③ 손질활동 – 노동시간당 ₩40
④ 손질활동 – 노동시간당 ₩50
⑤ 포장활동 – 포장횟수당 ₩21

2. [활동기준원가계산] (주)세명인형이 하양곰이라는 제품을 생산하는 데 4,000디자인시간, 80,000봉제시간, 30,000노동시간, 15,000포장횟수가 발생하였다. 하양곰 제품의 직접재료원가는 ₩3,000,000, 직접노무원가는 ₩5,000,000이라고 할 때, 하양곰 제품의 총제조원가는 얼마인가?

① ₩11,000,000
② ₩12,000,000
③ ₩13,000,000
④ ₩13,755,000
⑤ ₩14,755,000

3. [활동기준원가계산] (주)세무는 20×1년에 제품 A 1,500단위, 제품 B 2,000단위, 제품 C 800단위를 생산하였다. 제조간접원가는 작업준비 ₩100,000, 절삭작업 ₩600,000, 품질검사 ₩90,000이 발생하였다. 다음 자료를 이용한 활동기준원가계산에 의한 제품 B의 단위당 제조간접원가는?

(2020년 세무사 기출문제)

활 동	원가동인	제품 A	제품 B	제품 C
작업준비	작업준비횟수	30	50	20
절삭작업	절삭작업시간	1,000	1,200	800
품질검사	검사시간	50	60	40

① ₩43　　② ₩120　　③ ₩163

④ ₩255　　⑤ ₩395

4. [활동기준원가계산] (주)창조는 당기에 영업을 개시한 회사이며 활동기준원가계산을 사용한다. 회사의 제조간접원가를 분석한 결과는 아래와 같다.

활 동	원가동인	배부율
원재료주문	주문횟수	₩50
원재료세척	부품수	300
조립작업	조립시간	100
검사	검사시간	75
완제품운반	운반횟수	60

당기에 제조, 판매한 제품 X는 주문 10회, 부품 500개, 조립 30시간, 검사 10시간, 운반 10회를 소비하였다. 판매가격은 ₩300,000, 매출원가율이 60%라 한다면, 제품 X의 직접재료원가는 얼마인가? (단, 직접노무원가는 ₩10,000이 발생하였다) (2012년 세무사 기출문제 수정)

① ₩15,150　　② ₩25,150　　③ ₩35,150

④ ₩45,150　　⑤ ₩55,150

5. [활동기준원가계산] (주)정의는 활동기준원가계산을 사용하고 있다. 작업 X의 총원가를 계산하면 얼마인가? (단, X에 대해 직접추적이 가능한 원가는 ₩30,000이다)

(2002년 세무사 기출문제 수정)

활 동	원가동인	원 가	최대활동량	작업 X
생산준비	생산준비시간	₩30,000	1,000시간	300시간
기계작업	기계시간	100,000	10,000시간	2,000시간
수선	작업준비시간	50,000	12,500시간	4,000시간
제품운반	운반횟수	40,000	100회	20회

① ₩12,000　　② ₩23,000　　③ ₩30,000

④ ₩53,000　　⑤ ₩83,000

6. [활동기준원가계산] (주)백운은 각 작업에 대한 원가계산을 위하여 다음의 자료를 수집하였다.

활 동	원 가	원가범주	원가동인	최대활동량
생산준비	₩20,000	생산묶음	생산준비시간	1,000시간
재료손질	40,000	생산묶음	재료손질횟수	800회
기계작업	120,000	제품단위	기계사용시간	10,000시간
가공작업	300,000	제품단위	기계사용시간	15,000시간

활동기준원가계산을 이용할 때 5월의 작업 총원가는 얼마인가?

	기초원가	생산수량	생산준비	재료손질	기계작업	가공작업
5월의 작업	₩100,000	3,000단위	40시간	34회	2,000시간	1,200시간

① ₩100,000 ② ₩150,500 ③ ₩171,000
④ ₩188,000 ⑤ ₩201,500

7. [활동기준원가계산] 창조기업은 활동기준원가계산을 사용하며, 제조과정은 다음의 세 가지 활동으로 구분한다.

활 동	원가동인	연간 원가동인수	연간 가공원가총액
세척	재료의 부피	100,000리터	₩300,000
압착	압착기계시간	45,000시간	900,000
분쇄	분쇄기계시간	21,000시간	1,050,000

X제품의 단위당 재료부피는 20리터, 압착기계시간은 30시간, 분쇄기계시간은 10시간이다. X제품의 단위당 판매가격과 단위당 재료비가 각각 ₩2,000, ₩300이면 X제품의 단위당 제조공헌이익(단위당 판매가격－단위당 변동원가)은 얼마인가? (2006년 세무사 기출문제 수정)

① ₩540 ② ₩560 ③ ₩700
④ ₩780 ⑤ ₩800

8. [활동기준원가계산] (주)청연은 자동차를 생산하는 기업이다. 자동차를 생산하는 경우, 조립, 가공, 도색, 검사의 과정을 거친다. 다음은 자동차 생산의 원가자료이다.

활 동	활동원가	원가동인	원가동인수
조립	₩5,000,000	기계시간	5,000시간
가공	2,000,000	가공시간	4,000시간
도색	4,000,000	노무시간	200시간
검사	500,000	생산량	500대

(주)청연이 새로 개발한 자동차 한 대를 생산하는 데 기계시간 10시간, 가공시간 15시간, 노무시간 4시간이 걸린다면 활동기준원가는 얼마인가?

① ₩83,000 ② ₩98,500 ③ ₩105,000
④ ₩110,000 ⑤ ₩113,000

9. [활동기준원가계산] (주)감평은 활동기준원가계산방법에 의하여 제품의 원가를 계산하고 있다. 다음은 (주)감평의 연간 활동제조간접원가 예산자료와 작업 #203의 원가동인에 관한 자료이다. 작업 #203의 제조원가가 ₩300,000이라면, 작업 #203의 기본(기초)원가는?

(2019년 감정평가사 기출문제)

〈연간 활동제조간접원가 예산자료〉

활 동	활동별 제조간접원가	원가동인	원가동인수량
생산준비	₩200,000	생산준비시간	1,250시간
재료처리	300,000	재료처리횟수	1,000회
기계작업	500,000	기계작업시간	50,000시간
품질관리	400,000	품질관리횟수	10,000회

〈작업 #203의 원가동인 자료〉

작 업	생산준비시간	재료처리횟수	기계작업시간	품질관리횟수
#203	60시간	50회	4,500시간	500회

① ₩210,400 ② ₩220,000 ③ ₩225,400
④ ₩230,400 ⑤ ₩255,400

10. [활동기준원가계산] (주)이화는 당기에 제품 X, Y, Z를 생산하고 있으며 활동기준원가계산방법을 사용하고 있다. 다음 중 옳지 않은 것을 고르면? (2013년 공인회계사 기출문제 수정)

구 분	원가동인	X(1,000단위)	Y(500단위)	Z(400단위)
원재료주문	주문횟수	5	10	12
조립작업	조립시간	300	600	760
품질검사	검사시간	8	16	19
발생원가	원재료주문 : ₩54,000 조립작업 : ₩83,000 품질검사 : ₩21,500			

① 제품 X 전체에 배부되는 원재료주문과 품질검사의 활동원가는 제품 Y 전체에 배부되는 원재료주문과 품질검사 활동원가의 50%이다.

② 제품 Y 전체에 배부되는 조립작업과 품질검사의 활동원가는 제품 X 전체에 배부되는 조립작업과 품질검사 활동원가의 200%이다.
③ 활동원가총액이 가장 많이 배부되는 제품은 Z이다.
④ 제품단위당 활동원가는 Z, Y, X 순서로 높다.
⑤ 제품 X의 단위당 활동원가는 ₩28이다.

11. [활동기준원가계산] 활동기준원가계산을 적용하는 (주)관세는 두 종류의 제품 A, B를 생산하고 있다. 활동 및 활동별 전환(가공)원가는 다음과 같다. 500단위의 제품 B를 생산하기 위한 직접재료원가는 ₩150,000, 재료의 가공을 위해 소요된 연마작업 부품수는 300단위, 조립작업 조립시간은 1,000시간이다. 이렇게 생산한 제품 B의 단위당 제조원가가 ₩760이라면, 제품 B를 생산하기 위한 선반작업의 기계회전수는? (2020년 관세사 기출문제)

활 동	원가동인	배부율
선반작업	기계회전수	회전수당 ₩150
연마작업	부품수	부품당 200
조립작업	조립시간	시간당 50

① 200회 ② 300회 ③ 800회
④ 1,000회 ⑤ 1,200회

12. [활동기준원가계산] 다음은 활동기준원가계산을 사용하는 제조기업인 (주)감평의 20×1년도 연간 활동원가 예산자료이다. 20×1년에 회사는 제품 A를 1,000단위 생산하였는데 제품 A의 생산을 위한 활동원가는 ₩830,000으로 집계되었다. 제품 A의 생산을 위해서 20×1년에 80회의 재료이동과 300시간의 직접노동시간이 소요되었다. (주)감평이 제품 A를 생산하는 과정에서 발생한 기계작업시간은? (2018년 감정평가사 기출문제)

〈연간 활동원가 예산자료〉

활 동	활동원가	원가동인	원가동인총수량
재료이동	₩4,000,000	이동횟수	1,000회
성형	3,000,000	제품생산량	15,000단위
도색	1,500,000	직접노동시간	7,500시간
조립	1,000,000	기계작업시간	2,000시간

① 400시간 ② 500시간 ③ 600시간
④ 700시간 ⑤ 800시간

심화문제

13. [활동기준원가계산] (주)청송은 가전제품을 생산하여 판매하는 기업이다. (주)청송의 경영자는 현재 생산하고 있는 양문냉장고의 설계를 변경하는 경우 원가를 얼마나 절감할 수 있는지 알아보려 한다. 20×2년의 양문냉장고 예상판매량 100대를 현재 설계된 대로 생산하는 경우 직접재료원가 ₩50,000, 직접노무원가 ₩25,000, 그리고 제조간접원가 ₩350,000이 발생할 것으로 추정된다. (주)청송은 활동기준원가계산을 적용하고 있는데 제조간접비를 발생원인에 따라 항목별로 구분한 결과는 다음과 같다.

제조간접원가 항목	금 액	원가동인 및 발생 현황	
기계가동원가	₩100,000	기계가동시간	100시간
작업준비원가	50,000	작업준비시간	10시간
검사원가	100,000	검사시간	10시간
재작업원가	100,000	재작업시간	20시간

설계를 변경하는 경우 기계가동시간과 재작업시간은 20% 감소되며, 작업준비시간은 25% 감소될 것으로 예상된다. 그러나 검사시간은 현재보다 20% 늘어날 것으로 예상된다. (주)청송이 설계를 변경하는 경우 단위당 제조간접원가를 얼마나 절감할 수 있는가?

(2010년 세무사 기출문제 수정)

① ₩275 ② ₩325 ③ ₩375
④ ₩425 ⑤ ₩475

14. [활동기준원가계산] 세 종류의 스키를 생산, 판매하는 (주)관세의 제조간접원가를 활동별로 분석하면 다음과 같다. (주)관세가 활동기준원가계산에 의해 중급자용 스키에 제조간접원가를 ₩208,000 배부하였다면 중급자용 스키 생산에 소요된 기계작업시간은?(2019년 관세사 기출문제)

활 동	제조간접원가	원가동인	원가동인수		
			초급자용 스키	중급자용 스키	상급자용 스키
절단	₩70,000	절단횟수	150회	250회	300회
성형	180,000	제품생산량	400대	300대	200대
도색	225,000	직접노무시간	400시간	600시간	500시간
조립	88,000	기계작업시간	100시간	?	150시간

① 100시간 ② 120시간 ③ 150시간
④ 200시간 ⑤ 300시간

15. [활동기준원가계산] (주)YSB는 활동기준원가계산을 도입하려고 한다. 담당부서는 생산활동과 원가동인을 파악하려고 하고 있으며 현재까지 파악한 자료는 다음과 같다.

활 동	원가동인	배부율
원재료주문	주문건수	주문당 ₩1,500
검수	검수시간	시간당 20,000
원재료운반	이동횟수	횟수당 5,000

배치당 2번의 주문, 직접노무시간 10시간, 3회의 원재료운반이 필요함

전통적 제품원가계산방법에서는 제조간접원가 배부기준을 직접노무시간으로 하여 시간당 ₩21,000을 배부한다. (주)YSB는 배치당 100개의 제품을 생산한다. 전통적 제품원가계산방법과 활동기준원가계산방법을 통해 계산한 개당 제조간접원가는 얼마인가? (2007년 공인회계사 기출문제 수정)

	전통적 제품원가계산방법	활동기준원가계산방법
①	₩210	₩2,180
②	₩2,100	₩2,180
③	₩2,180	₩2,100
④	₩210,000	₩218,000
⑤	₩218,000	₩210,000

16. [활동기준원가계산] 다음은 전화 및 우편 주문판매를 하는 (주)정의의 주요 고객의 연간 자료이다. 이 회사는 활동기준원가계산시스템을 통해 주요 고객의 수익성을 파악하고자 한다.

	고객 '석준'	고객 '다미'	고객 '혜진'
총매출	₩50,000	₩30,000	₩20,000
반품수량	2개	0개	4개
반품액(판매가)	₩8,000	₩0	₩10,000
연간 총전화주문건수	0건	1건	2건
연간 총우편주문건수	2건	1건	4건
총전화주문처리시간	0시간	0.2시간	0.45시간

배송비용은 고객이 부담하며, 반품에 따른 배송비만 고객이 부담하면 반품은 항상 허용된다. 매출원가는 판매가의 80%이다. 활동 및 활동원가의 동인율이 아래 표와 같을 경우, 활동기준원가계산을 통해 계산한 고객 '석준'으로부터의 연간 이익은 얼마인가?

(2001년 공인회계사 기출문제 수정)

활 동	활동원가동인율
우편주문처리	₩200/주문건수
전화주문처리	₩1,000/시간
반품처리	₩300/반품수량
고객서비스	₩1,500/1년 1인당

① ₩2,500 ② ₩5,900 ③ ₩8,400
④ ₩34,000 ⑤ ₩42,000

17. [활동기준원가계산] 활동기준원가계산으로 계산된 (주)청연의 상반기 제품 X의 활동원가는 ₩79,900이다. 상반기 생산과정에서 발생한 제품 X의 조립시간은 몇 시간인가? (주)청연의 연간 활동원가 예산자료와 상반기 활동원가 자료를 참고하라. (2011년 세무사 기출문제 수정)

〈연간 예산자료〉

활 동	원가동인	원가동인수		활동원가
		X	Y	
원재료주문	주문횟수	20	17	₩74,000
조립	조립시간	79	98	177,000
품질검사	검사시간	40	30	35,000
제품이동	이동횟수	5	10	18,000

〈상반기 활동원가 자료(제품 X)〉
주문횟수 : 12회, 검사시간 : 19시간, 이동횟수 : 2회

① 40회 ② 42회 ③ 44회
④ 46회 ⑤ 48회

18. [활동기준원가계산] 상품매매기업인 (주)한국유통이 활동기준원가계산을 적용하여 간접원가(overheads)를 고객별로 배부하기 위해, 20×1년초에 수집한 연간 예산자료는 다음과 같다.

(1) 연간 간접원가

간접원가항목	금 액
급 여	₩1,200,000
판매비	800,000
계	₩2,000,000

(2) 활동별 간접원가 배부비율

간접원가항목	활 동		계
	고객주문처리	고객관계관리	
급 여	20%	80%	100%
판매비	40%	60%	100%

(3) 활동별 원가동인과 연간 활동량

활 동	원가동인	활동량
고객주문처리	고객주문횟수	500회
고객관계관리	고객수	50명

(주)한국유통은 20×1년중 주요 고객인 (주)대한이 20회의 주문을 할 것으로 예상하고 있다. (주)대한의 주문 1회당 예상되는 평균매출액은 ₩20,000이며, 매출원가는 매출액의 75%이다. 활동기준원가계산을 적용하여 간접원가를 고객별로 배부하는 경우, (주)한국유통이 20×1년중 (주)대한으로부터 얻을 것으로 예상할 수 있는 이익은 얼마인가? (단, 매출원가를 제외한 어떠한 직접원가도 발생하지 않는다) (2015년 공인회계사 기출문제)

① ₩46,300 ② ₩48,800 ③ ₩50,400
④ ₩52,600 ⑤ ₩54,500

19. [활동기준원가계산] (주)한국은 소매업체들을 대상으로 판매촉진 관련 지원서비스를 제공하고 있다. (주)한국은 적절한 이익을 창출하고자 각 고객별 주문과 관련하여 발생한 재료원가에 100%의 이윤폭(markup)을 가산하여 각 고객에 대한 지원서비스 청구액(=재료원가×200%)을 결정하여 왔다. 최근 들어 (주)한국은 새로운 고객관계관리 소프트웨어를 사용하여 활동분석을 수행한 결과, 활동, 활동원가동인 및 활동원가동인당 배부율을 다음과 같이 파악하였다.

활 동	활동원가동인	활동원가동인당 배부율
정규주문 처리	정규주문 처리건수	정규주문 처리 건당 ₩5
긴급주문 처리	긴급주문 처리건수	긴급주문 처리 건당 ₩15
고객이 요구한 특별서비스 처리	특별서비스 처리건수	특별서비스 처리 건당 ₩50
고객관계관리	연간 고객수	고객당 ₩100

고객관계관리 소프트웨어를 이용하여 20×1년 한 해 동안 이 회사의 고객들에 관한 데이터를 수집하였으며, 총고객 60명 중 2명의 고객 A, B에 대한 자료와 회사 전체의 자료는 다음과 같다.

구 분	고객 A	고객 B	회사 전체
매출액(지원서비스 청구액)	₩1,400	₩750	₩60,000
정규주문 처리건수	25건	8건	1,000건
긴급주문 처리건수	10건	8건	500건
특별서비스 처리건수	4건	7건	200건
고객수	1명	1명	60명

위에 주어진 활동분석 자료에 입각하여 20×1년 한 해 동안 고객 A, B 각각으로부터 창출된 이익(손실)을 계산하면 얼마인가? (2016년 공인회계사 기출문제)

	고객 A	고객 B
①	₩175	(₩235)
②	₩175	(₩300)
③	₩175	(₩325)
④	₩125	(₩235)
⑤	₩125	(₩325)

정답 및 해설

1. ⑤

₩900,000/10,000시간＝디자인시간당 ₩90
₩8,000,000/160,000시간＝봉제시간당 ₩50
₩2,880,000/80,000시간＝노동시간당 ₩36
₩672,000/32,000회＝포장횟수당 ₩21

2. ④

4,000시간×디자인시간당 ₩90＋80,000시간×봉제시간당 ₩50＋30,000시간×노동시간당 ₩36＋15,000회×포장횟수당 ₩21＝₩5,755,000
₩3,000,000＋₩5,000,000＋₩5,755,000＝₩13,755,000

3. ③

활 동	배부율	제품 B의 제조간접원가
작업준비	₩100,000/100=@₩1,000	50×@₩1,000=₩50,000
절삭작업	₩600,000/3,000=@₩200	1,200×@₩200=₩240,000
품질검사	₩90,000/150=@₩600	60×@₩600=₩36,000
합 계		₩326,000

∴ ₩326,000/2,000단위=₩163

4. ①

매출원가 : ₩300,000×60%=₩180,000

제조간접원가 : ₩50×10+₩300×500+₩100×30+₩75×10+₩60×10=₩154,850

직접재료원가 : ₩180,000−₩10,000−₩154,850=₩15,150

5. ⑤

(₩30,000/1,000)×300+(₩100,000/10,000)×2,000+(₩50,000/12,500)×4,000
+(₩40,000/100)×20+₩30,000=₩83,000

6. ②

5월의 작업 총원가

₩100,000+(₩20,000/1,000시간×40시간)+(₩40,000/800회×34회)
+(₩120,000/10,000시간×2,000시간)+(₩300,000/15,000시간×1,200시간)
=₩150,500

7. ①

각 활동별 원가동인당 변동원가

세척 : 리터당 ₩3

압착 : 시간당 ₩20

분쇄 : 시간당 ₩50

∴ X제품의 단위당 제조공헌이익

₩2,000−₩300−(20리터×₩3)−(30시간×₩20)−(10시간×₩50)=₩540

8. ②

원가배부율

조립 : 기계시간당 ₩1,000

가공 : 가공시간당 ₩500

도색 : 노무시간당 ₩20,000

검사 : 생산량당 ₩1,000

∴ 새로운 자동차 한 대당 활동원가계산

(10시간×₩1,000)+(15시간×₩500)+(4시간×₩20,000)+(1대×₩1,000)=₩98,500

9. ①

• 활동별 배부율

$$생산준비원가=\frac{₩200,000}{1,250시간}=생산준비시간당\ ₩160$$

$$재료처리원가=\frac{₩300,000}{1,000회}=재료처리횟수당\ ₩300$$

$$기계작업원가=\frac{₩500,000}{50,000시간}=기계작업시간당\ ₩10$$

$$품질관리원가=\frac{₩400,000}{10,000회}=품질관리횟수당\ ₩40$$

• 작업 #203 제조원가 : ₩300,000

₩300,000＝기본원가＋60시간×₩160＋50회×₩300＋4,500시간×₩10＋500회×₩40

∴ 기본원가＝₩210,400

10. ⑤

활동별 원가배부율

원재료주문 : ₩54,000/27＝₩2,000

조립작업 : ₩83,000/1,660＝₩50

품질검사 : ₩21,500/43＝₩500

제품 X의 단위당 활동원가 : (5회×₩2,000＋300시간×₩50＋8시간×₩500)/1,000＝₩29

11. ③

제품 B 총제조원가

₩150,000＋300단위×@200＋1,000시간×@50＋회전수×@150＝₩380,000(500단위×@760)

∴ 회전수＝800회

12. ②

• 활동별 배부율

$$재료이동원가=\frac{₩4,000,000}{1,000회}=이동횟수당\ ₩4,000$$

$$성형원가=\frac{₩3,000,000}{15,000단위}=제품생산량당\ ₩200$$

$$도색원가=\frac{₩1,500,000}{7,500시간}=직접노동시간당\ ₩200$$

$$조립원가=\frac{₩1,000,000}{2,000시간}=기계작업시간당\ ₩500$$

• 제품 A 활동원가 : ₩830,000

₩830,000＝(80회×₩4,000)＋(1,000단위×₩200)＋(300시간×₩200)
＋(기계작업시간×₩500)

∴ 기계작업시간＝500시간

13. ②

• 각 활동별 원가배부율

기계가동원가 : 기계가동시간당 ₩1,000

작업준비원가 : 작업준비시간당 ₩5,000

검사원가 : 검사시간당 ₩10,000

재작업원가 : 재작업시간당 ₩5,000

• 변경된 설계적용시 원가동인수

기계가동시간 : 80시간

작업준비시간 : 7.5시간

검사시간 : 12시간

재작업시간 : 16시간

∴ 설계변경시 단위당 제조간접원가

(80시간×₩1,000)+(7.5시간×₩5,000)+(12시간×₩10,000)+(16시간×₩5,000)
=₩317,500

설계변경시 절감되는 원가 : ₩350,000－₩317,500＝₩32,500

한 대당 절감원가 : ₩32,500÷100＝₩325

14. ③

• 활동별 배부율

절단원가＝₩70,000/(150회＋250회＋300회)＝절단횟수당 ₩100

성형원가＝₩180,000/(400대＋300대＋200대)＝제품생산량당 ₩200

도색원가＝₩225,000/(400시간＋600시간＋500시간)＝직접노무시간당 ₩150

조립원가＝₩88,000/(100시간＋x시간＋150시간)＝기계작업시간당 ₩?

중급자용 스키기계작업시간 : x시간

중급자용 스키 제조간접원가 배부액 : ₩208,000

₩208,000＝₩100×250회＋₩200×300대＋₩150×600시간＋₩88,000/(100시간
＋x시간＋150시간)×x시간

∴ $x=150$

15. ②

전통적 제품원가계산방법 : ₩21,000×10/100＝₩2,100

활동기준원가계산방법 : (₩1,500×2＋₩20,000×10＋₩5,000×3)/100＝₩2,180

16. ②

고객 '석준'으로부터의 연간 이익 계산

순매출액 : 총매출액 ₩50,000－반품액(판매가) ₩8,000＝₩42,000

매출총이익 : 순매출액 ₩42,000－매출원가 ₩33,600＝₩8,400

제비용 : 우편주문처리비 ₩400＋전화주문처리비 ₩0＋반품처리비 ₩600
＋고객서비스비 ₩1,500＝₩2,500

영업이익 : 매출총이익 ₩8,400－제비용 ₩2,500＝₩5,900

17. ③

₩79,900＝12×(₩74,000/37)＋x×(₩177,000/177)＋19×(₩35,000/70)＋2×(₩18,000/15)

∴ x(조립시간)＝44회

18. ②

	금 액	고객주문처리활동	고객관계관리활동
급여	₩1,200,000	₩240,000	₩960,000
판매비	₩800,000	₩320,000	₩480,000
합계	₩2,000,000	₩560,000	₩1,440,000
원가동인		500회	50명
배부율		@₩1,120	@₩28,800

∴ (주)대한으로부터 예상이익

＝(20회×₩20,000×0.25)－(20회×₩1,120＋1명×₩28,800)＝₩48,800

19. ④

	고객 A	고객 B
매출액	₩1,400	₩750
재료원가	(700)	(375)
활동원가	(575)	(610)
이익	125	(235)

PART II

전략적 의사결정, 계획, 통제

제 7 장 원가행태

제 8 장 CVP(원가-조업도-이익) 분석

제 9 장 변동원가계산

제10장 종합예산

제11장 표준원가계산과 균형성과표

제12장 관련원가계산

전략적 의사결정	계 획	통 제
원가행태 (제7장)	종합예산 (제10장)	표준원가계산 (제11장)
CVP 분석 (제8장)		균형성과표 (제11장)
변동원가계산 (제9장)		
관련원가계산 (제12장)		

프랜차이즈 커피전문점, 빙수판매점 10,000원짜리 빙수의 원가는?

한국소비자단체협의회의 보도자료에 따르면, 프랜차이즈 커피전문점의 빙수가격을 조사한 결과 카페베네는 8,900원~13,500원, 엔제리너스는 9,800원~11,000원, 투썸플레이스는 9,000원~10,500원 등 모두 8,500원 이상의 높은 가격대를 보이고 있다. 팥빙수는 평균 9,250원, 과일빙수는 평균 10,036원으로 직장인의 평균 점심값인 6,488원의 1.5배에 달하는 것으로 나타났다.

프랜차이즈 커피전문점에서 판매하고 있는 팥빙수(888g)와 과일빙수(594g)를 기준으로 빙수의 원가를 분석한 결과, 판매가 8,900원 상당의 팥빙수 원재료비는 팥 373원(200g), 떡·콩가루 478원(121g), 연유·우유 690원(각 80g), 아몬드 550원(40g), 얼음 306원(367g) 등 총 2,397원이 발생하고, 판매가 9,800원 상당의 베리빙수는 베리류 1,371원(190g), 연유·우유 394원(80g), 아이스크림 309원(90g), 얼음 195원(234g) 등 총 2,269원이 발생하는 것으로 조사되었다. 결국 이들 빙수의 원재료비는 판매가의 25% 내외인 것으로 나타났다. 물론 프랜차이즈 커피전문점을 운영하는 데에는 추가적인 임차료와 감가상각비 등이 발생된다. 그러나 운영을 위해 발생되는 임차료와 감가상각비 등을 모두 고려한다 해도, 소비자가 빙수 하나를 구매하는 데 발생하는 비용이 생산업체의 원가에 비해 너무 높다는 비판이 거세게 제기되고 있다.

	팥빙수(A업체)	베리빙수(B업체)
판매가격	8,900원	9,800원
원재료비	2,397원	2,269원
인건비	1,145원	1,261원
수도광열비	130원	143원
임차료	1,438원	1,583원
감가상각비	405원	446원

생각해 볼 문제

① 위 사례에서 변동원가는 무엇이고, 고정원가는 무엇인가?

② 빙수 판매에 직접적으로 공헌하는 변동원가만을 고려할 때, 팥빙수를 한 단위 판매할 때마다 기업은 얼마만큼의 이익(단위당 공헌이익)을 얻을 수 있는가?

자료출처 : 한국소비자단체협의회 보도자료(2014. 7. 16), "빙수 가격조사 및 원가분석 결과 발표"

원가행태

경영자가 전략적인 의사결정을 내리기 위해서는 미래의 원가에 대한 예측정보가 요구된다. 내년에 생산량이 현재보다 10%만큼 증가된다면 미래의 원가는 얼마만큼 증가하는가? 생산설비를 늘리게 되면 운영원가는 얼마만큼 증가하는가? 경영자의 의사결정은 미래에 초점을 두고 이루어지므로 미래에 발생할 원가에 대한 정확한 예측정보야말로 경영자 의사결정에 주요한 정보가 된다.

앞서 논의한 원가계산시스템들은 과거원가에 대한 계산에 초점을 두고 있었다면, 본장에서는 미래원가에 대한 예측에 초점을 둔다. 미래원가를 예측하기 위해서는 원가행태에 대한 충분한 이해가 필요하다. 즉 활동수준의 변화에 따라 원가가 어떻게 변화되는지를 경영자가 이해하는 것은 매우 중요하다.

원가행태와 원가동인, 조업도

원가행태(cost behavior)란 기업의 활동(조업도)변화에 따른 총원가의 변화행태를 의미한다. 즉 원가행태란 기업의 활동변화에 따른 원가의 움직임을 뜻한다.

원가행태를 파악하는 데에는 무엇을 원가변동의 원인으로 보느냐가 중요하다. 원가변동의 원인이 되는 것을 원가동인(cost driver)이라 한다. 대체로

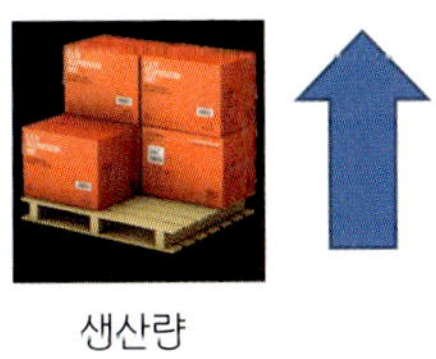

원가행태(cost behavior) : 기업활동 변화에 따른 미래원가의 움직임

원가동인은 조업도를 이용하여 파악한다. 조업도(volume)란 기업의 일정기간에 있어서의 조업의 정도를 의미한다. 즉 생산량, 판매량, 노무시간, 기계시간 등이 기업의 주요 조업도이다.

종합예제 1

(주)시원한오렌지는 오렌지주스를 판매한다. 오렌지주스 하나를 만드는 데 들어가는 오렌지의 재료원가는 ₩1,000이다. 주스기의 8월의 감가상각비는 ₩10,000이다. 본 예제에서 다른 원가는 추가적으로 발생하지 않는다고 가정한다.

오렌지의 재료원가 ₩1,000

주스기의 감가상각비 ₩10,000

변동원가

총변동원가는 조업도가 변화할 때 변화하는 원가이다. 총변동원가란 생산량, 판매량, 노무시간, 기계시간 등의 조업도가 증가하거나 감소할 때, 함께 증가하거나 감소하는 행태를 지닌 원가를 의미한다.

(주)시원한오렌지의 예제에서 오렌지의 재료원가는 변동원가이다. 오렌지주스를 하나 생산할 때마다 오렌지의 재료원가는 비례하여 변동하게 된다. 즉 오렌지의 재료원가가 1병당 ₩1,000이므로, 1병을 생산할 때마다 ₩1,000씩 증가하게 된다. 오렌지주스 10병을 생산하면 ₩10,000, 20병을 생산하면 ₩20,000, 30병을 생산하면 ₩30,000, 생산량에 따라 오렌지의 재료원가는 비례적으로 변화하게 된다.

반면 오렌지 재료원가의 단가(단위당 변동원가)는 생산량이 변화해도 ₩1,000으로 일정하다. 즉 오렌지 재료원가는 1병당 ₩1,000이므로 1병을 생산해도 ₩1,000, 2병을 생산해도 ₩1,000, 10병을 생산해도 ₩1,000으로 단위당 변동원가는 일정하다.

총변동원가 그래프

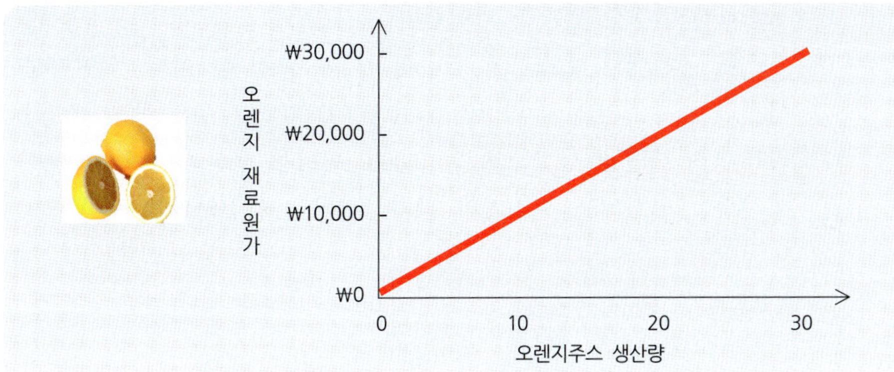

단위당 변동원가 그래프

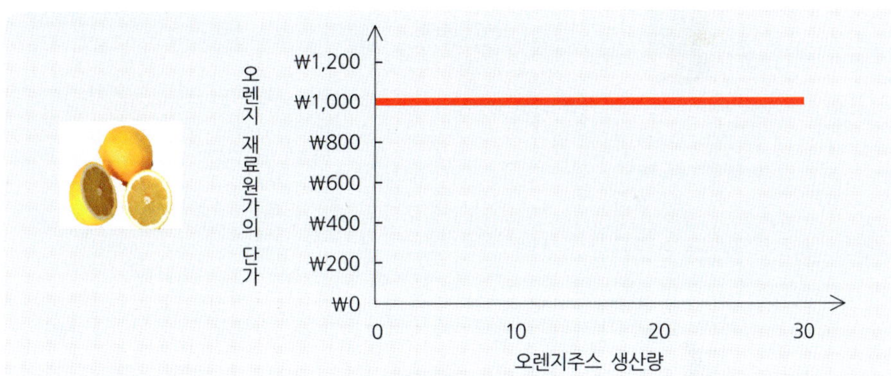

총변동원가는 조업도가 변화할 때 변화한다. 그러나 단위당 변동원가는 일정하다.

변동원가를 원가함수로 표현하면 아래와 같다.

$$y = bx$$

y : 총원가
x : 조업도
b : 단위당 변동비

고정원가

총고정원가는 조업도가 변화할 때 변화하지 않는 원가이다. 총고정원가란 생산량, 판매량, 노무시간, 기계시간 등의 조업도가 증가하거나 감소할 때, 이와 무관하게 일정한 원가를 의미한다.

위 예제에서 주스기의 감가상각비는 고정원가이다. 오렌지주스 몇 병을 생산하든 주스기의 감가상각비는 ₩10,000으로 동일하다. 10병을 생산해도 ₩10,000, 20병을 생산해도 ₩10,000, 30병을 생산해도 ₩10,000이 발생한다. 생산량이 변화해도 주스기의 감가상각비는 일정하다.

총고정원가 그래프

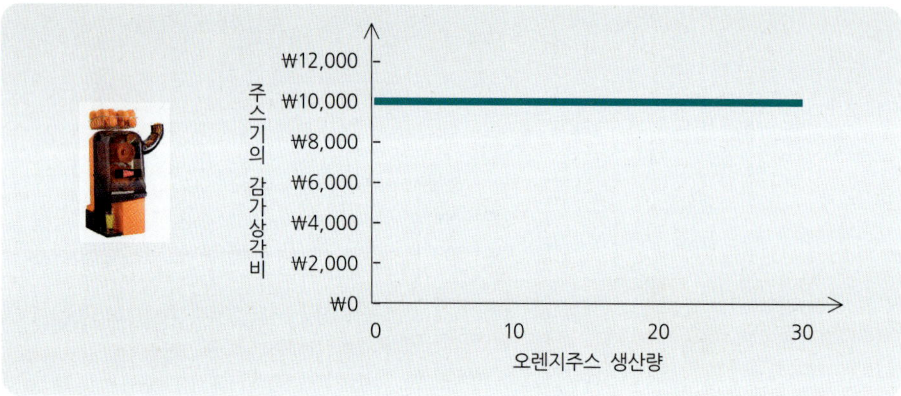

반면 주스기의 감가상각비 단가(단위당 고정원가)는 생산량의 변화에 따라 변화하게 된다. 즉 주스기의 감가상각비 단가는 1병을 생산했다면 ₩10,000이고, 2병을 생산했다면 ₩5,000이며, 10병을 생산했다면 ₩1,000이다.

단위당 고정원가 그래프

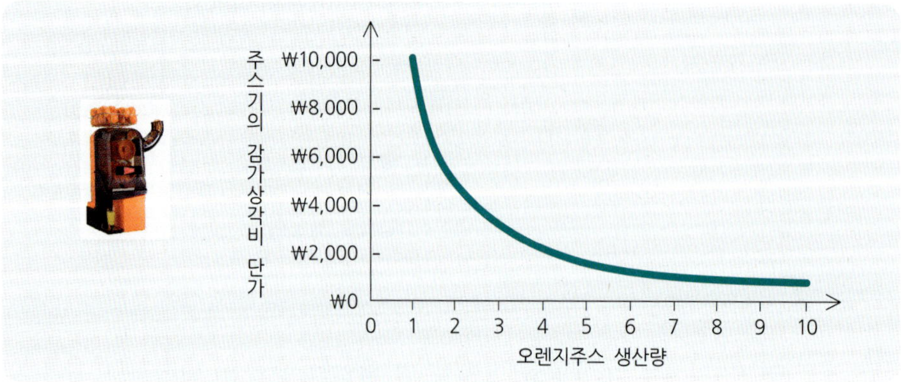

총고정원가는 변화하지 않지만 단위당 고정원가는 생산량에 따라 변화하게 된다. 고정원가를 원가함수로 표현하면 아래와 같다.

$$y = a$$

y : 총원가
a : 총고정비

● 혼합원가

혼합원가(mixed cost)는 변동원가 요소와 고정원가 요소를 함께 가지고 있는 원가이다. 흔히 혼합원가를 준변동원가(semi-variable cost)라 한다. (주)시원한오렌지가 오렌지주스를 생산하는 과정에서는 재료원가와 같은 변동원가, 주스기의 감가상각비와 같은 고정원가가 함께 발생한다. 변동원가와 고정원가를 함께 고려한 혼합원가의 그래프는 아래와 같다.

혼합원가 그래프

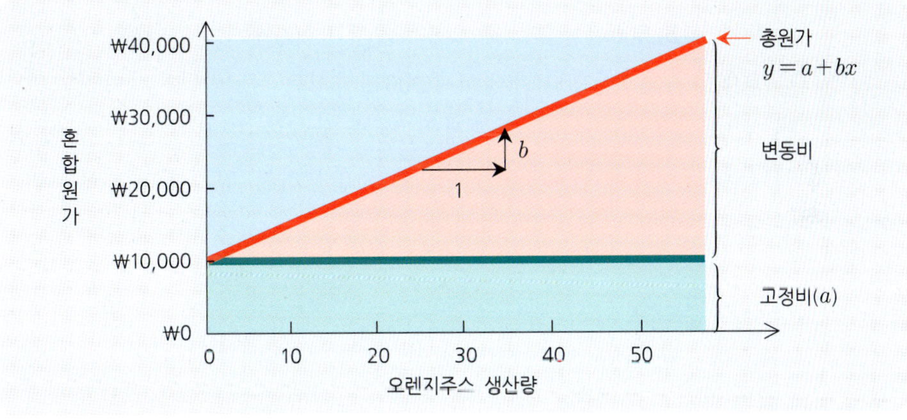

혼합원가를 원가함수로 표현하면 아래와 같다.

$$y = a + bx$$

y : 총원가
x : 조업도
a : 총고정비(절편)
b : 단위당 변동비(기울기)

혼합원가 함수에서 단위당 변동비(b)는 직선의 기울기 계수(slope coefficient)이다. 활동수준이 한 단위 변동할 때 총원가가 얼마만큼 증가하는가를 나타낸다.

혼합원가 함수에서 총고정원가(a)는 직선의 절편(intercept)이 된다. 총고정원가는 항상 상수(constant)로 확정된 값을 지니며 활동수준의 변동에도 변동하지 않는다.

계단원가

계단원가(step cost)는 일정한 조업도의 범위 내에서는 원가 총액의 변화가 없으나, 일정한 범위를 벗어나면 원가 총액이 급격히 달라지는 원가이다. 흔히 계단원가를 준고정원가(semi-fixed cost)라 한다. (주)시원한오렌지의 예에서 주스기 한 대가 생산가능한 오렌지주스를 500개라고 한다면, 주스기 한 대로 생산할 수 있는 최대 오렌지주스의 생산량은 500개까지이다. 만약 이 기업이 500개를 초과하여 오렌지주스를 생산하기 위해서는 추가적인 주스기가 필요하다. 즉 오렌지주스의 생산량이 1개에서 500개까지는 주스기의 감가상각비는 ₩10,000이 발생하지만, 500개를 넘어서면 주스기가 2대가 필요하여 주스기의 감가상각비는 ₩20,000이 된다. 즉 501개에서 1,000개까지는 주스기의 감가상각비는 ₩20,000이 되고, 1,001개에서 1,500개까지는 주스기의 감가상각비는 ₩30,000이 된다. 이처럼 일정구간에서는 원가 총액의 변화가 없다가, 일정구간을 벗어나면 급격하게 원가 총액의 변화가 발생하는 원가를 계단원가라 한다. 계단원가의 그래프는 다음과 같다.

계단원가 그래프

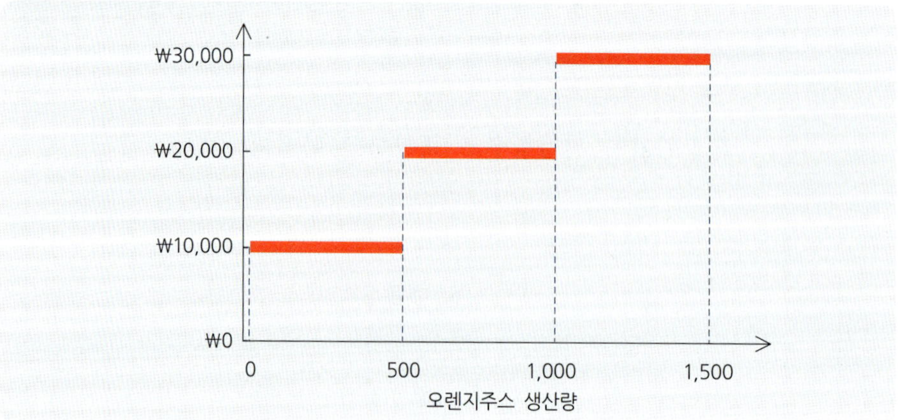

관련범위

관련범위(relevant range)는 추정된 원가를 설명할 수 있는 조업도의 범위를 의미한다. 위 주스기의 예제에서 주스기의 감가상각비가 ₩20,000이 발생된다고 예상한다면, 관련 조업도의 범위는 501개에서 1,000개 사이가 될 것이다. 이를 관련범위라 한다.

관련범위

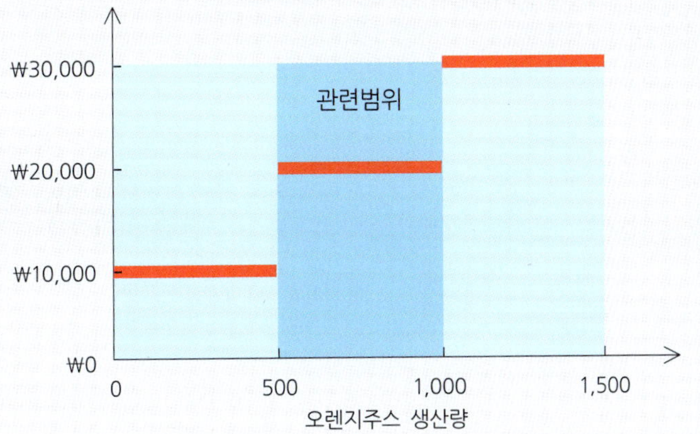

원가추정

원가추정(cost estimation)이란 기업의 미래에 현실적으로 발생할 것이라고 예상되는 실제원가를 추정해서 계산하는 것이다. 원가추정을 할 때, 기업은 혼합원가분석방법을 이용한다.

원가추정의 방법은 크게 계정분석법, 공학적 방법, 계량적 분석방법이 있다. 기업이 미래원가를 추정하는 데 어떤 방법을 사용하느냐에 따라서, 발생하는 비용과 시간, 요구되는 가정, 원가함수의 정확성 등이 차이를 보일 수 있다. 따라서 실무에서는 하나의 방법만을 사용하기보다는 여러 방법들을 함께 사용하고 있다.

계정분석법

계정분석법(account analysis)은 기업의 원가가 과거에 어떤 행태를 보였는지에 따라, 기업의 원가계정들을 변동원가인지, 고정원가인지 분류하는 원가추정방법이다. 예를 들어 직접재료원가는 변동원가로, 기계의 감가상각비나 건물의 보험료, 임차료는 고정원가로 분류된다. 고정원가는 고정으로 분류된 계정들을 합계하여 총고정비를 구한다. 변동원가는 변동으로 분류된 계정들의 합을 활동수준(조업도)으로 나누어 단위당 변동비를 구한다.

종합예제 2

(주)시원한오렌지는 오렌지주스를 판매한다. 7월중 200개의 오렌지주스를 생산할 때 발생한 원가가 다음과 같다. (주)시원한오렌지의 회계팀은 과거 경험을 바탕으로 모든 계정을 변동원가 계정과 고정원가 계정으로 분류하였다.

	총 액	구 분
직접재료원가	₩20,000	변동원가
직접노무원가	8,000	변동원가
제조간접원가		
간접재료원가	₩6,000	변동원가
전 기 료	2,000	변동원가
수 도 료	4,000	변동원가
간접노무원가	5,000	고정원가
임 차 료	4,000	고정원가
보 험 료	6,000	고정원가
기계감가상각비	10,000	고정원가
합 계	₩65,000	

요구사항

1. 8월에는 300개의 오렌지주스를 생산할 계획이라고 할 때, 계정분석법을 이용하여 8월에 발생할 원가를 추정하라.
2. 9월에는 150개의 오렌지주스를 생산할 계획이라고 할 때, 계정분석법을 이용하여 9월에 발생할 원가를 추정하라.

위 예제에서 변동원가와 고정원가를 분류하여 합계를 구하면 다음과 같다.

	변동원가 총액	고정원가 총액	구 분
직접재료원가	₩20,000		변동원가
직접노무원가	8,000		변동원가
제조간접원가			
간접재료원가	6,000		변동원가
전 기 료	2,000		변동원가
수 도 료	4,000		변동원가
간접노무원가		₩5,000	고정원가
임 차 료		4,000	고정원가
보 험 료		6,000	고정원가
기계감가상각비		10,000	고정원가
합 계	₩40,000	₩25,000	

오렌지주스 200개를 생산할 때 발생한 원가가 위와 같다. 혼합원가분석 방법은 '$y=a+bx$'의 총고정원가인 a와 단위당 변동비인 b를 먼저 결정해야 한다. a는 총고정원가이므로 고정으로 분류된 계정들을 합계한 ₩25,000이 된다. 변동원가는 변동으로 분류된 계정들의 합인 ₩40,000을 200개로 나누어 단위당 변동비를 구한다. 따라서 @₩200이 된다. 결국 위 예제에서 혼합원가 추정식은 아래와 같다.

$$y = ₩25,000 + @₩200 \times x$$

예제에서 8월에 300개를 생산할 예정이므로, x에 300을 대입하면 ₩85,000이 된다. 즉 8월에는 ₩85,000의 총원가가 발생할 것으로 예측해볼 수 있다.

9월에는 150개를 생산할 예정이므로, x에 150을 대입하면 ₩55,000이 된다. 즉 9월에는 ₩55,000의 총원가가 발생할 것으로 예측해볼 수 있다.

계정분석법은 상당히 정확하고 비용이 적게 들며 사용상의 편리성이 높아 많이 활용되는 방법이다.

공학적 방법

공학적 방법(engineering method)은 작업측정법(work-measurement method)이라고도

불리는 산업공학적인 방법으로 시간-동작연구를 통하여 기업의 원가가 어떤 행태를 보이는지 분석하는 방법이다. 공학적 방법은 생산을 위한 여러 작업에 소요되는 시간들을 분석한다. 공학적 방법은 투입물과 산출물 사이에 물리적인 관계가 존재할 경우에 원가함수를 추정하기에 매우 적절한 방법이지만, 원가추정을 위하여 많은 시간과 비용이 소요된다. 기업이 신규 개발 등과 같이 과거의 자료를 이용할 수 없는 경우에 공학적 방법으로 원가를 추정하고 있다.

앞에서 살펴본 계정분석법과 공학적 방법 이외에, 수학적인 방법을 이용하는 계량적 분석방법들이 존재한다. 대표적인 계량적 분석방법에는 산포도법, 고저점법, 회귀분석법이 있다.

산포도법

산포도법(plot of the data)은 원가와 조업도의 관찰치를 그래프로 도식화하여 표시하고 전문적인 진단에 의하여 원가추정선을 도출하는 방법이다. 산포도법은 원가와 조업도 사이의 관계를 파악하기 위한 데이터 분석을 위해 데이터의 좌표에 그래프를 표시한다. 이 그래프를 자료의 산포도라고 부른다. 자료의 산포도를 이용하여 조업도와 원가 사이에 대략적인 선형관계가 있음을 파악한다. 산포도법의 경우에는 추정하는 과정에서 주관이 개입될 수 있다. 즉 관찰치를 누가 진단하느냐에 따라서 원가추정선이 달라질 수 있다. 따라서 산포도법을 통해 활동수준과 원가 간에 선형관계가 있음을 확인한 이후에는, 고저점법과 회귀분석법을 이용하여 원가함수를 추정한다.

고저점법

고저점법(high-low method)은 최대활동수준(최대조업도) 원가자료와 최저활동수준(최저조업도) 원가자료를 사용하여 직선을 도출하는 가장 단순한 형태의 계량적 분석방법이다. 가장 높은 활동수준의 점과 가장 낮은 활동수준을 이용하여 기울기를 계산하면 다음의 식과 같다.

$$\text{단위당 변동비(기울기)} = \frac{\text{최대활동수준원가} - \text{최저활동수준원가}}{\text{최대활동수준} - \text{최저활동수준}}$$

종합예제 3

(주)시원한오렌지는 오렌지주스를 판매한다. 1월부터 7월까지 오렌지주스를 생산할 때 발생한 원가는 다음과 같다.

	생산량	총원가
1월	130개	₩48,000
2월	120개	49,000
3월	160개	60,000
4월	140개	51,000
5월	150개	55,000
6월	170개	60,500
7월	200개	65,000

요구사항

1. 8월에는 300개의 오렌지주스를 생산할 계획이라고 할 때, 고저점법을 이용하여 8월에 발생할 원가를 추정하라.
2. 9월에는 270개의 오렌지주스를 생산할 계획이라고 할 때, 고저점법을 이용하여 9월에 발생할 원가를 추정하라.

위 예제에서 최대활동수준은 생산량이 가장 높은 7월(200개)이고 최저활동수준은 생산량이 가장 낮은 2월(120개)이다. 따라서 7월과 2월의 자료를 이용하여 단위당 변동비를 계산하면 아래와 같다.

$$\text{단위당 변동비(기울기)} = \frac{\text{최대활동수준원가} - \text{최저활동수준원가}}{\text{최대활동수준} - \text{최저활동수준}}$$

$$\text{단위당 변동비(기울기)} = \frac{₩65,000 - ₩49,000}{200 - 120}$$

$$\therefore \text{ 단위당 변동비}(b) = ₩200$$

위에서 구한 단위당 변동비(b) ₩200을 최고점 또는 최저점에 대입하면 총고정비(a)를 구할 수 있다.

최고점에 대입하면 다음과 같이 총고정비(a)를 구할 수 있다.

$y = a + bx$

₩65,000 = a + ₩200 × 200

∴ 총고정비(a) = ₩25,000

최저점에 대입하면 다음과 같이 총고정비(a)를 구할 수 있다.

$y = a + bx$

₩49,000 = a + ₩200 × 120

∴ 총고정비(a) = ₩25,000

고저점법을 이용하여 추정된 원가함수는 아래와 같다.

y = ₩25,000 + @₩200 × x

예제에서 8월에 300개를 생산할 예정이므로, x에 300을 대입하면 ₩85,000이 된다. 즉 8월에는 ₩85,000의 총원가가 발생할 것으로 예측해볼 수 있다.

9월에는 270개를 생산할 예정이므로, x에 270을 대입하면 ₩79,000이 된다. 즉 9월에는 ₩79,000의 총원가가 발생할 것으로 예측해볼 수 있다.

고저점법을 선택하여 혼합원가선을 추정하는 방법은 실무에서 적용하기에 매우 간편하다는 점에서 유용성이 높다. 그러나 고저점법은 두 개의 데이터(점)만을 이용하여 혼합원가를 추정하고 있다는 점에서 원가의 왜곡이 발생할 수 있다. 과연 선택된 두 개의 점이 모든 자료를 설명해주는 데 적합할 것인가? 즉 고저점법은 기업의 원가행태를 왜곡시킬 가능성을 내포하고 있다. 따라서 고저점법을 이용하는 경우에는 이러한 한계점에 대해서 충분한 이해가 필요하다. 그러므로 고저점법을 이용할 때에는 산포도법을 함께 이용하여 전체적인 추세가 고저점법과 어느 정도 일치하고 있는가를 확인하는 과정도 요구된다.

회귀분석법

회귀분석법(regression method)은 하나 또는 둘 이상의 독립변수가 한 단위 변화함에 따른 종속변수의 평균적 변화량을 측정하는 통계적 방법이다. 고저점법이 두 개의 데이터(점)만을 이용하여 혼합원가선을 추정한다면, 회귀분석법은 모든 데이터(점)를 이용하여 혼합원가선을 추정한다.

회귀분석법은 실제 데이터(Y)와 추정되는 데이터($\hat{Y}$) 간의 차이인 수직오차($Y-\hat{Y}$)를 모든 데이터에서 최소화[$\text{Min}\sum(Y-\hat{Y})$]시키는 회귀선을 도출하는 방법이다. 모든 데이터의 수직오차의 차이를 계산하는 과정에서 오차의 제곱[$(Y-\hat{Y})^2$]을 사용한다. 따라서 회귀선을 도출하는 과정에서 사용되는 방법을 최소자승법(least square method)의 원리라 한다.

최소자승법 $= \text{Min}\sum(Y-\hat{Y})^2$

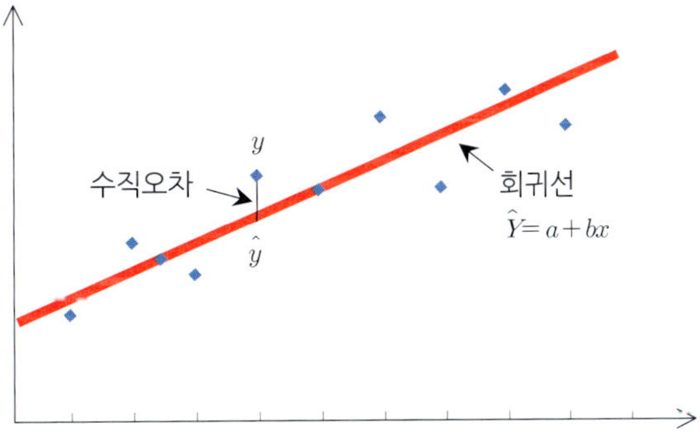

최소자승법의 원리를 이용하여 혼합원가를 추정하기 위한 회귀선을 도출하는 회귀분석법은 컴퓨터를 이용하는 방법이다. 모든 데이터(X, Y)를 컴퓨터에 입력하고, 통계 소프트웨어를 이용하는 분석과정을 거쳐 결과를 도출한다.

종합예제 4

(주)시원한오렌지는 오렌지주스를 판매한다. 1월부터 7월까지 오렌지주스를 생산할 때 발생한 모든 데이터를 이용하여 회귀분석하였다. 그 결과가 아래와 같다.

〈회귀분석의 결과〉
(1) 독립변수(X) : 노무시간, 종속변수(Y) : 총원가
독립변수의 계수값 : 280, 절편값 : 12,000, $R^2=0.82$
(2) 독립변수(X) : 기계시간, 종속변수(Y) : 총원가
독립변수의 계수값 : 260, 절편값 : 11,000, $R^2=0.94$

요구사항

1. 8월에는 300개의 오렌지주스를 생산할 계획이고, 오렌지주스 1개 생산시마다 0.4노무시간이 소요된다. 노무시간을 이용하여 추정된 회귀식을 이용하여 8월에 발생할 원가를 추정하라.
2. 9월에는 300개의 오렌지주스를 생산할 계획이고, 오렌지주스 1개 생산시마다 0.5기계시간이 소요된다. 기계시간을 이용하여 추정된 회귀식을 이용하여 9월에 발생할 원가를 추정하라.

혼합원가추정식에서 독립변수(X)란 원가동인을 의미하며 (1)은 노무시간을 이용하여 종속변수(Y)인 총원가를 추정한 결과이고, (2)는 기계시간을 이용하여 종속변수(Y)인 총원가를 추정한 결과이다. Y절편은 총고정원가(a)를 의미하고, 독립변수의 계수값은 회귀선의 기울기(b)를 의미한다.

따라서 1.의 경우에 추정된 회귀식은 아래와 같다.

$\hat{Y}=₩12,000+@₩280\times x$
여기서, 노무시간(x)$=0.4$시간$\times 300$개$=120$시간

2.의 경우에 추정된 회귀식은 아래와 같다.

$\hat{Y}=₩11,000+@₩260\times x$
여기서, 기계시간(x)$=0.5$시간$\times 300$개$=150$시간

결국 1.의 경우에 300개의 오렌지를 생산할 때, 총원가는 ₩45,600이 발

생하고, 2.의 경우에 총원가는 ₩50,000이 발생한다.

회귀분석법은 위와 같이 계수값(b)과 절편(a)에 대한 정보도 제공하지만, 그 밖에도 많은 유용한 정보를 함께 제공한다. 위 결과에서 결정계수(R^2, coefficient of determination)는 회귀식의 모형적합도(goodness of fit)를 의미한다. 추정된 회귀식이 해당자료를 얼마나 잘 설명해주는가를 나타내주는 값이라 하겠다. 결정계수는 0부터 1 사이의 값을 지닌다. 만약 결정계수가 1이라면 해당자료가 추정된 회귀식 위에 모두 존재함을 의미한다. (1)에서는 독립변수(X)를 노무시간으로 이용했을 때 R^2이 0.82이고, 이는 해당자료를 추정된 회귀식이 82%만큼 설명해줄 수 있음을 의미한다. (2)에서는 독립변수(X)를 기계시간으로 이용했을 때 R^2이 0.94이고, 이는 해당자료를 추정된 회귀식이 94%만큼 설명해줄 수 있음을 의미한다. 따라서 위 예제에서는 총원가를 추정할 때에 노무시간을 독립변수로 이용하는 것보다 기계시간을 이용했을 때가 더 높은 설명력을 지니고 있음을 알 수 있다. 결국 위 예제에서는 총원가를 추정할 때 기계시간을 선택하는 것이 보다 적절한 원가추정의 결과라는 유용한 정보를 얻게 된다.

07 용어정리

결정계수(coefficient of determination)
회귀식의 모형적합도, 추정된 회귀식이 해당자료를 얼마나 잘 설명해주는가를 나타내주는 값

계단원가(step cost)
일정한 조업도의 범위 내에서는 원가총액의 변화가 없으나, 일정한 범위를 벗어나면 원가총액이 급격히 달라지는 원가

계정분석법(account analysis)
기업의 원가가 과거에 어떤 행태를 보였는지에 따라, 기업의 원가계정들을 변동원가인지, 고정원가인지 분류하는 원가추정방법

고저점법(high-low method)
최대활동수준 원가자료와 최저활동수준 원가자료를 사용하여 직선을 도출하는 가장 단순한 형태의 계량적 분석방법

공학적 방법(engineering method)
작업측정법이라고도 불리는 산업공학적인 방법으로 시간-동작연구를 통하여 기업의 원가가 어떤 행태를 보이는지 분석하는 방법

관련범위(relevant range)
추정된 원가를 설명할 수 있는 조업도의 범위

산포도법(plot of the data)
원가와 조업도의 관찰치를 그래프로 도식화하여 표시하고 전문적인 진단에 의하여 원가추정선을 도출하는 방법

원가동인(cost driver)
원가변동의 원인이 되는 것

원가추정(cost estimation)
기업의 미래에 현실적으로 발생할 것이라고 예상되는 실제원가를 추정

원가행태(cost behavior)
기업의 활동(조업도)변화에 따른 총원가의 변화행태

조업도(volume)
기업의 일정기간에 있어서의 조업의 정도

최소자승법(least square method)
두 개의 변수 x와 y 사이에 함수관계가 존재한다고 할 때, 회귀선을 도출하는 과정에서 일반적으로 사용되는 방법

회귀분석법(regression method)
하나 또는 둘 이상의 독립변수가 한 단위 변화함에 따른 종속변수의 평균적 변화량을 측정하는 통계적 방법

혼합원가(mixed cost)
변동원가 요소와 고정원가 요소를 함께 가지고 있는 원가

주관식 개념문제

1. 원가행태에 대해 설명하라.

2. 총변동원가와 단위당 변동원가의 행태에 대해 설명하라.

3. 총고정원가와 단위당 고정원가의 행태에 대해 설명하라.

4. 혼합원가에 대해 설명하라.

5. 계단원가에 대해 설명하라.

6. 관련범위의 개념에 대해 설명하라.

7. 혼합원가분석방법을 이용한 원가추정방법들에 대해 설명하라.

8. 계정분석법에 대해 설명하라.

9. 공학적 방법에 대해 설명하라. 기업은 어떤 경우에 공학적 방법을 주로 사용하는가?

10. 산포도법에 대해 설명하고, 그 한계점에 대해 설명하라.

11. 고저점법에 대해 설명하고, 그 한계점에 대해 설명하라.

12. 회귀분석법에 대해 설명하고, 그 원리를 설명하라.

13. 결정계수에 대해 설명하라.

객관식 개념문제

1. (주)YSB의 총제조간접원가를 추정하는 원가함수가 다음과 같다. 조업도는 기계시간이다.

$$y = 1{,}000 + 4x$$

다음 중 적절한 설명이 아닌 것은?

① y는 총제조간접원가를 의미한다.
② x는 기계시간을 의미한다.
③ 1,000은 기계시간당 고정제조간접원가를 의미한다.
④ 4는 기계시간당 변동제조간접원가를 의미한다.
⑤ 조업도가 100기계시간일 때, 총제조간접비는 1,400으로 추정된다.

2. 다음 중 원가추정방법에 대한 적절한 설명은?

① 원가추정을 할 때 준고정원가분석방법을 이용한다.
② 산포도법은 기업의 원가가 과거에 어떤 행태를 보였는지에 따라, 기업의 원가계정들을 변동원가인지, 고정원가인지 분류하는 원가추정방법이다.
③ 기업이 신규 개발 등과 같이 과거의 자료를 이용할 수 없는 경우에 공학적 방법으로 원가를 추정하고 있다.
④ 회귀분석법이란 원가와 조업도의 관찰치를 그래프로 도식화하여 표시하고 전문적인 진단에 의하여 원가추정선을 도출하는 방법이다.
⑤ 고저점법은 최대원가수준과 최소원가수준을 사용하여 직선을 도출하는 가장 단순한 형태의 계량적 분석방법이다.

3. 다음 중 원가추정방법에 대한 적절한 설명이 아닌 것은?

① 공학적 방법은 투입물과 산출물 사이에 물리적인 관계가 존재할 경우에 원가함수를 추정하기에 매우 적절한 방법이지만, 원가추정을 위하여 많은 시간이 소요된다.
② 고저점법은 최대활동수준(최대조업도) 원가자료와 최저활동수준(최저조업도) 원가자료를 사용하여 직선을 도출하는 가장 단순한 형태의 계량적 분석방법이다.

③ 고저점법은 기업의 원가행태를 왜곡시킬 가능성을 내포하고 있다.
④ 회귀분석법은 회귀선을 도출하는 과정에서 최소자승법의 원리를 이용한다.
⑤ 자료의 산포도를 이용하면 조업도와 원가 사이에 객관적으로 선형관계가 있음을 추정할 수 있다.

4. 다음 중 회귀분석법에 대한 적절한 설명이 아닌 것은?

① 회귀분석법은 실제 데이터(Y)와 추정되는 데이터($\hat{Y}$) 간의 차이인 수직오차($Y-\hat{Y}$)를 모든 데이터에서 최소화[$\mathrm{Min}\sum(Y-\hat{Y})$]시키는 회귀선을 도출하는 방법이다.
② 결정계수는 회귀식의 모형적합도를 의미한다.
③ 결정계수가 0이라면 해당자료가 추정된 회귀식 위에 모두 존재함을 의미한다.
④ 회귀선을 도출하는 과정에서 사용되는 방법을 최소자승법의 원리라 한다.
⑤ 기계시간을 독립변수로 회귀분석했을 때 R^2이 0.94이고, 노무시간을 독립변수로 회귀분석했을 때 R^2이 0.86이라면, 기계시간을 독립변수로 사용하는 것이 보다 적절하다.

정답

1. ③ **2.** ③ **3.** ⑤ **4.** ③

기본문제

1. (주)시원한오렌지는 오렌지주스를 판매한다. 7월중 200개의 오렌지주스를 생산할 때 발생한 원가가 다음과 같다. (주)시원한오렌지의 회계팀은 아래와 같이 과거 경험을 바탕으로 모든 계정을 변동원가계정과 고정원가계정으로 분류하였다.

	총 액	구 분
직접재료원가	₩48,000	변동원가
직접노무원가	15,000	변동원가
제조간접원가		
간접재료원가	8,000	변동원가
전 기 료	6,000	변동원가
수 도 료	3,000	변동원가
간접노무원가	4,000	고정원가
임 차 료	9,000	고정원가
보 험 료	7,000	고정원가
기계감가상각비	12,000	고정원가
합 계	₩112,000	

요구사항

8월에는 300개의 오렌지주스를 생산할 계획이라고 할 때, 계정분석법을 이용하여 8월에 발생할 원가를 추정하라.

풀이 및 해설

	변동원가 총액	고정원가 총액	구 분
직접재료원가	₩48,000		변동원가
직접노무원가	15,000		변동원가
제조간접원가			
간접재료원가	8,000		변동원가
전 기 료	6,000		변동원가
수 도 료	3,000		변동원가
간접노무원가		₩4,000	고정원가
임 차 료		9,000	고정원가
보 험 료		7,000	고정원가
기계감가상각비		12,000	고정원가
합 계	₩80,000	₩32,000	

계정분석법을 이용하여 추정된 원가함수는 아래와 같다.

y = ₩32,000 + @₩400 × x

∴ ₩152,000

2. (주)시원한오렌지는 오렌지주스를 판매한다. 1월부터 7월까지 오렌지주스를 생산할 때 발생한 원가는 다음과 같다.

	생산량	총원가
1월	130개	₩48,000
2월	100개	52,000
3월	160개	60,000
4월	140개	51,000
5월	150개	55,000
6월	170개	60,500
7월	220개	70,000

요구사항

8월에는 300개의 오렌지주스를 생산할 계획이라고 할 때, 고저점법을 이용하여 8월에 발생할 원가를 추정하라.

풀이 및 해설

단위당 변동비(기울기)$=\dfrac{₩70,000-₩52,000}{220-100}$

∴ 단위당 변동비(b)=₩150

위에서 구한 단위당 변동비(b) ₩150을 최고점 또는 최저점에 대입하면 총고정비(a)를 구할 수 있다.

최고점에 대입하면 다음과 같이 총고정비(a)를 구할 수 있다.

$y=a+bx$

₩70,000=a+₩150×220

∴ 총고정비(a)=₩37,000

최저점에 대입하면 다음과 같이 총고정비(a)를 구할 수 있다.

$y=a+bx$

₩52,000=a+₩150×100

∴ 총고정비(a)=₩37,000

고저점법을 이용하여 추정된 원가함수는 아래와 같다.

y=₩37,000+@₩150×x

∴ ₩82,000

3. (주)시원한오렌지는 오렌지주스를 판매한다. 1월부터 7월까지 오렌지주스를 생산할 때 발생한 모든 데이터를 이용하여 회귀분석하였다. 그 결과가 아래와 같다.

> 〈회귀분석의 결과〉
> 독립변수(X) : 노무시간, 종속변수(Y) : 총원가
> 독립변수의 계수값 : 270, 절편값 : 15,000, $R^2 = 0.82$

요구사항

8월에는 300개의 오렌지주스를 생산할 계획이고, 오렌지주스 1개 생산시마다 0.6노무시간이 소요된다. 노무시간을 이용하여 추정된 회귀식을 이용하여 8월에 발생할 원가를 추정하라.

풀이 및 해설

노무시간＝0.6시간×300개＝180시간

회귀분석 결과를 이용하여 추정된 원가함수는 아래와 같다.

$\hat{Y}$＝₩15,000＋@270×x

∴ ₩63,600

연습문제

1. [원가행태] 다음은 (주)YSB여성의류에서 발생한 원가들이다. 각 원가별로 원가행태를 잘못 연결지은 것은 무엇인가?

① 직접노무원가
② 가스요금 : 기본요금이 부과되고, 단위당 요금이 가산됨
③ 복리후생비 : 직원 20명당 하나씩 커피머신이 지급됨
④ 기계 감가상각비 : 정액법
⑤ 직물 구입비 : 100묶음까지는 단위당 ₩3, 100묶음 초과시 단위당 ₩2씩 발생함
⑥ 전기요금 : 200kw까지는 kw당 ₩5, 200kw 초과시 kw당 ₩4씩 발생함
⑦ 공장 임차료 : 최소 ₩300 이상 최대 ₩1,000까지 지불함. 100묶음 초과시 단위당 ₩2씩 발생함
⑧ 염색약 : 500통까지는 1통당 ₩2, 500통 초과분은 무료지급

①
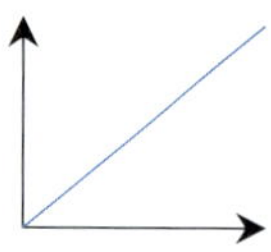
②
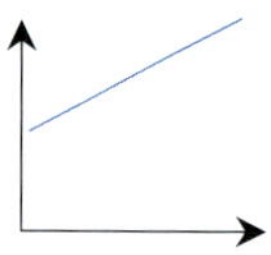
③
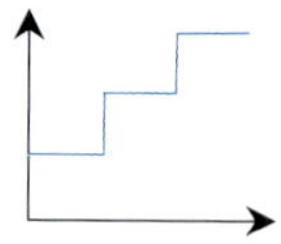
④
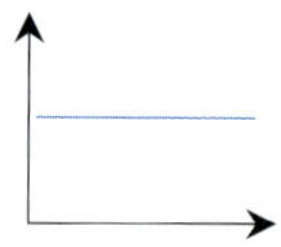
⑤
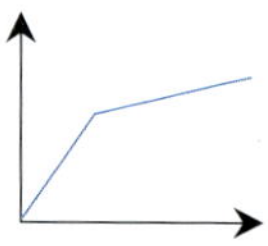
⑥
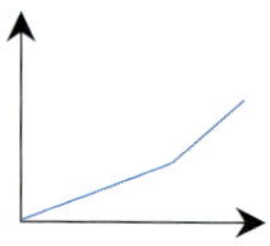
⑦
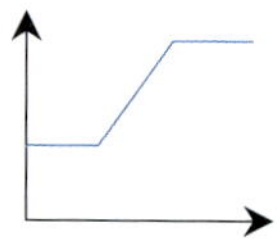
⑧
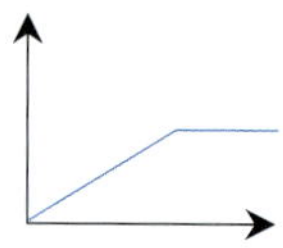

2. [원가행태] 다음은 (주)창조의 1월과 2월의 생산자료이다.

	1월(생산량 : 4,000개)	2월(생산량 : 8,000개)
공장관리자의 임금	₩2,000,000	₩2,000,000
간접노무원가	8,000,000	16,000,000
가스료	4,000,000	7,000,000

위 자료를 이용해서 비용 항목을 원가행태에 따라 분류할 때, 다음 중 정확한 분류는 무엇인가?

	공장관리자의 임금	간접노무원가	가스료
①	변동원가	고정원가	혼합원가
②	고정원가	변동원가	혼합원가
③	고정원가	혼합원가	변동원가
④	고정원가	고정원가	변동원가
⑤	고정원가	변동원가	변동원가

3. [원가행태] 다음 설명 중 적절하지 못한 것을 고르면? (2004년 공인회계사 기출문제 수정)

A. 정액법에 의한 감가상각비는 고정원가라 할 수 있다.
B. 목표 조업도 이상으로 생산이 이루어질 경우 매 조업도 단위마다 ₩100씩 지급하는 인센티브 제도는 준변동원가라 할 수 있다.
C. 일정량까지는 기본요금을 내고 일정량을 초과하는 부분에 대해서는 변동원가가 추가될 경우 이는 준고정원가라 할 수 있다.
D. 연봉제로 운영되는 노무원가는 고정원가라고 볼 수 있다.
E. 생산량에 비례하여 계산되는 감가상각비는 변동원가이다.

① A ② B ③ C
④ D ⑤ E

4. [원가함수] (주)청송의 총제조간접원가를 추정하는 원가함수가 다음과 같다. 조업도는 기계시간이다.

$$y = 1{,}000 + 2x$$

기계시간이 400시간이 발생될 것으로 예상하고 있다면 총제조간접원가는 얼마인가?

① ₩1,400 ② ₩1,600 ③ ₩1,800
④ ₩2,000 ⑤ ₩2,200

※ 다음 자료는 [문제 5]와 [문제 6]에 적용된다. (주)미래는 의료기관 내에서 세탁소를 운영하고 있다. (주)미래는 20×1년도에 6,000건의 의료기관 세탁물 서비스를 제공하였다. (주)미래는 20×1년도에 대해 다음과 같은 원가를 보고하였다.

계정과목	원 가
세탁관련 노무원가	₩340,000
세탁세제	70,000
세탁용수	90,000
세탁기 전기요금	100,000
세탁기 감가상각비	80,000
관리자 급여	60,000

5. [계정분석법] (주)미래는 위에 제시된 각 계정을 세탁건수를 기준으로 변동원가와 고정원가로 분류하고 있다. 총고정원가는 얼마인가?

① ₩60,000 ② ₩80,000 ③ ₩140,000
④ ₩170,000 ⑤ ₩230,000

6. [계정분석법] (주)미래는 20×2년도에는 7,000건의 세탁을 할 것으로 예상된다. 앞에서 사용한 원가분류를 사용하여 20×2년도의 총원가를 추정하라. (단, 감가상각비는 정액법을 이용한다)

① ₩600,000 ② ₩740,000 ③ ₩800,000
④ ₩840,000 ⑤ ₩940,000

7. [고저점법] (주)정의의 조업도와 원가는 다음과 같다. 시간당 변동비를 고저점법을 이용하여 계산하라.

조업도	원 가
100시간	₩30,000
300시간	20,000
900시간	110,000
500시간	50,000
700시간	75,000

① ₩95 ② ₩100 ③ ₩114
④ ₩150 ⑤ ₩164

8. [고저점법] (주)이화는 20×1년도의 변동예산을 작성하고 있으며 동력원가에 관하여 변동원가와 고정원가를 분리하고 있다. 다음은 20×1년도 6개월(7월~12월)간의 동력원가와 직접노무시간에 대한 자료이다.

월	동력원가	직접노무시간
7월	₩15,850	3,000시간
8월	13,400	2,050시간
9월	16,370	2,900시간
10월	19,800	3,650시간
11월	17,600	2,670시간
12월	?	2,650시간
합 계		16,920시간

(주)이화가 고저점법을 사용하여 동력원가를 분석한다면 12월의 동력원가는 얼마로 추정되는가?

(2008년 세무사 기출문제 수정)

① ₩15,800 ② ₩16,000 ③ ₩16,200
④ ₩16,400 ⑤ ₩16,600

9. [고저점법] 다음은 (주)미래의 20×1년 하반기 생산활동 자료이다. (주)미래는 아래 자료를 이용하여 고저점법을 사용한 결과 단위당 변동원가가 ₩50이었다. 8월의 발생원가는 얼마인가?

월	생산량	발생원가
7월	140개	₩24,800
8월	100개	?
9월	110개	23,700
10월	130개	24,400
11월	120개	23,700
12월	150개	25,000

① ₩20,000 ② ₩22,500 ③ ₩23,000
④ ₩24,000 ⑤ ₩25,000

10. [고저점법] (주)백운의 다음 원가자료를 참고하여 제조간접원가의 원가행태를 분석한 결과 중 옳은 것을 고르라. (단, 고저점법을 사용한다) (2004년 세무사 기출문제 수정)

	조업도	
	낮 음	높 음
생산량	25,000단위	40,000단위
당기총제조원가	₩400,000	₩610,000
단위당 직접재료원가	6	6
단위당 직접노무원가	7	7

① 단위당 ₩1, 기간당 ₩25,000
② 단위당 ₩1, 기간당 ₩50,000
③ 단위당 ₩14, 기간당 ₩25,000
④ 단위당 ₩14, 기간당 ₩50,000
⑤ 단위당 ₩14, 기간당 ₩75,000

11. [고저점법] 다음은 (주)청송의 20×1년도 월간 전기료와 관련된 자료이다. (주)청송의 20×1년도 총기계시간은 1,500시간이었으며, 20×1년의 연간 전기료는 ₩99,000이었다. 고저점법을 이용하여 계산한 변동원가와 고정원가는 얼마인가?

	최 고	최 저
전기료	₩12,000	₩7,000
기계시간	200시간	100시간

	변동원가	고정원가		변동원가	고정원가
①	₩50,000	₩40,000	②	₩40,000	₩50,000
③	₩24,000	₩75,000	④	₩75,000	₩24,000
⑤	₩60,000	₩30,000			

12. [고저점법] (주)창조의 지난 6개월간 기계가동시간과 기계수선비에 대한 자료는 다음과 같다. (주)창조가 고저점법을 사용하여 7월의 기계수선비를 ₩2,019,800으로 추정하였다면, 예상 기계가동시간은? (단, 기계수선비의 원가동인은 기계가동시간이다) (2017년 세무사 기출문제)

월	기계가동시간	기계수선비
1월	3,410시간	₩2,241,000
2월	2,430시간	1,741,000
3월	3,150시간	1,827,000
4월	3,630시간	2,149,000
5월	2,800시간	2,192,500
6월	2,480시간	1,870,000

① 2,800시간 ② 3,140시간 ③ 3,250시간
④ 3,500시간 ⑤ 3,720시간

13. [원가추정] 'YSB'모델 차량 1대의 km당 연료비는 ₩500이 발생하며, 원가함수는 Y = ₩300,000 + 500x이다. 한 달간 'YSB'모델 차량 두 대의 운행거리가 각각 1,000km, 2,000km일 때 총원가는?

① ₩800,000 ② ₩1,300,000 ③ ₩1,800,000
④ ₩2,100,000 ⑤ ₩2,600,000

14. [회귀분석법] 로봇을 생산하고 있는 (주)YSB는 각 제조활동을 원가동인으로 하여 원가추정하는 다중회귀분석을 실행하고 있으며, 로봇 생산의 원가추정식은 다음과 같다.

$$A = 1{,}000B_1 + 1{,}500B_2 + 5{,}000B_3 + 200{,}000$$
(B_1 = 로봇생산수량, B_2 = 모형주문횟수, B_3 = 로봇조립시간)

다음달에 5,000개의 로봇을 생산할 예정이며, 로봇 한 개에는 조립모형 5개가 필요하다. 모형은 100개씩 주문하며 로봇 하나당 완성 소요시간이 12분일 때 제조원가는 얼마인가?

① ₩10,000,000 ② ₩10,375,000 ③ ₩10,525,000
④ ₩10,575,000 ⑤ ₩10,352,000

심화문제

15. [원가행태] 고앤정 네일샵은 한 명의 매장관리자를 두고 있으며, 네일 서비스를 제공하는 세 명의 직원을 고용하고 있다. 고앤정 네일샵의 한 달간 급여와 운영비용은 아래와 같다. 제시된 내용 이외에 추가적으로 발생하는 비용은 없다고 가정한다.

항 목	비 용
급여(매장관리자)	₩2,000,000
급여(직원 3명)	₩3,000,000
추가급여(네일 서비스)	회당 ₩4,500
전단지 광고료	₩2,000,000
임차료	₩1,100,000
소모품비(네일 서비스 1회당)	₩300
수도광열비	한 달 기본료 ₩176,000 네일 서비스 1회당 ₩200씩 추가 발생
네일샵에 비치해 두는 잡지 구독료	₩24,000

고앤정 네일샵의 네일 서비스 1회당 변동원가와 한 달간 총고정원가는 각각 얼마인가?

	네일 서비스 1회당 변동원가	한 달간 총고정원가
①	₩500	₩8,300,000
②	₩4,800	₩6,300,000
③	₩4,800	₩8,000,000
④	₩5,000	₩6,300,000
⑤	₩5,000	₩8,300,000

16. [고저점법] 20×3년도에 (주)창조의 고정비가 10% 증가할 경우, 생산량이 500단위일 때 총원가는 얼마인가? (주)창조의 최근 2년간 고정비와 단위당 변동비 변화는 없으며, 생산량과 총원가는 다음과 같다.

	생산량	총원가
20×1년	300단위	₩1,400,000
20×2년	400단위	1,800,000

① ₩2,000,000 ② ₩2,110,000 ③ ₩2,220,000
④ ₩2,330,000 ⑤ ₩2,440,000

※ 다음 자료는 [문제 17]과 [문제 18]에 적용된다.

(1) 다음은 단일제품 A를 생산하는 (주)대한의 20×1년도 생산 및 제조에 대한 자료이다.

	생산량	제조원가
1월	1,050개	₩840,000
2월	1,520개	1,160,000
3월	1,380개	983,000
4월	2,130개	1,427,600
5월	1,400개	1,030,000
6월	1,730개	1,208,000
7월	1,020개	850,400
8월	1,800개	1,282,300
9월	1,640개	(중략)
10월	1,970개	(중략)
11월	1,650개	1,137,400
12월	1,420개	1,021,800

(2) (주)대한의 회계담당자는 향후 생산량에 따른 원가를 예측하고, 변동원가계산서 작성에 필요한 자료를 얻기 위해 중략된 자료를 포함한 위 자료를 이용하여 원가모형을 추정하였다. (주)대한의 회계담당자가 회귀분석을 통해 추정한 원가모형은 다음과 같다.

- 원가추정모형 : $Y = a + b \times X$
- Y=제조원가(₩)
- a=296,000 (t-value : 3.00, 유의도 0.01 이하)
- b=526 (t-value : 4.00, 유의도 0.01 이하)
- X=생산량(개)
- R^2(결정계수)=0.96

17. [회귀분석법] 위 자료를 바탕으로 다음 설명 중 가장 옳은 것은? (2020년 회계사 기출문제)

① R^2는 추정된 회귀분석의 설명력을 나타내는 것으로 1보다 클수록 높은 설명력을 가진다.
② 회귀분석을 통해 추정한 계수값인 a와 b의 유의도와 t-value가 낮아 분석결과 값을 신뢰할 수 없다.
③ 제품 A의 단위당 판매액이 ₩700이고 단위당 변동판매관리비가 ₩10일 때 제품 A에 대한 단위당 공헌이익은 ₩26이다.
④ 제품 A를 2,000개 생산한다면 회귀분석을 통해 추정한 제조원가는 ₩1,348,000이다.
⑤ 9월과 10월의 중략된 제조원가자료를 사용하면 고저점법을 통해 더 정확한 원가를 추정할 수 있다.

18. [고저점법] 위 자료를 바탕으로 (주)대한의 회귀분석으로 추정한 제조원가와 고저점법으로 추정한 제조원가가 같아지는 생산량은 얼마인가? (2020년 회계사 기출문제)

① 1,000개 ② 1,500개 ③ 2,000개
④ 3,000개 ⑤ 4,000개

정답 및 해설

1. ⑥

2. ②

3. ③
준변동원가

4. ③

5. ③
변동원가 : 세탁관련 노무원가, 세탁세제, 세탁용수, 세탁기 전기요금
고정원가 : 세탁기 감가상각비, 관리자 급여

변동원가	
세탁관련 노무원가	₩340,000
세탁세제	70,000
세탁용수	90,000
세탁기 전기요금	100,000
총변동원가	₩600,000

고정원가	
세탁기 감가상각비	₩80,000
관리자 급여	60,000
총고정원가	₩140,000

6. ④

단위당 변동원가 : ₩600,000/6,000단위 = ₩100

y = ₩100x + ₩140,000

7,000건에 대한 추정액 : (₩100 × 7,000건) + ₩140,000 = ₩840,000

7. ②

시간당 변동비 : (₩110,000 − ₩30,000)/(900시간 − 100시간) = ₩100

8. ①

단위당 변동원가 : (₩19,800 − ₩13,400) ÷ (3,650 − 2,050) = ₩4

고정원가 : ₩13,400 − ₩4 × 2,050 = ₩5,200

12월의 동력원가 : ₩5,200 + (2,650 × ₩4) = ₩15,800

9. ②

단위당 변동비 = (최대활동수준원가 − 최저활동수준원가)/(최대활동수준 − 최저활동수준)

₩50 = (₩25,000 − X)/(150개 − 100개)

∴ X = ₩22,500

10. ②

총제조간접원가(25,000단위) = ₩400,000 − (₩13 × 25,000) = ₩75,000

(40,000단위) = ₩610,000 − (₩13 × 40,000) = ₩90,000

단위당 변동제조간접원가 : (₩90,000 − ₩75,000)/(40,000 − 25,000) = ₩1

고정제조간접원가 : ₩75,000 − ₩1 × 25,000 = ₩50,000

11. ④

단위당 변동원가 : (₩12,000 − ₩7,000)/(200시간 − 100시간) = ₩50

연간 전기료 = (총기계시간 × 단위당 변동원가) + 고정원가

₩99,000 = (1,500시간 × ₩50) + 고정원가

∴ 변동원가 = ₩75,000, 고정원가 = ₩24,000

12. ③

a = 고정비, b = 변동비

$y = a + bx$

$$b = \frac{₩2,149,000 - ₩1,741,000}{₩3,630 - ₩2,430} = ₩340$$

$y = a +$ ₩340x

₩2,149,000 = a + ₩340 × 3,630

a = ₩914,800

y = ₩914,800 + ₩340x

7월 예상 기계가동시간

₩2,019,800 = ₩914,800 + ₩340x

x = 3,250

∴ 3,250시간

13. ④

'YSB'모델 첫 번째 차량 Y_1 : ₩300,000 + ₩500 × 1,000km = ₩800,000

'YSB'모델 두 번째 차량 Y_2 : ₩300,000 + ₩500 × 2,000km = ₩1,300,000

총원가 $Y_1 + Y_2$ = ₩2,100,000

14. ④

원재료 주문횟수는 $\frac{5,000\text{개} \times 5\text{개}}{100\text{개}}$ = 250회

로봇조립시간은 5,000개 × 0.2시간 = 1,000시간

따라서 전제 식에 대입시 ₩1,000 × 5,000개 + ₩1,500 × 250회 + ₩5,000 × 1,000시간 + ₩200,000 = ₩10,575,000

15. ⑤

네일 서비스 1회당 변동원가

직원 추가임금(네일 서비스 1회당)	₩4,500
소모품비(네일 서비스 1회당)	300
수도광열비(네일 서비스 1회당)	200
∴ 네일 서비스 1회당 변동원가	₩5,000

한 달간 총고정원가

매장관리자 고정급	₩2,000,000
직원들의 기본급(3명)	3,000,000
광고료	2,000,000
임차료	1,100,000
수도광열비 기본료	176,000
잡지 구독료	24,000
∴ 한 달간 총고정원가	₩8,300,000

16. ③

$y = ax + b$

a = (₩1,800,000 − ₩1,400,000)/(400단위 − 300단위) = ₩4,000

b = ₩200,000

∴ y = ₩4,000x + ₩200,000

20×3년에는 고정비가 10% 증가하므로 y = ₩4,000x + ₩220,000이 된다.

∴ 생산량이 500단위일 때 총원가 : y = ₩4,000 × 500단위 + ₩220,000 = ₩2,220,000

17. ④

① R^2는 0부터 1사이의 값을 가진다.

② 자료로 제시된 a와 b의 유의도와 t-value는 신뢰할 수 있는 결과 값이다.

③ ₩700－(₩526＋₩10)＝₩164

④ ₩1,348,000＝₩296,000＋₩526×2,000개

⑤ 9월과 10월은 고저점이 아니기 때문에 해당자료가 없어도 고저점법을 통한 원가추정이 가능하다.

18. ⑤

b＝(₩1,427,600－₩850,400)/(2,130개－1,020개)＝₩520

a＝₩1,427,600－₩520×2,130개＝₩320,000

₩296,000＋₩526×A＝₩320,000＋₩520×A

∴ A＝4,000개

CHAPTER

8 CVP(원가-조업도-이익) 분석

본장에서는 CVP 분석을 소개한다.

본장에서는 CVP 분석을 학습한다. CVP 분석(원가(Cost)-조업도(Volume)-이익(Profit) 분석)은 판매량이 변화할 때 원가가 어떻게 달라지는지 그리고 기업의 이익이 어떻게 영향을 받게 되는지를 분석하는 방법이다. CVP 분석은 기업의 계획과 의사결정 과정에서 매우 중요한 역할을 한다. 기업은 손익분기점(break-even point)과 같은 하나의 중요한 기준을 설정하기 위해서 CVP 분석을 사용하기도 하고, 목표이익을 거두기 위한 판매량과 매출액에 대한 자료를 얻기 위해서 CVP 분석을 사용하기도 한다. 본장에서는 CVP 분석을 통한 다양한 의사결정기법을 알아본다.

총제작비	280억원	180억원	130억원	113억원
손익분기점(관객수)	600만명	350만명	150만명	140만명

본장에서는 구체적으로 다음과 같은 내용들을 학습한다.

- CVP 분석이란 무엇인가?
- 공헌이익이란 무엇인가?
- 단위당 공헌이익이란 무엇인가?
- 공헌이익률이란 무엇인가?
- 변동원가율이란 무엇인가?
- 손익분기점이란 무엇인가?
- 손익분기점의 판매량은 어떻게 구할 수 있는가?
- 손익분기점의 매출액은 어떻게 구할 수 있는가?
- 목표이익을 달성하기 위한 판매량은 어떻게 구할 수 있는가?
- 목표이익을 달성하기 위한 매출액은 어떻게 구할 수 있는가?
- 법인세를 고려할 경우 어떻게 달라지는가?
- 안전한계란 무엇인가?
- 영업레버리지란 무엇인가?
- CVP 분석을 수행하기 위해서는 어떠한 가정이 요구되는가?

마켓컬리의 손익분기점과 공헌이익

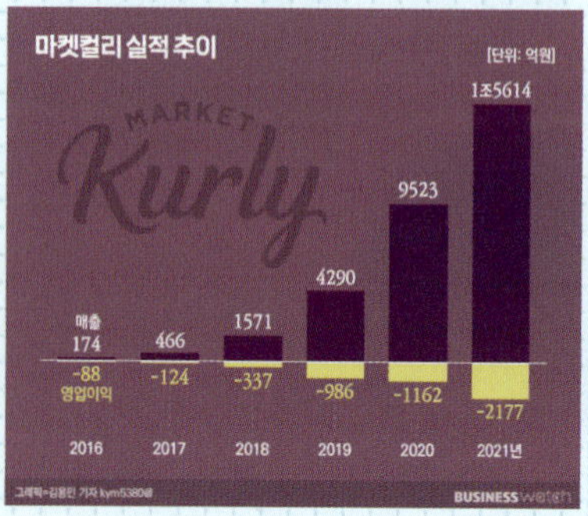

컬리 손익분기 달성 시나리오

매 출	변동비	고정비	영업이익
1,561,357,924,965	1,454,336,895,500	324,737,747,500	-217,716,718,035
공헌이익			
107,021,029,465			

↓ 매출 305% 증가 ↓

매 출	변동비	고정비	영업이익
4,762,141,671,143	4,435,727,531,275	324,737,747,500	1,676,392,368
공헌이익			
326,414,139,868			

올해 IPO시장이 계속 침체되면서 컬리(마켓컬리) 상장에 제동이 걸릴 수 있다는 분석이 나온다. 컬리는 2014년 설립된 뒤 한 번도 흑자를 기록한 적이 없다. 배송을 주요 서비스로 하는 유통업체다 보니 막대한 물류 투자가 필요해 버는 돈보다는 쓰는 돈이 많다. 당장 상장은 과거 실적을 따지지 않아 가능할지 몰라도 만약 상장 이후에도 계속 적자가 쌓일 것이 예상된다면 IPO 성공을 장담하기 힘들다.

하지만 컬리는 상장 성공을 자신하고 있다. 보이는 숫자는 좋지 않지만 숨어 있는 숫자들이 좋다는 것이 컬리의 항변이다. 컬리가 내세우는 논리의 핵심에는 '공헌이익'이라는 개념이 있다. 공헌이익은 외부보고용 숫자가 아니라 기업의 내부 의사결정을 위해 사용되는 관리회계용 숫자이다.

실제 기업의 정확한 변동비와 고정비는 공개하지 않는다. 하지만 일반적인 재무제표를 보고 추정할 수는 있다. 지난해 컬리의 연결감사보고서를 통해 추정한 변동비는 약 1조4,543억원이다. 지난해 컬리 매출은 1조5,613억원으로 이를 대입하면 공헌이익이 약 1,070억원 발생한 셈이다.

현재 컬리의 공헌이익이 고정비보다 적다 보니 영업손실 상황이다. 지난해 컬리의 고정비는 약 3,247억원으로 추정된다. 그 결과 추정(공헌이익−고정비)된 영업손실은 2,177억원으로 실제 컬리가 공시한 숫자와 같다.

업계에서는 마켓컬리의 상장에 대해 엇갈린 시선을 보내고 있다. 마켓컬리가 그동안 보여준 성과 등을 감안하면 향후 성장성도 충분하다는 긍정적인 의견이 있다. 반면, 과거 마켓컬리가 보여줬던 마켓컬리만의 특징들이 최근 다른 업체들간의 경쟁에서 많이 희석됐다고 보는 부정적인 시각도 존재한다.

생각해 볼 문제

① 마켓컬리가 공헌이익을 강조하고 있는 이유는 무엇인가?
② 기업 내부 의사결정에 사용되는 공헌이익은 외부보고용 이익과는 어떤 차이가 있는가?
③ 마켓컬리의 공헌이익률은 얼마인가? 손익분기점을 달성하기 위한 매출액은 얼마인가?

자료출처 : 아주경제(2022. 5. 11), "'마켓컬리 상장' 거래소는 된다지만 시장선 절레절레"
businesswatch(2022. 4. 2), "마켓컬리의 '공헌이익' 상장에도 공헌할까"

CVP 분석

CVP 분석[원가(Cost)-조업도(Volume)-이익(Profit) 분석]은 판매량(sales volume)이 변화할 때 원가(cost)가 어떻게 달라지는지 그리고 기업의 이익(profit)이 어떻게 영향을 받게 되는지를 분석하는 방법이다. CVP 분석은 기업의 계획(planning)과 의사결정(decision making) 과정에 매우 중요한 역할을 하는 분석의 틀이다. 실제로 기업 내부의 관리회계팀은 광범위하고 다양한 CVP 분석을 적용함으로써 경영자들이 보다 효율적인 의사결정을 내릴 수 있도록 돕고 있다.

기업은 손익분기점과 같은 하나의 중요한 기준을 설정하기 위해서 CVP 분석을 사용한다. 손익분기점(break-even point)이란 총수익과 총비용이 같아지는 지점을 의미한다. 즉 영업이익이 0인 지점이다. 기업 경영자들은 영업손실이 발생하는 것을 결코 원하지 않기 때문에 손익분기점에 관심을 갖게 된다. 즉 손익분기점에 대한 정보를 얻음으로써 최소한 얼마를 판매해야만 손해를 보지 않는가에 대한 판단을 내릴 수 있다.

또한 기업 경영자들은 목표이익을 거두기 위한 판매량과 매출액에 대한 정보에 관심을 둘 수 있다. 우리 기업이 목표이익을 얻기 위해서는 과연 몇 개의 제품을 팔아야 하는가? 또한 얼마의 매출액을 올려야 하는가? 기업 경영자들은 그들의 계획과 전략을 세우는 데 CVP 분석을 활용하고 있으며, 목표판매량과 목표매출액을 결정하고 있다.

CVP 분석하에서의 영업이익

영업이익은 총수익에서 총비용을 차감한 결과이다.

영업이익 = 총수익 − 총비용

재무제표용으로 작성하는 외부보고용 손익계산서에서 비용은 크게 매출원가와 판매관리비로 나누어진다. 그러나 CVP 분석에서는 비용을 크게 고정비와 변동비로 구분한다. CVP 분석에서는 기업에서 발생하는 총원가를 변동비적인 요소와 고정비적인 요소로 분류한다. 즉 매출원가와 판매관리비를 변동비와 고정비로 재분류한다.

변동비에 속하는 요소들은 아래와 같다.

- 직접재료원가
- 직접노무원가
- 변동제조간접원가
- 변동판매관리비

고정비에 속하는 요소들은 아래와 같다.

- 고정제조간접원가
- 고정판매관리비

외부보고용 손익계산서(재무제표용 손익계산서)

매 출 액	×××
매 출 원 가	(×××)
매출총이익	×××
판매관리비	(×××)
영 업 이 익	×××

내부관리용 손익계산서(공헌이익 손익계산서)

매 출 액	×××
변 동 비	(×××)
공 헌 이 익	×××
고 정 비	(×××)
영 업 이 익	×××

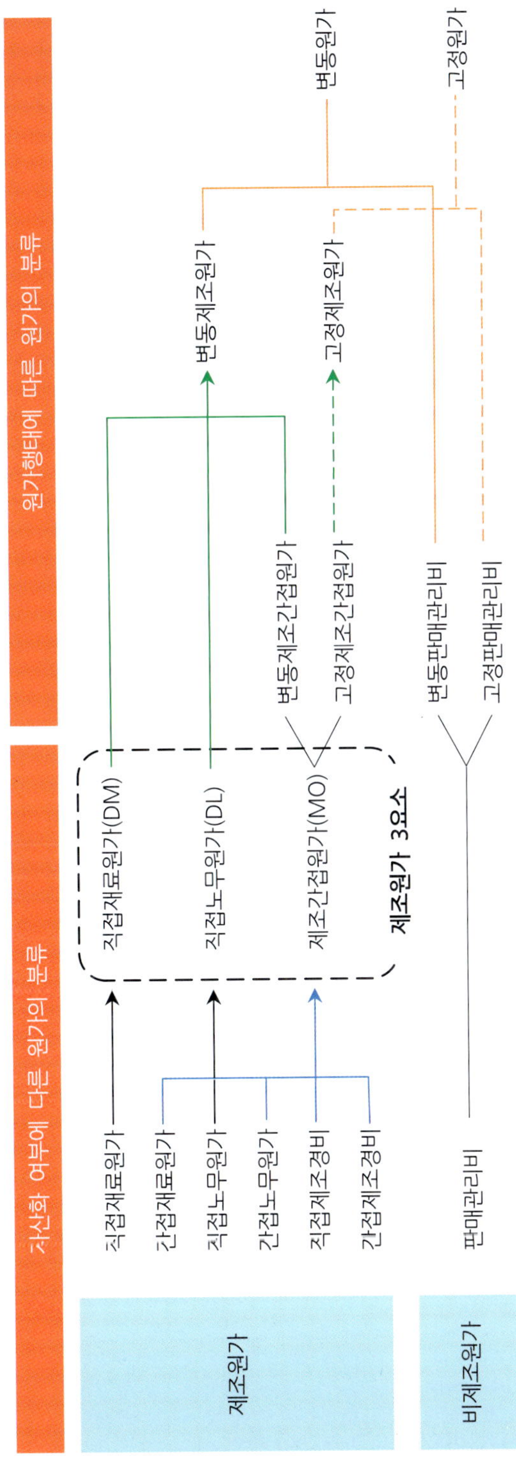
자산화 여부에 따른 원가의 분류
원가행태에 따른 원가의 분류
제조원가
비제조원가
직접재료원가
간접재료원가
직접노무원가
간접노무원가
직접제조경비
간접제조경비
판매관리비
직접재료원가(DM)
직접노무원가(DL)
제조간접원가(MO)
제조원가 3요소
변동제조간접원가
고정제조간접원가
변동판매관리비
고정판매관리비
변동제조원가
고정제조원가
변동원가
고정원가

총원가를 변동비적인 요소와 고정비적인 요소로 분리한 손익계산서를 공헌이익 손익계산서라 부른다. 공헌이익(contribution margin)이란 매출액에서 변동원가를 차감한 값을 의미한다. 또는 고정원가와 영업이익을 더한 값을 의미한다.

총공헌이익 = 매출액 − 총변동원가

총공헌이익 = 총고정원가 + 영업이익

단위당 공헌이익(unit contribution margin)은 판매가격에서 단위당 변동원가를 차감한 값이다.

단위당 공헌이익 = 판매가격 − 단위당 변동원가

공헌이익은 고정비를 모두 보상하고 난 다음부터 남은 금액이 모두 이익이 된다. 공헌이익이 고정원가를 모두 커버하기에 충분하지 않다면, 당기에 손실이 발생한다.

종합예제 1

(주)YS바이크는 오토바이를 판매한다. 오토바이 한 대당 판매가격이 ₩100,000이다. 오토바이 한 대를 만드는 데 발생하는 단위당 변동원가가 ₩40,000이고, 총고정원가는 ₩900,000이다.

판매가격 :	₩100,000
단위당 변동원가 :	40,000
총고정원가 :	900,000

위 (주)YS바이크의 종합예제에서 단위당 공헌이익은 ₩60,000이다.

단위당 공헌이익 = 판매가격 − 단위당 변동원가
단위당 공헌이익 = ₩100,000 − ₩40,000
∴ 단위당 공헌이익 = ₩60,000

즉 오토바이 한 대를 판매할 때 추가적으로 발생하는 원가는 변동원가뿐이다. 고정원가는 이미 발생한 원가로, 오토바이의 판매량 변화와 관련성이 없다. 따라서 오토바이 한 대를 판매할 때마다 (주)YS바이크는 ₩60,000의 단위당 공헌이익을 얻을 수 있다. 만약 (주)YS바이크가 오토바이 20대를 판매했다고 가정해보자. 이때 총공헌이익은 아래와 같다.

총공헌이익 = 매출액 − 총변동원가
총공헌이익 = ₩2,000,000 − ₩800,000
∴ 총공헌이익 = ₩1,200,000

(주)YS바이크가 20대를 판매할 때 총공헌이익을 단위당 공헌이익으로 계산하면 아래와 같다.

총공헌이익 = 단위당 공헌이익 × 판매량
총공헌이익 = ₩60,000 × 20대
∴ 총공헌이익 = ₩1,200,000

이를 그래프로 그리면 아래와 같다.

공헌이익 그래프

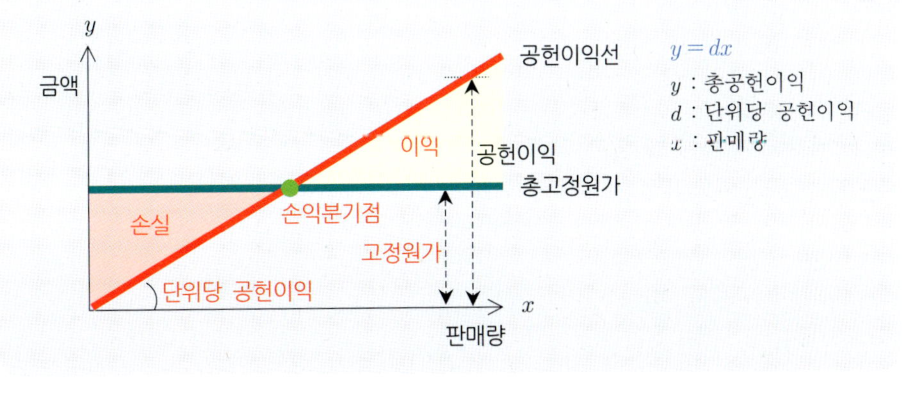

공헌이익 손익계산서

매 출 액	×××
변 동 비	(×××)
공헌이익	×××
고 정 비	(×××)
영업이익	×××

공헌이익 손익계산서에 따르면 다음과 같은 등식이 성립한다.

영업이익 = 매출액 − 총변동원가 − 총고정원가

위의 등식을 조금 더 세분화시켜서 표현하면 아래와 같다.

영업이익 = (판매가격 × 판매량) − (단위당 변동비 × 판매량) − 총고정원가

만약 (주)YS바이크가 오토바이 20대를 판매했다고 가정해보자.

영업이익 = (₩100,000 × 20대) − (₩40,000 × 20대) − ₩900,000
∴ 영업이익 = ₩300,000

이 경우 (주)YS바이크의 영업이익은 ₩300,000이 된다.
이를 그래프로 그리면 아래와 같다.

CVP 그래프

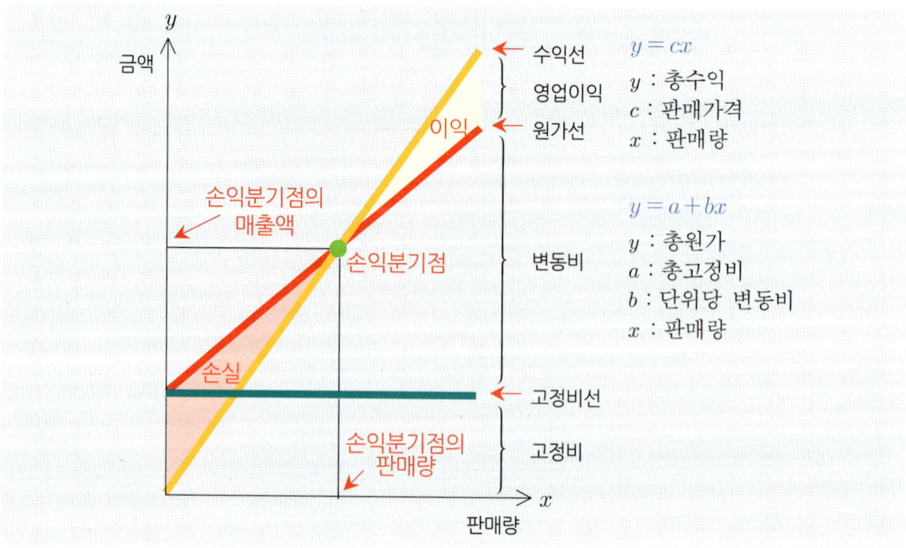

Accounting Insight 관리회계 경영 사례

던킨도너츠는 도너츠가 아닌 커피로, 맥도날드는 햄버거가 아닌 음료가 승부처이다

던킨도너츠의 로고는 도너츠가 아닌 커피이다. 던킨도너츠라는 도너츠를 주로 판매하는 도너츠 전문점에서 도너츠가 아닌 커피를 자신의 로고로 설정하고 있는 이유는 무엇일까? 이는 커피 판매를 더욱 주력화하고 활성화하기 위해서이다.

던킨도너츠 본사로부터 가맹점으로 들어오는 도너츠의 단위당 원가는 대략 600~700원이고, 판매가격은 1,200~1,400원대이다. 이에 반해 커피 한 잔의 원가는 450~600원 정도이며 판매가는 3,000원대이다.

결국 던킨도너츠 개별 가맹점의 이익의 차이는 도너츠 판매량과 커피 판매량의 비율에 따라 결정된다. 일반적으로 커피의 판매량이 높은 가맹점이 이익률이 높다.

맥도날드의 경우 손님이 햄버거를 주문하면, 점원은 항상 어떤 음료를 주문할 것인가를 3초 이내에 되물어 본다. 맥도날드의 점원 교육 매뉴얼에는 햄버거만 주문한 고객에게 항상 3초 이내에 음료 주문에 대해 물어서 음료를 함께 주문할 수 있도록 유도하고 있다. 이는 햄버거의 이익률보다 음료의 이익률이 높기 때문이다.

생각해 볼 문제

① 대부분의 음식점 또는 패스트푸드점에서는 주문한 음식 이외에 음료와 디저트를 함께 권하는 전략을 사용하고 있다. 관리회계적인 관점(공헌이익 관점)에서, 이러한 전략이 중요한 이유는 무엇인가?

② 경영자 또는 관리자의 입장에서는 재무회계적인 관점에서 산출한 영업이익보다 공헌이익이 더 중요하다. 그 이유는 무엇이라 생각하는가?

자료출처 : 한국경제 (2013. 1. 30), "던킨, 도너츠 대신 커피로 승부 건다"

손익분기점의 판매량

기업은 손익분기점과 같은 하나의 중요한 기준을 설정하기 위해서 CVP 분석을 사용한다. 손익분기점(break-even point)이란 총수익과 총비용이 같아지는 지점을 의미한다. 즉 영업이익이 0인 지점을 의미한다.

손익분기점에 대한 정보는 경영자가 새로운 제품을 출시하고자 할 때, 기존제품에 대한 판매가격을 새롭게 조정하고자 할 때, 그리고 새로운 시장에 진입하고자 할 때, 관련 의사결정과정에서 매우 유용한 정보로서의 역할을 하게 된다.

기업 경영자들은 영업손실이 발생하는 것을 결코 원하지 않기 때문에 손익분기점에 대해 관심을 갖게 되며, 손익분기점에 대한 정보를 얻음으로써 최소한 얼마 이상을 판매해야만 손해를 보지 않는가에 대한 적절한 판단을 내릴 수 있다.

손익분기점에 해당되는 판매량에 대해 알아보자.

영업이익 = 매출액 − 총변동원가 − 총고정원가
영업이익 = (판매가격 × 판매량) − (단위당 변동비 × 판매량) − 총고정원가

위 식을 판매량으로 묶어서 정리하면 아래와 같다.

영업이익 = (판매가격 − 단위당 변동비) × 판매량 − 총고정원가

손익분기점의 판매량은 영업이익인 '0'인 지점이다. 따라서

0 = (판매가격 − 단위당 변동비) × 손익분기점의 판매량 − 총고정원가
(판매가격 − 단위당 변동비) × 손익분기점의 판매량 = 총고정원가

위 식을 정리하면, 손익분기점의 판매량은 다음과 같다.

$$\text{손익분기점의 판매량} = \frac{\text{총고정원가}}{(\text{판매가격} - \text{단위당 변동비})}$$

$$\text{손익분기점의 판매량} = \frac{\text{총고정원가}}{\text{단위당 공헌이익}}$$

종합예제에서 (주)YS바이크의 손익분기점 판매량은 얼마인가?

$$\text{손익분기점의 판매량} = \frac{\text{총고정원가}}{(\text{판매가격} - \text{단위당 변동비})}$$

$$\text{손익분기점의 판매량} = \frac{₩900,000}{(₩100,000 - ₩40,000)}$$

$\therefore$ 손익분기점의 판매량=15대

즉 15대의 오토바이를 판매하면, (주)YS바이크는 손익분기점을 달성할 수 있다.

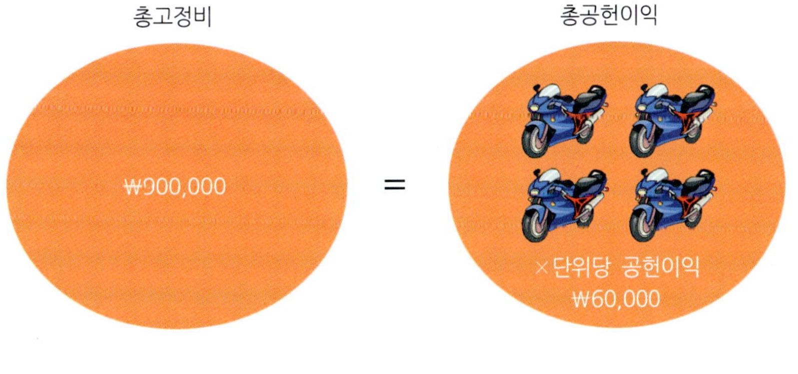

공헌이익률

공헌이익률(CM ratio)은 매출액 중에서 총공헌이익이 차지하고 있는 비중을 의미한다. 또한 판매가격 중에서 단위당 공헌이익이 차지하고 있는 비중으로도 표현할 수 있다.

$$\text{공헌이익률} = \frac{\text{총공헌이익}}{\text{매출액}}$$

또는

$$\text{공헌이익률} = \frac{\text{단위당 공헌이익}}{\text{판매가격}}$$

종합예제에서 (주)YS바이크의 공헌이익률은 60%이다.
단위당 공헌이익과 판매가격을 이용하여 계산하면 아래와 같다.

$$\text{공헌이익률} = \frac{₩60,000}{₩100,000} = 60\%$$

만약 (주)YS바이크가 10대의 오토바이를 판매한다고 가정한다면, 매출액은 ₩1,000,000이고, 총변동원가는 ₩400,000이다. 따라서 총공헌이익은 ₩600,000이고, 공헌이익률은 60%이다.

$$\text{공헌이익률} = \frac{₩600,000}{₩1,000,000} = 60\%$$

Accounting Insight 관리회계 경영 사례

커피 한 잔의 변동비, 고정비

국내 원두커피 시장이 바야흐로 춘추전국시대를 맞았다. 그러나 (사)한국여성소비자연합 충남지회 아산소비자상담센터가 시중에서 판매되고 있는 커피의 원재료비를 분석한 결과 원가의 10배 이상 판매되고 있는 것으로 조사됐다.

그렇다면, 커피 원두의 원가는 얼마일까? 커피 원두의 원가는 한 잔에 123원이며, 최상급의 원두를 사용한다 하더라도, 커피 한 잔에 500원을 넘기 힘든 구조이다. 즉, 현재 커피의 판매가격은 원가의 약 30배 이상 판매하는 것이다. 원가에 비해 너무 비싼 커피값에 많은 소비자들은 분노하고 있다. 그러나 이는 원가의 구조를 잘못 이해해서 생기는 문제이다. 커피 한 잔을 만드는데, 원두의 가격만 생각하는 것은 잘못된 것이다. 우리는 원두의 가격뿐만 아니라, 노무비, 기계감가상각비, 임차료 등을 생각해야 한다는 것이다. 다시 말해, 원가의 변동비와 고정비 모두를 고려해야 한다는 것이다.

커피의 총제조원가를 쉽게 생각하면 커피 원두와 물, 얼음, 플라스틱 컵 등의 비용이 들어갈 것이다. 두 잔을 만들었다면 두 배의 재료가 투입되었을 것이고, 세 잔을 만든다면 세 배의 커피 원두와 물, 얼음이 들어갈 것이다. 커피 원두, 물, 얼음처럼 아이스 아메리카노의 생산량에 비례하여 증가하는 비용을 변동비라고 한다. 그러나 커피전문점을 운영하기 위해 변동비만 들어가는 것은 아니다. 커피전문점의 임차료, 의자, 테이블 등 집기류와 커피 머신 감가상각비 등이 추가로 투입되어야 한다. 임차료나 집기류, 커피 머신 감가상각비처럼 아이스 아메리카노의 생산량과 직접적인 관계없이 들어가는 비용을 고정비라고 한다.

커피를 제조할 때, 원두뿐만 아니라 다른 비용들이 많이 들어가기 때문에 원두의 가격만 생각하고 판매가격에 문제를 삼는 것은 잘못된 부분이다. 그렇기 때문에, 우리는 커피의 원가를 생각할 때 여러 부분을 고려하여 생각해야 한다.

주요 커피전문점 커피가격(단위 : 원)

업체명	아메리카노	카페라떼
엔제리너스	4,100	4,600
카페베네	4,100	4,600
커피빈	4,500	5,000
할리스커피	4,100	4,600
폴 바셋	4,700	5,300
스타벅스	4,100	4,600
탐앤탐스	4,100	4,700
투썸플레이스	4,100	4,600

주요 커피메뉴 원가(단위 : 원)

원부자재	아메리카노	카페라떼
원두	300~400	300~400
종이컵	90~150	90~150
리드	25~40	25~40
스트로우	5~10	5~10
홀더	30~50	30~50
인건비	108~120	108~120
우유	–	500~700
계	558~770	1,058~1,470

※ 인건비는 최저시급 6,470원 기준 한 잔 제조시간 1분으로 환산

자료 : 각사

생각해 볼 문제

① 커피전문점의 변동비와 고정비는 각각 무엇인가?

② 위에 제시된 그림을 참조하여, 커피전문점이 커피 한 잔을 판매할 때 얻게 되는 단위당 공헌이익은 얼마인가?

자료출처 : 브릿지경제(2017. 2. 1), "원가 770원 커피가 4, 100원… 한국 커피값 너무해"
연합뉴스(2016. 2. 15), "편의점 커피나 스타벅스 커피나 원두 원가는 400~500원"

변동원가율

변동원가율(variable cost ratio)은 매출액 중에서 총변동원가가 차지하고 있는 비중을 의미한다. 판매가격 중에서 단위당 변동원가가 차지하고 있는 비중으로도 표현할 수 있다.

$$변동원가율 = \frac{총변동원가}{매출액}$$

또는

$$변동원가율 = \frac{단위당\ 변동원가}{판매가격}$$

위 종합예제에서 (주)YS바이크의 변동원가율은 40%이다.
단위당 변동원가와 판매가격을 이용하여 계산하면 아래와 같다.

$$변동원가율 = \frac{₩40,000}{₩100,000} = 40\%$$

만약 (주)YS바이크가 10대의 오토바이를 판매한다고 가정한다면, 매출액은 ₩1,000,000이고, 총변동원가는 ₩400,000이다. 변동원가율은 40%이다.

$$변동원가율 = \frac{₩400,000}{₩1,000,000} = 40\%$$

손익분기점의 매출액

우리 기업이 얼마의 매출액을 올려야 최소한 손실은 보지 않을 것인가? 우리 기업의 매출액이 얼마 이상일 때부터 이익이 발생하게 되는가? 기업 경영자에게는 손익분기점에 해당되는 매출액에 대한 정보도 매우 중요하다.

손익분기점에 해당되는 매출액을 알아보자.

영업이익 = 매출액 − 총변동원가 − 총고정원가

손익분기점의 매출액은 영업이익이 '0'인 지점이다. 따라서

0 = 손익분기점의 매출액 − 총변동원가 − 총고정원가

0 = 손익분기점의 매출액 − (변동원가율 × 손익분기점의 매출액) − 총고정원가

손익분기점의 매출액으로 묶으면,

0 = (1 − 변동원가율) × 손익분기점의 매출액 − 총고정원가

여기서, (1 − 변동원가율)은 결국 공헌이익률을 의미하므로, 정리하면 다음과 같다.

0 = 공헌이익률 × 손익분기점의 매출액 − 총고정원가

$$\text{손익분기점의 매출액} = \frac{\text{총고정원가}}{\text{공헌이익률}}$$

$$\text{손익분기점의 매출액} = \frac{₩900,000}{0.6}$$

즉 위 종합예제에서 (주)YS바이크는 오토바이의 매출액이 ₩1,500,000이면, 손익분기점을 달성할 수 있다.

목표이익을 달성하기 위한 판매량

손익분기점이 기업에 매우 유용한 정보임에는 틀림없지만, 기업들은 영업이익이 0인 지점을 목표로 하는 것이 아니라, 더 많은 영업이익을 목표로 한다. 따라서 CVP 분석은 기업이 목표로 하는 이익을 달성하기 위한 제품의 판매량은 얼마이며, 매출액은 얼마인가에 대한 정보를 제공해주어야 한다.

목표이익을 달성하기 위한 판매량에 대해 알아보자.

영업이익 = 매출액 − 총변동원가 − 총고정원가
영업이익 = (판매가격 × 판매량) − (단위당 변동비 × 판매량) − 총고정원가
영업이익 = (판매가격 − 단위당 변동비) × 판매량 − 총고정원가

여기서, 영업이익을 기업이 목표로 하고자 하는 '목표이익'으로 바꾸면,

목표이익 = (판매가격 − 단위당 변동비) × 목표이익의 판매량 − 총고정원가
(총고정원가 + 목표이익) = (판매가격 − 단위당 변동비) × 목표이익의 판매량

위 식을 정리하면, 목표이익을 달성하기 위한 판매량은 아래와 같다.

$$\text{목표이익의 판매량} = \frac{\text{총고정원가} + \text{목표이익}}{(\text{판매가격} - \text{단위당 변동비})}$$

$$\text{목표이익의 판매량} = \frac{\text{총고정원가} + \text{목표이익}}{\text{단위당 공헌이익}}$$

만약 위 종합예제에서 (주)YS바이크가 ₩3,000,000의 이익을 목표로 한다면,

$$\text{목표이익의 판매량} = \frac{\text{₩}900,000 + \text{₩}3,000,000}{\text{₩}60,000}$$

∴ 목표이익의 판매량=65대

목표이익을 달성하기 위한 매출액

기업이 목표이익을 달성하기 위한 매출액은 얼마인가에 대하여 알아보자.

영업이익 = 매출액 − 총변동원가 − 총고정원가
목표이익 = 목표이익의 매출액 − 총변동원가 − 총고정원가
목표이익 = 목표이익의 매출액 − (변동원가율 × 목표이익의 매출액) − 총고정원가

목표이익의 매출액으로 묶으면,

목표이익 = (1 − 변동원가율) × 목표이익의 매출액 − 총고정원가

여기서, (1 − 변동원가율)은 결국 공헌이익률을 의미하므로, 정리하면 다음과 같다.

목표이익 = 공헌이익률 × 목표이익의 매출액 − 총고정원가
(총고정원가 + 목표이익) = 공헌이익률 × 목표이익의 매출액

위 식을 한 번 더 정리하면, 목표이익을 달성하기 위한 매출액은 다음과 같다.

$$목표이익의\ 매출액 = \frac{총고정원가 + 목표이익}{공헌이익률}$$

만약 위 종합예제에서 (주)YS바이크가 ₩3,000,000의 이익을 목표로 한다면,

$$목표이익의\ 매출액 = \frac{₩900,000 + ₩3,000,000}{0.6}$$

$$\therefore\ 목표이익의\ 매출액 = ₩6,500,000$$

법인세를 고려하는 경우

지금까지 CVP 분석에서는 세금과 관련된 부분을 전혀 고려하지 않았다. 그러나 많은 기업들이 전략적 의사결정과정에서 목표이익을 정할 때, 세전이익보다는 세후이익에 초점을 두게 된다. 경영자 입장에서는 세전에 얼마의 이익을 벌어들였는가보다는 세후에 얼마의 이익이 남았는가가 더 중요하기 때문이다. 즉 기업은 목표이익을 정할 때, 법인세를 납부한 이후에 얼마의 이익을 남기는가에 초점을 두게 된다.

그러나 앞서 살펴본 바와 같이, CVP 분석에 이용되는 영업이익은 법인세가 고려되지 않은 세전이익이다. 따라서 기업의 경영자가 세후이익을 목표이익으로 제시한다면, 이를 세전이익으로 변환하여 CVP 분석에 이용해야 할 것이다.

세전이익과 세후이익 간의 관계는 아래와 같다.

$$세전이익 = \frac{세후이익}{(1-세율)}$$

만약 위 종합예제에서 (주)YS바이크의 경영자가 ₩4,200,000의 세후이익을 목표로 하고 있고, 현재 법인세율이 30%라고 가정하자. 이때 ₩4,200,000의 세후이익을 달성하기 위한 목표판매량과 목표매출액은 얼마가 되겠는가?

$$\text{세전이익} = \frac{₩4,200,000}{(1-0.3)}$$

∴ 세전이익 = ₩6,000,000

$$\text{목표이익의 판매량} = \frac{\text{고정비} + \text{목표이익(세전이익)}}{\text{단위당 공헌이익}}$$

$$\text{목표이익의 판매량} = \frac{₩900,000 + ₩6,000,000}{₩60,000}$$

∴ 목표이익의 판매량 = 115대

$$\text{목표이익의 매출액} = \frac{\text{고정비} + \text{목표이익(세전이익)}}{\text{공헌이익률}}$$

$$\text{목표이익의 매출액} = \frac{₩900,000 + ₩6,000,000}{0.6}$$

∴ 목표이익의 매출액 = ₩11,500,000

따라서 ₩4,200,000의 세후이익을 달성하기 위해서는 오토바이 115대를 판매해야 하고, ₩11,500,000의 매출액을 올려야 한다.

안전한계

안전한계(margin of safety)란 목표로 하고 있는 매출액(판매량)이 손익분기점 매출액(판매량)을 초과하는 부분을 의미한다.

안전한계 매출액은 목표로 하고 있는 매출액이 손익분기점 매출액에서 얼마만큼 떨어져 있는가 하는 것이다. 기업은 안전한계 매출액이 크면 클수록 유리하다. 즉 안전한계 매출액은 손실이 발생하지 않는 수준에서 목표매출액의 최대 감소폭을 의미한다.

안전한계 매출액＝목표(실제)매출액－손익분기점 매출액

마찬가지로 안전한계 판매량은 목표로 하고 있는 판매량이 손익분기점 판매량에서 얼마만큼 떨어져 있는가 하는 것이다. 기업은 안전한계 판매량이 크면 클수록 유리하다. 즉 안전한계 판매량은 손실이 발생하지 않는 수준에서 목표판매량의 최대 감소폭을 의미한다.

안전한계 판매량＝목표(실제)판매량－손익분기점 판매량

종합예제에서 (주)YS바이크의 손익분기점 매출액은 ₩1,500,000이다. 현재 (주)YS바이크의 경영자가 목표하는 매출액이 ₩2,000,000이라고 할 때 안전한계 매출액은 얼마인가?

안전한계 매출액 ＝ 목표(실제)매출액 － 손익분기점 매출액

안전한계 매출액 ＝ ₩2,000,000 － ₩1,500,000

∴ 안전한계 매출액＝₩500,000

현재 목표매출액인 ₩2,000,000에서 안전한계 매출액인 ₩500,000이 감소되어 ₩1,500,000의 매출액이 된다 해도 기업이 최소한 손실을 보지는 않음을 의미한다.

또한 종합예제에서 (주)YS바이크의 손익분기점 판매량은 15대이다. 현재 (주)YS바이크의 경영자가 목표하는 판매량이 20대라고 할 때 안전한계 판매량은 얼마인가?

안전한계 판매량 ＝ 목표(실제)판매량 － 손익분기점 판매량

안전한계 판매량 = 20대 − 15대

∴ 안전한계 판매량=5대

현재 목표판매량인 20대에서 안전한계 판매량인 5대가 감소되어 15대를 판매해도 기업이 최소한 손실을 보지는 않음을 의미한다.

안전한계율(margin of safety ratio)이란 목표(실제)매출액에서 안전한계 매출액이 차지하고 있는 비중을 의미한다. 기업이 최소한 손실을 보지 않는 상황하에서 매출액의 최대감소비율을 의미한다.

$$\text{안전한계율} = \frac{\text{안전한계 매출액}}{\text{목표(실제)매출액}}$$

또한 안전한계율은 아래와 같이 계산할 수 있다.

$$\text{안전한계율} = \frac{\text{영업이익}}{\text{공헌이익}}$$

현재 목표매출액이 ₩2,000,000이고 안전한계 매출액이 ₩500,000이라면, 안전한계율은 25%이다. 즉 현재 목표매출액인 ₩2,000,000에서 최대 25%까지 감소한다 해도 최소한 손실은 발생하지 않는다. 그러나 25%를 넘어서면 손실이 발생하게 된다.

영업레버리지

영업레버리지(operating leverage)는 영업활동에 따른 매출액의 증가율에 비해 영업이익의 증가율이 급격하게 변화하는 현상을 의미한다. 즉 매출액이 조금만 변화했음에도 영업이익의 증가가 매우 크게 나타나는 현상이다. 기업의 영업레버리지가 높다면 작은 매출액 증가에도 큰 영업이익의 증가가 나타난다.

영업레버리지도(degree of operating leverage)는 영업이익 증가율을 매출액 증가율로 나눈 값이다.

$$\text{영업레버리지도} = \frac{\text{영업이익 증가율}}{\text{매출액 증가율}}$$

만약 기업의 영업레버리지도가 3이라면, 매출액의 5% 증가는 영업이익을 15% 증가시킴을 의미한다.

또한 영업레버리지도는 아래와 같이 계산할 수 있다.

$$\text{영업레버리지도} = \frac{\text{공헌이익}}{\text{영업이익}}$$

CVP 분석의 가정

기업이 CVP 분석을 수행하기 위해서는 몇 가지 가정에 기초해야 한다.

- 수익과 원가의 변동은 조업도의 변동에 의해서만 결정된다. CVP 분석은 수익과 원가에 영향을 미칠 수 있는 원가동인이 조업도뿐이라는 가정이 요구된다. 즉 다양한 원가동인에 대해서는 고려하지 않는다.

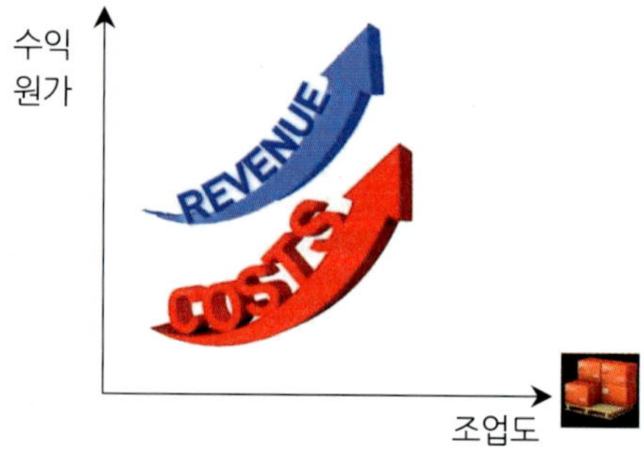

수익과 원가의 변동은 조업도의 변동에 의해서만 결정된다.

• 수익과 원가의 변동행태는 결정되어 있고, 관련범위 내에서 조업도수준과 선형(직선)의 관계를 지녀야 한다. 이를 충족시키기 위해서는 판매가격, 단위당 변동원가 그리고 총고정원가가 일정해야 한다. CVP 분석에서는 대량 구매주문에 따른 판매가격 할인이나, 학습효과에 따른 원가절감 등은 고려하지 않는다.

판매가격은 일정해야 한다

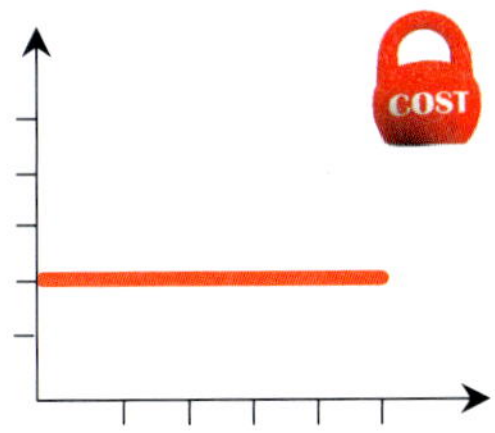

단위당 변동원가는 일정해야 한다

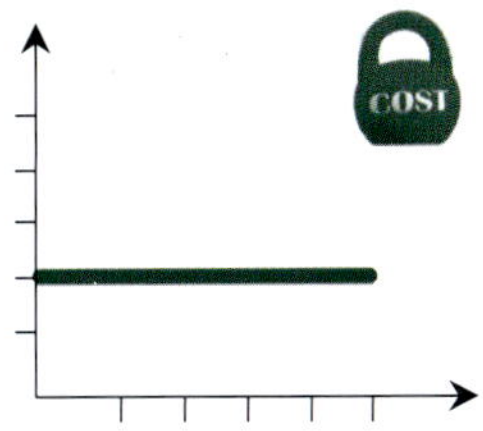

총고정원가는 일정해야 한다

• 단일제품이어야 하며, 복수의 제품일 경우에는 매출배합이 일정하게 유지된다. 즉 복수의 제품이 존재할 경우에는 매출배합을 고려해서 기업 전체의 CVP 분석을 수행해야 한다.

매출배합이 일정해야 한다

• 생산량과 판매량은 일치한다. CVP 분석은 생산량과 판매량이 같다는 가정하에서 분석이 이루어지며, 재고와 관련된 문제는 고려하지 않는다.

생산량과 판매량은 일치한다

08 용어정리

CVP 분석[원가(Cost)–조업도(Volume)–이익(Profit) 분석]
판매량(sales volume)이 변화할 때 원가(cost)가 어떻게 달라지는지 그리고 기업의 이익(profit)이 어떻게 영향을 받게 되는지를 분석하는 방법

공헌이익(contribution margin)
매출액에서 변동원가를 차감한 값

공헌이익률(CM ratio)
매출액 중에서 총공헌이익이 차지하고 있는 비중. 판매가격 중에서 단위당 공헌이익이 차지하고 있는 비중

단위당 공헌이익(unit contribution margin)
판매가격에서 단위당 변동원가를 차감한 값

변동원가율(variable cost ratio)
매출액 중에서 총변동원가가 차지하고 있는 비중. 판매가격 중에서 단위당 변동원가가 차지하고 있는 비중

손익분기점(break-even point)
총수익과 총비용이 같아지는 지점. 즉 영업이익이 0인 지점

안전한계(margin of safety)
목표로 하고 있는 매출액(판매량)이 손익분기점 매출액(판매량)을 초과하는 부분

안전한계율(margin of safety ratio)
목표(실제)매출액에서 안전한계매출액이 차지하고 있는 비중

영업레버리지(operating leverage)
영업활동에 따른 매출액의 증가율에 비해 영업이익의 증가율이 급격하게 변화하는 현상

주관식 개념문제

1. 경영자가 CVP 분석을 통해 얻을 수 있는 정보에 대해 설명하라.

2. 단위당 공헌이익이 의미하는 바가 무엇인지 설명하라.

3. 손익분기점의 의미에 대해 설명하라.

4. 안전한계의 개념에 대해 설명하라.

5. 영업레버리지의 개념에 대해 설명하라.

6. CVP 분석을 수행하기 위해서 필요한 가정에 대해 설명하라.

객관식 개념문제

1. 다음은 CVP 그래프이다. 번호별 의미가 틀린 것은? (Garrison et al. 수정)

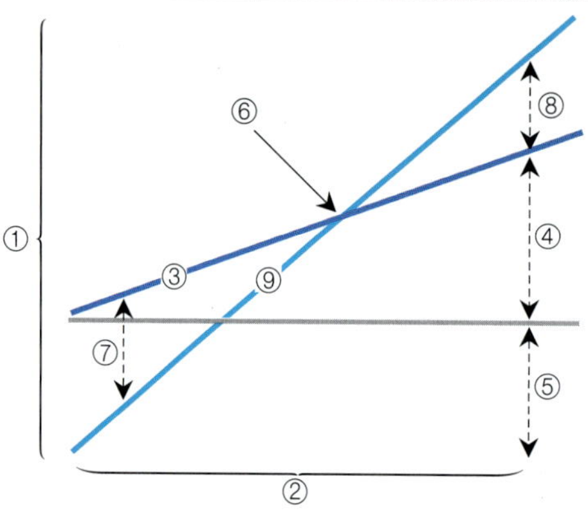

① 금액 ② 판매량 ③ 총원가선
④ 총변동비 ⑤ 총고정비 ⑥ 손익분기점
⑦ 손실 ⑧ 공헌이익 ⑨ 총수익선

2. 다음 중 CVP 분석을 위해 요구되는 가정이 아닌 것은?

① 수익과 원가의 변동은 조업도의 변동에 의해서만 결정된다.
② 수익과 원가의 변동행태는 결정되어 있고, 관련범위 내에서 조업도수준과 선형(직선)의 관계를 지녀야 한다.
③ 생산량과 판매량은 일치한다.
④ 판매가격이 일정해야 한다.
⑤ 총변동원가가 일정해야 한다.

정답

1. ⑧ **2.** ⑤

기본문제

1. (주)YS바이크는 오토바이를 판매하고 있으며, 경영자는 당기 공헌이익 손익계산서를 관리회계 팀으로부터 보고받고 아래와 같은 다양한 분석을 요구하였다. 당기의 오토바이 판매량은 45대였다.

공헌이익 손익계산서

매 출 액(45대)	₩67,500
변 동 비	40,500
공 헌 이 익	27,000
고 정 비	22,800
영 업 이 익	₩4,200

요구사항

1. 단위당 공헌이익과 변동원가율을 구하라.
2. 공헌이익률을 구하라.
3. (주)YS바이크가 오토바이를 5대 더 판매하였다면 이익은 얼마나 증가하는가?
4. 손익분기점 판매량과 손익분기점 매출액을 각각 구하라.
5. 다음 기의 매출액이 ₩30,000 증가할 것이라고 예상한다면, 다른 조건이 일정하다는 가정하에 영업이익은 얼마만큼 증가하겠는가? (요구사항 2.의 결과를 이용할 것)
6. (주)YS바이크의 경영자는 다음 기에 목표이익을 ₩9,600으로 계획하고 있다. 목표이익을 달성하기 위해 판매해야 할 판매량은 몇 대인가?
7. 다음 기 법인세율이 20%라고 가정한다면 요구사항 6.의 결과는 몇 대가 되는가?
8. 다음 기 법인세율이 20%라고 가정한다면 (주)YS바이크가 매출액의 12%만큼 법인세차감후순이익을 달성하기 위해서 몇 대의 오토바이를 판매해야 하는가?
9. 영업레버리지도를 구하라. (소수점 넷째자리에서 반올림할 것)
10. 요구사항 9.의 결과를 이용하여 다음 기 매출액의 20% 증가에 따른 영업이익 증가율을 구하라.
11. 안전한계 매출액을 구하라.
12. 안전한계율을 구하라.
13. 단위당 판매가격이 일정하다고 할 때 안전한계 판매량을 계산한다면 몇 대인가?

풀이 및 해설

1. 단위당 공헌이익 : ₩600, 변동원가율 : 60%
2. 공헌이익률 : 40%
3. ₩3,000 증가
4. ₩22,800/(₩1,500－₩900)＝손익분기점 판매량 : 38대
   ₩22,800/0.4＝손익분기점 매출액 : ₩57,000
5. ₩30,000×40%＝₩12,000
6. (₩22,800＋₩9,600)/(₩1,500－₩900)＝54대
7. [₩22,800＋₩9,600/(1－0.2)]/(₩1,500－₩900)＝58대
8. 판매량을 Q로 놓으면,

   $$₩1{,}500Q = ₩900Q + ₩22{,}800 + \frac{₩1{,}500Q \cdot 0.12}{(1-0.2)}$$

   ∴ 판매량(Q)＝60.8대(61대)
9. 공헌이익/영업이익＝₩27,000/₩4,200＝6.429
10. 6.429×20%＝128.58%
11. 현재 매출액－손익분기점 매출액＝₩67,500－₩57,000＝₩10,500
12. ₩10,500/₩67,500＝15.56%
13. 현재 판매량－손익분기점 판매량=45대－38대=7대

연습문제

1. [공헌이익] 다음 빈칸 안에 들어갈 올바른 값을 고르라. (가), (나), (다)는 서로 독립적이다.

	단위당 판매가격	단위당 변동원가	단위당 공헌이익	공헌이익률
(가)	₩6,400	Ⓐ	₩2,880	Ⓑ
(나)	Ⓒ	Ⓓ	930	31%
(다)	Ⓔ	Ⓕ	3,250	25%

① Ⓐ - ₩3,000
② Ⓑ - 40%
③ Ⓒ - ₩4,000
④ Ⓓ - ₩2,000
⑤ Ⓕ - ₩9,750

2. [공헌이익] (주)YS바이크는 오토바이를 판매하고 있으며, 경영자는 당기 공헌이익 손익계산서를 관리회계팀으로부터 보고받고 아래와 같은 분석을 요구하였다. 당기의 오토바이 판매량은 45대였다. 오토바이를 10대 더 판매하였다면 이익은 얼마나 증가하는가?

공헌이익 손익계산서

매 출 액(45대)	₩67,500
변 동 비	31,500
공 헌 이 익	36,000
고 정 비	22,800
영 업 이 익	₩13,200

① ₩3,000 증가
② ₩4,000 증가
③ ₩5,000 증가
④ ₩7,000 증가
⑤ ₩8,000 증가

3. [공헌이익] (주)백운이 3월 한 달 동안 판매한 제품수량은 5,000단위이고, 단위당 공헌이익이 ₩20, 고정비가 ₩40,000이다. (주)백운의 3월 영업이익은 얼마인가?

① ₩20,000
② ₩30,000
③ ₩40,000
④ ₩50,000
⑤ ₩60,000

4. **[공헌이익]** (주)청연의 20×1년 영업이익은 ₩30,000이고, 손익분기점의 매출액은 ₩300,000, 공헌이익률은 30%이다. (주)청연의 20×1년 매출액은 얼마인가?

① ₩30,000 ② ₩60,000 ③ ₩90,000
④ ₩200,000 ⑤ ₩400,000

5. **[목표이익]** (주)가람의 변동비는 매출액의 40%이다. 총고정비가 ₩20,000일 때 매출액의 20%에 해당하는 목표이익을 얻기 위한 매출액은 얼마인가?

① ₩10,000 ② ₩20,000 ③ ₩30,000
④ ₩40,000 ⑤ ₩50,000

6. **[목표이익]** (주)YSB는 단일제품을 제조·판매하고 있다. 총고정비 ₩350,000, 단위당 공헌이익 ₩500, 목표이익 ₩100,000일 경우 목표이익을 실현하기 위한 판매수량은?

① 200개 ② 500개 ③ 700개
④ 900개 ⑤ 1,000개

7. **[목표이익]** (주)감평은 단위당 판매가격이 ₩300이고, 단위당 변동원가가 ₩180인 단일제품을 생산 및 판매하고 있다. (주)감평의 최대조업도는 5,000단위이고, 고정원가는 조업도수준에 따라 변동하며 이와 관련된 자료는 다음과 같다. (주)감평이 달성할 수 있는 최대 영업이익은?

(2019년 감정평가사 기출문제)

연간조업도	고정원가
0~2,000단위	₩300,000
2,001~4,000단위	450,000
4,001~5,000단위	540,000

① ₩12,000 ② ₩15,000 ③ ₩24,000
④ ₩30,000 ⑤ ₩60,000

8. [손익분기점] (주)청솔아이스는 건강음료를 판매하는 기업이다. (주)청솔아이스는 건강음료 한 병당 ₩500에 판매하고 있다. 20×1년 한 해 동안 발생한 수익과 비용은 다음과 같다. 손익분기점의 판매량과 매출액은 각각 얼마인가?

매출액	₩1,800,000	변동판매비	₩70,000
직접재료원가	430,000	고정판매비	65,000
직접노무원가	360,000	변동관리비	20,000
변동제조간접원가	380,000	고정관리비	60,000
고정제조간접원가	280,000		

	손익분기점의 판매량	손익분기점의 매출액
①	2,700개	₩1,600,000
②	2,700개	₩1,900,000
③	27개	₩1,350,000
④	2,700개	₩1,350,000
⑤	27개	₩1,900,000

9. [손익분기점] (주)고앤정은 20×1년에 영업손실을 기록했다. 20×1년 (주)고앤정의 판매량은 5,000개이고, 수익과 비용 관련 정보는 아래와 같다.

	총 액	변동비	고정비
매출액	₩2,500,000		
매출원가	2,240,000	₩1,640,000	₩600,000
판매비	250,000	92,000	158,000
관리비	210,000	68,000	142,000

경영진들은 숙고한 끝에 20×2년에는 판매가격을 20% 올릴 계획이다. 20×2년에도 판매량과 비용의 변화는 없다고 가정할 때, 20×2년 손익분기점의 매출액은 얼마인가?

① ₩1,200,000 ② ₩1,333,333 ③ ₩2,250,000
④ ₩2,500,000 ⑤ ₩3,000,000

10. [목표이익] 다음은 단일제품을 생산, 판매하는 (주)관세의 20×1년 요약 공헌이익 손익계산서이다. (주)관세는 20×2년에 고정원가를 ₩5,000 증가시키고 단위당 변동원가를 ₩20 감소시켜, ₩22,000의 영업이익을 달성하고자 한다. 20×2년의 판매단가가 20×1년과 동일하다면 20×2년의 판매량은 20×1년보다 몇 단위가 증가해야 하는가? (단, 매년 생산량과 판매량은 동일하다) (2019년 관세사 기출문제)

구 분	금 액	단위당 금액
매출액	₩80,000	₩250
−변동원가	−48,000	150
=공헌이익	₩32,000	100
−고정원가	−15,000	
=영업이익	₩17,000	

① 10단위 ② 15단위 ③ 20단위
④ 25단위 ⑤ 30단위

11. [목표이익] (주)청송은 단일제품을 생산·판매하고 있으며, 단위당 변동원가는 ₩200, 손익분기점 매출액은 ₩50,000, 공헌이익률은 20%이다. 목표이익 ₩40,000을 달성하기 위한 제품의 생산·판매량은? (2013년 세무사 기출문제 수정)

① 500단위 ② 700단위 ③ 900단위
④ 1,000단위 ⑤ 1,200단위

12. [목표이익] (주)정의는 특허출원에 대한 법률서비스를 제공하려고 한다. 이 서비스의 손익분기점 매출액은 ₩15,000,000, 공헌이익률은 40%이다. (주)정의가 동 서비스로부터 ₩2,000,000의 이익을 획득하기 위한 매출액은? (2004년 세무사 기출문제 수정)

① ₩6,000,000 ② ₩8,000,000 ③ ₩9,000,000
④ ₩20,000,000 ⑤ ₩22,000,000

13. [안전한계] 다음은 (주)숙명의 제품 관련 자료이다. (주)숙명의 안전한계 매출액은?

• 매출액	₩150,000	• 고정원가	₩50,000
• 단위당 판매가격	10	• 단위당 변동원가	6

① ₩20,000 ② ₩25,000 ③ ₩30,000
④ ₩35,000 ⑤ ₩40,000

14. [법인세 고려] 단일제품 A를 제조하는 (주)한국의 제품생산 및 판매와 관련된 자료는 다음과 같다. 법인세율이 20%일 경우, 세후순이익 ₩120,000을 달성하기 위한 제품 A의 판매수량은? (단, 제품 A의 단위당 공헌이익은 동일하다) (2020년 9급공무원 기출문제)

총판매량	200개
총공헌이익	₩200,000
총고정원가	₩150,000

① 120개 ② 150개 ③ 270개
④ 300개 ⑤ 320개

15. [법인세 고려] (주)YSB는 시장에서 인기가 많아 생산하는 즉시 판매되는 제품 A를 생산하고 있다. 세율은 30%이며, 20×1년 9월과 10월의 원가자료는 아래와 같다.

	9월	10월
단위당 판매가격	₩600	₩500
단위당 변동원가	300	240
고정원가	540,000	550,000

(주)YSB의 9월, 10월 당기순이익이 각각 ₩84,000과 ₩70,000이라면 9, 10월의 매출액은 얼마인가? (2009년 공인회계사 기출문제 수정)

	9월	10월
①	₩1,248,000	₩1,192,308
②	₩1,248,000	₩1,250,000
③	₩1,320,000	₩1,057,692
④	₩1,320,000	₩1,192,308
⑤	₩1,320,000	₩1,250,000

16. [법인세 고려] (주)청송은 단일제품을 생산하고 있으며, 주문받은 수량만을 생산하여 해당연도에 모두 판매한다. (주)청송의 법인세율은 40% 단일세율이며, 관련 자료는 다음과 같다.

	20×1년	20×2년
제품 단위당 변동원가	₩600	₩720
매 출 액	2,000,000	2,500,000
총고정원가	400,000	510,000

(주)청송의 20×1년 세후이익은 ₩240,000이며, 20×2년 세후이익은 20×1년보다 10% 증가하였다. (주)청송의 20×2년 공헌이익률은 얼마인가? (2011년 세무사 기출문제 수정)

① 36% ② 38% ③ 40%
④ 42% ⑤ 44%

17. [CVP] (주)감평의 총변동원가가 ₩240,000, 총고정원가가 ₩60,000, 공헌이익률이 40%이며, 법인세율은 20%이다. 이에 관한 설명으로 옳지 않은 것은? (단, 기초재고와 기말재고는 동일하다)

(2019년 감정평가사 기출문제)

① 매출액은 ₩400,000이다.
② 안전한계율은 62.5%이다.
③ 영업레버리지도는 1.2이다.
④ 세후영업이익은 ₩80,000이다.
⑤ 손익분기점 매출액은 ₩150,000이다.

18. [CVP] (주)관세의 20×1년 자료는 다음과 같다. 다음 설명 중 옳은 것은?

(2018년 관세사 기출문제)

• 매출액	₩50,000	• 변동원가	₩30,000
• 공헌이익	20,000	• 고정원가	15,000
• 영업이익	5,000		

① 공헌이익률은 60%이다.
② 안전한계율(margin of safety percentage)은 30%이다.
③ 손익분기점 매출액은 ₩40,000이다.
④ 영업레버리지도는 5이다.
⑤ 판매량이 10% 증가하면 영업이익은 ₩2,000 증가한다.

19. [CVP] (주)가람의 20×1년 공헌이익 손익계산서는 다음과 같다.

공헌이익 손익계산서

매 출 액(1,000단위)	₩600,000
변 동 원 가	300,000
공 헌 이 익	300,000
고 정 원 가	200,000
영 업 이 익	100,000

공인회계사인 김철수 씨의 다음 분석 중 옳지 않은 것을 고르면? (2000년 세무사 기출문제 수정)

① 안전한계율은 0.33이다.
② 세율이 40%라고 가정한다면 세후이익 ₩60,000을 달성하기 위한 매출액은 ₩600,000이다.
③ 손익분기점 판매량은 667단위이다.
④ 매출액이 50% 감소하면 영업이익은 150% 감소한다.
⑤ 매출액이 40% 감소하면 장부에 기록되는 영업손실은 ₩30,000이다.

20. [안전한계] (주)창조는 축구공을 생산 · 판매하는 회사이다. 다음은 회사의 1분기 예산자료이다. 목표판매량을 25,000개로 결정하였을 때 안전한계 판매량은?

• 매출액(@₩7,000)	₩175,000,000	• 단위당 변동원가	₩2,500
• 고정원가	45,000,000		

① 10,000대 ② 12,500대 ③ 15,000대
④ 17,500대 ⑤ 25,000대

21. [CVP] 3월에 (주)정의의 매출액은 ₩700,000이고 공헌이익률은 54%이며 영업레버리지도는 3이다. 4월에 고정원가인 광고비를 3월보다 ₩30,000 증가시키면 매출이 3월보다 10% 증가하며 공헌이익률의 변화는 없다. (주)정의가 광고비를 ₩30,000 증가시킬 때, 4월의 영업이익은? (2017년 세무사 기출문제)

① ₩98,000 ② ₩102,100 ③ ₩115,800
④ ₩128,500 ⑤ ₩133,800

22. [법인세 고려] (주)청솔은 20×1년 초에 설립되어 인공지능을 이용한 스피커를 생산하고 있다. 스피커의 단위당 변동원가는 ₩6,000이며 연간 고정원가 총액은 ₩1,500,000이다. (주)청솔은 당기에 국내시장에서 스피커 300단위를 판매하고, 국내시장에서 판매하고 남는 스피커는 해외시장에 판매할 계획이다. 스피커의 국내 판매가격은 단위당 ₩10,000이며, 해외 판매가격은 단위당 ₩9,000이다. 해외시장에 판매하더라도 원가구조에는 변함이 없으며, 국내시장에 미치는 영향은 없다. 법인세율이 20%일 경우 손익분기점 판매량은? (2018년 세무사 기출문제)

① 350단위 ② 375단위 ③ 400단위
④ 450단위 ⑤ 500단위

심화문제

23. [손익분기점] 최예쁨 씨는 대구구장 안에서 음료수를 판매하고 있다. 음료수는 개당 ₩500에 구입하여 ₩1,000에 판매한다. 매월 임차료 등 고정비용이 ₩400,000 발생한다. 최근 음료수의 구입가격이 ₩100 인상되었고, 대구구장의 월임차료도 ₩100,000 인상되었다. 최예쁨 씨가 기존과 동일한 손익분기점 판매량을 유지하기를 원한다고 할 때, 판매가격을 얼마로 인상시켜야 하는가?

① ₩1,000　② ₩1,225　③ ₩1,500
④ ₩2,000　⑤ ₩3,000

24. [법인세 고려] (주)청송은 11월 매출액 ₩80,000, 총비용 ₩104,000으로 영업손실 ₩24,000을 기록했다. (주)청송의 현재 판매가격은 단위당 ₩200, 변동원가율은 80%이다. 다음달 (주)청송은 손실을 만회하기 위한 전략을 수립하였다. 이로 인해 고정판매비는 ₩20,000만큼 증가하게 되지만, 단위당 변동원가는 유지될 것으로 예상된다. 판매량이 800개일 경우, ₩24,000의 세후이익을 달성하기 위해 판매가격을 얼마로 결정해야 하는가? (단, 세율은 40%로 가정한다)
(2003년 공인회계사 기출문제 수정)

① ₩285　② ₩260　③ ₩125
④ ₩100　⑤ ₩200

25. [CVP] (주)청연은 새해를 맞이하여 판매와 이익 계획을 세우고자 한다. 20×1년 순이익 목표는 ₩5,000,000이고, 제품의 한 단위 판매가는 ₩10,000이며 공헌이익률은 40%일 때, 다음 자료에 따른 판매량은 얼마인가?

생산량	고정원가
500개 미만	₩200,000
500개 이상 1,000개 미만	600,000
1,000개 이상	1,000,000

① 1,100개　② 1,300개　③ 1,500개
④ 2,000개　⑤ 2,500개

26. [손익분기점] (주)YSB는 200실 규모의 YSB호텔을 운영하고 있는데 연간 고정원가는 ₩2억이고, 객실의 1일 회원가는 ₩50,000, 임대한 객실의 변동원가는 ₩20,000이다. YSB호텔의 휴무일은 없으며 회원만 이용할 수 있다고 할 때, 손익분기점에 도달하기 위한 객실임대율은 얼마인가? (단, 회원가입비로 (주)YSB는 당기 ₩80,000,000을 받았다) (2001년 공인회계사 기출문제 수정)

① 5.48%　② 9.13%　③ 3.29%
④ 10%　⑤ 12.16%

정답 및 해설

1. ⑤

Ⓐ ₩6,400 − ₩2,880 = ₩3,520
Ⓑ ₩2,880/₩6,400 = 45%
Ⓒ ₩930/31% = ₩3,000
Ⓓ ₩3,000 − ₩930 = ₩2,070
Ⓔ ₩3,250/25% = ₩13,000
Ⓕ ₩13,000 − ₩3,250 = ₩9,750

2. ⑤

단위당 공헌이익 : (₩67,500 − ₩31,500)/45대 = ₩800
₩800 × 10대 = ₩8,000

3. ⑤

$$판매량 = \frac{총고정원가 + 영업이익}{단위당\ 공헌이익}$$

$$5{,}000단위 = \frac{₩40{,}000 + 영업이익}{20}$$

∴ 영업이익 = ₩60,000

4. ⑤

매출액(s) = 변동비 + 고정비 + 영업이익
매출액(s) = 0.7 × s + ₩90,000 + ₩30,000
여기서, 고정비 = 손익분기점 매출액 × 공헌이익률 = ₩300,000 × 0.3 = ₩90,000
∴ 매출액(s) = ₩400,000

5. ⑤

매출액(s) = 변동비 + 고정비 + 영업이익
s = 0.4s + ₩20,000 + 0.2s
0.4s = ₩20,000
∴ 매출액(s) = ₩50,000

6. ④

(₩350,000＋₩100,000)/₩500＝900개

7. ⑤

생산량이 2,000단위일 경우 : 2,000단위×(₩300－₩180)－₩300,000＝－₩60,000
생산량이 4,000단위일 경우 : 4,000단위×(₩300－₩180)－₩450,000＝₩30,000
생산량이 5,000단위일 경우 : 5,000단위×(₩300－₩180)－₩540,000＝₩60,000
∴ 최대 영업이익＝₩60,000

8. ④

매출액＝₩1,800,000
총변동원가＝₩430,000＋₩360,000＋₩380,000＋₩70,000＋₩20,000＝₩1,260,000
총공헌이익＝₩1,800,000－₩1,260,000＝₩540,000
총고정원가＝₩280,000＋₩65,000＋₩60,000＝₩405,000
영업이익＝₩135,000
변동원가율＝₩1,260,000/₩1,800,000＝70%
단위당 변동원가＝₩500×0.7＝₩350
총고정원가＝₩405,000
(판매량×판매가격)＝(단위당 변동원가×판매량)＋총고정원가
판매량×₩500＝₩350×판매량＋₩405,000
∴ 손익분기점 판매량＝2,700개
∴ 손익분기점 매출액＝2,700개×₩500＝₩1,350,000

9. ③

20×1년 판매가격 : ₩2,500,000/5,000개＝₩500
20×2년 판매가격 : ₩600(＝₩500×120%)
20×2년 매출액 : ₩3,000,000(＝5,000개×₩600)
20×2년 공헌이익률 : (₩3,000,000－₩1,800,000)/₩3,000,000＝0.4
20×2년 손익분기점의 매출액 : ₩900,000/0.4＝₩2,250,000

10. ⑤

20×1년 공헌이익 : ₩32,000
₩32,000＝20×1년 판매량×₩100
∴ 20×1년 판매량＝320단위
20×2년 영업이익 : ₩22,000
₩22,000＝공헌이익－₩20,000
∴ 공헌이익＝₩42,000
공헌이익 : ₩42,000＝20×2년 판매량×₩120
∴ 20×2년 판매량＝350단위
따라서 20×2년의 판매량은 20×1년 판매량에 비해 30단위 증가해야 한다.

11. ④

$$공헌이익률 = \frac{단위당\ 공헌이익}{판매가격}$$

$$0.2 = \frac{(판매가격 - ₩200)}{판매가격}$$

∴ 판매가격 = ₩250

$$손익분기점의\ 매출액 = \frac{총고정원가}{공헌이익률}$$

$$₩50,000 = \frac{총고정원가}{0.2}$$

∴ 총고정원가 = ₩10,000

$$목표이익의\ 판매량 = \frac{고정비 + 목표이익}{단위당\ 공헌이익} = \frac{₩10,000 + ₩40,000}{₩50}$$

∴ 목표이익의 판매량 = 1,000단위

12. ④

$$손익분기점의\ 매출액 = \frac{총고정원가}{공헌이익률}$$

$$₩15,000,000 = \frac{총고정원가}{0.4}$$

∴ 총고정원가 = ₩6,000,000

$$목표이익의\ 매출액 = \frac{고정비 + 목표이익}{공헌이익률} = \frac{₩6,000,000 + ₩2,000,000}{0.4}$$

∴ 목표이익의 매출액 = ₩20,000,000

13. ②

$$손익분기점\ 매출액 = \frac{₩50,000}{(₩10 - ₩6)/₩10} = ₩125,000$$

안전한계 매출액 = 현재 매출액 − 손익분기점 매출액 = ₩150,000 − ₩125,000 = ₩25,000

14. ④

단위당 공헌이익 : ₩200,000 ÷ 200개 = ₩1,000

세후순이익 ₩120,000을 달성하기 위한 제품 A의 판매수량을 Q로 설정하면,

Q × ₩1,000 − ₩150,000 = ₩120,000 ÷ (1 − 20%)

∴ Q = 300개

15. ⑤

9월 : 9월 공헌이익률 = 단위당 공헌이익/단위당 판매가 = (₩600 − ₩300)/₩600 = 0.5

공헌이익 = ₩540,000 + (₩84,000/0.7) = ₩660,000

공헌이익률 = 공헌이익/매출액 = ₩660,000/매출액 = 0.5

9월 매출액 : ₩1,320,000

10월 : 10월 공헌이익률=단위당 공헌이익/단위당 판매가=(₩500－₩240)/₩500=0.52
공헌이익=₩550,000+(₩70,000/0.7)=₩650,000
공헌이익률=공헌이익/매출액=₩650,000/매출액=0.52
10월 매출액 : ₩1,250,000

16. ②

₩2,500,000×공헌이익률=₩510,000+(₩240,000×110%)/(1－40%)
∴ 공헌이익률=38%

17. ③

매출액	₩400,000	₩240,000÷0.6=₩400,000
변동원가	(240,000)	
공헌이익	160,000	
총고정원가	(60,000)	
영업이익	100,000	
법인세	(20,000)	
세후영업이익	₩80,000	₩100,000－(₩100,000×0.2)=₩80,000

영업레버리지도$=\frac{₩160,000}{₩100,000}=1.6$

18. ⑤

① 공헌이익률 : $\frac{₩20,000}{₩50,000}=40\%$

② 안전한계율 : $\frac{₩5,000}{₩20,000}=25\%$

③ 손익분기점 매출액 : 0.4×손익분기점 매출액－₩15,000=0
∴ 손익분기점 매출액=₩37,500

④ 영업레버리지도 : $\frac{₩20,000}{₩5,000}=4$

⑤ 영업레버리지도×0.1×₩5,000=₩2,000

19. ⑤

현재 영업레버리지도 : 3
매출액 40% 감소시 영업이익(손실) : ₩100,000×(1－0.4×3)=(₩20,000)

20. ③

손익분기점 판매량 : ₩45,000,000/(₩7,000－₩2,500)=10,000대
안전한계 판매량 : 25,000대－10,000대=15,000대

21. ⑤

	3월		4월
	₩700,000	→ 10%↑	₩770,000
	54%		54%
공헌이익	₩378,000		₩415,800
고정 :	252,000	→	282,000
영업이익	₩126,000		₩133,800

22. ③

국내에서 300단위 판매

X=300단위 판매 후 외국판매량 손익분기점

₩10,000×300+₩9,000X=₩6,000×(300+X)+₩1,500,000

국내 300단위+외국 100단위=400단위일 때 손익분기점 판매량

참고) 손익분기점 판매량은 영업이익이 0이기 때문에 법인세를 고려할 필요가 없다.

23. ②

$$\text{기존 손익분기점 판매량}=\frac{₩400,000}{(₩1,000-₩500)}=800$$

$$\text{새로운 손익분기점 판매량}=\frac{(₩400,000+₩100,000)}{(\text{판매가격}-₩600)}=800$$

∴ 판매가격=₩1,225

24. ①

11월 자료

단위당 변동원가 : ₩200×0.8=₩160

고정원가 : ₩80,000×(1−0.8)−X=−₩24,000

∴ X=₩40,000

12월 목표달성을 위한 판매가격

₩24,000=[(Y−₩160)×800−(₩40,000+₩20,000)]×(1−0.4)

∴ Y=₩285

25. ③

생산량	식	판매량
500개 미만	$\frac{₩5,000,000+₩200,000}{₩10,000\times0.4}=\frac{₩5,200,000}{₩4,000}=1,300$	1,300개(부적합)
500개 이상 1,000개 미만	$\frac{₩5,000,000+₩600,000}{₩10,000\times0.4}=\frac{₩5,600,000}{₩4,000}=1,400$	1,400개(부적합)
1,000개 이상	$\frac{₩5,000,000+₩1,000,000}{₩10,000\times0.4}=\frac{₩6,000,000}{₩4,000}=1,500$	1,500개(적합)

∵ 여기서, 생산량이 500개 미만인 경우와 500개 이상 1,000개 미만인 경우는 판매량이 생산량의 범위를 벗어난다. 따라서 적합한 판매량은 1,500개이다.

26. ①

객실당 공헌이익 : ₩50,000 − ₩20,000 = ₩30,000
손익분기점 : (₩2억 − ₩0.8억)/₩30,000 = 4,000실
객실임대율 : 4,000/(365 × 200) = 0.05479...

CHAPTER

9 변동원가계산

본장에서는 변동원가계산방법을 소개한다.

본장에서는 재고자산가액 결정방법으로 전부원가계산과 변동원가계산을 학습한다. 제조기업은 목적에 따라서 재고자산가액 결정방법으로 크게 두 가지 원가계산을 사용한다. 하나는 외부보고용 재무제표 작성을 목적으로 하는 전부원가계산이고, 다른 하나는 기업 경영자가 내부관리 목적으로 사용하는 변동원가계산이다. 전부원가계산은 모든 제조원가를 제품의 원가에 포함시킨다. 전부원가계산에서는 직접재료원가, 직접노무원가, 변동제조간접원가, 고정제조간접원가가 전부 제품의 원가이다. 즉 변동원가와 고정원가가 전부 재고가능원가이다. 변동원가계산은 조업도에 따라 변화하는 제조원가만을 제품의 원가로 포함시킨다. 변동원가계산에서는 직접재료원가, 직접노무원가, 변동제조간접원가만 제품의 원가이다. 즉 변동원가만이 재고가능원가이다.

두 원가계산방법의 유일한 차이점은 고정제조간접원가의 서로 다른 회계처리방법에 따른 것이다. 이러한 회계처리방법의 차이가 전부원가계산과 변동원가계산의 기말제품재고액 차이를 가져오고, 이는 다시 영업이익 차이를 가져온다. 본장에서는 전부원가계산방법과 변동원가계산방법의 차이를 알아본다.

본장에서는 구체적으로 다음과 같은 내용들을 학습한다.

- 변동원가계산과 전부원가계산은 어떠한 차이가 있는가?
- 변동원가계산과 전부원가계산의 손익계산서는 어떻게 다른가?
- 변동원가계산과 전부원가계산의 제품원가는 어떻게 다른가?
- 변동원가계산과 전부원가계산의 영업이익 차이가 발생하는 이유는 무엇인가?
- 변동원가계산과 전부원가계산의 영업이익 차이를 어떻게 조정할 수 있는가?
- 변동원가계산과 전부원가계산의 유용성은 어떻게 다른가?

런 의미에서 이를 변동원가계산이라고 부른다. 또한 변동원가계산은 직접원가계산(direct costing)이라고 부르기도 한다.

변동원가계산에서 고정제조간접원가는 제품의 원가에 포함되지 않고 발생된 기간의 기간비용으로 처리된다. 즉 고정제조간접원가는 재고자산과 매출원가에 포함되는 재고가능원가에 포함시키지 않고, 기간비용으로 분류하여 발생 즉시 당기의 비용으로 모두 처리한다.

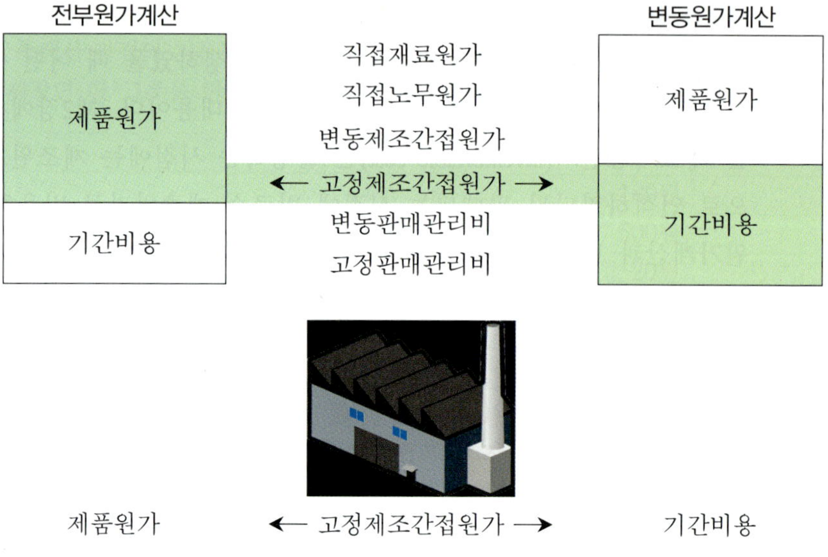

판매비와 관리비

판매비와 관리비는 전부원가계산에서도 변동원가계산에서도 모두 기간비용으로 처리된다. 즉 판매비와 관리비는 두 방법 모두에서 발생 즉시 모두 당기의 기간비용으로 처리한다.

종합예제 1

(주)YS코리아는 스타크래프트밴을 제작하여 판매한다. 7월중 400대를 생산하였고, 300대를 판매하였다. 아래는 7월중 발생한 원가자료이다. (단, 기초재고는 없다)

	단 가	총 액
직접재료원가	₩500	
직접노무원가	400	
변동제조간접원가	300	
고정제조간접원가		₩40,000
변동판매관리비	200	
고정판매관리비		20,000

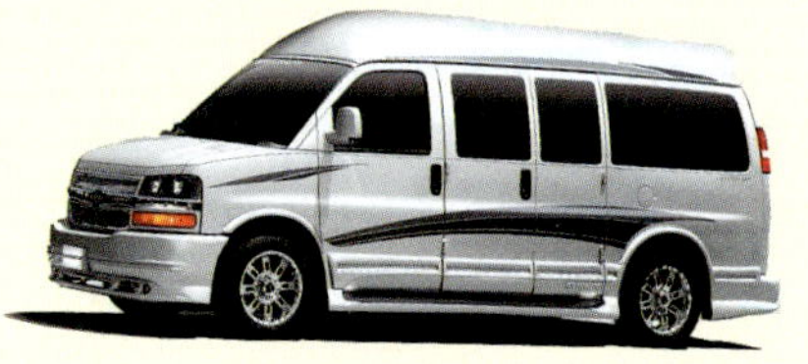

스타크래프트밴 한 대당 판매가격은 ₩2,000이다.

요구사항

1. 전부원가계산하에서의 기말제품재고액을 구하라.
2. 변동원가계산하에서의 기말제품재고액을 구하라.

풀이 및 해설

생산량은 400대, 판매량은 300대이므로 기말제품재고로 남은 수량은 100대이다.

1. 전부원가계산에서는 변동원가, 고정원가가 모두 제품의 원가에 포함된다. 즉 기업이 전부원가계산을 이용한다면 직접재료원가, 직접노무원가, 변동제조간접원가, 고정제조간접원가가 전부 기말제품 원가계산에 포함된다. 따라서 전부원가계산하에서 재무제표상의 기말제품재고액은 ₩130,000이 된다.

   기말제품재고수량(100대)×제품의 단위원가$\left(@₩500+₩400+₩300+\dfrac{₩40,000}{400대}\right)$=₩130,000

2. 변동원가계산에서는 변동원가만 제품의 원가에 포함된다. 즉 기업이 변동원가계산을 이용한다면 직접재료원가, 직접노무원가, 변동제조간접원가만 기말제품 원가계산에 포함된다. 따라서 변동원가계산하에서의 기말제품재고액은 ₩120,000이 된다.
   기말제품재고수량(100대)×제품의 단위원가(@₩500+₩400+₩300)=₩120,000

변동원가계산과 전부원가계산의 이익 비교

두 원가계산시스템의 영업이익은 어떠한 차이가 있을까? 위 종합예제를 전부원가계산방법과 변동원가계산방법으로 각각 작성한 손익계산서는 다음과 같다.

전부원가계산 손익계산서(외부보고 목적)

매출액	(300대 × ₩2,000)		₩600,000
매출원가			
기초재고자산		₩0	
당기제품제조원가			
직접재료원가	(400대 × @₩500)	200,000	
직접노무원가	(400대 × @₩400)	160,000	
변동제조간접원가	(400대 × @₩300)	120,000	
고정제조간접원가	(400대 × @₩100)	40,000	
기말재고자산	(100대 × (@₩500 + ₩400 + ₩300 + ₩100))	(130,000)	390,000
매출총이익			₩210,000
판매비와 관리비	(300대 × @₩200 + ₩20,000)		80,000
영업이익			₩130,000

변동원가계산 손익계산서(내부관리 목적)

매출액	(300대 × ₩2,000)		₩600,000
변동원가			
기초재고자산		₩0	
변동제조원가			
직접재료원가	(400대 × @₩500)	200,000	
직접노무원가	(400대 × @₩400)	160,000	
변동제조간접원가	(400대 × @₩300)	120,000	
기말재고자산	(100대 × (@₩500 + ₩400 + ₩300))	(120,000)	
변동판매관리비	(300대 × @₩200)	60,000	420,000
공헌이익			₩180,000
고정원가			
고정제조간접원가		40,000	
고정판매관리비		20,000	60,000
영업이익			₩120,000

재무제표를 작성할 목적으로 작성하는 전부원가계산방법의 손익계산서에서 비용은 크게 매출원가와 판매관리비로 구분된다. 그러나 변동원가계산방법의 손익계산서에서 비용은 크게 변동비와 고정비로 구분된다.

위 종합예제에서 전부원가계산과 변동원가계산방법하에서의 영업이익이 서로 다르다. 전부원가계산방법이 변동원가계산방법에 비해 ₩10,000 더 크게 계상되었다. 이러한 차이는 어디에서 발생한 것일까?

두 원가계산방법의 유일한 차이점은 결국 고정제조간접원가의 서로 다른 회계처리방법에 따른 것이다. 두 원가계산방법에서의 영업이익 차이(₩10,000)는 결국 기말제품재고액의 차이(₩10,000)이다. 전부원가계산에서는 고정제조간접원가를 제품의 원가로 포함시켜 계산했고, 변동원가계산에서는 고정제조간접원가를 기간비용으로 포함시켜 계산했다. 이러한 회계처리방법의 차이가 결국 전부원가계산과 변동원가계산의 기말제품재고액 차이를 가져오고, 이는 다시 영업이익 차이를 가져온 것이다.

생산량이 판매량보다 많은 경우

생산량이 판매량보다 많은 경우, 기초재고보다 기말재고가 많다. 이 경우 전부원가계산방법하에서의 영업이익이 변동원가계산방법하에서의 영업이익보다 더 크다. 그 이유는 당기에 생산한 제품의 일부가 판매되지 않고 기말재고자산으로 남게 되므로, 그만큼의 고정제조간접원가를 전부원가계산에서는 비용으로 처리하지 않고 기말재고자산으로 처리하기 때문이다. 결국 당기에 발생한 고정제조간접원가를 모두 비용화시킨 변동원가계산이 더 큰 비용을 발생시킨다. 따라서 생산량이 판매량보다 많은 경우에는 전부원가계산에 의한 영업이익이 더 크다.

생산량이 판매량보다 적은 경우

생산량이 판매량보다 적은 경우, 기초재고보다 기말재고가 적다. 이 경우 변동원가계산방법하에서의 영업이익이 전부원가계산방법하에서의 영업이익보다 더 크다. 그 이유는 기초재고자산으로 남아 있던 제품이 당기에 팔려 나가게 되므로, 그만큼의 고정제조간접원가가 전부원가계산에서는 매출원가로 처리되었기 때문이다. 결국 당기에 발생한 고정제조간접원가만을 비용화한 변동원가계산보다 전부원가계산이 더 큰 비용을 발생시킨다. 따라서 생산량이 판매량보다 적은 경우에는 변동원가계산에 의한 영업이익이 더 크다.

생산량과 판매량이 같은 경우

생산량과 판매량이 같은 경우, 기초재고와 기말재고가 같다. 이 경우 전부원가계산방법과 변동원가계산방법의 영업이익은 서로 같다. 전부원가계산방법과 변동원가계산방법의 영업이익 차이는 고정제조간접원가의 처리문제이다. 그러나 생산량과 판매량이 같은 경우 당기에 생산된 수량만큼 팔려 나가게 된다. 전부원가계산에서는 이를 모두 매출원가로 보내고, 변동원가계산에서는 이를 모두 기간비용으로 보낸다. 따라서 생산량과 판매량이 일치하면 두 방법 모두 동일한 고정제조간접원가를 비용으로 인식하므로, 영업이익은 결국 같아진다.

생산량과 판매량의 차이	재고자산에 미치는 영향	영업이익에 미치는 영향
생산량 = 판매량	기초재고 = 기말재고	전부원가계산의 영업이익 =변동원가계산의 영업이익
생산량 > 판매량	기초재고 < 기말재고	전부원가계산의 영업이익 >변동원가계산의 영업이익
생산량 < 판매량	기초재고 > 기말재고	전부원가계산의 영업이익 <변동원가계산의 영업이익

전부원가계산과 변동원가계산의 영업이익 차이 조정

기업은 연중에 내부관리 목적으로 변동원가계산을 이용하다가, 외부보고를 위한 재무제표를 작성하는 시점에는 전부원가계산으로 전환시켜야 한다. 변동원가계산의 영업이익을 전부원가계산의 영업이익으로 전환시키는 조정방법에 대해 알아보자.

전부원가계산에서 비용화된 고정제조간접원가

$$=\frac{\text{당기에 발생한 총고정제조간접원가}}{\text{생산량}}\times\text{판매량}$$

$$=\frac{₩40,000}{400\text{大}}\times 300\text{大}=₩30,000$$

변동원가계산에서 비용화된 고정제조간접원가

=당기에 발생한 총고정제조간접원가

=₩40,000

변동원가계산에서 비용화된 고정제조간접원가

−전부원가계산에서 비용화된 고정제조간접원가

=₩40,000−₩30,000=₩10,000

전부원가계산에서의 영업이익−변동원가계산의 영업이익

=₩130,000−₩120,000=₩10,000

변동원가계산에서 비용화된 고정제조간접원가

−전부원가계산에서 비용화된 고정제조간접원가

=전부원가계산의 영업이익−변동원가계산의 영업이익

=당기에 발생한 총고정제조간접원가

$$-\frac{\text{당기에 발생한 총고정제조간접원가}}{\text{생산량}}\times\text{판매량}$$

$$=\frac{\text{당기에 발생한 총고정제조간접원가}}{\text{생산량}}\times(\text{생산량}-\text{판매량})$$

$$=\frac{₩40,000}{400\text{大}}\times(400\text{大}-300\text{大})=₩10,000$$

여기서 위 식을 통해서 유추할 수 있는 내용은, 전부원가계산에서 판매량이 일정하다면 생산량이 커질수록 영업이익은 더 커지게 된다는 것이다. 따라서 전부원가계산을 이용하여 관리자의 성과를 평가하는 경우에 관리자는 불필요한 생산량을 늘려 기말재고수준을 높임으로써 영업이익을 높일 수 있다. 반면 변동원가계산에서는 생산량의 변화와 무관하게 영업이익이 결정되므로 생산과잉 및 불필요한 재고누적 현상을 막을 수 있다.

전부원가계산에서 비용화된 고정제조간접원가
=당기발생 고정제조간접원가+기초제품(재공품)에 포함된 고정제조간접원가−기말제품(재공품)에 포함된 고정제조간접원가
=변동원가계산에서 비용화된 고정제조간접원가+기초제품(재공품)에 포함된 고정제조간접원가−기말제품(재공품)에 포함된 고정제조간접원가

결국 변동원가계산의 영업이익을 전부원가계산의 영업이익으로 조정하는 식은 다음과 같다.

전부원가계산의 영업이익−변동원가계산의 영업이익
=변동원가계산에서 비용화된 고정제조간접원가
−전부원가계산에서 비용화된 고정제조간접원가
=전부원가계산에서 기말제품(재공품)에 포함된 고정제조간접원가
−전부원가계산에서 기초제품(재공품)에 포함된 고정제조간접원가

전부원가계산과 변동원가계산 이익차이 조정

변동원가계산의 영업이익
−기초제품(재공품)에 포함된 고정제조간접원가
+기말제품(재공품)에 포함된 고정제조간접원가
=전부원가계산의 영업이익

종합예제 2

(주)YS코리아는 스타크래프트밴을 제작하여 판매한다. 7월과 8월의 생산 및 판매 자료는 다음과 같다. (단, 7월의 기초재고는 없다고 가정한다)

	7월	8월
생산량	6,000단위	6,000단위
판매량	5,000단위	7,000단위
고정제조간접원가	₩1,800,000	₩1,800,000
고정판매관리비	800,000	900,000

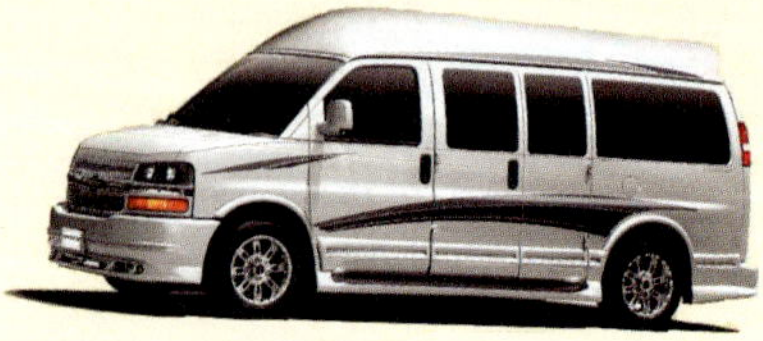

요구사항

1. 7월중 전부원가계산에 의한 영업이익이 ₩1,200,000이라고 할 때, 변동원가계산에 의한 영업이익을 구하라.
2. 8월중 전부원가계산에 의한 영업이익이 ₩1,200,000이라고 할 때, 변동원가계산에 의한 영업이익을 구하라.

풀이 및 해설

1. 변동원가계산의 영업이익 X
   −기초제품에 포함된 고정제조간접원가 ₩0
   +기말제품에 포함된 고정제조간접원가 (₩1,800,000/6,000단위)×1,000단위=₩300,000
   =전부원가계산의 영업이익 ₩1,200,000
   ∴ X=₩900,000
2. 변동원가계산의 영업이익 X
   −기초제품에 포함된 고정제조간접원가 (₩1,800,000/6,000단위)×1,000단위=₩300,000
   +기말제품에 포함된 고정제조간접원가 ₩0
   =전부원가계산의 영업이익 ₩1,200,000
   ∴ X=₩1,500,000

전부원가계산과 변동원가계산의 유용성

전부원가계산은 기업이 장기적으로 이용하는 생산시설의 원가(고정제조간접원가)는 재고자산에 포함하였다가 팔릴 때 비용화시켜야 한다는 관점에 기초하고 있다. 이에 반해 변동원가계산은 기업이 장기적으로 이용하는 생산시설의 원가는 즉시 모두 비용화시켜야 한다는 관점에 기초하고 있다. 이러한 관점의 차이로 인해 전부원가계산과 변동원가계산의 유용성에 차이가 발생한다.

● 단기의사결정에 적합한가? 장기의사결정에 적합한가?

전부원가계산은 장기적인 의사결정에 적합한 원가정보를 제공한다. 장기적인 관점에서 보면 고정비까지 모두 고려해서 이익을 달성해야 하므로 전부원가계산이 더 유용하다. 변동원가계산은 단기적인 의사결정에 적합한 원가정보를 제공한다. 단기적인 관점에서 보면 경영자는 고정비는 이미 지출된 원가이므로 변동비에만 관심을 갖게 되는데, 변동원가계산은 경영자에게 변동비와 공헌이익에 대한 정보를 제공해줌으로써 단기의사결정에 적합한 원가정보를 제공한다.

● **내부관리 목적에 적합한가? 외부보고 목적에 적합한가?**

변동원가계산은 내부관리적인 측면에서 전부원가계산보다 유용한 정보를 제공한다. 만약 기업이 전부원가계산을 이용하여 기업 내부의 임직원 및 부서에 대한 성과평가를 실시할 경우에는, 기업은 제품생산량을 증가시켜 이익을 늘릴 유인이 발생한다. 그 이유는 전부원가계산은 고정제조간접원가를 제품에 배부시키고 있기 때문에, 생산량이 증가되면 고정제조간접원가배부율이 낮아지게 되므로 이익은 증가하게 된다. 따라서 기업은 제품생산량을 증가시켜서 기업의 이익을 높이고자 하는 유인이 발생한다.

반면 변동원가계산은 고정제조간접원가를 기간비용으로 처리함으로써 제품생산량이 이익에 어떠한 영향도 주지 않는다. 기업이 변동원가계산을 이용할 경우에는 전부원가계산을 이용할 경우에 발생하는 생산량 증가의 유인이 제거되어 생산과잉 및 불필요한 재고누적 현상을 막을 수 있다. 즉 고정제조간접원가를 제품에 배부함으로써 발생하는 성과의 왜곡현상을 방지할 수 있다. 따라서 변동원가계산은 내부관리 목적으로 유용한 정보를 제공한다.

그러나 기업이 외부보고를 위한 재무제표를 제공할 때에는 반드시 GAAP에 따른 전부원가계산의 손익계산서를 작성해야만 한다.

변동원가계산의 주요 핵심

① 전부원가계산과 변동원가계산의 유일한 차이점은 고정제조간접원가의 회계처리방법에 있다.
② 기말재고의 차이는 영업이익의 차이와 같다.

전부원가계산과 변동원가계산의 비교

	전부원가계산	변동원가계산
목 적	외부보고 목적 재무제표 작성	내부관리 목적 관리자의 성과평가, 의사결정
포괄손익계산서 양식	매출액 매출원가 매출총이익 판매관리비 영업이익	매출액 변동원가 공헌이익 고정원가 영업이익
재고가능원가	직접재료원가 직접노무원가 변동제조간접원가 고정제조간접원가	직접재료원가 직접노무원가 변동제조간접원가
기간비용	변동판매관리비 고정판매관리비	고정제조간접원가 변동판매관리비 고정판매관리비
생산량=판매량	전부원가계산과 변동원가계산의 영업이익이 동일함	
생산량>판매량	전부원가계산이 변동원가계산보다 영업이익이 더 큼	
생산량<판매량	변동원가계산이 전부원가계산보다 영업이익이 더 큼	

09 용어정리

변동원가계산(variable costing)
조업도에 따라 변화하는 변동제조원가만을 제품의 원가로 포함시키는 원가계산시스템. 다른 용어로 직접원가계산(direct costing)이라고도 함

전부원가계산(full costing)
모든 제조원가를 제품의 원가로 포함시키는 원가계산시스템. 다른 용어로 흡수원가계산(absorption costing)이라고도 함

주관식 개념문제

1. 변동원가계산과 전부원가계산의 차이점에 대해 설명하라.

2. 변동원가계산과 전부원가계산의 고정제조간접원가를 비용화시키는 시점에 대해 설명하라.

3. 변동원가계산과 전부원가계산의 손익계산서의 차이점에 대해 설명하라.

4. 기말재고량이 기초재고량보다 많을 경우, 변동원가계산에 의한 영업이익은 전부원가계산에 의한 영업이익과 동일하겠는가 또는 다르겠는가? 만약 다르다면 어떤 방법에 의한 영업이익이 더 크며 그 구체적인 이유는 무엇인가?

5. 기초재고량이 기말재고량보다 많을 경우, 변동원가계산에 의한 영업이익은 전부원가계산에 의한 영업이익과 동일하겠는가 또는 다르겠는가? 만약 다르다면 어떤 방법에 의한 영업이익이 더 크며 그 구체적인 이유는 무엇인가?

6. 변동원가계산이 전부원가계산보다 내부관리 목적에 더 적합한 이유는 무엇인가?

7. 경영자의 단기의사결정인지 또는 장기의사결정인지에 따라 전부원가계산과 변동원가계산의 유용성은 어떻게 달라지는가?

객관식 개념문제

1. 제조기업인 (주)감평이 변동원가계산방법에 의하여 제품원가를 계산할 때 제품원가에 포함되는 항목을 모두 고른 것은? (2018년 감정평가사 기출문제)

ㄱ. 직접재료원가	ㄴ. 직접노무원가
ㄷ. 본사건물 감가상각비	ㄹ. 월정액 공장임차료

① ㄱ, ㄴ ② ㄱ, ㄹ ③ ㄴ, ㄷ
④ ㄴ, ㄹ ⑤ ㄱ, ㄷ, ㄹ

2. 다음 중 변동원가계산의 손익계산서에 대한 설명이 아닌 것은?
(1996년 공인회계사 기출문제 수정)

① 고정제조간접원가는 재고가능원가로 처리하지 않는다.
② 판매관리비를 변동원가와 고정원가로 분리하여 보고한다.
③ 공헌이익을 계산한다.
④ 고정제조간접원가를 매출원가에 포함시키지 않는다.
⑤ 변동제조간접원가를 기간비용으로 처리한다.

3. 다음 중 변동원가계산에 대한 설명이 아닌 것은?

① 원가행태에 따라 원가를 분류한다.
② 국제회계기준에 영향을 받지 않는다.
③ 내부관리 목적으로 작성한다.
④ 재무제표를 작성할 때 일반적으로 사용된다.
⑤ 고정제조간접원가를 기간비용으로 처리한다.

4. 다음 중 변동원가계산과 전부원가계산의 영업이익에 대한 적절한 설명이 아닌 것은?

① 생산량이 판매량보다 많은 경우, 전부원가계산방법하에서의 영업이익이 더 크다.
② 생산량과 판매량이 같은 경우, 두 원가계산의 영업이익은 서로 같다.
③ 기초재고보다 기말재고가 많은 경우, 전부원가계산방법하에서의 영업이익이 더 크다.
④ 생산량이 판매량보다 많은 경우, 변동원가계산방법하에서의 영업이익이 더 크다.
⑤ 생산량과 판매량이 일치하면, 두 방법 모두 동일한 고정제조간접원가를 비용으로 인식한다.

5. 다음 중 변동원가계산과 전부원가계산에 대한 적절한 설명이 아닌 것은?

① 변동원가계산은 장기적인 의사결정에 적합한 원가정보를 제공한다.
② 변동원가계산은 내부관리적인 측면에서 전부원가계산보다 유용한 정보를 제공한다.
③ 변동원가계산은 생산량 증가의 유인을 제거시켜 생산과잉 및 불필요한 재고누적 현상을 막을 수 있다.
④ 전부원가계산은 기업이 제품생산량을 증가시켜 이익을 높이려는 유인을 제공할 수 있다.
⑤ 기업이 외부보고를 위한 재무제표를 제공할 때에는 전부원가계산을 사용한다.

정답

1. ① **2.** ⑤ **3.** ④ **4.** ④ **5.** ①

기본문제

1. (주)YS코리아는 스타크래프트밴을 제작하여 한 대당 ₩20,000에 판매한다. 당기에 150대를 생산하였고, 120대를 판매하였다. 아래는 당기에 발생한 원가자료이다. (단, 기초재고는 없다)

	단 가	총 액
직접재료원가	₩3,000	
직접노무원가	4,000	
변동제조간접원가	3,000	
고정제조간접원가		₩400,000
변동판매관리비	2,000	
고정판매관리비		300,000

요구사항

1. 변동원가계산하에서의 기말제품재고액을 구하라.
2. 변동원가계산하에서의 영업이익을 구하라.

풀이 및 해설

1. 기말제품재고액＝기말제품재고수량×변동제조원가
   (150대－120대)×(@₩3,000＋₩4,000＋₩3,000)＝₩300,000
   ∴ ₩300,000
2. 매출액－변동원가＝공헌이익
   (₩20,000－₩3,000－₩4,000－₩3,000－₩2,000)×120대＝₩960,000
   공헌이익－고정원가＝영업이익
   ₩960,000－₩400,000－₩300,000＝₩260,000
   ∴ ₩260,000

2. (주)YS코리아는 스타크래프트밴을 제작하여 판매한다. 7월과 8월의 생산 및 판매 자료는 다음과 같다. (단, 7월의 기초재고는 없다고 가정한다)

	7월	8월
생산량	6,000단위	6,000단위
판매량	5,000단위	7,000단위
고정제조간접원가	₩2,400,000	₩2,400,000
고정판매관리비	800,000	900,000

요구사항

1. 7월중 전부원가계산에 의한 영업이익이 ₩1,000,000이라고 할 때, 변동원가계산에 의한 영업이익을 구하라.
2. 8월중 전부원가계산에 의한 영업이익이 ₩1,000,000이라고 할 때, 변동원가계산에 의한 영업이익을 구하라.

풀이 및 해설

1. 변동원가계산의 영업이익 X
   −기초제품에 포함된 고정제조간접원가 ₩0
   +기말제품에 포함된 고정제조간접원가 (₩2,400,000/6,000단위)×1,000단위=₩400,000
   =전부원가계산의 영업이익 ₩1,000,000
   ∴ X=₩600,000
2. 변동원가계산의 영업이익 X
   −기초제품에 포함된 고정제조간접원가 (₩2,400,000/6,000단위)×1,000단위=₩400,000
   +기말제품에 포함된 고정제조간접원가 ₩0
   =전부원가계산의 영업이익 ₩1,000,000
   ∴ X=₩1,400,000

연습문제

1. [전부원가계산의 이해] (주)창조는 올해 영업을 개시하였다. 12월 31일 현재, 생산과 관련한 자료는 다음과 같다. (주)창조는 영업 첫해 아직 판매가 없다. 전부원가계산하에서, 영업 첫해 12월 31일 재무상태표상의 재고자산은 얼마인가?

• 직접재료원가	₩5,000	• 직접노무원가	₩6,000
• 회계담당자 급여	8,000	• 설비감가상각비	9,000
• 사무실 임차료	4,000	• 공장감독자 급여	3,000
• 설비유지원가	2,000		

① ₩23,000 ② ₩24,000 ③ ₩25,000
④ ₩26,000 ⑤ ₩27,000

2. [전부원가계산과 변동원가계산의 비교] 다음은 (주)백운의 재무자료이다. 각 원가계산하에서, 영업 첫해 12월 31일 재무상태표상의 재고자산은 얼마인가? (단, 영업 첫해 매출이 발생하지 않았다)

• 직접재료원가	₩110,000	• 직접노무원가	₩220,000
• 변동제조간접원가	95,000	• 고정제조간접원가	60,000
• 변동판매관리비	140,000	• 고정판매관리비	175,000

	전부원가계산	변동원가계산
①	₩375,000	₩315,000
②	₩455,000	₩495,000
③	₩485,000	₩425,000
④	₩800,000	₩505,000
⑤	₩800,000	₩794,000

3. [변동원가계산의 이해] (주)백운은 올해 10월중 텀블러 제품 1,000단위를 생산하여 500단위를 판매하였다. 텀블러 제품의 단위당 판매가격은 ₩8,500이다. 10월중 발생한 제조원가와 판매관리비는 다음과 같다. 변동원가계산에 의한 단위당 제품원가는?

• 직접재료비	₩1,500,000	• 직접노무비	₩850,000
• 변동제조간접비	400,000	• 고정제조간접비	500,000
• 변동판매비	200,000	• 고정판매비	700,000

① ₩2,750 ② ₩2,950 ③ ₩3,000
④ ₩3,250 ⑤ ₩5,500

4. [변동원가계산의 이해] (주)이화는 20×1년초에 영업을 개시하여 튜브를 생산·판매하고 있다. 20×1년의 생산량은 3,000단위였으며 생산과 판매에 관한 자료는 다음과 같다.

	제품단위당 변동비	고정비
직접재료비	₩7,500	–
직접노무비	5,000	–
제조간접비	3,500	₩5,000,000
판매관리비	4,000	2,500,000
제품단위당 판매가격은 ₩27,000		

(주)이화가 20×1년에 2,000단위를 판매하였다면, 변동원가계산의 영업이익은 얼마인가?

① ₩6,500,000 ② ₩8,500,000 ③ ₩13,500,000
④ ₩14,000,000 ⑤ ₩21,000,000

5. [변동원가계산의 이해] (주)세무의 기초제품수량은 없고 당기제품생산수량은 500단위, 기말제품수량은 100단위이다. 제품단위당 판매가격은 ₩1,300이며, 당기에 발생한 원가는 다음과 같다. 변동원가계산에 의한 당기영업이익은? (단, 기초 및 기말 재공품은 없다)

(2019년 세무사 기출문제)

• 직접재료원가	₩250,000	• 직접노무원가	₩80,000
• 변동제조간접원가	160,000	• 변동판매관리비	40,000
• 고정제조간접원가	40,000	• 고정판매관리비	15,000

① ₩13,000 ② ₩23,000 ③ ₩33,000
④ ₩43,000 ⑤ ₩53,000

6. **[변동원가계산의 이해]** 신설법인인 (주)한국의 기말제품재고는 1,000개, 기말재공품재고는 없다. 다음 자료를 근거로 변동원가계산방법에 의한 공헌이익을 구하라. (2018년 9급공무원 기출문제)

• 판매량	4,000개	• 단위당 판매가격	₩1,000
• 생산량	5,000개	• 단위당 직접재료원가	₩300
• 단위당 직접노무원가	₩200	• 단위당 변동제조간접원가	₩100
• 총고정제조간접비	₩1,000,000	• 단위당 변동판매관리비	₩150
• 총고정판매관리비	₩800,000		

① ₩1,000,000 ② ₩1,250,000 ③ ₩1,600,000
④ ₩2,000,000 ⑤ ₩2,400,000

7. **[변동원가계산의 이해]** 20×1년초에 영업을 개시한 (주)한국의 원가관련 자료는 다음과 같다. 제품의 단위당 판매가격이 ₩200인 경우에 (주)한국의 20×1년말 변동원가계산에 의한 영업이익과 기말제품재고액은? (2019년 9급공무원 기출문제)

• 생산량	10,000개	• 판매량	8,000개
• 단위당 변동제조원가	₩110	• 단위당 변동판매관리비	₩40
• 고정제조간접원가	₩180,000	• 고정판매관리비	₩85,000

	영업이익	기말제품재고액
①	₩135,000	₩220,000
②	₩135,000	₩256,000
③	₩171,000	₩220,000
④	₩171,000	₩256,000
⑤	₩220,000	₩256,000

8. **[변동원가계산과 전부원가계산의 비교]** (주)가람은 20×1년 3월중에 총 10,000단위의 제품을 생산하였다. 단위당 판매가격은 ₩4,000이었으며, 3월 한 달 동안의 원가정보는 다음과 같다. 3월중의 판매량이 7,000단위였을 경우, 전부원가계산과 변동원가계산에 의한 기말제품재고액은 각각 얼마인가? (단, 3월에는 기초재고자산이 없었으며 기말재공품도 없었다고 가정한다)

	제품단위당 변동비	고정비
직접재료비	₩200	−
직접노무비	300	−
제조간접비	100	₩1,000,000
판매비와 관리비	160	2,000,000

① 전부원가계산 : ₩2,100,000 변동원가계산 : ₩1,800,000
② 전부원가계산 : ₩1,800,000 변동원가계산 : ₩2,100,000
③ 전부원가계산 : ₩2,100,000 변동원가계산 : ₩2,100,000
④ 전부원가계산 : ₩1,800,000 변동원가계산 : ₩2,400,000
⑤ 전부원가계산 : ₩2,100,000 변동원가계산 : ₩2,400,000

9. [변동원가계산과 전부원가계산의 비교] 다음은 (주)청송상사의 영업을 개시한 20×1년중의 제조 및 판매에 관한 자료이다. 재공품의 기말재고를 무시할 경우 전부원가계산방법과 변동원가계산방법 중 (주)청송상사의 20×1년 영업이익을 어느 방법이 얼마만큼 높게 계상하는가?

• 제품제조	20,000단위	• 제품판매	18,000단위
• 직접재료비	₩4,000,000	• 직접노무비	₩2,000,000
• 변동제조간접비	1,200,000	• 변동판매비와 관리비	450,000
• 고정제조간접비	4,600,000	• 고정판매비와 관리비	3,000,000

① 전부원가계산방법이 ₩360,000만큼 더 크다.
② 변동원가계산방법이 ₩360,000만큼 더 크다.
③ 전부원가계산방법이 ₩460,000만큼 더 크다.
④ 변동원가계산방법이 ₩460,000만큼 더 크다.
⑤ 전부원가계산방법이 ₩520,000만큼 더 크다.

10. [변동원가계산과 전부원가계산의 비교] YK텔레콤(주)는 20×1년초에 영업을 개시하여 휴대폰을 생산 · 판매하고 있다. 20×1년에 3,000개를 생산하였으며 제품단위당 판매가격은 ₩150,000이다. 생산에 관한 자료는 다음과 같다. 만약 전부원가계산에 의한 영업이익이 변동원가계산에 의한 영업이익에 비하여 ₩30,000,000이 많은 경우 20×1년 판매량은 몇 개인가?

	고정원가	제품단위당 변동원가
직접재료비	–	₩30,000
직접노무비	–	25,000
제조간접비	₩45,000,000	15,000
판매비와 관리비	60,000,000	20,000

① 1,000개 ② 1,200개 ③ 1,500개
④ 2,000개 ⑤ 3,000개

11. [변동원가계산과 전부원가계산의 비교] 20×1년초 영업을 개시한 (주)감평의 20×1년도와 20×2년도의 생산 및 판매와 관련된 자료는 다음과 같다. (주)감평의 20×2년도 전부원가계산에 의한 영업이익이 ₩100,000일 때, 변동원가계산에 의한 영업이익은? (단, 재공품은 없으며 원가흐름은 선입선출법을 가정한다) (2019년 감정평가사 기출문제)

	20×1년	20×2년
생산량	5,000개	10,000개
판매량	4,000개	10,000개
직접재료원가	₩500,000	₩1,000,000
직접노무원가	600,000	1,200,000
변동제조간접원가	400,000	800,000
고정제조간접원가	200,000	250,000
변동판매관리비	200,000	400,000
고정판매관리비	300,000	350,000

① ₩85,000 ② ₩115,000 ③ ₩120,000
④ ₩135,000 ⑤ ₩140,000

12. [변동원가계산과 전부원가계산의 비교] 20×1년초에 설립된 (주)관세는 단일제품을 생산, 판매하며, 실제원가계산을 사용하고 있다. (주)관세는 20×1년에 6,000단위를 생산하여 4,000단위를 판매하였고, 20×2년에는 6,000단위를 생산하여 7,000단위를 판매하였다. 연도별 판매가격과 원가구조는 동일하며 원가자료는 다음과 같다. 20×2년 전부원가계산에 의한 영업이익이 ₩910,000일 경우, 20×2년 변동원가계산에 의한 영업이익은? (단, 기초 및 기말 재공품은 없는 것으로 가정한다) (2019년 관세사 기출문제)

	단위당 원가	연간 총원가
직접재료원가	₩85	
직접노무원가	40	
변동제조간접원가	105	
변동판매관리비	50	
고정제조간접원가		₩120,000
고정판매관리비		350,000

① ₩890,000 ② ₩900,000 ③ ₩910,000
④ ₩920,000 ⑤ ₩930,000

13. [변동원가계산과 전부원가계산의 비교] (주)한국은 20×1년 전부원가계산을 사용하여 ₩250,000의 영업이익을 보고하였다. 20×1년 1월 1일의 재고는 4,000단위, 20×1년 12월 31일의 재고는 5,000단위였다. 제품단위당 고정제조간접원가 배부율은 전기에 ₩5, 당기에 ₩6이었다. 변동원가계산에 의한 영업이익은 얼마인가? (단, 기초재고는 당기에 모두 판매되었다고 가정한다)

(2019년 보험계리사 기출문제)

① ₩230,000 ② ₩240,000 ③ ₩250,000
④ ₩260,000 ⑤ ₩270,000

14. [변동원가계산과 전부원가계산의 비교] 정상원가계산을 사용하는 (주)감평은 단일제품을 제조, 판매하는 기업이다. 20×1년도의 고정제조간접원가 총예산액 및 실제발생액은 ₩720,000이었다. 20×1년 제품의 생산 및 판매량은 다음과 같고, 기초 및 기말 재공품은 없다. 고정제조간접원가 배부율은 120,000단위를 기준으로 산정하며, 이 배부율은 매년 동일하게 적용된다. 한편 제조원가의 원가차이는 전액 매출원가에서 조정한다. 변동원가계산에 의한 영업이익이 ₩800,000인 경우, 전부원가계산에 의한 영업이익은? (2018년 감정평가사 기출문제)

• 기초재고	40,000단위	• 생산량	140,000단위
• 판매량	160,000단위		

① ₩680,000 ② ₩700,000 ③ ₩750,000
④ ₩830,000 ⑤ ₩920,000

15. [변동원가계산과 전부원가계산의 비교] 20×1년에 영업을 시작한 (주)이화는 선입선출법을 사용하며, 20×2년의 변동원가계산에 의한 영업이익은 ₩1,000,000이다. 전부원가계산에 의해 계산한다면 20×2년의 영업이익은 얼마가 되겠는가?

	20×1년	20×2년
생산량	15,000단위	12,000단위
판매량	10,000단위	15,000단위
고정제조간접원가	₩60,000	₩78,000
고정판매관리비	30,000	36,000

① ₩952,000 ② ₩993,000 ③ ₩1,000,000
④ ₩1,125,000 ⑤ ₩1,142,000

16. [변동원가계산과 전부원가계산의 비교] 20×1년초에 설립된 (주)매지는 노트북을 제조하여 판매하고 있다. (주)매지는 재고자산의 원가흐름 가정으로 선입선출법을 적용하며, 실제원가계산으로 제품원가를 산출한다. (주)매지의 매월 최대 제품생산능력은 1,000대이며, 20×1년 1월과 2월의 원가자료는 다음과 같다.

	1월	2월
생산량	800대	900대
판매량	700대	?
고정제조간접원가	₩160,000	₩180,000

2월의 전부원가계산하의 영업이익이 변동원가계산하의 영업이익보다 ₩20,000만큼 큰 경우, (주)매지의 2월말 제품재고수량은 얼마인가? (단, 매월말 재공품은 없는 것으로 가정한다)

(2011년 세무사 기출문제 수정)

① 150대 ② 160대 ③ 170대
④ 180대 ⑤ 200대

17. [변동원가계산과 전부원가계산의 비교] (주)미니의 전부원가계산에 의한 영업이익이 변동원가계산에 의한 영업이익에 비해 ₩10,000만큼 많았다. 당월의 생산량은 얼마인가? (단, 기초재고는 없다)

• 생산량	?	• 고정판매관리비	₩15,000
• 판매량	500단위	• 고정제조간접원가	₩30,000

① 700단위 ② 750단위 ③ 800단위
④ 850단위 ⑤ 900단위

18. [변동원가계산과 전부원가계산의 비교] 다음 자료를 참고하여 전부원가계산에 의한 영업이익과 변동원가계산에 의한 영업이익의 비교값을 구하라.

	수 량	변동원가	고정원가
기초재공품	300단위	₩30,000	₩35,000
기말재공품	450단위	20,000	78,000
기초제품	700단위	70,000	45,000
기말제품	550단위	55,000	30,000

① ₩10,000 ② ₩23,000 ③ ₩28,000
④ ₩31,000 ⑤ ₩33,000

19. [변동원가계산과 전부원가계산의 비교] (주)창조는 20×1년초에 영업을 개시하였다. 20×1년에는 4,000단위를 생산하였고, 20×2년에는 전부원가계산에 의한 영업이익이 변동원가계산에 의한 영업이익보다 ₩25,000 많았다. 20×2년의 생산 및 원가 자료는 다음과 같다.

항 목		수량/금액
기초제품 수량		(　　)단위
생산량		4,000단위
기말제품 수량		1,200단위
제품단위당	판매가격	₩250
	직접재료원가	80
	직접노무원가	40
	변동제조간접원가	30
	변동판매관리비	10
고정제조간접원가(총액)		₩200,000
고정판매관리비(총액)		₩100,000

(주)창조의 20×2년도 기초제품 수량은? (단, 20×1년과 20×2년의 제품단위당 판매가격과 원가구조는 동일하고, 기초 및 기말 재공품은 없다) (2018년 세무사 기출문제)

① 500단위　② 650단위　③ 700단위
④ 950단위　⑤ 1,700단위

20. [변동원가계산과 전부원가계산의 비교] 당기에 설립된 (주)관세는 3,000단위를 생산하여 2,500단위를 판매하였으며, 영업활동 관련 자료는 다음과 같다. 변동원가계산에 의한 영업이익이 전부원가계산에 의한 영업이익에 비해 ₩62,500이 적을 경우, 당기에 발생한 고정제조간접원가는? (단, 기말재공품은 없다) (2022년 관세사 기출문제)

	단위당 변동원가	고정원가
직접재료원가	₩250	−
직접노무원가	150	−
제조간접원가	100	?
판매관리비	200	₩150,000

① ₩312,500　② ₩325,000　③ ₩355,000
④ ₩375,000　⑤ ₩437,500

21. [변동원가계산과 전부원가계산의 비교] (주)숙명은 실제원가로 제품원가를 계산하고 있다. (주)숙명은 20×1년 1월초에 개업하였으며, 20×1년과 20×2년의 제품 생산량과 판매량, 원가자료는 다음과 같다.

	20×1년	20×2년
생산량	10,000개	14,000개
판매량	8,000개	15,000개
고정제조간접원가	₩240,000	?
고정판매관리비	180,000	₩230,000

20×2년 전부원가계산에 의한 이익은 ₩500,000이고, 변동원가계산에 의한 이익은 ₩528,000이었다. 20×2년에 발생된 고정제조간접원가는 얼마인가? (단, 20×1년과 20×2년의 기초재공품 및 기말재공품은 없으며, 물량 및 원가흐름은 선입선출법을 가정한다)

(2010년 세무사 기출문제 수정)

① ₩200,000 ② ₩220,000 ③ ₩240,000
④ ₩260,000 ⑤ ₩280,000

22. [전부원가계산] (주)세무는 20×1년초에 영업을 개시하였다. (주)세무는 전부원가계산을 적용하고 있으며, 재고자산의 원가흐름가정은 선입선출법이다. 20×1년과 20×2년의 생산 및 원가자료는 다음과 같다.

	20×1년	20×2년
제품생산량	1,500단위	1,750단위
제품판매량	1,200단위	(　　)단위
기말제품 수량	(　　)단위	150단위
제품단위당 변동제조원가	₩38	₩40
고정제조간접원가	₩48,000	₩70,000

(주)세무의 20×2년도 매출원가는? (단, 기초 및 기말 재공품은 없다) (2018년 세무사 기출문제)

① ₩147,000 ② ₩148,000 ③ ₩148,600
④ ₩149,000 ⑤ ₩149,400

23. [전부원가계산] (주)창조는 전부원가계산방법을 채택하여 단일제품 A를 생산 · 판매하며, 재고자산 계산은 선입선출법을 적용한다. 20×1년 제품 A의 생산 · 판매와 관련된 자료는 다음과 같다.

	수 량	재고금액
기초제품	1,500단위	₩100,000(고정제조간접원가 ₩45,000 포함)
당기완성품	24,000단위	
당기판매	23,500단위	
기말제품	2,000단위	₩150,000(고정제조간접원가 포함)

20×1년 재공품의 기초와 기말 재고는 없으며, 고정제조간접원가는 ₩840,000, 고정판매관리비는 ₩675,000이다. (주)창조의 20×1년 전부원가계산에 의한 영업이익이 ₩745,000일 경우, 변동원가계산에 의한 영업이익과 기말제품재고액은? (2016년 세무사 기출문제)

	영업이익	기말제품재고액
①	₩710,000	₩80,000
②	₩710,000	₩90,000
③	₩720,000	₩80,000
④	₩720,000	₩90,000
⑤	₩730,000	₩90,000

심화문제

24. [변동원가계산의 이해] (주)태양의 당기 제품제조 및 영업활동과 관련한 다음의 자료를 토대로 하여 변동제조원가 발생액과 고정판매관리비 발생액을 구하면 각각 얼마인가? (단, 기초제품재고와 기초 및 기말 재공품재고는 없다) (2008년 세무사 기출문제 수정)

- 매출액 : ₩1,000,000
- 변동판매관리비 당기발생액 : ₩100,000
- 당기 제품판매량 : 65,000개
- 변동원가계산 영업이익 : ₩150,000
- 고정제조원가 당기발생액 : ₩300,000
- 당기 제품생산량 : 70,000개
- 변동매출원가 : ₩390,000

	변동제조원가	고정판매관리비
①	₩390,000	₩120,000
②	₩390,000	₩60,000
③	₩420,000	₩300,000
④	₩420,000	₩120,000
⑤	₩420,000	₩60,000

25. **[변동원가계산과 전부원가계산의 비교]** (주)청송은 20×5년에 영업을 시작하였다. 선입선출법에 의해 원가계산을 하고 있으며 20×5년과 20×6년의 원가계산관련 자료는 다음과 같다.

	20×5년	20×6년
생산량	10,000개	12,000개
판매량	8,000개	9,000개
단위당 변동제조원가	@₩100	@₩120
단위당 변동판매비	@₩65	@₩60
고정제조간접원가	₩90,000	₩108,000
고정판매관리비	50,000	52,000

변동원가계산에 의한 20×6년의 영업이익이 ₩500,000이었다면 20×6년의 외부보고용 재무제표상의 영업이익과 기말재고는 각각 얼마인가? (2006년 세무사 기출문제 수정)

	영업이익	기말재고		영업이익	기말재고
①	₩527,000	₩645,000	②	₩527,000	₩640,000
③	₩523,000	₩630,000	④	₩530,000	₩630,000
⑤	₩530,000	₩623,000			

26. **[변동원가계산과 전부원가계산의 비교]** 다음은 (주)창조의 원가자료이다. 전부원가계산방법에 의한 당기순이익이 변동원가계산방법에 의한 당기순이익보다 ₩200이 많은 경우 당기의 재고 증가량은 몇 개인가? (단, 고정제조간접원가는 매년 동일하게 발생하는 것으로 가정한다)

(2004년 세무사 기출문제 수정)

• 당기 및 전기 생산량	1,000개	• 당기 기초재고수량	?
• 판매가격	단위당 ₩20	• 변동제조간접원가	단위당 ₩4
• 고정제조간접원가	₩1,000	• 변동판매비	단위당 ₩2
• 고정판매비	₩500		

① 100개　② 200개　③ 300개
④ 400개　⑤ 500개

27. **[변동원가계산과 전부원가계산의 비교]** (주)감평의 전부원가계산에 의한 영업이익은 ₩374,000이고, 변동원가계산에 의한 영업이익은 ₩352,000이며, 전부원가계산에 의한 기말제품재고액은 ₩78,000이다. 전부원가계산에 의한 기초제품재고액이 변동원가계산에 의한 기초제품재고액보다 ₩20,000이 많은 경우, 변동원가계산에 의한 기말제품재고액은? (단, 기초 및 기말 재공품은 없으며, 물량 및 원가흐름은 선입선출법을 가정한다) (2020년 감정평가사 기출문제)

① ₩36,000 ② ₩42,000 ③ ₩56,000
④ ₩58,000 ⑤ ₩100,000

28. [변동원가계산과 전부원가계산의 비교] (주)청연의 9월 영업자료를 참고하여 전부원가계산과 변동원가계산의 영업이익 차이를 구하라. 재고자산은 평균법을 사용한다. (단, 전기의 단위당 고정제조간접원가는 ₩15이다)

• 기초재고	500단위	• 기말재고	?
• 생산량	1,000단위	• 판매량	1,300단위
• 변동판매관리비	₩10,000	• 고정판매관리비	₩20,000
• 변동제조간접원가	₩20,000	• 고정제조간접원가	₩30,000

① 변동원가계산에 의한 영업이익이 ₩1,000 더 많다.
② 변동원가계산에 의한 영업이익이 ₩1,500 더 많다.
③ 변동원가계산에 의한 영업이익이 ₩2,500 더 많다.
④ 전부원가계산에 의한 영업이익이 ₩1,000 더 많다.
⑤ 전부원가계산에 의한 영업이익이 ₩1,800 더 많다.

29. [전부원가계산] (주)백운의 원가자료를 참고하여 전부원가계산에 의한 순이익을 구하면? (단, 기준조업도와 제조간접원가예산은 회사설립 이후 변동이 없었다)

(2005년 공인회계사 기출문제 수정)

기준조업도	30,000단위
제조간접원가예산	
단위당 변동제조간접원가	₩2,520
고정제조간접원가	₩3,000,000
생산 및 판매	
기초제품재고	3,000단위
생산량	27,000단위
판매량	29,000단위
변동원가계산에 의한 영업이익	₩5,000,000

단, (주)백운은 원가차이를 매출원가에서 조정하고 있다.

① ₩4,750,000 ② ₩4,800,000 ③ ₩5,000,000
④ ₩5,200,000 ⑤ ₩5,250,000

정답 및 해설

1. ③

₩5,000＋₩6,000＋₩9,000＋₩3,000＋₩2,000＝₩25,000

∵ 전부원가계산에서는 재고자산에 제조원가가 모두 포함된다. 회계담당자 급여와 사무실 임차료는 제품의 원가가 아니다.

2. ③

전부원가계산 : ₩220,000＋₩110,000＋₩95,000＋₩60,000＝₩485,000

변동원가계산 : ₩220,000＋₩110,000＋₩95,000＝₩425,000

또는 ₩485,000－₩60,000＝₩425,000

∵ 전부원가계산과 변동원가계산의 유일한 차이점은 고정제조간접원가에 대한 회계처리이다.

3. ①

단위당 제품원가＝(₩1,500,000＋₩850,000＋₩400,000)/1,000단위＝₩2,750

4. ①

제품단위당 공헌이익＝₩27,000－(₩7,500＋₩5,000＋₩3,500＋₩4,000)＝₩7,000

영업이익＝₩7,000×2,000단위－₩7,500,000＝₩6,500,000

5. ③

단위당 공헌이익 : ₩1,300－(₩500＋₩160＋₩320＋₩100)＝₩220

영업이익 : ₩220×400단위－(₩40,000＋₩15,000)＝₩33,000

6. ①

공헌이익 : 4,000개×(₩1,000－₩300－₩200－₩100－₩150)＝₩1,000,000

7. ①

변동원가계산에 의한 영업이익 : 8,000개×(₩200－₩110－₩40)－₩180,000－₩85,000

＝₩135,000

변동원가계산에 의한 기말제품재고액 : (10,000개－8,000개)×₩110＝₩220,000

8. ①

전부원가계산 기말제품재고액＝기말제품재고수량×제조단가

(10,000단위－7,000단위)×(@₩200＋₩300＋₩100＋₩1,000,000/10,000단위)

＝₩2,100,000

∴ ₩2,100,000

변동원가계산 기말제품재고액＝기말제품재고수량×제조단가

(10,000단위－7,000단위)×(@₩200＋₩300＋₩100)＝₩1,800,000

∴ ₩1,800,000

9. ③

기초<기말

기말재고의 고정제조간접원가만큼 전부원가계산의 영업이익이 더 크다.

(20,000단위 − 18,000단위) × ₩4,600,000/20,000단위

∴ ₩460,000

10. ①

기초<기말

기말재고의 고정제조간접원가만큼 전부원가계산의 영업이익이 더 크다.

(3,000개 − 판매량) × ₩45,000,000/3,000개 = ₩30,000,000

∴ 판매량 = 1,000개

11. ②

20×1년			
기초	0개	판매	4,000개
생산	5,000개	기말	1,000개

20×2년			
기초	1,000개	판매	10,000개
생산	10,000개	기말	1,000개

변동원가계산의 영업이익	X
−기초재고에 포함된 고정제조간접원가	1,000개 × ₩200,000/5,000개 = ₩40,000
+기말재고에 포함된 고정제조간접원가	1,000개 × ₩250,000/10,000개 = ₩25,000
=전부원가계산의 영업이익	₩100,000

∴ X = ₩115,000

12. ⑤

20×1년	
0	4,000
6,000	2,000

20×2년	
2,000	7,000
6,000	1,000

20×2년 전부원가계산에 의한 영업이익	₩910,000	
+기초제품에 배부된 FOH	40,000	$2{,}000\text{개} \times \dfrac{₩120{,}000}{6{,}000\text{개}}$
−기말제품에 배부된 FOH	(20,000)	$1{,}000\text{개} \times \dfrac{₩120{,}000}{6{,}000\text{개}}$
20×2년 변동원가계산에 의한 영업이익	₩930,000	

13. ②

전부원가계산에 의한 영업이익	₩250,000	
+기초재고에 배부된 고정제조간접원가	20,000	4,000단위 × @5
−기말재고에 배부된 고정제조간접원가	(30,000)	5,000단위 × @6
변동원가계산에 의한 영업이익	₩240,000	

14. ①

고정제조간접원가(FOH) 배부율(매년 동일) $= \frac{₩720,000}{120,000단위} = ₩6$

재고자산

기초	40,000	판매량	160,000
생산량	140,000	기말	20,000

(40,000+140,000=160,000+기말재고)

변동원가계산의 영업이익	₩800,000
−기초재고에 포함된 고정제조간접원가	40,000단위×₩6=₩240,000
+기말재고에 포함된 고정제조간접원가	20,000단위×₩6=₩120,000
=전부원가계산의 영업이익	X

∴ X=₩680,000

참고) 정상원가계산시 매출원가 조정법의 경우 단위당 제조원가를 정상원가로 계산한 후에 차이를 매출원가에서 조정하면 된다.

15. ②

수량조정

	기초	+생산량	−판매량	기말
20×1년	0	15,000	10,000	5,000
20×2년	5,000	12,000	15,000	2,000

변동원가계산의 영업이익	₩1,000,000
−기초재고에 포함된 고정제조간접원가	(₩60,000/15,000단위)×5,000단위=₩20,000
+기말재고에 포함된 고정제조간접원가	(₩78,000/12,000단위)×2,000단위=₩13,000
=전부원가계산의 영업이익	X

∴ X=₩993,000

16. ⑤

단위당 고정제조간접원가 : ₩160,000/800대=₩180,000/900대=@₩200

영업이익차이 : (X−100대)×@₩200=₩20,000

∴ X=200대

17. ②

생산량을 X라고 할 때 변동원가계산의 영업이익과 전부원가계산의 영업이익 차이인 ₩10,000인 기말재고에 포함된 고정제조간접원가 식을 이용하여 생산량을 계산할 수 있다.

$(X - 500단위) \times \frac{₩30,000}{X} = ₩10,000$

∴ X=750단위

18. ③

변동원가계산에 의한 영업이익	X
−기초재고에 포함된 고정제조간접원가	₩35,000＋₩45,000＝₩80,000
＋기말재고에 포함된 고정제조간접원가	₩78,000＋₩30,000＝₩108,000
＝전부원가계산에 의한 영업이익	X＋₩28,000

∴ 전부원가계산에 의한 영업이익이 ₩28,000 더 많다.

19. ③

20×1년

기초	0	기말	?
생산	4,000	판매	?

20×2년

기초	?	기말	1,200
생산	4,000	판매	?

₩200,000/4,000단위＝₩50

₩50×(4,000단위−20×2년 판매량)＝₩25,000

4,000단위−20×2년 판매량＝500단위

20×2년 판매량＝3,500단위

3,500단위＋1,200단위−4,000단위＝700단위

20. ④

$$\text{FOH} \times \frac{₩500}{3{,}000개} = ₩62{,}500$$

∴ FOH＝₩375,000

21. ⑤

변동원가계산하의 영업이익	₩528,000
−기초고정제조간접원가	(₩240,000÷10,000개)×2,000개＝₩48,000
＋기말고정제조간접원가	(A÷14,000개)×1,000개＝₩20,000
＝전부원가계산하의 영업이익	₩500,000

∴ A＝₩280,000

22. ④

20×1년

기 초	0	기 말	**300**
생 산	1,500	판 매	1,200

20×2년

기 초	300	기 말	150
생 산	1,750	판 매	**1,900**

20×2년 판매수량은 1,900단위임을 알 수 있다.

이 문제의 원가흐름가정은 선입선출법이기 때문에 1,900단위는 기초 300단위, 당기 생산 1,600단위로 구성되어 있다.

20×1년에 생산된 제품단위당 고정제조간접원가 : ₩48,000/1,500단위＝₩32
변동제조원가 : ₩38
20×2년에 생산된 제품단위당 고정제조간접원가 : ₩70,000/1,750단위＝₩40
변동제조원가 : ₩40
기초, 당기 생산분으로 각각 계산하면
기초 : 300단위×(₩38＋₩32)＝₩21,000
당기 생산 : 1,600단위×(₩40＋₩40)＝₩128,000
∴ ₩21,000＋₩128,000＝₩149,000

23. ③

전부원가계산 영업이익	₩745,000
－기말제품에 포함된 고정제조간접원가	(70,000)
＋기초제품에 포함된 고정제조간접원가	45,000
변동원가계산 영업이익	₩720,000

∵ 여기서, 기말제품에 포함된 고정제조간접원가＝(₩840,000÷24,000)×2,000＝₩70,000
완성품＞판매량의 경우

전부원가계산 기말재고	₩150,000
－기말제품재고에 포함된 고정제조간접원가	(70,000)
변동원가계산의 기말제품재고액	₩80,000

24. ⑤

(1) 단위당 변동매출원가 : ₩390,000÷65,000개＝₩6/개
변동제조원가 발생액 : ₩6×70,000개＝₩420,000
(2) 매출액 : ₩1,000,000
변동매출원가 : ₩390,000
변동판매관리비 당기발생액 : ₩100,000
고정판매관리비 : ?
고정제조원가 : ₩300,000
영업이익 : ₩150,000
(₩1,000,000－₩390,000－₩100,000)－(₩300,000＋X)＝₩150,000
∴ X＝₩60,000

25. ①

(1) 변동원가계산의 영업이익 : ₩500,000
－기초재고 고정제조간접원가 : (₩90,000÷10,000개)×2,000개＝₩18,000
＋기말재고 고정제조간접원가 : (₩108,000÷12,000개)×5,000개＝₩45,000
∴ 전부원가계산의 영업이익＝₩527,000
(2) 기말재고 : (₩120＋₩9)×5,000개＝₩645,000

26. ②

이익증가량 ₩200＝재고증가량×단위당 고정제조간접원가
단위당 고정제조간접원가＝₩1,000÷1,000개＝₩1
∴ 재고증가량＝200개

27. ①

변동원가계산의 영업이익	₩352,000
－기초재고에 포함된 고정제조간접원가	20,000
＋기말재고에 포함된 고정제조간접원가	X
＝전부원가계산의 영업이익	₩374,000

∴ X＝₩42,000
변동원가계산에 의한 기말제품재고액 : ₩78,000－₩42,000＝₩36,000

28. ③

기말재고＝500단위＋1,000단위－1,300단위＝200단위
기말재고원가(평균법 근거)＝(500단위×₩15＋₩30,000)/(500단위＋1,000단위)＝@₩25

변동원가계산의 영업이익	X
－기초재고에 포함된 고정제조간접원가	500단위×@₩15＝₩7,500
＋기말재고에 포함된 고정제조간접원가	200단위×@₩25＝₩5,000
＝전부원가계산의 영업이익	X－₩2,500

∴ 변동원가계산에 의한 영업이익이 ₩2,500 더 많다.

29. ②

단위당 고정제조간접원가 : ₩3,000,000/30,000단위＝₩100
전부원가계산에 의한 영업이익＝₩5,000,000＋₩100×1,000단위－₩100×3,000단위
＝₩4,800,000

CHAPTER

10 종합예산

본장에서는 종합예산을 소개한다.

본장에서는 종합예산 편성을 다룬다. 예산은 미래 특정기간 동안의 경영자의 수량적인 계획이다. 예산은 경영자의 사업계획을 계량화하고, 조직 내의 조정과 의사소통을 증진시키며, 실제 성과와 비교할 수 있는 기준이 된다. 예산의 가장 대표적인 형태가 종합예산이다. 종합예산은 기업의 총체적이고 종합적인 예산이다. 일반적으로 종합예산은 1년 단위로 수립되며, 손익 및 재무상태에 대한 예산이 총망라되어 경영자의 운영과 재무의사결정에 도움을 준다. 본장에서는 종합예산의 구체적인 편성절차에 대해 알아본다.

본장에서는 구체적으로 다음과 같은 내용들을 학습한다.

- 예산이란 무엇인가?
- 예산의 유용성은 무엇인가?
- 종합예산이란 무엇인가?
- 종합예산 편성의 구체적인 절차는 어떠한가?

Accounting Insight 관리회계 경영 사례

"2018 평창 동계올림픽"의 성공적인 예산관리는?

평창 동계올림픽의 예산은 약 13조 8천억원 수준이다. 철도와 도로 같은 교통망 확충에 9조 4천억원, 선수촌 등 부대시설 건설에 1조 3,200억원, 각종 경기장 건설에 7,300억원이 투입된다. 여기에 2조 3,000억원의 운영예산도 필요하다.

조직위원회는 예산 확보를 위한 여러 계획들을 추진중이다. 국내 기업 스폰서십 유치로 약 8,400억원, IOC의 TV중계권료 배분으로 4,000억원을 확보하겠다는 계획이다. 또한 글로벌 스폰서 수입으로 1,800억원, 이 밖에 IOC지원금과 정부보조금, 기타 수입 등으로 나머지 비용을 충당한다는 계획을 세웠다.

올림픽을 유치한 나라들의 사례를 보면 흑자가 된 경우도 있고, 적자가 된 경우도 있다. 일본 나가노 올림픽의 경우, 당시 지방정부가 올림픽 경기장 건설 등을 위해 약 12조원 규모의 지방채를 발행했는데, 개최 후 18년이 지난 현재까지도 빚을 모두 갚지 못하였다. 인천 아시안게임 역시 이와 유사한 경우이다. 인천시는 경기장 건설에 필요한 재원 조달방식으로 지방채 발행을 남발하였다. 그 결과 현재까지 엄청난 채무에 시달리고 있다. 인천시는 16개 경기장을 건설하는 데 1조 7천억원을 썼는데, 특히 4,700억원이 들어간 주 경기장은 연간 관리비만 33억원씩 발생하고 있다. 반면 2002년 미국 유타주 솔트레이크시티 동계올림픽은 흑자 올림픽의 모범적인 사례이다. 솔트레이크시티는 올림픽 개최 이전에 $2억의 예산비용을 감소시켰다. 솔트레이크시티 집행부는 "반드시 해야 할 것"과 "하면 좋은 것"을 구분한 뒤 예산비용을 줄이기 위한 노력을 기울였다. 그 결과 올림픽 이후 $1억의 흑자를 기록하였다. 올림픽을 마친 이후에도 솔트레이크시티는 유타 올림픽 유산 재단을 설립하고, 재단을 통해 사후 활용 방안에 대한 체계적인 계획을 수립해 실천해 나갔다. 그 결과 솔트레이크시티는 스포츠레저 관광 도시로 재탄생하였다. 또한 노르웨이 릴레함메르 동계올림픽의 경우에는 미디어촌 같은 시설을 가건물로 만드는 등 건설예산 자체를 절약해 4,000억원이 넘는 흑자를 남겼다.

생각해 볼 문제

① 기업이나 정부, 지자체 등 조직에 있어서 예산은 어떤 중요성을 지니는가?
② 평창 동계올림픽이 흑자 올림픽이 되기 위해서는 예산수립 이후에 어떤 추가적인 노력이 요구되는가?

자료출처 : SBS CNBC (2016. 1. 29), "평창 동계올림픽, 2년 앞으로… 흑자 올림픽 가능할까?"

예산의 유용성

예산(budget)은 미래 특정기간 동안의 경영자의 수량적인 계획이다. 예산은 경영자의 사업계획을 계량화하고, 조직 내의 조정과 의사소통을 증진시키며, 실제 성과와 비교할 수 있는 기준이 된다.

계획

예산은 기업(조직)의 경영전반에 걸친 화폐가치로 표현된 계획이다. 계획(planning)은 기업(조직)이 달성하고자 하는 구체적인 목표를 설정하고, 설정된 목표를 달성하기 위해 수행해야 할 세부적인 방법이나 행동을 의미한다.

경영자는 예산을 편성하는 과정을 통해 불확실한 미래에 대해 사전에 준비하고 대처할 수 있는 계획을 수립하게 된다. 경영자가 예산을 수립하지 않는다면, 경영활동을 수행하는 가운데 시시때때로 발생하는 수많은 상황들 속에서 급박하게 대처하기 위해 많은 시간들을 허비하게 될 것이다.

조정과 의사소통

예산을 수립하는 과정에서, 실행을 위해 필요한 모든 일들에 대한 기업(조직) 내의 여러 부서간(부문간) 또는 구성원긴의 조정(coordination)과 의사소통(communication)이 이루어진다. 예산 편성은 기업의 한정된 자원을 조정과 의사소통을 통해 효율적으로 배분하는 과정이다.

예산을 편성하는 과정을 통해 부서간(부문간) 또는 구성원간의 조정과 의사소통이 증진되고, 이는 결국 조직 구성원 모두가 같은 목표를 지향할 수 있도록 일치시키는 데 기여한다.

종합예산은 생산부문, 판매부문, 연구개발부문, 관리부문 등 개별예산들을 종합한 것이므로 예산을 수립하는 과정에서 각 부서간(부문간)의 충분한 의사소통과 조정 과정이 요구된다. 기업(조직)의 구성원들이 수행하는 기능

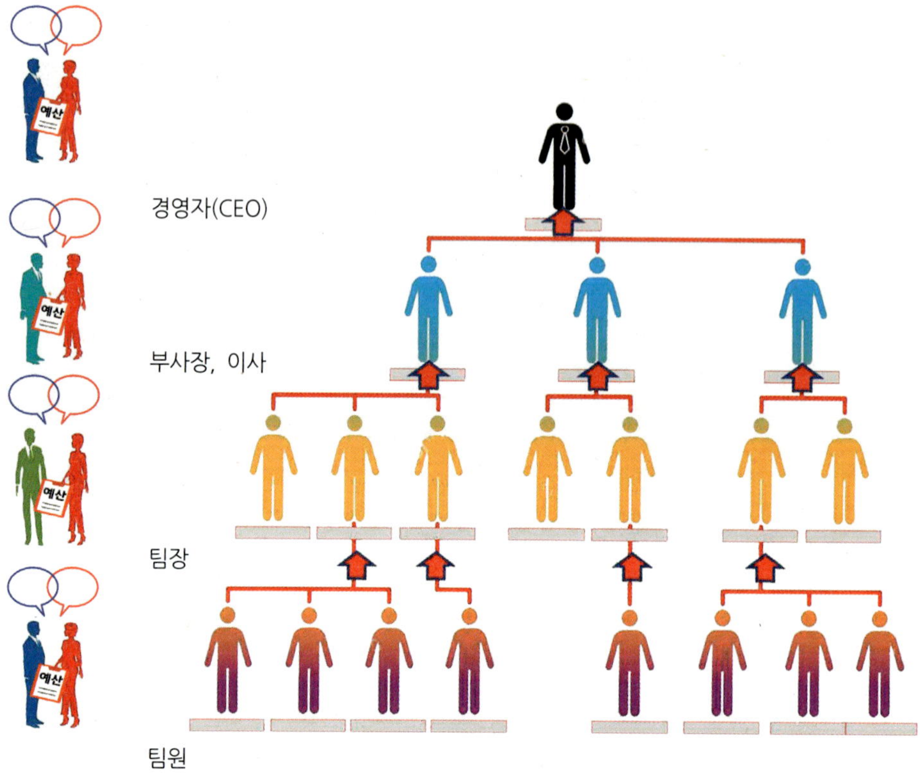

과 역할은 서로 다르지만, 그 기능과 역할은 결국 기업(조직)의 목표달성을 위한 상호 관련 활동이기 때문에 예산 편성과정에서 의사소통을 통해 서로 간의 의견을 조정해가는 과정을 갖게 된다.

● 성과평가의 기준

예산은 성과평가의 기준(benchmark)으로서의 역할을 한다. 경영자는 계획으로 수립된 목표(예산)와 실행된 결과물(실적)의 비교를 통해 성과를 평가한다. 즉 경영자는 기업의 성과를 평가하기 위하여, 예산과 실적을 서로 비교하고 평가하는 과정을 갖는다. 결국 예산은 이후에 있을 성과평가의 기준이 된다.

종합예산의 편성

예산의 가장 대표적인 형태가 종합예산이다. 종합예산(master budget)은 기업의 총체적이고 종합적인 예산이다. 일반적으로 종합예산은 1년 단위로 수립되며, 손익 및 재무상태에 대한 예산이 총망라되어 경영자의 운영과 재무의사결정에 도움을 준다.

종합예산은 단일예산이 아니라, 판매예산, 생산예산, 제조원가예산, 매출원가예산, 판매관리비예산, 현금예산 등이 상호 유기적인 관계로 묶인 총체적이고 종합적인 예산이다. 따라서 종합예산은 특정부서나 특정담당자에 의해서 획일적으로 작성될 수 있는 것이 아니라, 여러 부분의 담당자들이 함께 의사소통과 조정 과정을 거쳐서 편성하게 된다.

종합예산 편성의 흐름

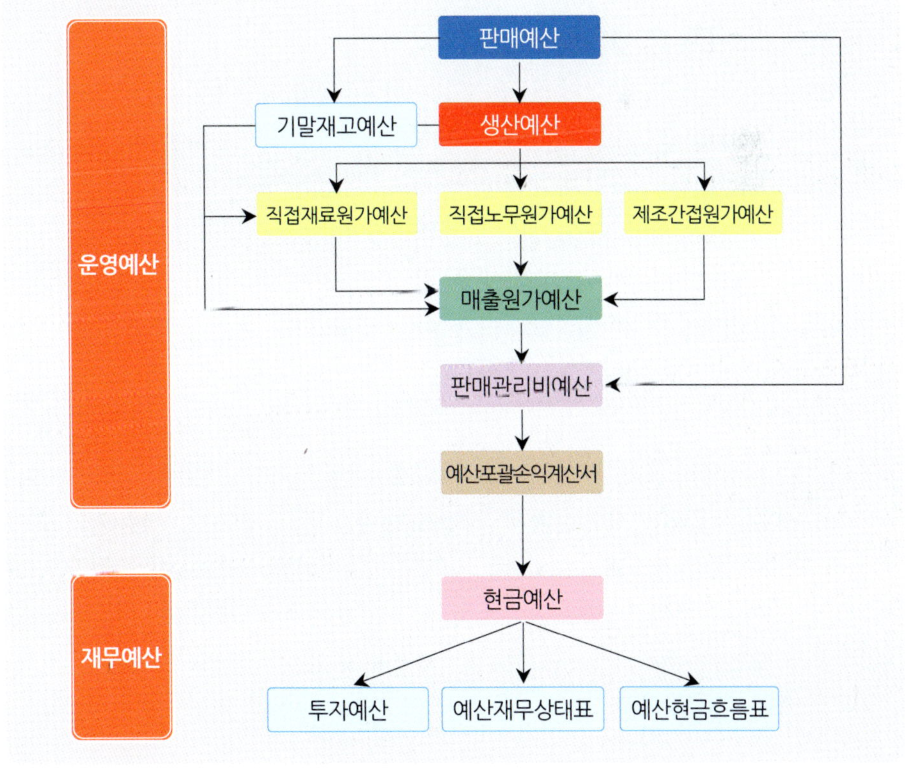

종합예산은 크게 운영예산과 재무예산으로 나뉜다. 운영예산(operating budget)은 매출, 제조원가, 매출원가, 판매관리비의 예산수립을 통해 포괄손익계산서상의 매출액부터 영업이익까지를 예측하는 것을 목적으로 한다. 재무예산(financial budget)은 현금예산, 투자예산, 예산현금흐름표, 예산재무상태표 등을 예측하는 것이다.

종합예산의 편성과정은 판매예측에서 출발하며 예산포괄손익계산서 및 예산재무상태표 등을 작성함으로써 종결된다.

종합예산 편성의 구체적인 절차

종합예산의 일반적인 절차는 아래와 같다.

STEP 1 : 판매예산 편성
STEP 2 : 생산예산 편성
STEP 3 : 제조원가예산 편성
STEP 4 : 기말재고예산 편성
STEP 5 : 매출원가예산 편성
STEP 6 : 비제조원가예산 편성
STEP 7 : 예산포괄손익계산서 작성
STEP 8 : 현금예산 편성

종합예산의 편성절차는 '제2장 다양한 원가개념과 원가의 흐름'에서 소개한 제품원가계산절차와 정반대방향으로 진행된다. 제품원가계산은 재고자산의 흐름(직접재료→재공품→제품→매출원가)을 좇아 계산된다면, 종합예산은 판매예산부터 시작되어, 판매예산에 기반하여 생산예산이 편성되고, 생산예산에 기반하여 제조원가예산, 재료사용예산, 재료매입예산 순으로 편성되어 간다.

원가의 흐름

직접재료			
기초재고		사용	×××
매입	×××	기말재고	×××

↓

재공품			
기초재고	×××	당기제품제조원가	×××
제조원가	×××	기말재고	×××

↓

제품			
기초재고	×××	매출원가	×××
당기제품제조원가	×××	기말재고	×××

↓

매출원가			
매출원가	×××		

종합예산 편성의 흐름

직접재료			
기초재고	×××	재료사용예산	×××
재료매입예산	×××	기말재고	×××

↑

재공품			
기초재고	×××	생산예산	×××
제조원가예산	×××	기말재고	×××

↑

제품			
기초재고	×××	판매예산	×××
생산예산	×××	기말재고	×××

↑

매출원가			
판매예산	×××		

종합예제 1

(주)이화토이는 아동용 장난감을 생산・판매하는 회사이다. (주)이화토이의 20×0년말의 재무상태표는 아래와 같다. 기말제품재고의 단위당 제조원가는 ₩2,500이다.

재무상태표

(주)이화토이　　　20×0년 12월 31일 현재　　　(단위 : 원)

자산	금액	부채 및 자본	금액
현　　금	5,000,000	매 입 채 무	70,000
매 출 채 권	600,000	자 본 금	15,000,000
직 접 재 료	400,000	차기이월이익잉여금	1,130,000
제　　품	2,000,000		
유 형 자 산	11,200,000		
감가상각누계액	(3,000,000)		

또한 (주)이화토이의 단위당 원가자료는 아래와 같다. (단, 아래 제시된 단위당 사용량과 단위당 원가는 매년 동일하다고 가정한다)

	단위당 사용량	단위당 원가
직접재료원가	$1m^3$/개	₩400/m^3
직접노무시간	20hr/개	₩40/hr
변동제조간접원가	20hr/개	₩35/hr

요구사항

1. (주)이화토이 제품의 판매가격은 단위당 ₩4,000이며, 예상판매량은 20×1년에 2,000개, 20×2년에 3,000개, 20×3년에 4,000개이다. (주)이화토이의 20×1년, 20×2년, 20×3년 판매예산을 편성하라.
2. (주)이화토이의 제품재고정책은 제품의 기말재고량을 차기 예상판매량의 30% 수준으로 유지하는 것이다. (주)이화토이의 20×1년, 20×2년 생산예산을 편성하라.
3. 아래 내용을 참고하여 (주)이화토이의 20×1년 제조원가예산을 편성하라.
   (1) 직접재료재고정책은 직접재료의 기말재고량은 차기 제품생산에 필요한 수량의 30% 수준으로 유지하는 것이다. (주)이화토이의 20×1년 직접재료사용예산과 직접재료매입예산을 각각 편성하라. (단, 기초 및 기말 재공품은 없는 것으로 가정한다)
   (2) (주)이화토이의 20×1년 직접노무원가예산을 편성하라.
   (3) 고정제조간접원가예산은 ₩1,596,000이다. 이 중 ₩300,000은 유형자산 감가상각비에 해당된다. (주)이화토이의 20×1년 제조간접원가예산을 편성하라.
4. (주)이화토이의 20×1년 기말재고예산을 편성하라.
5. (주)이화토이의 20×1년 매출원가예산을 편성하라. (단, 선입선출법을 가정한다)

6. 변동판매관리비는 제품 한 단위를 판매할 때마다 ₩400이며, 20×1년에 예상되는 고정판매관리비는 ₩1,000,000이다. 이 중 ₩200,000은 감가상각비에 해당된다. (주)이화토이의 20×1년 비제조원가예산을 편성하라.
7. (주)이화토이의 20×1년 예산포괄손익계산서를 작성하라.
8. 모든 매출과 매입은 외상거래이다. 매출채권은 판매연도에 90%가 회수되고, 나머지는 다음 연도에 회수된다. 매입채무는 매입연도에 90%가 지출되고, 나머지는 다음 연도에 지출된다. 재료매입액과 감가상각비를 제외한 모든 비용은 발생시점에 전액 현금으로 지급한다. (주)이화토이의 20×1년 현금예산을 편성하라.

STEP 1 : 판매예산 편성

종합예산의 첫 번째 단계는 판매예산을 편성하는 단계이다. 판매예산(sales budget)이란 예산기간 동안 예측되는 판매에 대한 구체적인 계획이다. 판매예산을 편성하기 위해서 제일 먼저 수행해야 할 일은 차기 판매량에 대한 예측을 하는 것이다. '차기에 몇 개가 팔릴 것인가?'가 예산 편성의 출발점이다. 일반적으로 판매량 예측은 마케팅부서가 담당하게 되며, 최근 판매량, 시장점유율, 가격정책, 광고 및 판촉활동, 거시경제적 상황 등이 모두 고려되어 결정된다.

차기의 예상판매량이 예측되면, 이를 근거로 판매예산이 편성된다. 판매예산은 예상판매량에 예상판매가격을 곱하여 산출한다.

판매예산 = 예상판매량 × 예상판매가격

(주)이화토이의 20×1년, 20×2년, 20×3년 판매예산은 아래와 같다.

	예상판매량	예상판매가	판매예산
20×1년	2,000개	₩4,000	₩8,000,000
20×2년	3,000개	4,000	12,000,000
20×3년	4,000개	4,000	16,000,000

STEP 2 : 생산예산 편성

판매예산 편성을 마친 후, 다음 단계는 생산예산을 편성하는 단계이다. 생산예산(production budget)이란 예산기간 동안의 예상판매량과 제품재고정책의 변화를 고려하여 예상생산량을 계획하는 것이다. '차기에 몇 개를 생산할 것인가?'에 대한 예산이다.

> 예상생산량＝예상판매량＋예상기말제품재고－기초제품재고

위 식을 조금 더 풀어서 설명하면, 기업이 차기에 필요한 제품수량은 예상되는 판매량에 기말에 재고로 보유해야 되는 수량만큼이다. 따라서 필요한 제품수량에서 이미 보유하고 있는 기초제품재고수량을 뺀 나머지가 기업이 당기에 새롭게 생산해야 하는 수량이다.

제		품	
기초재고수량	×××	판매량(판매예산)	×××
생산량(생산예산)	×××	기말재고수량	×××
필요제품수량	×××	필요제품수량	×××

(주)이화토이의 20×1년, 20×2년 생산예산은 아래와 같다.

	예상판매량	예상기말제품재고	기초제품재고	예상생산량
20×1년	2,000개	900개(＝3,000개×30%)	800개	2,100개
20×2년	3,000개	1,200개(＝4,000개×30%)	900개	3,300개

여기서 20×1년 기초제품재고는 20×0년 재무상태표의 기말제품재고액이 ₩2,000,000이고 제품원가가 단위당 ₩2,500이므로 800개로 파악된 것이다.

STEP 3 : 제조원가예산 편성

생산예산 편성이 마무리되었다면, 다음 단계는 제조원가예산(manufacturing cost budget)을 편성하는 단계이다. 제조원가예산은 직접재료원가예산, 직접노무원가예산, 제조간접원가예산으로 나뉜다.

먼저, 직접재료원가예산에 대해 알아보자. 직접재료원가예산은 직접재료사용예산과 직접재료매입예산이 있다.

직접재료사용예산은 예상생산량을 생산하는 데 필요한 직접재료원가에 대한 예산이다. '차기에 얼마만큼의 직접재료가 사용될 것인가?'에 대한 예산이다. 예상생산량에 제품단위당 원재료 필요수량과 직접재료 단위당 매입가격을 곱한 값이다. 직접재료사용예산이 편성되면 기업의 생산담당자는 직접재료사용예산을 기준으로 하여 원가절감을 위한 다양한 노력들을 기울이게 된다.

직접재료사용예산＝예상생산량×제품단위당 원재료 필요수량×직접재료 단위당 매입가격

따라서 (주)이화토이의 직접재료사용예산은 아래와 같다.

2,100개 × 1m^3/개 × ₩400/m^3 = ₩840,000

일반적으로 직접재료매입예산은 기업의 구매책임자가 작성한다. '차기에 얼마만큼의 직접재료를 구입할 것인가?'에 대한 예산이다. 직접재료매입예산은 직접재료매입량에 직접재료 단위당 매입가격을 곱하여 산출한다. 여기서 직접재료매입량은 생산예산 편성과정에서 편성한 예상생산량을 생산하는 데 필요한 직접재료사용량과 기업의 재고정책에 따른 기말직접재료재고수량을 가산하고, 기초직접재료재고수량을 차감하여 산출한다.

직접재료매입량＝직접재료사용량＋예상기말직접재료재고－기초직접재료재고

직접재료매입예산=직접재료매입량×직접재료 단위당 매입가격

(주)이화토이는 20×1년에 2,100개를 생산할 예정이므로 2,100m^3(=2,100개×1m^3/개)의 직접재료가 사용될 예정이다. 기말재고량은 다음 연도(20×2년) 제품생산에 필요한 수량의 30% 수준으로 유지하는 것이다. 20×2년에 3,300개의 제품을 생산할 예상이므로 990m^{3}을 기말재고로 유지하게 된다. 또한 20×0년 기말 현재 직접재료액이 ₩400,000이므로 기초직접재료재고는 1,000m^3(=₩400,000/₩400/m^3)이다. 따라서 20×1년에 매입이 필요한 양은 2,090m^{3}이다.

직접재료

기초재고	1,000m^3	사용량	2,100m^3
매입량	2,090m^3	기말재고	990m^3
필요직접재료	3,090m^3	필요직접재료	3,090m^3

따라서 직접재료매입예산은 아래와 같다.

2,090m^3×₩400/m^3=₩836,000

다음으로, 직접노무원가예산에 대해 알아보자. 직접노무원가예산은 예상생산량을 생산하는 데 필요한 직접노무원가에 대한 예산이다. '차기에 얼마만큼의 직접노무원가가 발생할 것인가?'에 대한 예산이다. 직접노무원가예산은 예상생산량에 제품단위당 노무시간과 시간당 임률을 곱하여 산출한다.

직접노무원가예산=예상생산량×제품단위당 노무시간×시간당 임률

(주)이화토이는 20×1년에 2,100개를 생산할 예정이므로, 직접노무원가예산은 아래와 같다.

2,100개×20hr/개×₩40/hr=₩1,680,000

제조간접원가예산은 원가행태에 따라 변동제조간접원가예산과 고정제조간접원가예산으로 나누어 편성한다. 여기서 변동제조간접원가예산은 예상생산량에 배부기준량과 배부율을 곱한 값이다.

제조간접원가예산=변동제조간접원가예산+고정제조간접원가예산

(주)이화토이는 20×1년에 2,100개를 생산할 예정이므로, 변동제조간접원가예산은 아래와 같다.

2,100개×20hr/개×₩35/hr=₩1,470,000

따라서 (주)이화토이의 제조간접원가예산은 아래와 같다.

₩1,470,000+₩1,596,000=₩3,066,000

STEP 4 : 기말재고예산 편성

판매예산, 생산예산, 제조원가예산을 거쳐 오면서, 제품원가를 계산하는 데 필요한 모든 자료수집과정이 마쳐졌다. 이와 같은 과정을 거쳐 온 이유는 크게 두 가지이다. 첫째는 예산포괄손익계산서의 매출원가를 계산하기 위함이고, 둘째는 판매되지 아니하고 기말재고로 남게 되는 제품재고액을 계산하기 위함이다. 기말제품재고액에 대한 계산과정은 다음 매출원가예산 편성과정에서 구체적으로 살펴보자.

STEP 5 : 매출원가예산 편성

제조원가자료를 가지고 예산포괄손익계산서에 보고될 매출원가를 계산한다.

매출원가예산＝기초제품재고＋당기제품제조원가－기말제품재고

매출원가는 예상되는 단위당 제조원가에 판매량을 곱하여 계산한다. 그러나 단순히 총판매량에 단위당 제조원가를 곱하여 계산해서는 안 된다. 그 이유는 단위당 제조원가가 서로 다를 수 있기 때문이다.

(주)이화토이의 경우 기초제품재고 800개의 단위당 제조원가는 ₩2,500이다. 따라서 기초제품재고액은 아래와 같다.

기초제품재고액(₩2,000,000)＝800개×₩2,500

그렇다면 당기 완성된 2,100개의 단위당 제조원가는 얼마인가?

당기제품제조원가(₩5,586,000)＝2,100개×x
x＝₩2,660

즉, 기초제품재고의 단위당 제조원가는 ₩2,500이고, 당기 완성품의 단위당 제조원가는 ₩2,660이다. 즉 서로 다른 단위당 제조원가를 지니고 있다.

이와 같이 단위당 제조원가가 서로 다른 경우 기말제품재고액은 어떻게 결정되는가? 기업의 제품재고정책이 선입선출법인지, 평균법인지, 후입선출법인지에 따라 달라진다. 위 예제에서는 선입선출법을 채택하고 있으므로 기말제품재고의 단위당 제조원가는 ₩2,660이 된다.

기말제품재고액＝기말제품재고량×단위당 제조원가
＝900개×₩2,660
＝₩2,394,000

따라서 (주)이화토이의 매출원가는 다음과 같다.

기초제품재고액＋당기제품제조원가－기말제품재고액＝₩5,192,000

항 목	금 액	
직접재료원가	₩840,000	
직접노무원가	1,680,000	
제조간접원가	3,066,000	
당기제품제조원가		₩5,586,000
기초제품재고액		2,000,000
기말제품재고액		(2,394,000)
매출원가예산		₩5,192,000

STEP 6 : 비제조원가예산(판매관리비예산) 편성

비제조원가예산(non-manufacturing cost budget)은 판매관리비예산(selling and administrative expense budget)이라고도 불린다. 비제조원가예산은 변동판매관리비예산과 고정판매관리비예산으로 나뉜다. 변동판매관리비예산은 예상판매량에 비례하여 예산을 편성하고, 고정판매관리비예산은 예상판매량과는 무관하게 편성한다.

(주)이화토이의 비제조원가예산은 아래와 같다.

	예상 판매량	단위당 변동판매관리비	변동판매관리비 예산	고정판매관리비 예산	비제조원가 예산
20×1년	2,000개	₩400	₩800,000	₩1,000,000	₩1,800,000
20×2년	3,000개	400	1,200,000	1,000,000	2,200,000
20×3년	4,000개	400	1,600,000	1,000,000	2,600,000

STEP 7 : 예산포괄손익계산서 작성

지금까지 편성한 예산자료를 이용하여 예산포괄손익계산서를 작성한다. 예산포괄손익계산서(budgeted income statement)는 예산이 편성되는 기간의 매출액, 매출원가, 판매관리비, 영업이익에 대한 예측을 종합적으로 나타내주는 표이다. 앞서 편성한 판매예산, 매출원가예산, 판매관리비예산을 기초로 작성한다.

(주)이화토이의 예산포괄손익계산서는 아래와 같다.

예산포괄손익계산서 20×1년	
매 출 액	₩8,000,000
매 출 원 가	5,192,000
매출총이익	2,808,000
판매관리비	1,800,000
영 업 이 익	₩1,008,000

종합예산 편성과정에서 판매량을 기초로 편성된 예산과 생산량을 기초로 편성된 예산을 정리하면 아래 표와 같다.

'판매량'을 기초로 편성되는 예산	'생산량'을 기초로 편성되는 예산
• 판매예산 • 매출원가예산 • 비제조원가예산	• 직접재료원가예산 • 직접노무원가예산 • 제조간접원가예산

지금까지 소개한 바와 같이, 종합예산을 수립할 때 사업부의 경우에는 보통 영업이익까지의 예산을 수립하나, 전사적 관점의 예산을 수립하는 본사 재무팀과 같은 경우에는 세전이익까지의 예산을 수립하게 된다.

그런데 영업이익 외에 세전이익을 구성하는 영업외수익이나 영업외비용 항목은 통제가 불가능한 경우가 많아서 단순 전망치를 도출하여 예산 세전이익 산출에 활용하는 경우가 많다. 따라서 본서에서는 예산포괄손익계산서 작성시 실질적으로 중요하다고 판단되는 영업이익까지의 예산수립과정까지만 다루도록 한다.

STEP 8 : 현금예산 편성

기업 경영자에게 있어서 현금에 대한 정보는 매우 중요한 정보 중 하나이다. 어느 시점에 얼마만큼의 현금이 필요한가에 대해서 경영자는 사전에 예측하고 그에 대한 충분한 대비를 해야 한다. 따라서 예상되는 현금유입액과 현금유출액에 대한 예산을 편성하는 과정을 가져야 한다.

현금예산(cash budget)이란 예산기간중의 현금유입과 현금유출에 대한 예산으로, 기업의 단기계획에서 매우 중요한 예산이다. 기초현금잔액에 예산기간중의 현금유입액을 가산하고 현금유출액을 차감함으로써 예산기말의 현금잔액을 추정한다.

기말현금잔액 = 기초현금잔액 + 현금유입액 − 현금유출액

현금유입액은 현금매출 또는 매출채권회수액 등이 포함된다. (주)이화토이는 모든 거래를 외상거래로 하고 있으므로, 매출채권회수액만 현금유입액에 해당된다. 또한 예제에서 매출채권은 판매연도에 90%가 회수되고 나머지는 다음 연도에 전액 회수된다는 가정이 있으므로, (주)이화토이의 매출채권 회수액은 다음과 같다.

① 매출채권 회수액

₩600,000	+	₩8,000,000 × 0.9	=	₩7,800,000
(20×0년 매출채권기말잔액)		(판매예산) × 90%		

현금유출액은 현금매입 또는 매입채무지급액, 비용지급액 등이 포함된다. (주)이화토이의 매입채무지급액은 다음과 같다.

② 매입채무지급액

₩70,000	+	₩836,000 × 0.9	=	₩822,400
(20×0년 매입채무기말잔액)		(직접재료매입예산) × 90%		

모든 비용은 발생시점에 전액 현금으로 지급된다는 가정이 있으므로, 노무원가는 전액 현금으로 지급된다. 직접노무원가지급액은 다음과 같다.

③ 직접노무원가지급액

₩1,680,000
(직접노무원가예산)

제조간접원가 중 변동제조간접원가는 모두 현금으로 지급되고, 고정제조간접원가는 실제 현금감소가 발생하지 않는 감가상각비를 제외한 나머지가 현금으로 지급된다. 제조간접원가지급액은 다음과 같다.

④ 제조간접원가지급액

₩1,470,000	+	₩1,596,000	−	₩300,000	=	₩2,766,000
(변동제조간접원가예산)		(고정제조간접원가예산)		(감가상각비)		

비제조간접원가 중 변동판매관리비는 모두 현금으로 지급되고, 고정판매관리비는 실제 현금감소가 발생하지 않는 감가상각비를 제외한 나머지가 현금으로 지급된다. 비제조원가지급액은 다음과 같다.

⑤ 비제조원가지급액

₩800,000	+	₩1,000,000	−	₩200,000	=	₩1,600,000
(변동판매관리비예산)		(고정판매관리비예산)		(감가상각비)		

따라서 (주)이화토이의 현금예산은 다음과 같다.

항 목		금 액
기초현금		₩5,000,000
현금유입		
	① 매출채권회수액	7,800,000
현금유출		
	② 매입채무지급액	822,400
	③ 직접노무원가지급액	1,680,000
	④ 제조간접원가지급액	2,766,000
	⑤ 비제조원가지급액	1,600,000
기말현금		₩5,931,600

10 용어정리

계획(planning)
기업(조직)이 달성하고자 하는 구체적인 목표를 설정하고, 설정된 목표를 달성하기 위해 수행해야 할 세부적인 방법이나 행동

생산예산(production budget)
예산기간 동안의 예산판매량과 제품재고정책의 변화를 고려하여 예상생산량을 계획하는 예산

예산(budget)
미래 특정기간 동안의 경영자의 수량적인 계획. 성과평가의 기준

예산포괄손익계산서(budgeted income statement)
예산이 편성되는 기간의 매출액, 매출원가, 판매관리비, 영업이익에 대한 예측을 종합적으로 나타내주는 표

운영예산(operating budget)
매출, 제조원가, 매출원가, 판매관리비의 예산수립을 통해 포괄손익계산서상의 매출액부터 영업이익까지를 예측하는 것을 목적으로 하는 예산

재무예산(financial budget)
현금예산, 투자예산, 예산현금흐름표, 예산재무상태표 등을 예측하는 예산

제조원가예산(manufacturing cost budget)
예상생산량을 생산하는 데 필요한 직접재료원가, 직접노무원가, 제조간접원가에 대한 예산

종합예산(master budget)
기업의 총체적이고 종합적인 예산

판매예산(sales budget)
예산기간 동안 예측되는 판매에 대한 구체적인 계획

현금예산(cash budget)
예산기간중의 현금유입과 현금유출에 대한 예산으로, 기업의 단기계획에서 매우 중요한 예산

주관식 개념문제

1. 예산의 유용성에 대해 설명하라.

2. 운영예산과 재무예산의 차이에 대해 설명하라.

3. 종합예산 편성의 구체적인 절차에 대해 설명하라.

객관식 개념문제

1. 다음 중 예산 편성의 유용성이 아닌 것은?

① 계획(planning) 편성을 용이하게 한다.
② 실적(output)을 알려준다.
③ 조직 내부의 조정(coordination)에 이용된다.
④ 조직 내부의 의사소통(communication)에 이용된다.
⑤ 성과평가의 기준(benchmark)을 제공한다.

2. 다음 중 종합예산의 편성순서로 가장 적합한 것은?

a. 생산예산	b. 예산포괄손익계산서
c. 판매예산	d. 비제조원가예산
e. 매출원가예산	f. 제조원가예산

① a－c－f－d－e－b　② a－c－f－e－d－b　③ c－a－f－e－d－b
④ c－a－e－f－d－b　⑤ c－a－f－e－b－d

3. 다음 중 종합예산에 대한 설명으로 적절하지 않은 것은?

① 종합예산은 기업의 총체적이고 종합적인 예산이다.
② 종합예산은 크게 운영예산과 재무예산으로 구분된다.
③ 종합예산의 출발점은 생산에 대한 예측이다.
④ 직접재료사용예산을 기준으로 하여 기업의 생산담당자는 원가절감을 위한 다양한 노력들을 기울이게 된다.
⑤ 현금예산은 예산기간중의 현금유입과 현금유출에 대한 예산으로, 기업의 단기계획에서 매우 중요한 예산이다.

정답

1. ②　**2.** ③　**3.** ③

기본문제

1. (주)이화토이는 아동용 장난감 A를 생산 · 판매하는 회사이다. 다음은 장난감 A와 관련된 자료이다. 20×1년의 예산을 편성하고자 한다.

〈예상판매량 및 판매가격〉

20×1년 예상판매량	3,000개
20×2년 예상판매량	3,500개
단위당 판매가격	₩500

〈직접재료〉

예상매입가격	g당 ₩10
20×0년말 재고	4,000g
20×1년말 예상재고	5,000g

〈재고량〉

20×0년말	1,000개

〈재고정책〉

차기의 예상판매량의 20% 수준 유지

〈직접노무시간과 임률 예상자료〉

단위당 노무시간	2시간
시간당 임률	₩80

〈제조간접원가〉

배부기준	직접노무시간
배부율	시간당 ₩60

요구사항

1. 20×1년도의 판매예산상의 예상매출액을 구하라.
2. 20×1년도의 생산예산상의 예상생산량을 구하라.
3. 장난감 A 한 단위를 만드는 데 직접재료가 20g 사용된다면, 20×1년도의 직접재료 예상구입액을 구하라.
4. 20×1년도 예산상의 기말제품재고액과 기말직접재료재고액을 구하라.

풀이 및 해설

1. 3,000개 × ₩500 = ₩1,500,000

2.

제	품		
기초재고수량	1,000	판매량(판매예산)	3,000
생산량(생산예산)	x	기말재고수량	700*
필요제품수량	3,700	필요제품수량	3,700

* 3,500개 × 0.2 = 700개

∴ 예상생산량(x) = 3,000개 + 700개 − 1,000개 = 2,700개

3. 직접재료 예상사용량 = 2,700개 × 20g = 54,000g

직접재료			
기 초 재 고	4,000g	사 용 량	54,000g
매 입 량	55,000g	기 말 재 고	5,000g
필요직접재료	59,000g	필요직접재료	59,000g

직접재료매입예산 = 55,000g × ₩10 = ₩550,000

4. 직접재료원가 = 700개 × 20g × ₩10 = ₩140,000
직접노무원가 = 700개 × 2시간 × ₩80 = 112,000
제조간접원가 = 700개 × 2시간 × ₩60 = 84,000
기말제품재고액 = ₩336,000
기말직접재료재고액 = 5,000g × ₩10 = ₩50,000

연습문제

1. [생산예산] (주)청송의 다음 연도 분기별 매출예산은 다음과 같다. 회사의 재고정책에 따르면, 분기별 기말제품재고는 다음 분기 매출의 30%를 유지해야 한다. 다음 연도의 2분기 생산예산은 얼마가 되어야 하는가?

• 1분기 : 12,000개	• 2분기 : 10,000개
• 3분기 : 14,000개	• 4분기 : 12,000개

① 7,000개 ② 11,200개 ③ 12,000개
④ 13,400개 ⑤ 14,000개

2. [판매예산과 생산예산] 다음은 제품 A를 생산, 판매하는 (주)관세의 20×1년 분기별 판매계획이다. (주)관세의 20×1년 제품 A의 기초재고수량이 300단위라면, 20×1년 제품 A의 연간 예상 생산수량은? (2019년 관세사 기출문제)

	1분기	2분기	3분기	4분기
예상판매수량	1,000단위	1,000단위	1,200단위	1,300단위
분기말 예상재고수량	400단위	480단위	520단위	450단위

① 4,350단위 ② 4,550단위 ③ 4,650단위
④ 4,700단위 ⑤ 4,750단위

3. [판매예산과 생산예산] (주)청송의 분기별 판매량과 생산량에 대한 예산자료가 아래와 같다. 기초제품의 재고량은 100단위이다. (주)청송은 매분기말 제품의 재고를 다음 분기 판매량의 20% 수준으로 보유하는 재고정책을 지니고 있다. 3분기의 예상판매수량은 얼마인가?

	1분기	2분기	3분기	4분기
판매량	500단위	600단위	?	700단위
생산량	520단위	640단위	780단위	

① 400단위 ② 500단위 ③ 600단위
④ 700단위 ⑤ 800단위

4. [재료매입예산] (주)한국은 제품 1단위에 2kg의 원재료를 사용하고 있으며, 원재료 1kg당 가격은 ₩10이다. 각 분기말 원재료재고량은 다음 분기 원재료 예상사용량의 10%를 유지하고 있다. (주)한국이 1분기초에 보유하고 있는 원재료는 220kg이다. 분기별 실제(=목표)생산량이 다음과 같을 때, 1분기의 원재료 예산구입액은? (단, 재공품 및 제품 재고는 없다)

(2019년 9급공무원 기출문제)

	1분기	2분기
실제생산량(=목표생산량)	1,100개	1,500개

① ₩17,200　② ₩18,800　③ ₩22,800
④ ₩23,000　⑤ ₩25,000

5. [재료매입예산] (주)백운은 운동화를 생산한다. 운동화 한 단위를 생산하는 데에는 직접재료가 4kg 사용된다. 20×1년의 월별 예상판매량은 다음과 같다. (주)백운의 재고정책은 월말 제품재고수량을 다음 달 예상판매량의 20% 수준에서 유지하는 것이다. 또한 재공품재고는 없다. 3월중에 사용할 직접재료의 물량은 얼마인가?

	1월	2월	3월	4월
판매량	400단위	500단위	600단위	700단위

① 2,000kg　② 2,400kg　③ 2,480kg
④ 2,800kg　⑤ 2,960kg

6. [재료매입예산] (주)YS꿀빵은 밀가루(직접재료)를 사용하여 꿀빵을 생산하고 있다. 꿀빵을 한 단위 생산하기 위해서는 밀가루가 4kg 소요된다. 20×1년 1분기와 2분기 꿀빵의 예상판매량은 각각 300단위, 400단위이다. 20×1년도 기초에 보유하고 있던 밀가루 재고는 300kg이며, 꿀빵의 재고는 60단위이다. 그리고 이 회사의 재고정책에 의하면 1분기말 꿀빵의 희망재고수준은 2분기 판매량의 20%이며, 밀가루의 희망재고수준은 400kg이다. 20×1년 1분기에 구입해야 할 밀가루의 수량은 얼마인가? (단, 기초재공품과 기말재공품은 없다고 가정한다)

(2006년 감정평가사 기출문제 수정)

① 320kg　② 380kg　③ 1,280kg
④ 1,380kg　⑤ 1,680kg

7. [재료매입예산] (주)정의는 단일제품 A를 생산하는데 연간 최대생산능력은 70,000단위이며, 20×1년에 제품 A를 45,000단위 판매할 계획이다. 원재료는 공정 초에 전량 투입(제품 A 1단위 생산에 4kg 투입)되며, 제조과정에서 공손과 감손 등으로 인한 물량 손실은 발생하지 않는다. 20×1년초 실제재고와 20×1년말 목표재고는 다음과 같다.

	20×1년초	20×1년말
원재료	4,000kg	5,000kg
재공품	1,500단위(완성도 60%)	1,800단위(완성도 30%)
제 품	1,200단위	1,400단위

재공품 계산에 선입선출법을 적용할 경우, (주)정의가 20×1년에 구입해야 하는 원재료(kg)는?

(2016년 세무사 기출문제)

① 180,000kg ② 182,000kg ③ 183,000kg
④ 184,000kg ⑤ 185,600kg

8. [상품매입예산] 단일상품을 매입하여 판매하는 (주)Y마트는 20×1년 1월에는 ₩300,000, 2월에는 ₩400,000, 3월에는 ₩450,000의 매출액을 예상하고 있다. 매월 기말재고액은 다음 달 예상매출원가의 30% 수준에서 유지하고 있으며, 상품의 매출총이익률은 20%이다. 2월의 예상상품매입액은 얼마인가?

① ₩320,000 ② ₩332,000 ③ ₩360,000
④ ₩480,000 ⑤ ₩520,000

9. [현금예산] (주)이화연필의 20×1년 월별 매출계획은 아래와 같다. 연필의 판매가격은 단위당 ₩500이다. 매출 중 60%는 현금판매로, 나머지는 외상판매로 이루어진다. 또한 외상판매대금 중 50%는 당월에, 나머지는 익월에 회수된다. 20×1년 2월에는 얼마의 현금이 회수될 것으로 추정가능한가?

	1월	2월	3월
판매량	220개	250개	200개

① ₩22,000 ② ₩25,000 ③ ₩75,000
④ ₩122,000 ⑤ ₩125,000

10. [현금예산] 20×1년 1월 매출액은 ₩50,000이고, 2월은 1월에 비해 매출이 12%, 3월은 2월에 비해 15% 상승할 것으로 예상하고 있다. 매출은 현금매출 60%와 외상매출 40%로 구성되며, 외상매출은 판매된 달에 70%, 그 다음 달에 30%가 회수된다. 이에 따라 현금예산표상 20×1년 3월의 현금유입액을 계산하면 얼마인가? (2005년 공인회계사 기출문제 수정)

① ₩38,640 ② ₩56,672 ③ ₩60,000
④ ₩63,392 ⑤ ₩70,000

11. [현금예산] (주)관세는 20×1년의 분기별 현금예산을 편성 중이며, 관련 매출자료는 다음과 같다. 분기별 예상매출액 중 현금매출은 40%이며, 외상매출은 60%이다. 외상매출은 판매된 분기(첫 번째 분기)에 60%, 두 번째 분기에 30%, 세 번째 분기에 10%가 현금으로 회수된다. 20×1년 매출과 관련하여 3분기에 예상되는 현금유입액은? (2018년 관세사 기출문제)

	1분기	2분기	3분기	4분기
예상매출액	₩250,000	₩300,000	₩200,000	₩275,000

① ₩152,000 ② ₩206,000 ③ ₩218,000
④ ₩221,000 ⑤ ₩267,000

12. [현금예산] (주)숙명은 20×1년의 분기별 현금예산을 편성중인데, 동 기간 동안의 매출 관련 자료는 다음과 같이 예상된다. 매 분기 매출액 가운데 현금매출은 60%이며, 외상매출은 40%이다. 외상매출은 판매된 분기에 30%가 현금으로 회수되고, 그 다음 분기에 나머지 70%가 현금으로 회수된다. 20×1년 3분기의 관련 현금유입액은 얼마로 예상되는가?
(2011년 관세사 기출문제 수정)

	1분기	2분기	3분기	4분기
예상매출액	₩1,900,000	₩2,000,000	₩2,400,000	₩2,200,000

① ₩288,000 ② ₩560,000 ③ ₩1,440,000
④ ₩2,288,000 ⑤ ₩2,500,000

제품(3분기)

기초재고	$0.2x$	판 매 량	x
생 산 량	780	기말재고	140**

제품(4분기)

기초재고		판 매 량	700
생 산 량		기말재고	

* 600단위×0.2=120단위

** 700단위×0.2=140단위

$0.2x$+780단위=x+140단위

∴ x=800단위

4. ③

원재료

기초재고	220	사 용 량	2,200
(1,100개×2kg×0.10)		(1,100개×2kg)	
매 입 량	2,280	기말재고	300
		(1,500개×2kg×0.10)	
	2,500		2,500

∴ 1분기 원재료구입액 : 2,280kg×₩10=₩22,800

5. ③

제품(3월)

기초재고	120	판 매 량	600
(600단위×0.2)			
생 산 량	620	기말재고	140
		(700단위×0.2)	
	740		740

∴ 직접재료매입수량=620단위×4kg=2,480kg

6. ④

제품(꿀빵)

기초재고	60	판 매 량	300
생 산 량	320	희망 기말재고	80
		(400단위×0.2)	
	380		380

직접재료(밀가루)

기초재고	300	사 용 량	1,280
		(320단위×4kg)	
매 입 량	x	희망 기말재고	400
	1,680		1,680

∴ 직접재료매입예산상의 매입량 x : 1,280kg+400kg−300kg=1,380kg

7. ③

원재료

기 초	4,000kg	당기발생	182,000kg
매 입	**183,000**kg	기 말	5,000kg
	187,000kg		187,000kg

재공품

기 초	6,000kg	당기제품제조원가	180,800kg
당기총제조원가	182,000kg	기 말	7,200kg
	188,000kg		188,000kg

제 품

기 초	4,800kg	매출원가	180,000kg
당기제품제조원가	180,800kg	기 말	5,600kg
	185,600kg		185,600kg

8. ②

상품(1월)

기초재고	×××	매출원가	×××
매 입	×××	기 말	96,000**

상품(2월)

기초재고	96,000	매출원가	320,000*
매 입	?	기 말	108,000***

* ₩400,000×(1−0.2)=₩320,000

** ₩320,000×0.3=₩96,000

*** ₩450,000×(1−0.2)×0.3=₩108,000

∴ 2월의 예상상품매입액=₩320,000+₩108,000−₩96,000=₩332,000

9. ④

현금매출 : 250개×₩500×0.6 =₩75,000

외상매출 당월회수분 : 250개×₩500×0.4×0.5 =₩25,000

외상매출 전월회수분 : 220개×₩500×0.4×0.5 =₩22,000

∴ 현금유입액=₩122,000

10. ④

현금매출 : ₩64,400×0.6 =₩38,640

외상매출 당월회수분 : ₩64,400×0.4×0.7 =₩18,032

외상매출 전월회수분 : ₩56,000×0.4×0.3 =₩6,720

∴ 현금유입액=₩63,392

11. ④

3분기 현금매출 : ₩200,000×0.4 =₩80,000
3분기 외상매출 당기회수분 : ₩200,000×0.6×0.6 =₩72,000
1분기 외상매출 전기회수분 : ₩250,000×0.6×0.1 =₩15,000
2분기 외상매출 전기회수분 : ₩300,000×0.6×0.3 =₩54,000
∴ 현금유입액=₩221,000

12. ④

2월 판매분 : ₩2,000,000×0.4×0.7 =₩560,000
3월 판매분 :
외상매출 : ₩2,400,000×0.4×0.3 =₩288,000
현금매출 : ₩2,400,000×0.6 =₩1,440,000
∴ 현금유입액=₩2,288,000

13. ②

분 기	예산판매량	기말재고량 (예상판매량×20%)	기초재고량	생산량	직접노무시간 (생산량×0.35)
20×1년 1분기	8,000단위	1,300 (6,500×0.2)	1,600	7,700	2,695시간
20×1년 2분기	6,500단위	1,400 (7,000×0.2)	1,300	6,600	2,310시간
20×1년 3분기	7,000단위	1,500 (7,500×0.2)	1,400	7,100	2,485시간
20×1년 4분기	7,500단위	1,600 (8,000×0.2)	1,500	7,600	2,660시간
20×2년 1분기	8,000단위				

분 기	직접노무원가 예산	
20×1년 1분기	(2,600시간×₩10)+(95시간×₩15)	₩27,425
20×1년 2분기	2,600시간×₩10	26,000
20×1년 3분기	2,600시간×₩10	26,000
20×1년 4분기	(2,600시간×₩10)+(60시간×₩15)	26,900
		₩106,325

14. ⑤

	1월	2월	3월
외상매출(매출×0.5)	₩10,000,000	₩15,000,000	₩20,000,000
매출액(외상매출/0.5)	20,000,000	30,000,000	40,000,000
매출원가(매출액×0.7)	14,000,000	21,000,000	28,000,000
월말재고(다음 달 매출원가×0.1)	2,100,000	2,800,000	?
월초재고(이달 매출원가×0.1)	1,400,000	2,100,000	2,800,000
매입액(매출원가+월말재고−월초재고)	14,700,000	21,700,000	?
현금지급액	?	14,700,000	21,700,000

∴ 매입대금지급액=₩14,700,000

15. ②

	1월	2월	3월
(1) 매출액	₩12,000	₩15,000	₩16,500
(2) 매출원가=매출액/1.5	8,000	10,000	11,000
(3) 기말재고=다음 달 매출원가×0.2	2,000	2,200	
(4) 기초재고=지난달의 기말재고	0*	2,000	2,200
(5) 상품구입액=(2)+(3)−(4)	10,000	10,200	
(6) 이번 달 구입액 대금지급=(5)×0.6		6,120	
(7) 지난달 구입액 대금지급=지난달(5)×0.4		4,000	
대금지급 합계=(6)+(7)		10,120	

* 올해 초에 설립되었으므로 기초잔액은 ₩0이다.

CHAPTER

11 표준원가계산과 균형성과표

본장에서는 표준원가계산과 균형성과표를 소개한다.

첫째, 본장에서는 표준원가계산을 학습한다. 표준원가란 공학적 분석에 의해 설정된 합리적인 원가를 의미한다. 연초에 미리 설정한 표준원가와 연말에 생산부서를 통해 집계된 실제원가 간의 차이를 분석함으로써 기업은 원가에 대한 성과평가를 할 수 있다. 기업은 실적과 예산의 차이분석을 통해 기업의 성과를 평가하고 이를 기초로 기업의 내부 조직과 임직원을 통제하는 주요한 자료로 활용한다. 표준원가계산은 원가통제를 통해 불필요한 원가낭비를 줄이고, 기업의 수익성을 개선시키는 것을 목적으로 한다. 본장에서는 표준원가계산을 이용한 원가통제방법에 대해 알아본다.

둘째, 본장에서는 균형성과표를 학습한다. 균형성과표란 과거 성과를 요약해 주는 재무적인 측정지표에 미래 성과 창출과 관련된 비재무적인 측정지표—고객, 내부 프로세스 및 종업원의 학습과 성장에 대한 지표를 추가하여 기업의 미래가치를 높이기 위한 성과평가시스템이다. 본장에서는 균형성과표의 네 가지 관점을 소개하고, 성과지표간의 유기적 인과관계의 중요성에 대해 알아본다.

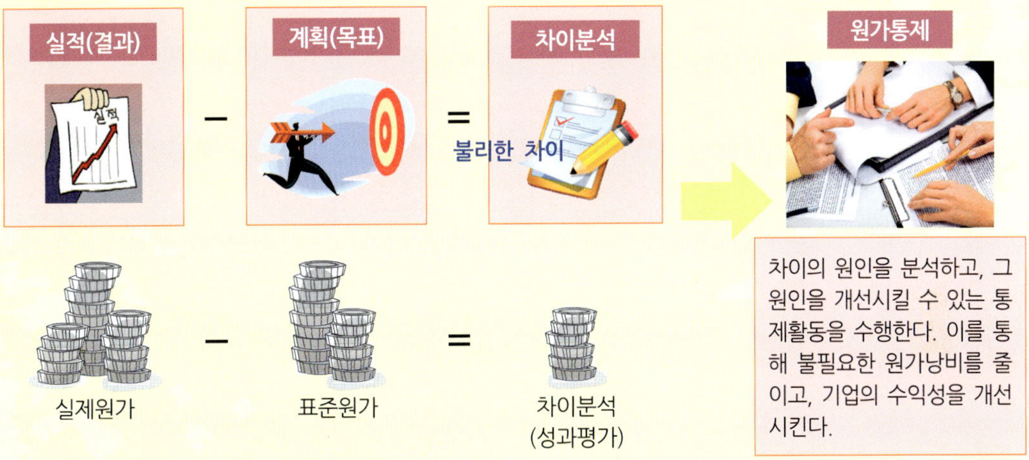

본장에서는 구체적으로 다음과 같은 내용들을 학습한다.

- 원가측정방법에 따라 원가계산시스템은 어떻게 구분되는가?
- 표준원가란 무엇인가?
- 표준원가의 유용성은 무엇인가?
- 표준원가 차이분석이란 무엇인가?
- 어떤 표준을 설정하는 것이 바람직한가?
- 직접재료원가 차이분석방법이란 무엇인가?
- 직접노무원가 차이분석방법이란 무엇인가?
- 변동제조간접원가 차이분석방법이란 무엇인가?
- 고정제조간접원가 차이분석방법이란 무엇인가?
- 차이분석 결과를 가지고 원인을 규명하는 절차란 무엇인가?
- 균형성과표란 무엇인가?

Accounting Insight 관리회계 경영 사례

대한적십자사, 분획용 혈장과 관련된 표준원가 대비 공급단가 논란

국정감사에서 대한적십자사가 제약사에 분획용 혈장을 원가 이하로 판매해 매년 큰 손해를 입고 있다는 지적이 제기됐다.

대한적십자사

적십자사 제출자료를 분석한 결과, 분획용 혈장과 관련한 적십자사의 손해액은 5년간 477억원에 달하는 것으로 나타났다. 적십자사의 공급단가와 원료혈장 "표준원가"를 비교했을 때 적십자사는 재료비 · 인건비 · 관리비가 포함된 원가의 65~77% 수준으로 제약사에 분획용 혈장을 공급한 것으로 밝혀졌다. 혈장 1리터 판매시 동결혈장 6만846원, 신선동결혈장 4만9,980원, 성분채혈혈장 3만8,382원의 손해가 발생했다. 이러한 까닭에 적십자사가 원가산출 노력을 제대로 하지 않았고 현재까지도 제대로 된 "원가통제"를 수행하지 않는다는 비판이 제기되고 있다.

2020년 원료혈장 표준원가 대비 공급단가(원가 대비 공급가 차이) (단위 : 리터, 원)

제제명	표준원가(A)	재료비	인건비	관리비	공급단가(B)	손해(B－A)
동결혈장	174,846	38,057	68,874	67,914	114,000	－60,846
신선동결혈장	168,600	38,057	68,874	61,669	118,620	－49,980
성분채혈혈장	167,002	54,188	51,902	60,912	128,620	－38,382

* 표준원가 : 15년 외부 연구용역을 통해 산출(재료비, 공급량 변동에 따라 원가 변동)

적십자사가 분획용 혈장 "표준원가"를 산출한 것은 사업 시작부터 21년 뒤인 2015년이다. 당시 적십자사는 "원가산출은 국가혈액사업 중장기 발전계획 수립을 위해 추진한 연구용역의 일환"이며 "원가산출을 위한 연구용역은 아니다"라고 밝힌 바 있다.

적십자사는 손해를 입으면서도 최근 5년간 단 1회, 2017년 성분채혈혈장의 공급가격을 인상한 것으로 나타났다. 적십자사가 분획용 혈장을 원가에 비해 저렴하게 판매한다는 사실은 지난 2017년 국정감사부터 계속 제기된 사안이다.

적십자사가 분획용 혈장의 가격을 불합리하게 형성한 것은 적십자사의 무지와 민간 제약사의 가격협상 거부로 귀결된다는 주장이 존재한다. 현행 혈액관리법 제11조(혈액제제의 수가)에 따르면, 혈액제제를 수혈용으로 공급하는 가격은 보건복지부장관이 정하여 고시하게 돼 있지만, 분획용 혈장가격은 법적 근거가 없어 적십자사와 제약사 간 가격협상에 의해 가격이 결정되고 있다. 국정감사에 참여한 한 국회의원은 "대한적십자사가 1994년부터 제약사에 분획용 혈장을 판매해 왔으면서도 2015년까지 제대로 된 원가 계산과 통제도 없이 제약사와의 가격협상에 임해 왔음을 알 수 있다"고 지적했다.

생각해 볼 문제

① 표준원가계산이 기업(조직)에 있어서 중요한 이유는 무엇인가?

② 위 사례처럼 표준원가와 실제원가 간의 차이가 발생되면 기업(조직)은 어떠한 활동을 수행해야 하는가?

자료출처 : 청년의사(2020. 10. 15), "적십자사, 분획용 혈장 원가 이하 판매로 5년간 477억 손해"

표준원가계산

원가측정방법에 따라 원가계산시스템은 실제원가계산, 정상원가계산, 표준원가계산으로 나뉜다. 실제원가계산은 직접재료원가, 직접노무원가, 제조간접원가를 모두 실제 발생한 원가를 이용하여 계산하는 방법이다. 정상원가계산은 경영자에게 적시성 있고 변동성 없는 원가를 제공하기 위하여 예정배부율을 이용하여 제조간접원가를 계산하는 방법이다. 정상원가계산은 직접재료원가, 직접노무원가는 실제원가를 이용하고, 제조간접원가는 연초에 미리 설정한 예정배부율을 이용하여 계산한다.

표준원가계산은 기업의 계획과 통제 목적으로 활용되고 있는 원가계산시스템이다. 표준원가계산은 직접재료원가, 직접노무원가, 제조간접원가를 모두 표준원가를 이용하여 계산하는 방법이다. 기업은 표준원가를 이용하여 기업의 계획(목표)을 설정하고, 연말에 원가통제 및 성과평가에 유용성 있게 사용한다.

원가측정방법에 따른 구분

구 분	실제원가계산	정상원가계산	표준원가계산
직접재료원가	실제원가	실제원가	표준원가
직접노무원가	실제원가	실제원가	표준원가
제조간접원가	실제원가	정상원가	표준원가

표순원가계산의 유용성

계획수립		표준원가계산을 이용하여 예산을 수립하는 데 활용
원가통제		표준원가계산을 이용하여 원가에 대한 성과평가 빚 통제활동을 하는 데 활용
원가계산		표준원가계산을 이용하여 제품원가를 계산하는 데 활용

표준원가

일반적으로 표준이란 기업 성과평가의 기준 또는 규범을 의미한다. 표준원가계산에서 표준원가(standard cost)란 공학적 분석에 의해 설정된 합리적인 원가를 의미한다. 즉, 특정제품의 품질과 규격을 유지하면서 합리적이고 효율적인 노력을 기울일 때 발생될 것으로 예상되는 원가를 표준원가라 한다. 예를 들어 (주)농심이 웰치스 한 캔 355ml를 제작하는 데 얼마의 원가가 발생하는 것이 가장 합리적일까? 웰치스 한 캔을 만드는 데 포도는 몇 kg이 사용되는 것이 가장 합리적일까? 한 캔당 들어가는 포도는 kg당 얼마에 구입해 오는 것이 가장 합리적일까? 한 캔을 만드는 데 몇 시간의 노무시간이 발생하는 것이 가장 합리적일까? 한 캔을 만드는 데 노무원가는 시간당 얼마가 발생하는 것이 가장 합리적일까? 기업은 과학적이고 통계적인 방법에 의해서 표준원가를 미리 산정하게 된다.

표준원가계산을 이용한 원가통제

Accounting Insight 관리회계 경영 사례

은행 수수료의 적정 원가는?

2016년 2월부터 신한은행이 송금시 창구 수수료를 1,000원에서 2,000원으로 인상하기로 결정하였다. KB국민은행 등 다른 시중은행들도 수수료 인상을 검토중에 있다. 시중은행들은 원가에 비해 수수료가 지나치게 낮게 설정되어 있어서 수수료 인상이 불가피하다는 입장이지만, 소비자들의 입장에서는 수수료 인상이 매우 부담스럽기만 하다.

현재 시중은행들은 2005년 금융감독원이 발표한 '은행 수수료 원가산정 표준안'을 기준으로 하여 자체적인 원가안을 갖고 수수료를 책정한다. 이 안에 따르면, 창구 수수료가 표준원가와 비교하여 매우 낮은 수준이고, ATM이나 인터넷뱅킹 수수료는 원가와 비슷하거나 조금 높은 것으로 발표됐다. 예를 들어 은행 창구에서 수표를 발행할 때 드는 원가는 3,780원이나 수수료는 50~100원이었다. 공과금 수납 원가는 2,148원이었으나 수수료는 210원이었다. ATM에서 돈을 인출하거나 이체할 때 원가는 1,598원이었으나 수수료는 600~1,800원이었다.

하지만 은행의 달라진 영업 환경에 맞게 수수료 표준원가를 재산정해야 한다는 목소리도 커지고 있다. 한국은행 자료를 보면, 인터넷뱅킹으로 처리한 업무 비중은 2005년 18.6%에서 2010년에는 35.8%로 증가했다. 은행이 부담하는 인터넷뱅킹 운영비용이 과거와 비슷하다면, 현재는 훨씬 많은 고객이 인터넷뱅킹을 통해 거래하는 만큼 수수료를 내리는 것이 맞지 않느냐는 지적도 존재한다.

생각해 볼 문제

① 표준원가가 기업이나 조직을 경영하는 경영진에게 제공해 주는 유용한 정보는 무엇인가?

② 관리회계적인 관점에서, 위 사례처럼 10년 전에 설정된 표준원가를 현 시점에 그대로 사용하는 것은 어떤 문제점이 있을 수 있겠는가?

자료출처 : 아시아 경제(2016. 1. 19), "은행 수수료 인상… 불붙는 적정 원가"
한겨레(2011. 7. 12), "은행 수수료 원가산정 다시 해야"

표준이 설정되면 이는 원가를 통제하는 데 유용성을 지닌다. 연초에 미리 설정한 표준원가와 연말에 생산부서를 통해 집계된 실제원가 간의 차이를 분석함으로써 기업은 원가에 대한 성과평가를 할 수 있다. 또한 이를 기초로 하여 조직과 개인에 대한 통제를 할 수 있다.

예를 들어 (주)농심이 연초에 공학적인 방법을 이용하여 웰치스 한 캔을 생산하는 데 발생하는 합리적인 원가를 계산해보니 한 캔당 ₩400이라는 표준원가를 산출해내었다고 가정하자. 이렇게 산출된 표준원가는 그 기업이 연초에 예산(계획)을 수립하는 과정에서 중요한 하나의 기준이 된다. 연초에 표준원가를 가지고 예산(계획)이 수립되면, 기업은 이를 목표로 1년 동안 제조활동을 하게 된다. 그리고 연말이 되면 회계기간 동안 실제 발생한 원가가 집계된다. (주)농심이 연말에 집계한 실제원가가 한 캔당 ₩420이라고 가정하자. (주)농심은 연말에 집계한 실제원가(한 캔당 ₩420)와 연초에 미리 설정한 표준원가(한 캔당 ₩400) 간의 차이를 분석함으로써 원가에 대한 성과평가 및 통제를 수행할 수 있다.

위 예에서 실제원가와 표준원가 간에는 ₩20만큼의 원가차이가 발생했고, 이는 실제원가가 표준원가보다 더 크게 발생했으므로 기업에 불리한 차이가 발생한 것으로 볼 수 있다. 반대로 연말에 실제원가가 한 캔당 ₩380 발생했다고 가정한다면, 실제원가와 표준원가 간에는 ₩20만큼 유리한 차이가 발생했다고 볼 수 있다.

표준원가차이

유리한 차이(favorable variance) :	실제원가 − 표준원가 < 0
불리한 차이(unfavorable variance) :	실제원가 − 표준원가 > 0

기업은 위에서 서술한 바와 같이, 기업의 실적과 예산의 차이분석을 통해 기업의 성과를 평가한다. 이러한 차이분석 결과로 표준원가와 실제원가 간의 차이가 발생함을 알아냈다면 그 다음에는 이러한 차이가 왜 발생했는가를 분석해야 한다. 즉 차이의 원인을 규명하고 그 원인을 개선시키기 위한 조치와 활동을 하여 궁극적으로 기업의 원가낭비를 줄이고 수익성을 높여야 한다. 그리고 이를 기초로 기업의 내부 조직과 임직원을 통제하는 자료로 활

용한다. 일례로 패스트푸드점 체인인 맥도날드는 빅맥에 들어가는 참깨빵, 순쇠고기 패티, 양상추, 치즈, 피클, 양파 등 재료에 대한 각각의 표준원가를 산정해 놓고 있으며, 종업원이 몇 초 이내에 빅맥을 조리하고 손님에게 제공해야 하는가에 대한 구체적인 표준시간까지도 산정해 놓고 있다. 맥도날드는 재료가 표준원가보다 더 높은 가격에 구매가 이루어진 경우에는 구매담당자에게 그 책임을 묻고 있으며, 표준조리시간보다 더 많은 시간이 발생하고 있는 경우에는 매장 책임자 또는 매니저에게 그 책임을 묻고 있다. 이와 같이 표준원가계산은 차이분석을 통한 성과평가와 원가통제의 수단으로 많은 기업에서 활용하고 있다.

가격표준과 수량표준

기업이 표준원가계산을 실시하기 위해서는 각 원가요소(직접재료원가, 직접노무원가, 변동제조간접원가, 고정제조간접원가)별로 표준원가를 설정해야 한다. 또한 표준원가는 가격적인 측면과 수량적인 측면에서 구분되어 각각 설정해야 한다.

	가격적인 측면		수량적인 측면
원가표준 =	가격표준	×	수량표준

먼저 웰치스의 직접재료원가에 대한 표준에 대해 생각해보자. 직접재료원가의 가격적인 측면은 웰치스 한 캔당 발생하는 직접재료의 표준가격이고, 수량적인 측면은 웰치스 한 캔을 생산하는 데 투입되는 직접재료의 표준소비량이다. 만약 웰치스 한 캔을 만드는 데 사용되는 포도에 대한 단위당 가격이 kg당 ₩2,000씩 발생하는 것이 가장 합리적이라는 분석 결과가 있다면 이는 가격적인 측면에서의 표준이다. 또한 웰치스 한 캔을 만드는 데 사용되는 포도가 0.2kg씩 사용되는 것이 가장 합리적이라는 분석 결과가 있다면 이는 수량적인 측면에서의 표준이다. 즉 원가표준은 가격적인 측면과 수량적인 측면에서 각각 설정된다.

직접재료원가 원가표준

원가표준	=	가격표준	×	수량표준
₩400	=	kg당 ₩2,000	×	0.2kg

위 예에서 가격표준이 kg당 ₩2,000인데, 실제 발생한 포도에 대한 단위당 가격이 kg당 ₩2,200이라면, 이는 kg당 ₩200만큼의 불리한 차이가 발생한 것이다. 이는 가격적인 측면에서 kg당 ₩200만큼 실제원가가 표준원가보다 더 많이 발생한 것이다. 가격표준보다 실제원가가 더 많이 발생한 것은 결국 불리한 차이가 발생한 것이다.

수량표준이 0.2kg인데, 실제 생산할 때 투입된 포도가 0.15kg이라면, 이는 0.05kg만큼의 유리한 차이가 발생한 것이다. 즉 수량적인 측면에서는 0.05kg만큼 실제원가가 표준원가보다 더 적게 발생한 것이다. 수량표준보다 실제수량이 더 적게 발생한 것은 결국 유리한 차이가 발생한 것이다.

직접재료원가 차이분석

실제가격	–	표준가격	=	가격차이	
kg당 ₩2,200	–	kg당 ₩2,000	=	kg당 ₩200	불리한 차이
실제수량	–	**표준수량**	=	**수량차이**	
0.15kg	–	0.2kg	=	0.05kg	유리한 차이

직접노무원가의 경우에도 직접재료원가와 유사하게 가격적인 측면에서는 표준임률(직접노무시간당 표준임금)을 설정하고, 수량적인 측면에서는 표준직접노무시간을 설정한다. 제조간접원가의 경우에는 직접재료원가나 직접노무원가와 달리 직접적인 추적이 불가능하므로, 원가대상에 배부할 때 이용되는 배부기준(직접노무시간, 기계작업시간 등)을 표준 설정시에 기준으로 고려한다. 변동제조간접원가의 차이분석에서는 변동제조간접원가의 표준배부율에 실제생산량에 허용된 변동제조간접원가 표준조업도가 표준이 되고, 고정제조간접원가의 차이분석에서는 고정제조간접원가 표준배부율에 실제생산량에 허용된 고정제조간접원가 배부기준의 표준조업도가 표준이 된다.

결국 표준원가계산은 각 원가요소(직접재료원가, 직접노무원가, 변동제조간접원가, 고정제조간접원가)별로 가격적인 측면과 수량적인 측면에서 다음과 같은 차이분석을 수행하게 된다.

차이분석

구 분	직접재료원가	직접노무원가	변동제조간접원가	고정제조간접원가
가격적인 측면	가격차이	임률차이	소비차이	예산차이
수량적인 측면	수량차이	능률차이	능률차이	조업도차이

표준의 설정

표준은 크게 이상적 표준과 현실적 표준으로 나뉜다. 이상적 표준(ideal standard)이란 완전효율성하에서 달성할 수 있는 이상적인 목표를 의미한다. 즉 기업이 최선의 조건하에서만 달성할 수 있는 최저 발생원가를 뜻한다.

현실적 표준(practical standard)이란 합리적이고 효율적인 노력을 기울일 때 달성가능한 목표를 의미한다.

앞서 기술한 바와 같이 표준원가계산은 기업의 계획, 성과평가, 원가통제에 주로 사용된다. 따라서 기업이 설정한 표준은 기업과 임직원들에게 하나의 목표 또는 기준이 된다. 만약 목표를 이상적 표준으로 주게 되면, 임직원들은 자신의 노력만으로는 달성할 수 없는 이상적 목표를 성과평가의 기준으로 지니게 된다. 이는 결코 임직원들을 동기부여할 수 없고 바람직한 성과평가의 기준이 되지 못한다. 따라서 표준원가계산에서 사용되는 표준은 현실적 표준이 되어야 한다. 임직원들이 자신들의 합리적이고 효율적인 노력을 기울일 때 달성가능한 목표를 표준으로 줌으로써 동기부여할 수 있고 성과평가시에도 바람직한 기준의 역할을 기대할 수 있기 때문이다.

종합예제 1

(주)YSB감귤은 감귤주스를 캔으로 제조하여 판매한다. 20×1년의 연초에 계획한 예산수량은 120개이고, 1년 동안 실제 생산한 수량은 100개이다. (주)YSB감귤의 20×1년의 감귤주스 캔과 관련된 자료는 아래와 같다.

예 산		실 제	
예산수량	120개	실제생산수량	100개
직접재료 표준원가	₩30/kg	직접재료 실제원가	₩28/kg
직접노무 표준임률	₩40/hr	직접노무 실제임률	₩50/hr
단위당 직접재료 표준소비량	20kg/개	직접재료 실제투입량	2,200kg
단위당 직접노무 표준소비시간	6hr/개	직접노무 실제소비시간	650hr

요구사항

1. 직접재료원가에 대한 차이분석을 하라.
2. 직접노무원가에 대한 차이분석을 하라.

직접재료원가 차이분석

직접재료의 표준원가는 직접재료단위당 표준가격(SP)에 실제생산량에 허용된 직접재료 표준소비량(SQ)을 곱하여 계산된다. (주)YSB감귤의 직접재료단위당 표준가격은 ₩30/kg이다. 감귤주스 캔의 실제생산량이 100개이고, 한 캔을 생산하는 데 20kg이 표준소비량이므로, 실제생산량 100개에 허용된 직접재료 표준소비량은 2,000kg이다. 따라서 표준직접재료원가는 아래와 같다.

SQ × SP = (100개 × 20kg/개) × ₩30/kg = ₩60,000

20×1년에 실제 감귤주스 캔 100개를 만드는 데 소비된 직접재료의 실제 투입량(AQ)은 2,200kg이고, 직접재료의 실제원가(AP)가 ₩28/kg 발생하였다. 따라서 실제직접재료원가는 아래와 같다.

AQ × AP = 2,200kg × ₩28/kg = ₩61,600

직접재료 단위당 실제원가와 단위당 표준원가의 차이로 인해 발생한 차이를 가격차이(price variance)라고 부른다. 직접재료원가의 가격차이는 다음과 같이 구할 수 있다.

AQ × AP − AQ × SP
= (2,200kg × ₩28/kg) − (2,200kg × ₩30/kg) = ₩4,400 F

(주)YSB감귤의 경우 직접재료의 실제가격이 표준가격보다 낮기 때문에 유리한 차이가 ₩4,400만큼 나타났다.

실제소비량이 실제생산량에 허용된 표준소비량과 달라 발생하는 차이를 수량차이(quantity variance)라 부른다. 직접재료원가의 수량차이는 다음과 같이 구할 수 있다.

AQ × SP − SQ × SP
= (2,200kg × ₩30/kg) − {(100개 × 20kg/개) × ₩30/kg} = ₩6,000 U

(수)YSB삼귤의 경우 직접재료의 실세소비량이 실제생산량에 허용된 표준소비량보다 높기 때문에 불리한 차이가 나타났다.

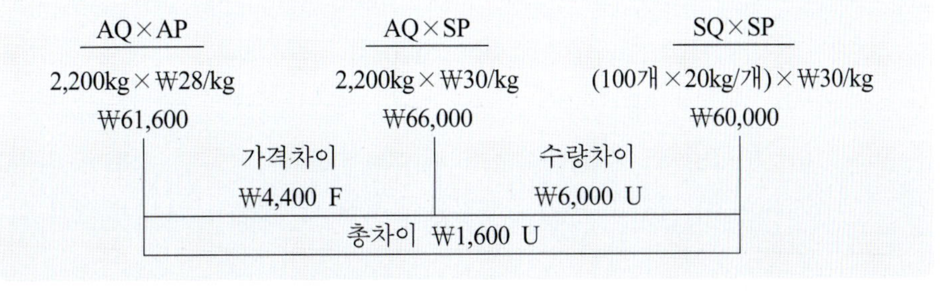

직접재료원가의 총차이는 가격차이와 수량차이를 모두 고려한 것이다. 직접재료원가의 가격차이가 ₩4,400만큼 유리(F)하게 발생하고 수량차이가 ₩6,000만큼 불리(U)하게 발생하였으므로, 직접재료원가의 총차이는 ₩1,600만큼 불리(U)하게 발생한다.

직접재료원가의 차이분석을 도식화하면 아래와 같다.

직접재료원가 차이분석

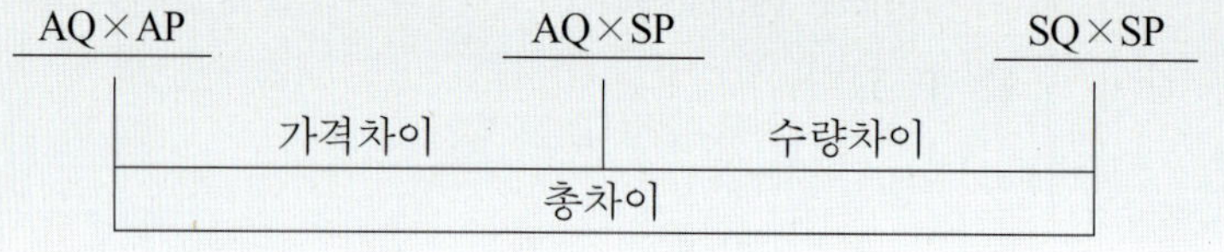

AP : 직접재료단위당 실제가격(Actual Price of input)
AQ : 직접재료단위당 실제투입량(Actual Quantity of input)
SP : 직접재료단위당 표준가격(Standard Price of input)
SQ : 실제생산량에 허용된 직접재료 표준소비량(Standard Quantity of input Allowed for actual output)

직접노무원가 차이분석

직접노무의 표준원가는 직접노무시간당 표준가격(표준임률)에 실제생산량에 허용된 표준직접노무시간을 곱하여 계산된다. (주)YSB감귤의 직접노무시간당 표준가격(표준임률)은 ₩40/hr이다. 실제생산량에 허용된 표준직접노무시간은 감귤주스 캔의 실제생산량이 100개이고, 한 캔을 생산하는 데 6hr이 단위당 직접노무 표준소비시간이므로, 실제생산량 100개에 허용된 직접노무원가의 표준직접노무시간은 600hr이다. 따라서 표준직접노무원가는 아래와 같다.

SQ×SP＝(100개×6hr/개)×₩40/hr＝₩24,000

20×1년에 실제 감귤주스 캔 100개를 만드는 데 소비된 직접노무시간은 650hr이고, 직접노무의 실제임률이 ₩50/hr 발생하였다. 따라서 실제직접노무원가는 다음과 같다.

AQ×AP=650hr×₩50/hr=₩32,500

실제임률과 표준임률의 차이로 인해 발생한 차이를 임률차이(labor rate variance)라고 부른다. 직접노무원가의 임률차이는 다음과 같이 구할 수 있다.

AQ×AP−AQ×SP
=(650hr×₩50/hr)−(650hr×₩40/hr)=₩6,500 U

(주)YSB감귤의 경우 실제임률이 표준임률보다 높기 때문에 불리한 차이가 ₩6,500만큼 나타났다.

실제노무시간과 실제생산량에 허용된 표준직접노무시간이 달라 발생하는 차이를 능률차이(efficiency variance)라 부른다. 직접노무원가의 능률차이는 다음과 같이 구할 수 있다.

AQ×SP−SQ×SP
=(650hr×₩40/hr)−{(100개×6hr/개)×₩40/hr}=₩2,000 U

(주)YSB감귤의 경우 실제노무시간이 실제생산량에 허용된 표준직접노무시간보다 높기 때문에 불리한 차이가 ₩2,000만큼 나타났다.

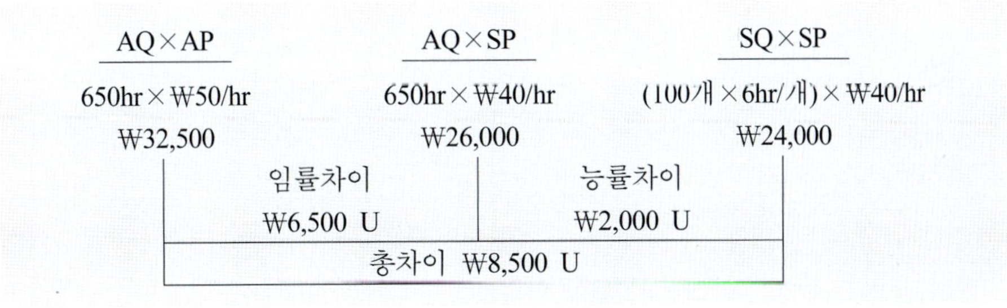

직접노무원가의 총차이는 임률차이와 능률차이를 모두 고려한 것이다. 직접노무원가의 임률차이가 ₩6,500만큼 불리(U)하게 발생하고 능률차이가 ₩2,000만큼 불리(U)하게 발생하였으므로, 직접노무원가의 총차이는 ₩8,500만큼 불리(U)하게 발생한다.

직접노무원가의 차이분석을 도식화하면 아래와 같다.

직접노무원가 차이분석

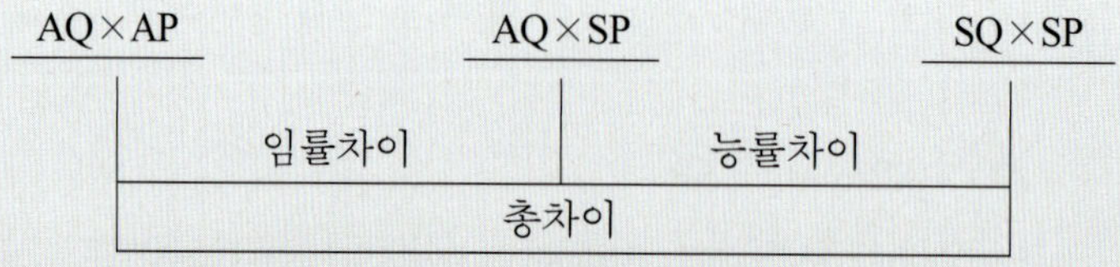

AP : 직접노무시간당 실제가격(실제임률, Actual Price of input)
AQ : 실제노무시간(Actual Quantity of input)
SP : 직접노무시간당 표준가격(표준임률, Standard Price of input)
SQ : 실제생산량에 허용된 표준직접노무시간(Standard Quantity of input Allowed for actual output)

종합예제 2

(주)YSB감귤은 감귤주스를 캔으로 제조하여 판매한다. 20×1년의 연초에 계획한 예산수량은 120개이고, 1년 동안 실제 생산한 수량은 100개이다. (주)YSB감귤의 20×1년의 감귤주스 캔과 관련된 자료는 아래와 같다.

예 산		실 제	
예산수량	120개	실제생산수량	100개
변동제조간접원가 연간 예산	₩36,000	기계작업시간	320hr
고정제조간접원가 연간 예산	₩43,200	기계작업시간당 변동제조간접원가	₩90/hr
단위당 기계작업시간	3hr/개	기계작업시간당 고정제조간접원가	₩140/hr
제조간접원가 배부기준	기계작업시간		

요구사항

1. 변동제조간접원가에 대한 차이분석을 하라.
2. 고정제조간접원가에 대한 차이분석을 하라.

변동제조간접원가 차이분석

변동제조간접원가의 표준원가는 변동제조간접원가의 표준배부율에 실제생산량에 허용된 표준조업도를 곱하여 계산된다. 위 예제에서 제조간접원가의 배부기준이 기계작업시간이므로, 표준조업도는 기계작업시간이 된다.

$$\text{변동제조간접원가 표준배부율} = \frac{\text{변동제조간접원가 예산}}{\text{변동제조간접원가 예산 배부기준량}}$$

$$\text{변동제조간접원가 표준배부율} = \frac{₩36{,}000}{120\text{개} \times 3\text{hr/개}}$$
$$= \text{기계작업시간당 ₩100}$$

따라서 표준변동제조간접원가는 아래와 같다.

$SQ \times SP = (100\text{개} \times 3\text{hr/개}) \times ₩100/\text{hr} = ₩30{,}000$

20×1년에 실제 감귤주스 캔 100개를 만드는 데 소비된 기계작업시간은 320hr이고, 기계작업시간당 변동제조간접원가가 ₩90/hr 발생하였다. 따라서 실제변동제조간접원가는 아래와 같다.

$AQ \times AP = 320\text{hr} \times ₩90/\text{hr} = ₩28{,}800$

변동제조간집원가의 실제배부율과 표준배부율의 치이로 인해 발생한 차이를 소비차이(spending variance)라고 부른다. 변동제조간접원가의 소비차이는 다음과 같이 구할 수 있다.

$AQ \times AP - AQ \times SP$
$= (320\text{hr} \times ₩90/\text{hr}) - (320\text{hr} \times ₩100/\text{hr}) = ₩3{,}200\ \ F$

(주)YSB감귤의 경우 실제배부율이 표준배부율보다 낮기 때문에 유리한 차이가 ₩3,200만큼 나타났다.

실제조업도와 실제생산량에 허용된 표준조업도가 달라 발생하는 차이를 **능률차이**(efficiency variance)라 부른다. 변동제조간접원가의 능률차이는 다음과 같이 구할 수 있다.

AQ×SP－SQ×SP
＝(320hr×₩100/hr)－{(100개×3hr/개)×₩100/hr}＝₩2,000 U

(주)YSB감귤의 경우 실제조업도가 실제생산량에 허용된 표준조업도보다 높기 때문에 ₩2,000만큼 불리한 차이가 나타났다.

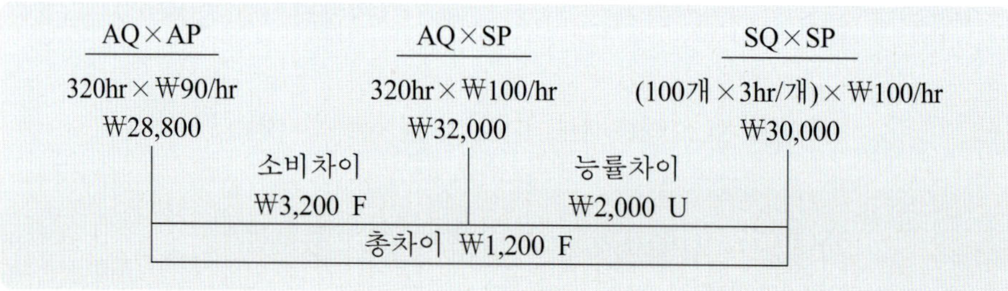

변동제조간접원가의 총차이는 소비차이와 능률차이를 모두 고려한 것이다. 변동제조간접원가의 소비차이가 ₩3,200만큼 유리(F)하게 발생하고 능률차이가 ₩2,000만큼 불리(U)하게 발생하였으므로, 직접노무원가의 총차이는 ₩1,200만큼 유리(F)하게 발생한다.

변동제조간접원가의 차이분석을 도식화하면 아래와 같다.

변동제조간접원가 차이분석

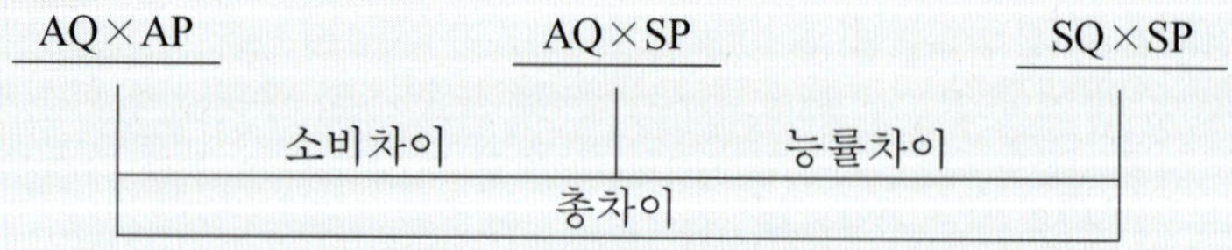

AP : 조업도 단위당 실제배부율(Actual Price of input)
AQ : 실제조업도(Actual Quantity of input)
SP : 조업도 단위당 표준배부율(Standard Price of input)
SQ : 실제생산량에 허용된 표준조업도(Standard Quantity of input Allowed for actual output)

고정제조간접원가 차이분석

고정제조간접원가의 차이분석은 앞에서 살펴본 직접재료원가, 직접노무원가, 변동제조간접원가의 차이분석과는 다소 차이가 있다. 그 이유는 직접재료원가, 직접노무원가, 변동제조간접원가는 조업도의 변동성과 관련성이 있으나, 고정제조간접원가는 조업도의 변동성과 관련성이 없이 일정하게 발생하는 원가이기 때문이다. 즉 직접재료원가, 직접노무원가, 변동제조간접원가는 원가행태에 따른 분류가 변동원가이지만, 고정제조간접원가는 원가행태에 따른 분류가 고정원가이기 때문이다. 따라서 고정제조간접원가의 차이분석에서는 조업도의 효율적인 관리에서 발생하는 능률차이가 존재할 수 없다. 다시 말해 고정제조간접원가는 경영진이 효율적으로 원가통제를 함으로써 줄일 수 있는 능률차이가 아니다.

고정제조간접원가의 차이분석은 다른 원가요소들의 차이분석과 달리, 고정제조간접원가 예산(기준조업도×조업도 단위당 표준배부율)과의 비교를 하게 된다. 즉 실제 발생한 고정제조간접원가와 고정제조간접원가 예산의 차이인 예산차이(budget variance)와, 고정제조간접원가 예산과 제품에 배부된 표준고정제조간접원가의 차이인 조업도차이(production volume variance)를 분석하게 된다.

고정제조간접원가의 표준원가는 고정제조간접원가의 표준배부율에 실제생산량에 허용된 표준조업도를 곱하여 계산된다. 위 예제에서 제조간접원가의 배부기준이 기계작업시간이므로, 표준조업도는 기계작업시간이 된다.

$$\text{고정제조간접원가 표준배부율} = \frac{\text{고정제조간접원가 예산}}{\text{고정제조간접원가 예산 배부기준량}}$$

$$\text{고정제조간접원가 표준배부율} = \frac{₩43,200}{120\text{개} \times 3\text{hr/개}}$$
$$= \text{기계작업시간당 ₩120}$$

따라서 표준고정제조간접원가는 아래와 같다.

$$SQ \times SP = (100\text{개} \times 3\text{hr/개}) \times ₩120/\text{hr} = ₩36,000$$

실제 발생한 고정제조간접원가와 고정제조간접원가 예산의 차이인 예산차이는 다음과 같이 구할 수 있다.

AQ×AP－예산(기준조업도×SP)
＝(320hr×₩140/hr)－₩43,200＝₩1,600 U

(주)YSB감귤의 경우 실제 발생한 고정제조간접원가와 고정제조간접원가 예산의 불리한 차이가 ₩1,600만큼 나타났다.

고정제조간접원가 예산과 제품에 배부된 표준고정제조간접원가의 차이인 조업도차이는 다음과 같이 구할 수 있다.

예산(기준조업도×SP)－SQ×SP
＝₩43,200－{(100개×3hr/개)×₩120/hr}＝₩7,200 U

(주)YSB감귤의 경우 고정제조간접원가 예산과 제품에 배부된 표준고정제조간접원가의 차이는 불리한 차이가 ₩7,200만큼 나타났다.

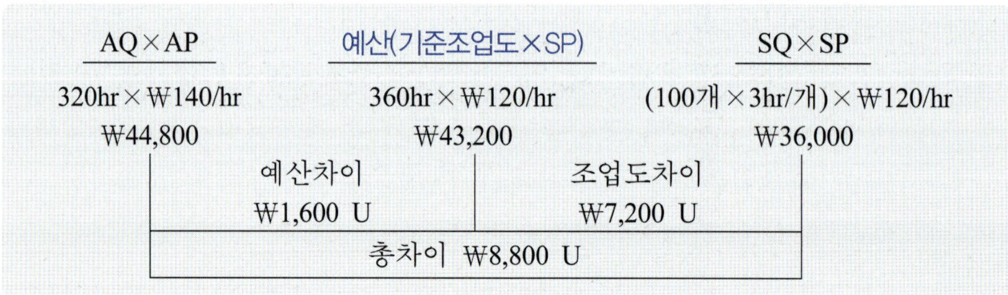

고정제조간접원가의 총차이는 예산차이와 조업도차이를 모두 고려한 것이다. 고정제조간접원가의 예산차이가 ₩1,600만큼 불리(U)하게 발생하고 조업도차이가 ₩7,200만큼 불리(U)하게 발생하였으므로, 고정제조간접원가의 총차이는 ₩8,800만큼 불리(U)하게 발생한다.

고정제조간접원가의 차이분석을 도식화하면 다음과 같다.

고정제조간접원가 차이분석

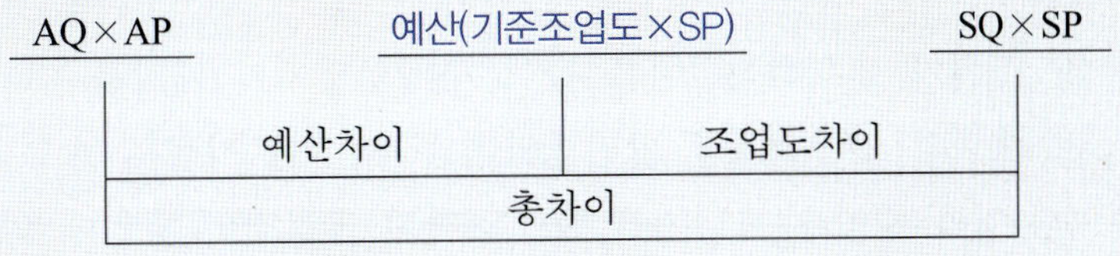

AP : 조업도 단위당 실제배부율(Actual Price of input)
AQ : 실제조업도(Actual Quantity of input)
기준조업도 : 기준조업도(Denominator Volume)
SP : 조업도 단위당 표준배부율(Standard Price of input)
SQ : 실제생산량에 허용된 표준조업도(Standard Quantity of input Allowed for actual output)

차이분석 결과에 따른 통제활동 수행

원가요소별로 차이분석을 하여 성과평가를 하였다면, 그 다음 단계는 차이에 대한 원인을 정확히 규명하고, 그 원인을 개선시키도록 조직과 임직원에 대한 통제활동을 수행하는 일이다.

직접재료원가에 대한 불리한 가격차이가 발생하였다면, 재료 구매담당자에게 책임이 있을 수 있다. 구매담당자가 구매과정에서 가격통제를 제대로 수행하지 못하여 생긴 문제일 수 있기 때문이다. 이 경우에는 가격통제의 책임을 구매부서의 구매담당자에게 물어야 한다. 그러나 어떤 경우에는 불리한 가격차이가 구매담당자의 책임이 아니라, 생산부서의 책임일 수 있다. 생산부서에서 당기의 생산일정에 차질이 발생하여 급하게 재료 구매 요청을 구매부서에 해 온 까닭에, 배가 아닌 비행기를 통해 재료를 운반함으로써 재료단가가 높게 발생했을 수 있기 때문이다. 이 경우에는 생산일정을 제대로 관리하지 못한 생산부서에 불리한 가격차이의 책임을 물어야 한다. 이와 같이 불리한 가격차이의 원인을 규명하고 이에 대한 책임의 소재를 찾아 필요한 조치와 통제를 수행해야 한다.

반대로 직접재료원가에 대한 유리한 가격차이가 발생하였다면, 이는 기업에 반드시 좋은 소식만은 아닐 수도 있다. 이 경우에도 적절한 원인 규명과 조치가 필요하다. 예를 들어 구매담당자가 재료를 대량으로 구매함으로써 재료의 구입단가를 할인받았거나, 적절한 시점의 재료 구매 요청으로 구매운임을 줄여 재료단가를 낮추었다면 긍정적인 원인에 의한 유리한 가격차이의 발생이다. 그러나 만약 재료단가를 낮추기 위해 품질이 낮은 재료를 구매해 온 것이라면 이 경우에는 유리한 가격차이의 원인이 기업에 부정적인 소식일 수 있다. 즉 유리한 차이가 발생하였다고 해서 그것이 반드시 기업에 좋은 소식은 아니며, 그 원인이 무엇인가를 정확하게 진단해볼 필요성이 존재한다.

직접재료원가의 불리한 수량적 차이는 비숙련된 노동자로 인하여 재료가 낭비되고 있을 가능성도 있고, 기업이 모니터링을 제대로 수행하고 있지 않아서 느슨한 재료관리가 이루어져 낭비가 있을 가능성도 있다. 이 경우에는 생산부서에 수량차이에 대한 책임을 물어야 한다.

직접노무원가에 대한 불리한 임률차이가 발생하였다면, 숙련된 작업자를 필요로 하지 않는 작업에서 숙련된 작업자를 활용함으로써 표준보다 높은 임률이 발생했을 수도 있다. 또는 유휴시간이 너무 많거나, 불안정한 생산일정으로 과다한 초과임금이 지급되었을 가능성도 있다. 반대의 경우 숙련된 작업자가 일해야 할 곳에 비숙련된 작업자를 배치했다면 표준보다 낮은 임률이 발생할 수도 있다. 임률에 대한 책임은 보통 생산부서의 책임자에게 주어진다.

직접노무원가에 대한 불리한 능률차이가 발생하였다면, 숙련되지 못하였거나 동기부여가 되지 않은 작업자들 때문일 수도 있고, 관리와 감독이 느슨하게 이루어지고 있기 때문일 수도 있으며, 공정이나 작업자들의 동선이 잘못 설계되어 발생하는 현상일 수도 있다.

앞에서 설명한 바와 같이 예산이나 표준은 기업의 목표이고 계획이 된다. 실제 결과물인 기업의 실적이 예산이나 표준과 차이를 보인다면, 경영자는 이에 대한 명확한 원인 규명을 해야 한다. 경영자는 차이의 원인을 파악하고 적절한 통제활동을 수행함으로써 기업의 원가낭비를 줄이고 수익성을 개선시켜나가야 한다.

균형성과표

최근 많은 기업들이 재무적인 성과측정지표와 함께 비재무적인 성과측정지표를 함께 활용하는 것이 기업의 비전과 전략을 달성하는 데 보다 유용할 수 있음을 인식하게 되었다. 1992년 하버드대학교의 로버트 캐플란 교수와 노튼 박사가 균형 잡힌 관점에서의 성과를 측정하고 관리하기 위한 균형성과표를 개발하였다. 이후 균형성과표는 지속적으로 연구, 발전되어 왔으며, 현재에는 많은 기업들이 균형성과표를 실무에서 적극 활용하고 있다.

균형성과표(BSC : Balanced Score Card)란 과거 성과를 요약해 주는 재무적인 측정지표에 미래 성과 창출과 관련된 비재무적인 측정지표—고객, 내부 프로세스 및 종업원의 학습과 성장에 대한 지표를 추가하여 기업의 미래가치를 높이기 위한 성과평가시스템이다. 즉 기업이 새로운 환경 속에서 미래가치를 높이기 위해서는 재무적인 성과뿐만 아니라 고객, 내부 프로세스, 학습과 성장적인 관점에서의 균형적인 성과가 모두 고려되어야 한다는 것이다.

균형성과표는 기업의 성과를 다양한 "관점"에서 평가하고 있다. 균형성과표에서 사용되는 일반적인 네 가지 관점은 재무관점, 고객관점, 내부 프로세스 관점, 학습과 성장 관점이다. 재무관점은 과거 산업사회에서부터 현재에 이르기까지 기업의 성과를 나타내는 데 매우 중요한 성과측정지표로 자리해왔다. 그러나 균형성과표에서는 네 가지 관점에서의 균형적인 성과측정을 강조하고 있다. 즉 균형성과표는 전통적인 성과측정지표인 재무적인 성과측정치에서 간과한 고객만족, 프로세스의 효율성, 조직 구성원의 학습과 성장이 결국 장기적으로는 기업가치 창출에 매우 중요한 요인으로 작용한다고 본다.

재무관점

기업의 비전을 달성하기 위해 재무적으로 기업은 무엇에 집중해야 하는가? 재무관점(financial perspective)은 기업의 주요 이해 관계자들에게 매출이나 수익성과 같은 재무적인 지표들을 통해서 기업의 성과를 보여준다. 재무적으로 얼마만큼의 성과가 나타났느냐가 기업의 가치에 영향을 미친다는 관점이다. 재무관점은 기업이 활용하고 있는 가장 전통적인 성과측정지표이다. 대부분의 기업들이 재무적인 측정지표를 이용하여 기업의 성과를 측정하고 있다. 재무관점에서의 지표로는 투자수익률, 경제적 부가가치, 영업이익률, 매출액 증가율 등이 있다.

고객관점

기업의 비전을 달성하기 위해 기업은 고객에게 어떻게 보여야 하는가? 고객관점(customer perspective)은 기업이 얼마만큼 고객가치를 창출하는 데 기여하고 있는가를 측정한다. 기업의 제품과 서비스를 구매하는 타깃 고객의 만족으로부터 재무적인 성과가 창출된다는 관점이다. 고객관점에서의 지표로는 고객유지율, 고객만족도지수, 고객증가율, 재구매율, 고객불만 접수건수 등이 있다.

내부 프로세스 관점

고객을 만족시키기 위해서 기업은 어떤 프로세스에 탁월해야 하는가? 고객가치를 창출해 낼 수 있는 탁월한 내부 프로세스가 고객의 만족을 가져온다는 관점이다. 내부 프로세스 관점(internal process perspective)에서의 지표로는 불량률, 수율, 일정 준수율, 제조 사이클 타임(cycle time) 등이 있다.

학습과 성장 관점

기업의 비전을 달성하기 위해서 기업은 어떤 능력을 성장시키고 변화시켜 나가야 하는가? 조직 구성원들의 역량이 내부 프로세스의 성과에 영향을 미친다는 관점이다. 즉 종업원의 기술력, 종업원의 만족도, 훈련 프로그램 등이

관 점		KPI
재무관점	재무적으로 얼마만큼의 성과가 나타났는가?	투자수익률, 경제적 부가가치, 영업이익률, 매출액 증가율
고객관점	고객가치를 창출하는 데 얼마만큼 기여하고 있는가?	고객유지율, 고객만족도지수, 고객증가율, 재구매율, 고객불만 접수건수
내부 프로세스 관점	내부 프로세스가 얼마만큼 탁월한가?	불량률, 수율, 일정 준수율, 제조 사이클 타임(cycle time)
학습과 성장 관점	조직 구성원의 능력을 지속적으로 성장시키고 변화시키고 있는가?	종업원의 만족도, 교육프로그램 이수율, 교육시간, 종업원의 이직률

기업의 성과에 장기적으로 영향을 미치게 된다. 학습과 성장 관점(learning and growth perspective)에서의 지표로는 종업원의 만족도, 교육프로그램 이수율, 교육시간, 종업원의 이직률 등이 있다.

균형성과표의 성과지표들은 유기적인 인과관계(linkage)를 지녀야 한다. 결국 모든 지표들간에는 구체적인 인과관계가 존재해야 하며, 최종적으로는 재무적인 성과로 귀결되어야 한다. 학습과 성장 관점에서 훈련과 교육을 통해 조직 구성원들의 역량을 높여야 하는 이유는 탁월한 내부 프로세스를 구축하기 위해서이다. 또한 탁월한 내부 프로세스를 구축해야 하는 이유는 고객의 만족도를 높이기 위해서이다. 고객을 만족시키는 이유는 재무적인 성과를 증대시켜 기업의 가치를 높이기 위함이다. 결국 다음 그림에서 매출액 증가는 후행지표(lagging indicator)이며 고객만족도 증가는 선행지표(leading indicator)가 된다. 이처럼 균형성과표 내의 모든 지표들간에는 뚜렷한 인과관계를 지녀야 하며, 기업의 비전을 달성하기 위한 하나의 유기성을 지녀야 한다.

BSC 전략지도(strategy map)

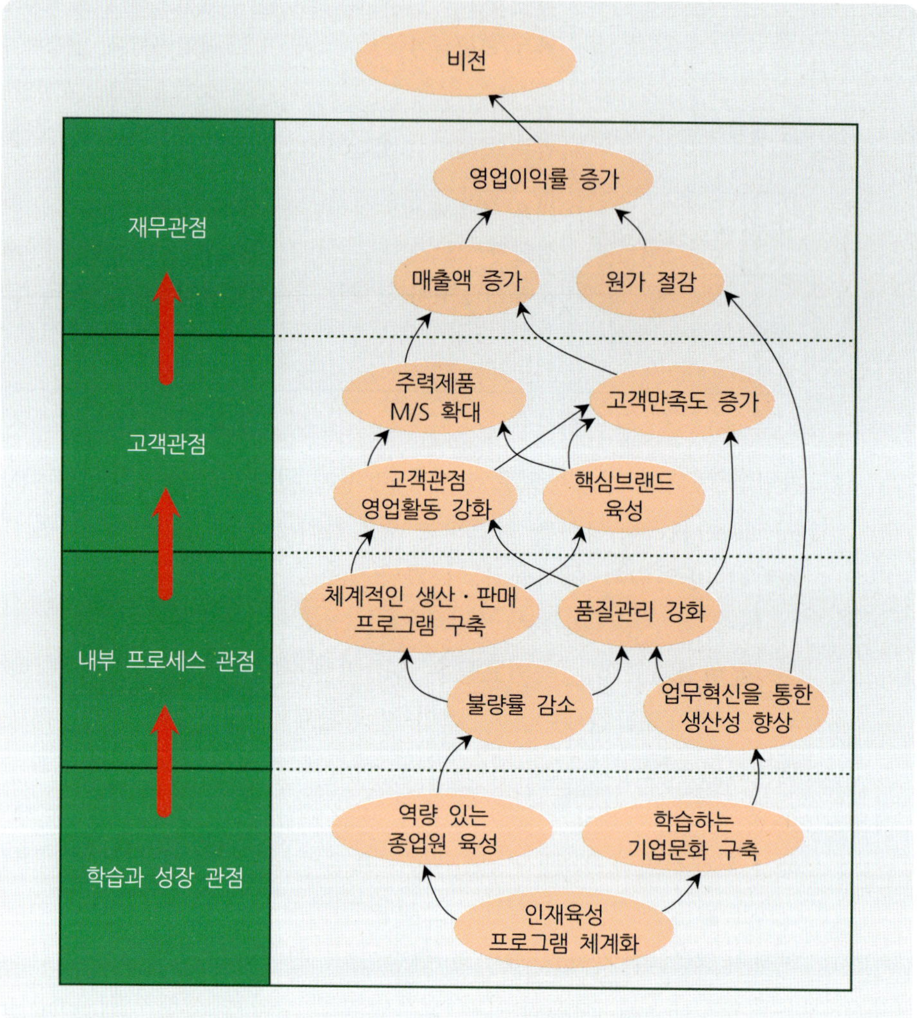

11 용어정리

가격차이(price variance)
직접재료 단위당 실제원가와 단위당 표준원가의 차이로 인해 발생한 차이

균형성과표(BSC : Balanced Score Card)
과거 성과를 요약해주는 재무적인 측정지표에 미래 성과 창출과 관련된 비재무적인 측정지표-고객, 내부 프로세스 및 종업원의 학습과 성장에 대한 지표를 추가하여 기업의 미래가치를 높이기 위한 성과평가시스템

능률차이(efficiency variance)
실제조업도(실제노무시간 등)와 실제생산량에 허용된 표준조업도(표준노무시간 등)가 달라 발생하는 차이

소비차이(spending variance)
변동제조간접원가의 실제배부율과 표준배부율의 차이로 인해 발생한 차이

수량차이(quantity variance)
실제소비량이 실제생산량에 허용된 표준소비량과 달라 발생하는 차이

예산차이(budget variance)
실제 발생한 고정제조간접원가와 고정제조간접원가 예산의 차이

이상적 표준(ideal standard)
완전효율성하에서 달성할 수 있는 이상적인 목표

임률차이(labor rate variance)
실제임률과 표준임률의 차이로 인해 발생한 차이

조업도차이(production volume variance)
고정제조간접원가 예산과 제품에 배부된 표준고정제조간접원가의 차이

표준원가(standard cost)
공학적 분석에 의해 설정된 합리적인 원가. 즉, 특성세품의 품질과 규격을 유지하면서 합리적이고 효율적인 노력을 기울일 때 발생될 것으로 예상되는 원가

현실적 표준(practical standard)
합리적이고 효율적인 노력을 기울일 때 달성가능한 목표

주관식 개념문제

1. 표준원가계산의 유용성에 대해 설명하라.

2. 기업이 원가통제를 하고자 할 때 어떠한 표준을 설정하는 것이 가장 바람직한가를 설명하라.

3. 직접재료원가, 직접노무원가, 변동제조간접원가의 차이분석방법과 달리 고정제조간접원가는 조업도의 효율적인 관리에 따른 능률차이가 발생하지 않는다. 그 이유에 대해 설명하라.

4. 직접재료원가의 유리한 가격차이가 반드시 기업에 좋은 소식일 수는 없다. 그 이유에 대해 설명하라.

5. 직접재료원가의 불리한 수량차이의 원인에 대해 설명하라.

6. 직접노무원가의 불리한 능률차이의 원인에 대해 설명하라.

7. 균형성과표의 네 가지 관점에 대해 설명하라.

8. 균형성과표에서 성과지표들은 서로 어떠한 관련성을 지녀야 하는가를 설명하라.

9. 선행지표와 후행지표에 대해 설명하고, 각각의 예를 성과지표로 제시하라.

객관식 개념문제

1. 다음 중 표준원가계산의 주요한 유용성이 아닌 것은?

① 제품원가계산에 이용된다.
② 원가통제의 목적으로 이용된다.
③ 성과평가의 자료로 이용된다.
④ 예산설정에 이용된다.
⑤ 변동원가계산에 이용된다.

2. 다음 중 표준원가계산에 대한 설명으로 옳지 않은 것은?

① 비숙련된 노동자로 인해 불리한 임률차이가 발생할 수 있다.
② 품질이 나쁜 재료를 값싸게 이용하면 유리한 가격차이가 발생할 수 있다.
③ 기계 결함으로 인해 작업시간이 더 발생하면 불리한 능률차이가 발생할 수 있다.
④ 관리자가 제대로 관리하지 못할 경우 불리한 능률차이가 발생할 수 있다.
⑤ 재료를 대량으로 구매해 오면서 할인혜택을 받은 경우 유리한 가격차이가 발생할 수 있다.

3. 다음 중 균형성과표의 네 가지 관점이 아닌 것은?

① 재무관점 ② 수익관점 ③ 고객관점
④ 내부 프로세스 관점 ⑤ 학습과 성장 관점

4. 다음 중 균형성과표의 관점과 성과지표가 서로 잘못 짝지어진 것은?

① 재무관점 – 매출액 증가율
② 고객관점 – 경제적 부가가치
③ 내부 프로세스 관점 – 제조 사이클 타임
④ 내부 프로세스 관점 – 불량률
⑤ 학습과 성장 관점 – 교육프로그램 이수율

정답

1. ⑤ 2. ① 3. ② 4. ②

기본문제

1. (주)YSB감귤은 감귤주스를 캔으로 제조하여 판매한다. 20×1년의 연초에 계획한 예산수량은 100개이고, 1년 동안 실제 생산한 수량은 90개이다. (주)YSB감귤의 20×1년의 감귤주스 캔과 관련된 자료는 아래와 같다.

예 산		실 제	
예산수량	100개	실제생산수량	90개
직접재료 표준투입량	1,000kg	직접재료 실제투입량	1,100kg
직접노무 표준소비시간	2,000hr	직접노무 실제소비시간	1,900hr
직접재료원가 연간예산	₩100,000	직접재료 실제원가	₩110/kg
직접노무원가 연간예산	₩200,000	직접노무 실제임률	₩120/hr

요구사항

1. 직접재료원가에 대한 차이분석을 하라.
2. 직접노무원가에 대한 차이분석을 하라.

풀이 및 해설

1.

AQ×AP	AQ×SP	SQ×SP
1,100kg×₩110/kg	1,100kg×₩100/kg	(90개×10kg/개)×₩100/kg
₩121,000	₩110,000	₩90,000

- 가격차이 ₩11,000 U
- 수량차이 ₩20,000 U
- 총차이 ₩31,000 U

∵ 여기서, SP=₩100,000/1,000kg=₩100/kg, SQ 구할 때 1,000kg/100개=10kg/개

2.

AQ×AP	AQ×SP	SQ×SP
1,900hr×₩120/hr	1,900hr×₩100/hr	(90개×20hr/개)×₩100/hr
₩228,000	₩190,000	₩180,000

- 임률차이 ₩38,000 U
- 능률차이 ₩10,000 U
- 총차이 ₩48,000 U

∵ 여기서, SP=₩200,000/2,000hr=₩100/hr, SQ 구할 때 2,000hr/100개=20hr/개

2. (주)YSB감귤은 감귤주스를 캔으로 제조하여 판매한다. 20×1년의 연초에 계획한 예산수량은 100개이고, 1년 동안 실제 생산한 수량은 90개이다. (주)YSB감귤의 20×1년의 감귤주스 캔과 관련된 자료는 아래와 같다.

예 산		실 제	
예산수량	100개	실제생산수량	90개
제조간접원가 배부기준	기계작업시간	기계작업시간	350hr
단위당 기계작업시간	4hr/개	기계작업시간당 변동제조간접원가	₩260/hr
변동제조간접원가 연간예산	₩100,000	기계작업시간당 고정제조간접원가	₩540/hr
고정제조간접원가 연간예산	₩200,000		

요구사항

1. 변동제조간접원가에 대한 차이분석을 하라.
2. 고정제조간접원가에 대한 차이분석을 하라.

풀이 및 해설

1.

AQ×AP	AQ×SP	SQ×SP
350hr×₩260/hr	350hr×₩250/hr	(90개×4hr/개)×₩250/hr
₩91,000	₩87,500	₩90,000

소비차이 ₩3,500 U　　능률차이 ₩2,500 F

총차이 ₩1,000 U

∵ 변동제조간접원가 표준배부율(SP) $=\frac{₩100,000}{100개\times 4hr/개}=₩250/hr$

2.

AQ×AP	예산(기준조업도×SP)	SQ×SP
350hr×₩540/hr	400hr×₩500/hr	(90개×4hr/개)×₩500/hr
₩189,000	₩200,000	₩180,000

예산차이 ₩11,000 F　　조업도차이 ₩20,000 U

총차이 ₩9,000 U

∵ 고정제조간접원가 표준배부율(SP) $=\frac{₩200,000}{100개\times 4hr/개}=₩500/hr$

연습문제

1. [직접재료원가 차이] (주)미래는 원주에 의료산업을 위한 로봇 장비를 제조하는 설비를 보유하고 있다. (주)미래는 지난 1년간 주요 설비라인으로부터 아래의 정보를 수집하였다. (주)미래의 직접재료 가격차이는 얼마인가?

• 실제투입량	250kg	• 표준투입량	120kg
• 실제생산수량	100개	• 실제가격	kg당 ₩6
• 표준가격	kg당 ₩8		

① ₩300(유리) ② ₩300(불리) ③ ₩400(유리)
④ ₩420(불리) ⑤ ₩500(유리)

2. [직접재료원가 차이] (주)창조의 표준은 완제품 1단위마다 3kg의 원재료를 사용하는 것이다. (주)창조는 5월, 기초 원재료 4,000kg으로 시작하여, 16,000kg의 원재료를 구매했으며, 기말에 원재료 3,000kg을 남겼다. 5월중 완제품 5,000개를 생산했으며, 표준직접재료원가를 kg당 ₩1.50으로 설정하였다. 5월의 원재료 수량차이는 얼마인가?

① ₩600(유리) ② ₩1,500(불리) ③ ₩1,500(유리)
④ ₩3,000(불리) ⑤ ₩3,000(유리)

3. [직접재료원가 차이] (주)청언은 표준원가계산제도를 채택하고 있으며 20×5년의 생산활동과 관련된 자료는 다음과 같다.

(1) 표준원가

	제품단위당 표준투입량	투입단위당 표준가격
직접재료원가	4kg/개	₩12/kg

(2) 20×5년 실제 생산자료

제품생산량	120개
직접재료원가	₩5,200
재료단위당 구입원가	₩12.5/kg

위의 자료를 기초로 할 때 직접재료원가 수량차이와 직접재료단위당 실제투입량은 얼마인가?

(1997년 세무사 기출문제 수정)

	수량차이	직접재료 실제투입량
①	₩752(유리)	416
②	₩752(불리)	480
③	₩768(유리)	416
④	₩768(유리)	480
⑤	₩768(불리)	480

4. [직접재료원가 차이] (주)한국의 직접재료원가에 대한 자료가 다음과 같다면, (주)한국의 직접재료원가 수량차이는 얼마인가? (2019년 보험계리사 기출문제)

• 직접재료 표준사용량	3,000kg
• 직접재료 실제사용량	3,500kg
• 직접재료 kg당 표준가격	₩100
• 직접재료 kg당 실제가격	₩120

① ₩50,000(유리) ② ₩50,000(불리) ③ ₩70,000(유리)
④ ₩70,000(불리) ⑤ ₩90,000(유리)

5. [직접재료원가 차이] (주)백운의 다음 자료를 이용하여 직접재료비 수량차이를 구하라.

• 제품 예산생산량	300개
• 제품 실제생산량	370개
• kg당 실제재료비	₩600
• 제품 1개당 표준투입량	4kg
• 직접재료비 kg당 표준가격	₩400
• 직접재료비 가격차이(불리한 차이)	₩280,000

① ₩28,000(유리) ② ₩32,000(불리) ③ ₩32,000(유리)
④ ₩112,000(불리) ⑤ ₩112,000(유리)

6. **[직접재료원가 차이]** (주)한국은 표준원가계산제도를 사용하고 있으며 제품단위당 표준원가는 다음과 같다.

	수량표준	가격표준	표준원가
직접재료원가	2kg	₩10	₩20
직접노무원가	3시간	10	30
변동제조간접원가	3시간	5	15
고정제조간접원가	3시간	10	30
합 계			95

(주)한국은 20×1년 2월에 제품 1,100단위를 생산하였다. 이와 관련하여 당월중 직접재료 2,420kg을 kg당 ₩9.5에 외상으로 구입하여 이 중 2,300kg을 생산에 투입하였다. 회사가 직접재료원가 가격차이를 사용시점에서 분리할 경우, 20×1년 2월중 직접재료의 가격차이와 수량차이는 각각 얼마인가? (단, 20×1년 2월 직접재료의 월초재고는 없었으며, 월초재공품과 월말재공품 또한 없었다) (2015년 공인회계사 기출문제 수정)

	가격차이	수량차이
①	₩1,000(불리)	₩1,000(유리)
②	₩1,100(유리)	₩1,000(불리)
③	₩1,150(유리)	₩1,150(불리)
④	₩1,150(유리)	₩1,000(불리)
⑤	₩1,150(불리)	₩1,000(유리)

7. **[직접노무원가 차이]** (주)세연의 20×1년 2월 직접노무원가의 자료는 다음과 같다.

• 직접노무원가 임률차이	₩3,000(불리)
• 노무원가 실제발생원가	₩126,000
• 실제직접노무시간	40,000시간
• 표준직접노무시간	41,000시간

직접노무원가 능률차이는 얼마인가? (1991년 세무사 기출문제 수정)

① ₩3,050(유리) ② ₩3,050(불리) ③ ₩3,075(유리)
④ ₩3,075(불리) ⑤ ₩4,300(유리)

8. **[직접노무원가 차이]** 표준원가계산하에서 다음 자료를 참고하여 실제임률을 계산하라.

• 실제생산량	100개
• 노무비발생액	₩5,000,000
• 단위당 표준허용시간	36hr/개
• 노무비 임률차이	₩1,000,000(불리)
• 노무비 능률차이	₩400,000(불리)

① ₩1,000 ② ₩1,250 ③ ₩1,400
④ ₩1,500 ⑤ ₩1,600

9. **[직접노무원가 차이]** (주)감평은 표준원가계산제도를 채택하고 있다. 20×1년 직접노무원가와 관련된 자료가 다음과 같을 경우, 20×1년 실제직접노무시간은? (2020년 감정평가사 기출문제)

• 실제생산량	25,000단위
• 직접노무원가 실제임률	시간당 ₩10
• 직접노무원가 표준임률	시간당 ₩12
• 표준직접노무시간	단위당 2시간
• 직접노무원가 임률차이	₩110,000(유리)
• 직접노무원가 능률차이	₩60,000(불리)

① 42,500시간 ② 45,000시간 ③ 50,000시간
④ 52,500시간 ⑤ 55,000시간

10. **[직접노무원가 차이]** (주)창조는 20×4년부터 표준원가계산제도를 도입하여 사용하기로 하였다. 당해연도의 생산과 관련된 직접노무원가가 다음과 같이 발생하였을 때 직접노무원가의 임률차이는 얼마인가?

• 직접노무원가 표준임률	시간당 ₩4,000
• 직접노무원가 실제임률	시간당 ₩3,800
• 허용된 표준직접노무시간	5,000시간
• 직접노무원가 능률차이	₩4,000,000(불리)

① ₩1,200,000(유리) ② ₩1,200,000(불리) ③ ₩1,500,000(불리)
④ ₩2,800,000(유리) ⑤ ₩2,800,000(불리)

11. [직접노무원가 차이] 직접노무원가의 시간당 실제임률은 얼마인가?

(2012년 공인회계사 기출문제 수정)

• 실제노무시간	323시간
• 표준임률	₩800/시간
• 직접노무원가 임률차이	₩12,920(불리)

① ₩760 ② ₩780 ③ ₩800
④ ₩820 ⑤ ₩840

12. [직접노무원가 차이] (주)청송은 표준원가계산을 사용한다. 20×1년 직접노무원가에 대한 아래 자료를 참고하여 직접노무원가 능률차이를 계산하면 얼마인가? (2004년 세무사 기출문제 수정)

• 표준임률	₩7,500/시간
• 당기 생산량에 허용된 직접노무시간	9,000시간
• 유리한 임률차이	₩2,200,000
• 실제노무원가	₩65,000,000

① ₩300,000(유리) ② ₩2,200,000(유리) ③ ₩2,500,000(유리)
④ ₩300,000(불리) ⑤ ₩2,200,000(불리)

13. [변동제조간접원가 차이] (주)청연은 제조간접원가를 직접노무시간에 따라 배부하며, 기준조업도인 직접노무시간은 30,000시간/월이다. 제품 1단위를 생산하는 데 표준직접노무시간은 3시간이다. 20×1년 9월의 발생 자료는 다음과 같다. (2010년 세무사 기출문제)

• 실제직접노무시간	28,000시간
• 변동제조간접원가 실제발생액	₩37,800
• 소비차이	₩4,200(유리)
• 능률차이	₩3,000(유리)

(주)청연의 실제제품생산량은 몇 단위인가?

① 8,500단위 ② 9,000단위 ③ 9,500단위
④ 10,000단위 ⑤ 30,000단위

14. [변동제조간접원가 차이] (주)세명의 아래 자료를 참고하여 변동제조간접원가 능률차이를 계산하면 얼마인가? (2002년 세무사 기출문제 수정)

• 표준 :	단위당 직접노무시간	2.5시간
	직접노무시간당	₩3
• 실제 :	직접노무시간	12,800시간
	생산량	5,000단위
	변동제조간접원가	₩38,000

① ₩400(유리) ② ₩400(불리) ③ ₩900(유리)
④ ₩900(불리) ⑤ ₩0

15. [고정제조간접원가 차이] 표준원가제도를 사용하는 (주)YS의 단위당 고정제조간접원가 계산시 사용하는 표준조업도는 500개이다. 당해 예산생산량은 450단위였으나, 실제 600단위를 생산하였다. 제품단위당 고정제조간접원가배부율은 @₩20이며, 실제 발생한 고정제조간접원가는 ₩7,200이었다. 고정제조간접원가의 조업도차이는? (단 기초, 기말 재공품은 없다)

① ₩1,500(유리) ② ₩2,000(불리) ③ ₩2,000(유리)
④ ₩5,000(유리) ⑤ ₩5,000(불리)

16. [고정제조간접원가 차이] (주)관세는 단일제품을 생산하며, 실제산출물에 허용된 표준직접노무시간을 기초로 제조간접원가를 제품에 배부하는 표준원가계산시스템을 사용한다. 20×1년 고정제조간접원가와 관련된 자료는 다음과 같다. (주)관세가 20×1년에 제품을 26,000단위 생산하였을 경우, 고정제조간접원가 조업도차이는? (2019년 관세사 기출문제)

연간 예산(예상)고정제조간접원가	₩500,000
예산표준직접노무시간(기준조업도)	25,000단위×직접노무시간 2시간/단위=50,000시간
연간 실제고정제조간접원가	₩508,000
실제직접노무시간	54,000시간

① ₩20,000(유리) ② ₩20,000(불리) ③ ₩32,000(유리)
④ ₩32,000(불리) ⑤ ₩40,000(유리)

17. [고정제조간접원가 차이] 단일제품을 제조·판매하는 (주)청솔의 20×1년 관련 자료는 다음과 같다. (주)청솔이 고정제조간접원가 표준배부율을 계산할 때 사용한 연간 예산 고정제조간접원가는? (2017년 세무사 기출문제)

• 실제제품생산량	45,000단위
• 제품단위당 표준직접노무시간	2시간
• 예상 총직접노무시간(기준조업도)	72,000시간
• 실제발생 고정제조간접원가	₩66,000
• 조업도차이	₩16,200(유리)

① ₩62,600 ② ₩64,800 ③ ₩66,000
④ ₩68,400 ⑤ ₩70,200

심화문제

※ 다음 자료는 [문제 18]과 [문제 19]에 적용된다. 표준원가계산을 사용중인 (주)YSB는 아래와 같이 20×2년도 표준, 예산수립을 검토중이다. 추가자료는 20×1년의 원가차이분석 결과이다.

1. 완성품단위당 표준임률은 ₩800이며, 표준직접노무시간은 1.5시간이다.
2. 제조간접원가의 배부기준은 직접노무시간이다.
3. 제조간접원가(예산)=W40,000 + W500×표준직접노무시간
4. 기준조업도를 설정하기 위한 생산량은 200단위이다.

〈추가자료〉
직접노무원가 임률차이 : ₩12,920(불리)
변동제조간접원가 능률차이 : ₩4,000(불리)
고정제조간접원가 조업도차이 : ₩2,000(유리)

18. [고정제조간접원가 차이] 고정제조간접원가 표준배부액은 얼마인가? (2012년 공인회계사 기출문제 수정)

① ₩38,000 ② ₩40,000 ③ ₩42,000
④ ₩44,000 ⑤ ₩50,000

19. **[변동제조간접원가 차이]** 변동제조간접원가(투입량기준 변동예산)는 얼마인가?

(2012년 공인회계사 기출문제 수정)

① ₩153,500　② ₩157,500　③ ₩160,000
④ ₩161,500　⑤ ₩165,000

20. **[고정제조간접원가 차이]** (주)이화는 표준원가시스템을 사용하고 있다. 제조간접비는 직접노무시간 400시간의 기대정상조업도를 기준으로 배분하고 있다. 다음 당기의 예산자료를 이용하여 조업도차이를 구하면 얼마인가?

• 변동제조간접비	₩30,000
• 고정제조간접비	₩44,000
합계	₩74,000
• 제조간접비배부율＝₩74,000/400(직접노무시간)＝₩185/직접노무시간	
• 당기 실제 투입된 직접노무시간	350시간
• 제조간접비 능률차이	₩3,750(불리)

① ₩5,500(유리)　② ₩5,500(불리)　③ ₩9,250(불리)
④ ₩11,000(유리)　⑤ ₩11,000(불리)

21. **[고정제조간접원가 차이]** (주)세무는 표준원가계산제도를 채택하고 있으며 기계작업시간을 기준으로 고정제조간접원가를 배부한다. 다음 자료에 의할 경우 기준조업도 기계작업시간은? (단, 기초 및 기말 재공품은 없다) (2019년 세무사 기출문제)

• 실제제품생산량	700단위
• 제품 단위당 표준기계작업시간	2시간
• 실제발생 고정제조간접원가	₩12,000
• 고정제조간접원가 예산차이	₩2,000(불리)
• 고정제조간접원가 조업도차이	₩4,000(유리)

① 600시간　② 800시간　③ 1,000시간
④ 1,200시간　⑤ 1,400시간

22. [고정제조간접원가 차이] (주)숙명의 원가차이분석을 위한 자료는 아래와 같다.

• 제조간접원가	₩450,000＋시간당 ₩3
• 제조간접원가 예정배부율	시간당 ₩8
• 조업도차이	₩100,000(유리)

이 자료를 바탕으로 당기에 생산된 제품에 허용된 표준시간을 계산하면 얼마인가?
(2000년 세무사 기출문제 수정)

① 90,000시간 ② 100,000시간 ③ 110,000시간
④ 120,000시간 ⑤ 130,000시간

23. [고정제조간접원가 차이] (주)세연은 표준원가제도를 사용하고 있다. 올해의 실제생산량은 2,400개였으며 목표생산량은 2,500개였다. 고정제조간접원가 실제발생액은 ₩8,400,000이고 고정제조간접원가 예산차이는 ₩520,000(불리)이다. 제품단위당 표준배부율이 ₩3,152일 때, 생산조업도차이는 얼마인가? (1993년 세무사 기출문제 수정)

① ₩315,000(유리) ② ₩315,000(불리) ③ ₩315,200(유리)
④ ₩315,200(불리) ⑤ ₩315,400(유리)

24. [변동제조간접원가와 고정제조간접원가] (주)창조는 제조간접원가 차이분석을 하고 있다. 예산자료 및 실제자료가 다음과 같을 때, 제조간접원가 예산차이와 조업도차이는 얼마인가?
(2010년 공인회계사 기출문제 수정)

• 예산 :	기준조업도	1,500단위
	고정제조간접원가	₩450,000
	단위당 변동제조간접원가	₩100
• 실제 :	조업도	1,700단위
	제조간접원가	₩600,000

	예산차이	조업도차이
①	₩0	₩60,000(유리)
②	₩0	₩0
③	₩10,000(유리)	₩0
④	₩20,000(유리)	₩60,000(유리)
⑤	₩20,000(유리)	₩170,000(유리)

25. [변동제조간접원가와 고정제조간접원가] (주)관세는 표준원가계산제도를 채택하고 있으며, 20×1년 제품 2,000단위를 기준으로 제조간접원가에 대한 표준을 다음과 같이 설정하였다. 20×1년 실제직접노동시간은 20,400시간이고, 실제생산량은 4,000단위이다. 변동제조간접원가 능률차이와 고정제조간접원가 조업도차이는? (2018년 관세사 기출문제)

> 제조간접원가예산 = ₩720,000 + 직접노동시간 × ₩100
> 제품 단위당 표준직접노동시간 : 5시간

	능률차이	조업도차이
①	₩40,000(불리)	₩720,000(유리)
②	₩40,000(유리)	₩720,000(불리)
③	₩40,000(불리)	₩1,280,000(유리)
④	₩40,000(유리)	₩1,280,000(불리)
⑤	차이 없음	₩1,280,000(불리)

26. [변동제조간접원가와 고정제조간접원가] (주)청송은 표준원가계산을 사용중이며 당기 변동제조간접원가 예산은 ₩5,000,000, 고정제조간접원가 예산은 ₩6,000,000이다. 기준조업도는 1,000기계시간이며 당기의 실제기계시간은 900시간이다. 고정제조간접원가 조업도차이가 ₩1,500,000(불리)이라면 변동제조간접원가 능률차이는 얼마인가?

(2005년 공인회계사 기출문제 수정)

① ₩500,000(불리) ② ₩500,000(유리) ③ ₩750,000(불리)
④ ₩750,000(유리) ⑤ ₩1,000,000(불리)

27. [변동제조간접원가와 고정제조간접원가] (주)정의는 표준원가계산제도를 도입하고 있다. 20×1년의 변동제조간접원가 예산은 ₩300,000이고, 고정제조간접원가 예산은 ₩800,000이다. (주)정의는 제조간접원가 배부기준으로 직접노무시간을 사용하고 있다. 기준조업도는 직접노무시간 1,000시간이고, 20×1년에 실제로 투입된 직접노무시간은 850시간이다. 20×1년의 고정제조간접원가 조업도차이가 ₩80,000(불리)일 경우 변동제조간접원가 능률차이는?

(2018년 세무사 기출문제)

① ₩15,000(유리) ② ₩45,000(유리) ③ ₩10,000(불리)
④ ₩15,000(불리) ⑤ ₩45,000(불리)

정답 및 해설

1. ⑤

AQ×AP	AQ×SP	SQ×SP
250kg×₩6	250kg×₩8	
₩1,500	₩2,000	
수량차이 ₩500(유리)		

2. ④

AQ×AP	AQ×SP	SQ×SP
	17,000kg×₩1.5	(5,000×3)×₩1.5
	₩25,500	₩22,500
	수량차이 ₩3,000(불리)	

∵ AQ(실제투입량) : 17,000kg＝기초(4,000kg)＋당기(16,000kg)－기말(3,000kg)

3. ③

AQ×AP	AQ×SP	SQ×SP
AQ×₩12.5	416×₩12	(120×4)×₩12
₩5,200	₩4,992	₩5,760
∴ AQ＝416	수량차이 ₩768(유리)	

4. ②

AQ×AP	AQ×SP	SQ×SP
	3,500kg×₩100	3,000kg×₩100
	₩350,000	₩300,000
	수량차이 ₩50,000(불리)	

5. ③

AQ×AP	AQ×SP	SQ×SP
X×₩600	X×₩400	(370×4)×₩400
₩840,000	₩560,000	₩592,000
가격차이 ₩280,000(불리)	수량차이 ₩32,000(유리)	

실제소비량(X) : ₩600X＝₩400X＋₩280,000

∴ X＝1,400

6. ④

AQ×AP	AQ×SP	SQ×SP
2,300kg×₩9.5	2,300kg×₩10	(1,100×2)×₩10
₩21,850	₩23,000	₩22,000

가격차이	수량차이
₩1,150(유리)	₩1,000(불리)

7. ③

AQ×AP	AQ×SP	SQ×SP
40,000h×AP	40,000h×SP	41,000h×SP
₩126,000	₩123,000	₩126,075

임률차이	능률차이
₩3,000(불리)	₩3,075(유리)

SP : 40,000h×SP+₩3,000=₩126,000

∴ SP=₩3.075

8. ②

AQ×AP	AQ×SP	SQ×SP
4,000×₩1,250	4,000×₩1,000	(100개×36hr/개)×₩1,000
₩5,000,000	₩4,000,000	₩3,600,000

임률차이	능률차이
₩1,000,000(불리)	₩400,000(불리)

9. ⑤

AQ×AP	AQ×SP	SQ×SP
AQ×₩10	AQ×₩12	25,000단위×2h×₩12
₩550,000	₩660,000	₩600,000

임률차이	능률차이
₩110,000(유리)	₩60,000(불리)

AQ=₩550,000/₩10

=55,000시간

10. ①

AQ×AP	AQ×SP	SQ×SP
6,000×₩3,800	6,000×₩4,000	5,000×₩4,000
₩22,800,000	₩24,000,000	₩20,000,000

임률차이	능률차이
₩1,200,000(유리)	₩4,000,000(불리)

11. ⑤

AQ×AP	AQ×SP	SQ×SP
323×₩840	323×₩800	
₩271,320	₩258,400	

임률차이 ₩12,920(불리)

12. ①

AQ×AP	AQ×SP	SQ×SP
	8,960×₩7,500	9,000×₩7,500
₩65,000,000	₩67,200,000	₩67,500,000

임률차이 ₩2,200,000(유리)　　능률차이 ₩300,000(유리)

13. ④

AQ×AP	AQ×SP	SQ×SP
	28,000×SP	SQ×₩1.5
₩37,800	₩42,000	₩45,000

소비차이 ₩4,200(유리)　　능률차이 ₩3,000(유리)

SP : ₩37,800＋₩4,200＝₩28,000×SP

∴ SP＝₩1.5

SQ : ₩42,000＋₩3,000＝₩1.5×SQ

∴ SQ＝30,000

제품생산량＝30,000÷3시간＝10,000단위

14. ④

AQ×AP	AQ×SP	SQ×SP
	12,800×₩3	5,000×2.5×₩3
₩38,000	₩38,400	₩37,500

소비차이 ₩400(유리)　　능률차이 ₩900(불리)

15. ③

AQ×AP	AQ×SP	SQ×SP
	500개×₩20	600개×₩20
	₩10,000	₩12,000

조업도차이 ₩2,000(유리)

16. ①

AQ×AP	예산	SQ×SP
		26,000단위×2h×₩10
	₩500,000	₩520,000
	조업도차이 ₩20,000(유리)	

조업도 단위당 예정배부율 : $\frac{₩500,000}{25,000단위 \times 2시간} = ₩10$

17. ②

AQ×AP	예산	SQ×SP
	72,000×SP	45,000×2hr/개×SP
FOH ₩66,000	?	FOH 배부액
	조업도차이 ₩16,200	

45,000×2hr/개×SP=72,000×SP+₩16,200

90,000SP=72,000×SP+₩16,200

SP=0.9

예산=72,000×0.9

=₩64,800

18. ③

실제발생액	고정제조간접원가 예산	표준배부액
	₩40,000	₩42,000
	조업도차이 ₩2,000(유리)	

19. ④

AQ×AP	AQ×SP	SQ×SP
	323×₩500	210×1.5×₩500
	₩161,500	₩157,500
	능률차이 ₩4,000(불리)	

* 18번에서 고정제조간접원가 예산 ₩40,000, 표준배부액 ₩42,000으로 실제생산량이 5%만큼 증가되었음을 유추할 수 있음.

∴ SQ=200×1.05×1.5=315

20. ⑤

변동제조간접비 차이

AQ×AP	AQ×SP	SQ×SP
	350×₩75	X×₩75
	₩26,250	₩22,500

능률차이 ₩3,750(불리)

₩185－(₩44,000/400)＝₩75

₩75X＋₩3,750＝₩26,250

X＝300시간

고정제조간접비 차이

실제발생액	고정제조간접원가 예산	원가배부액
		300×₩110
	₩44,000	₩33,000

조업도차이 ₩11,000(불리)

21. ③

AQ×AP	예산	SQ×SP
	1,000시간×₩10	700단위×2h×₩10
₩12,000	₩10,000	₩14,000

예산차이 ₩2,000(불리) / 조업도차이 ₩4,000(유리)

22. ③

실제발생액	고정제조간접원가 예산	SQ×SP
		110,000×₩5
	₩450,000	₩550,000

조업도차이 ₩100,000(유리)

₩450,000＋₩100,000＝SQ×₩5

∴ SQ＝110,000시간

23. ④

고정제조간접원가 예산=₩8,400,000−₩520,000=₩7,880,000

AQ×AP	AQ×SP	SQ×SP
		2,400×₩3,152
₩8,400,000	₩7,880,000	₩7,564,800

예산차이 ₩520,000(불리) / 조업도차이 ₩315,200(불리)

24. ④

	AQ×AP	변동예산	배부액
변동제조간접원가		1,700×₩100	
고정제조간접원가		₩450,000	1,700×₩300
합 계	₩600,000	₩620,000	₩680,000

25. ①

AQ×AP	AQ×SP	SQ×SP
	20,400h×₩100	4,000단위×5h×₩100
	₩2,040,000	₩2,000,000

능률차이 ₩40,000(불리)

AQ×AP	예산	SQ×SP
		4,000단위×5h×₩72
	₩720,000	₩1,440,000

조업도차이 ₩720,000(유리)

조업도 단위당 예정배부율 : $\frac{₩720,000}{2,000단위 \times 5시간}$=₩72

26. ③

고정제조간접원가 예산	SQ×SP
₩6,000,000	750×₩6,000

조업도차이 ₩1,500,000(불리)

AQ×SP	SQ×SP
900×₩5,000	750×₩5,000

능률차이 ₩750,000(불리)

27. ①

고정제조간접원가 차이분석

FOH예산		SQ×SP
		900×₩800[1)]
₩800,000		=₩720,000
	₩80,000(불리)	

1) $\frac{₩800,000}{1,000hr}$=₩800

변동제조간접원가 차이분석

AQ×SP		SQ×SP
850×₩300		900×₩300[2)]
=₩255,000		=₩270,000
	₩15,000(유리)	

2) $\frac{₩300,000}{1,000hr}$=₩300

CHAPTER

12 관련원가계산

본장에서는 관련원가계산방법을 소개한다.

본장에서는 단기의사결정과 관련된 특수한 사례들을 학습한다. 의사결정이란 여러 가지 대안 중에서 하나를 선택하는 과정이다. 단기의사결정은 경영자의 의사결정으로 인한 효과가 1년 이내의 비교적 짧은 기간에 한정하여 영향을 미치는 경우를 의미한다. 기존 시설이나 설비(유형자산)를 그대로 이용하면서, 기업이 어떻게 하면 더 많은 이윤을 창출할 수 있는가에 대한 의사결정이 바로 단기의사결정이다. 단기의사결정은 화폐의 시간가치를 고려하지 않고 현금흐름(금액)의 크기만을 고려한다. 본장에서는 의사결정과 관련하여 변화하는 수익과 원가에만 관심을 갖고 분석하는 증분분석법을 학습한다. 일회성 특별주문의사결정, 자가제조/아웃소싱, 제품라인의 추가/폐지, 제품배합 결정 등을 알아본다.

[1] 목표설정

[2] 여러 대안

[3] 관련원가 분석

(대안 1) 자가제조	(대안 2) 외부구입
증분수익 ###	증분수익 ×××
증분원가 ###	증분원가 ×××
증분이익 ###	증분이익 ×××

[4] 적합한 대안 선택

본장에서는 구체적으로 다음과 같은 내용들을 학습한다.

- 단기의사결정과 장기의사결정은 어떠한 차이가 있는가?
- 단기의사결정과 장기의사결정은 각각 어떤 점들을 중요하게 고려해야 하는가?
- 관련원가란 무엇인가?
- 증분분석법이란 무엇인가?
- 경영자는 일회성 특별주문의사결정에서 어떤 점들을 중요하게 고려해야 하는가?
- 경영자는 부품을 자가제조할 것인가 또는 아웃소싱할 것인가와 관련하여 어떤 점들을 중요하게 고려해야 하는가?
- 경영자는 제품라인 폐지와 관련하여 어떤 점들을 중요하게 고려해야 하는가?
- 경영자는 제품배합을 결정하는 과정에서 어떤 점들을 중요하게 고려해야 하는가?

Accounting Insight 관리회계 경영 사례

국내 아웃도어 기업들의 단기 가격결정

지난 몇 년간 성장이 정체된 국내 아웃도어 시장이 매년 증가하는 재고 부담으로 인한 대규모 가격할인 출혈 경쟁에 멍들고 있다.

각 업체가 공개한 매출을 보면 업계 1위 노스페이스가 2019년에 매출 4,107억원을 기록하며 2018년에 이어 유일하게 4,000억원대 매출을 유지했다. 이를 제외한 나머지 매출 상위 4대 브랜드(브랜드 매출 미공개 기업 제외) K2, 블랙야크, 네파, 아이더는 매출 및 영업이익 모두 두 자릿수의 감소를 나타냈다. 블랙야크는 영업이익이 적자로 돌아섰다.

성장이 정체된 데다 코로나19 여파까지 더해져 올해는 더욱 힘든 한 해가 될 것이란 전망이다. 매년 되풀이되는 무차별한 가격할인정책과 제살 깎아먹기식의 출혈 경쟁이 아웃도어 시장의 정체 현상을 더욱 가속화하고 있다.

2018년 평창동계올림픽을 전후로 업계의 히트 아이템이었던 롱패딩의 경우 2018~2019년 가을/겨울(F/W) 시즌부터 수요예측 없는 무분별한 과잉생산으로 재고 문제를 양산하는 골칫덩어리로 전락했다.

A브랜드는 정가 90만원대의 프리미엄 롱패딩을 제품 출시 반 년 만에 60%가 넘게 할인된 헐값에 판매해 가격 거품 논란을 일으키기도 했다. B브랜드는 젊은층에 인기가 높은 무신사에 입점하면서 신제품을 선보이는 대신 최대 80%에 달하는 할인율로 재고를 소진하는 행사로 활용하는 등 업계의 제살 깎아먹기식 출혈 경쟁은 올해도 이어지고 있다.

무리한 대규모 생산과 넘쳐나는 재고로 인한 출혈 경쟁은 소비자 입장에서도 지속되는 가격할인 행사에 대한 피로감과 가격정책의 불신으로 이어질 수 있다. 또 이러한 현상들이 지난 몇 년간 반복되면서 시장 질서까지 위협해 기술 개발과 소비자 트렌드에 기반한 예측 생산으로 혁신적인 제품을 합리적 가격으로 선보이고자 하는 브랜드에게까지 피해를 끼치는 결과를 낳고 있다.

생각해 볼 문제

① 경영자가 단기간에도 가격결정을 새롭게 해야 하는 상황이 빈번하게 발생되고 있다. 그 원인은 무엇인가?
② 위 사례와 같이 기업이 단기간 가격할인정책을 사용할 경우에 어떤 부분을 고려해야 하는가?

자료출처 : 뉴시스(2020. 10. 12), "아웃도어 시장, '코로나'보다 '재고'가 더 무섭다"

의사결정

의사결정(decision making)이란 여러 가지 선택가능한 대안 중에서 하나를 선택하는 과정이다. 기업 경영자는 기업의 장·단기적인 목표를 설정하고, 기업을 경영하는 과정에서 어떠한 문제가 발생하면 다음과 같은 의사결정과정을 거치게 된다. 우선, 발생한 문제와 관련된 여러 가지 선택가능한 대안을 파악한다. 다음으로, 비교가능한 대안들을 분석하기 위해서 필요한 관련원가 자료들을 수집하고 정리하여 분석한다. 마지막으로, 기업의 목표와 부합되는 최적의 대안을 선택한다.

[1] 목표설정

[2] 여러 대안

[3] 관련 원가 분석

(대안 1) 자가제조	(대안 2) 외부구입
증분수익 ###	증분수익 ×××
증분원가 ###	증분원가 ×××
증분이익 ###	증분이익 ×××

[4] 적합한 대안 선택

경영자의 의사결정은 크게 장기의사결정과 단기의사결정으로 나뉜다. 장기의사결정(long-term decision making)은 경영자의 의사결정으로 인한 효과가 1년 이상에 걸쳐 영향을 미치는 경우를 의미한다. 기업의 장기의사결정은 주로 유형자산의 신규투자와 관련된 의사결정이다. 따라서 장기의사결정을 흔히 투자의사결정(investment decision making)이라고도 부른다. 새 공장을 지을 것인지, 새로운 기계장치를 구매할 것인지, 신규 제품라인을 신설할 것인지 등의 의사결정이 바로 장기의사결정의 예이다. 이러한 유형자산의 투자를 위한 장기의사결정을 자본예산(capital budgeting)이라고도 부른다.

장기의사결정은 의사결정과정에서 금액의 크기와 화폐의 시간가치(time value of money)를 모두 고려한다. 즉 화폐의 시간가치가 고려된 현금흐름(cash flow)을 이용하여 의사결정하게 된다.

장기의사결정의 예

단기의사결정(short-term decision making)은 경영자의 의사결정으로 인한 효과가 1년 이내의 비교적 짧은 기간에 한정하여 영향을 미치는 경우를 의미한다. 기존시설(유형자산)들을 그대로 이용하는 가운데, 기업이 어떻게 하면 더 많은 이윤을 창출할 수 있는가에 대한 의사결정이 바로 단기의사결정이다.

단기의사결정에서는 새로운 유형자산에 대한 신규투자는 고려하지 않는다. 따라서 단기의사결정과정에서는 주로 변동원가가 관련원가가 된다. 또한 의사결정이 단기에 국한되므로 화폐의 시간가치는 중요하지 않다. 따라서 현금흐름(금액)의 크기만을 고려한다.

단기의사결정의 예

관련원가의사결정

본장에서는 경영자의 단기의사결정을 설명한다. 경영자의 단기의사결정과정에서는 의사결정과 관련하여 변동하는 원가와 수익에만 초점을 두게 된다. 대안에 따라 수익이 어떻게 달라지는지, 또는 대안에 따라 원가가 어떻게 달라지는지를 분석한다.

관련원가(relevant cost)란 경영자의 의사결정과 관련된 원가로서 각 대안간에 차이가 있는 미래원가를 의미한다. 비관련원가(irrelevant cost)란 각 대안간에 차이가 없거나, 이미 과거에 지출된 원가를 의미한다. 관련원가의 대표적인 예는 의사결정과 관련하여 변화하는 **차액원가**(differential cost)이고, 비관련원가의 대표적인 예는 과거에 이미 지출된 비용으로 의사결정에 따라 변화할 수 없는 **매몰비용**(sunk cost)이다.

관련원가

관련원가 분석에는 총액분석(접근)법과 증분분석(접근)법이 이용된다. **총액분석(접근)법**(total analysis approach)은 기업의 총수익과 총원가에 대해 관심을 갖고 각 대안 중 가장 큰 이익을 나타내는 대안을 선택하는 방법이다. 이에 반해 **증분분석(접근)법**(incremental analysis approach)은 의사결정과 관련하여 변화하는 수익과 원가에만 관심을 갖고 분석하는 방법이다. 즉 증분수익과 증분원가의 차액을 분석하는 방법이다.

두 분석방법의 결과는 동일하지만, 일반적으로는 증분분석(접근)법을 사용한다. 그 이유는 총액을 고려하기보다는 증감되는 요소들만을 이용하는 것이 보다 간편하고, 의사결정과 관련된 원가가 무엇인가를 보다 명확히 파악할 수 있는 방법이기 때문이다.

증분분석(접근)법

증분이익 (incremental profit) = 증분수익 (incremental revenue) − 증분원가 (incremental cost)

관련원가의사결정은 매우 다양한 의사결정상황에 적용된다. 본장에서는 이러한 다양한 의사결정상황에 대한 몇 가지 구체적인 사례를 제시하려 한다. 본장에서 제시하고자 하는 관련원가의사결정의 사례는 아래와 같다.

- 일회성 특별주문의사결정
- 자가제조/아웃소싱
- 제품라인의 추가/폐지
- 제품배합 결정

단기의사결정과정에서는 다음의 두 가지를 주요하게 고려한다. 첫째, 의사결정과 관련되어 변동하는 증분수익, 증분원가, 증분이익에 초점을 둔다. 둘째, 변동원가계산방법을 사용하며, 공헌이익에 초점을 둔다.

일회성 특별주문의사결정

과거에 경영자는 단기의사결정으로 가격결정(pricing)을 고려하지 않았다. 그러나 최근에는 제품의 수명주기(product life cycle)가 짧아짐에 따라, 경영자가 단기간에도 가격결정을 새롭게 해야 하는 상황이 빈번하게 발생되고 있다. 기업은 새로운 제품이 출시되기 이전에 또는 시즌이 끝나기 전에 불과 몇 달밖에 안 되는 단기간에 해당제품들을 가능한 한 모두 판매해야 한다. 따라서 경영자는 단기간에 가격을 다시 결정하는 의사결정을 해야 하는데, 특히 패션 · 의류업이라든지 기술집약적인 전자산업에서 이러한 단기 가격결정이 많이 나타나고 있다.

또한 자동차산업이나 건축업 등에서도 단기적인 가격결정이 빈번히 발생되고 있다. 예를 들어 여성의류회사는 시즌이 끝나면 더 이상 팔 수 없는 당기의 제품에 대해 시즌 말에 할인행사가격을 결정하게 되고, 자동차를 제조하는 회사도 신제품 출시를 앞두고 몇 개월 동안은 가격을 새롭게 결정하여 처음보다 낮은 가격에 판매한다. 즉 가격결정이 단기의사결정으로 이루어지는 현상이 최근에 제품수명주기가 짧아지면서 매우 빈번하게 발생하고 있다.

일회성 특별주문의사결정(a one-time special order)이란 기업의 정상적인 사업상에서 고려되는 주문이 아니라, 일회성 특별주문에 대해서 할인가격을 수락할 것인가 아니면 거절할 것인가에 대한 의사결정이다. 일회성 특별주문의사결정에서 경영자는 아래와 같은 사항들을 주의 깊게 고려해야 한다.

- 특별주문을 수락할 수 있는 충분한 생산능력을 보유하고 있는가?
- 특별주문을 수락할 경우 발생하는 증분수익이 증분원가를 충분히 커버할 수 있는가?
- 특별주문 수락이 장기적인 관점에서 기업의 정상적인 매출에 영향을 주지는 않는가?

첫째, 경영자는 특별주문을 수락하기에 앞서서, 생산능력을 고려해보아야 한다. 만약 기업의 생산능력이 정상판매가의 제품 이외에 더 이상의 추가생산이 불가능하다면, 굳이 가격을 할인하면서까지 특별주문을 수락할 필요가 없다. 정상적인 판매가격을 가지고 정상적인 영업을 하는 것만으로도 이미 충분하기 때문이다.

둘째, 기업은 특별주문에 따라 변화되는 증분수익과 증분원가에 관심을 두어야 한다. 특별주문을 수락할 경우에 발생하는 수익인 판매가격이 특별주문 수락에 따라 발생하는 원가를 모두 충분히 커버할 수 있는가에 대해 분석해보아야 한다. 만약 증분수익이 증분원가를 초과한다면 특별주문을 수락하면 되고, 증분수익이 증분원가에 못 미친다면 특별주문을 거절하면 된다. 특별주문은 결국 변동원가와 관련성이 높다. 따라서 의사결정과정에서 공헌이익을 계산하여 고려해야 한다. 그러나 여기서 주의할 점은 증분원가가 대부분 변동원가와 관련성이 높다고 해서, 고정원가가 언제나 포함되지 않는 것은 아니라는 점이다. 예를 들어, 어떤 특별주문을 수락할 경우에는 추가적으로 보험료를 납부해야 될 수도 있다. 이런 경우에는 고정원가도 추가적으로 고려해야 한다.

셋째, 장기적 관점에서 경영자는 특별주문이 정상적인 매출에 악영향을 끼치지 않는가를 고려해야 한다. 만약 정상가격으로 구매한 소비자가 특별주문으로 할인된 판매에 대해 불만을 제기한다면? 특별주문을 했던 소비자가 다시 가격할인을 해주기를 거듭 요청해온다면? 경쟁사가 특별주문에 대한 가격할인에 대해 불만을 가지고 경쟁적으로 가격을 더 낮추어 시장에 제공한다면? 특별주문에 대한 수락에 앞서 경영자는 기업의 정상적인 매출에 영향을 줄 수 있는 위와 같은 여러 가지 위험에 대해 명확한 고려를 해야 한다.

일회성 특별주문의사결정

증분수익 (incremental revenue)	−	증분원가 (incremental cost)	>	0	: 수락한다
증분수익 (incremental revenue)	−	증분원가 (incremental cost)	<	0	: 거절한다

종합예제 1

(주)스타커피는 커피를 제조하여 개당 ₩3,000에 판매하고 있다. (주)스타커피의 생산능력은 매 기간마다 15,000개이며, 현재 8,000개를 정상적인 판매경로를 통해 판매하고 있다. 커피 한 개를 제조하는 데 발생하는 원가는 직접재료원가 ₩1,000, 직접노무원가 ₩700, 제조간접원가 ₩800이다. 제조간접원가 중 변동원가는 70%이며, 나머지는 회피불능한 고정원가이다. 어느 날 A회사가 (주)스타커피에 개당 ₩2,000에 2,500개의 커피를 특별주문하였다. 이 특별주문을 수락할 경우, 운송료가 개당 ₩100 추가발생된다.

요구사항

1. (주)스타커피가 특별주문을 수락할 경우 영업이익에는 어떠한 영향이 있겠는가?
2. (주)스타커피는 특별주문을 수락하는 것이 유리한가? 거절하는 것이 유리한가?
3. (주)스타커피가 A회사에 특별주문과 관련하여 받아야 할 최소금액은 얼마인가?

특별주문을 수락함으로써 (주)스타커피의 영업이익에는 어떠한 영향이 있겠는가? 이 경우 오직 증분수익과 증분원가만이 관련 있다. 회피불능한 고정제조간접원가는 특별주문에 영향을 받지 않으므로 비관련원가이다. 증분영업이익은 다음과 같이 도출할 수 있다.

	단위당	총 액
증 분 수 익	₩2,000	₩5,000,000
증 분 원 가		
변 동 원 가		
직접재료원가	1,000	2,500,000
직접노무원가	700	1,750,000
변동제조간접원가	560	1,400,000
추가운송료	100	250,000
고 정 원 가		
총증분원가	2,360	5,900,000
증분이익(손실)	(360)	(900,000)

(주)스타커피가 특별주문을 수락할 경우 ₩900,000만큼의 영업이익 감소를 가져온다.

(주)스타커피는 특별주문을 수락할 것인가 아니면 거절할 것인가?

증분수익 − 증분원가

₩5,000,000 − ₩5,900,000 = (₩900,000) : 거절한다

증분수익이 증분원가보다 작으므로 거절해야 한다. 즉 거절하는 것이 ₩900,000만큼 유리하다.

(주)스타커피가 A회사에 특별주문과 관련하여 받아야 할 최소금액은 얼마인가? 만약 특별주문과 관련하여 증분원가가 ₩100만큼 발생한다면, 최소한 ₩100 이상은 받아야 할 것이다. 따라서 위 예제에서 (주)스타커피는 최소한 ₩2,360 이상은 받아야 한다.

자가제조/아웃소싱

기업들은 많은 부분을 아웃소싱(outsourcing)에 의존하고 있다. 일본의 대표적인 게임업체인 닌텐도(Nintendo)는 연구개발(R&D)과 관련된 부분을 아웃소싱하고, 의류업체인 유니클로(Uniqlo)는 디자인과 봉제를 외부전문업체에 위탁하는 방식으로 경쟁력을 확보하면서 세계 4위의 의류업체로 성장했다. 애플(Apple)은

본사가 위치한 미국에는 공장을 보유하고 있지 않으며, 주요 부품을 한국과 대만에서 구입해서 중국 공장에서 조립하고 있다. 스포츠 용품 제조업체인 나이키(Nike)는 전체 매출의 99% 이상을 아웃소싱을 통해 수익을 창출한다. 중국의 전자제품 제조기업인 샤오미(Xiaomi)는 주력제품인 스마트폰을 생산하면서 공장도 생산설비도 보유하고 있지 않으며, 폭스콘(Foxconn)과 잉화다(英華達)라는 두 기업을 통해 부품의 구입부터 제조 · 생산 · 유통까지 위탁하는 전략을 택하고 있다. 샤오미는 이와 같은 아웃소싱을 통해 제품원가의 약 5~10%를 절감하고 있다.

기업이 모든 활동을 스스로 하게 될 경우 더 많은 비용이 발생할 수도 있다. 따라서 기업이 핵심 활동에 집중하고 나머지는 다른 기업에 아웃소싱하는 전략을 택함으로써 비용절감을 이뤄낼 수 있다.

자가제조/아웃소싱은 보통 기업이 현재 자가제조하고 있던 부품을 외부에서 구입해올 것인가 아니면 기존처럼 자가제조할 것인가에 대한 의사결정이다. 외부에서 구입해올 때 발생하는 총비용이 내부에서 직접 제조하는 비용보다 적다면 아웃소싱한다. 반대로 내부에서 조달하는 편이 더 유리하다면 기업은 자가제조하면 된다. 자가제조/아웃소싱과 관련된 의사결정에서 경영자는 아래와 같은 사항들을 주의 깊게 고려해야 한다.

- 아웃소싱할 때 발생하는 비용과 자가제조할 때 발생하는 변동원가는 어떠한 차이가 있는가?
- 아웃소싱할 때 고정원가는 얼마만큼 회피가능한가?

첫째, 아웃소싱할 때 발생하는 비용과 자가제조할 때 발생하는 변동원가를 서로 비교해보아야 한다. 기업이 자가제조하던 부품을 외부에서 구입해올 경우, 생산을 하는 과정에서 발생하는 변동원가만큼이 더 이상 발생하지 않는다. 즉 자가제조를 하지 않았을 때 절감되는 비용은 변동원가가 될 수 있다. 절감되는 변동원가와 구입해오는 아웃소싱비용을 비교해봄으로써, 절감되는 변동원가가 아웃소싱비용보다 크다면 기업 입장에서는 아웃소싱하는 것이 더 유리하다.

둘째, 아웃소싱할 때 고정자산의 일부를 재판매함으로써 고정원가의 일부가 회피가능한가를 고려해보아야 한다. 어떤 기계장치의 경우에는 회피불가능할 수 있고, 어떤 기계장치의 경우에는 다른 기업에서 재사용이 가능하여 회피가능할 수 있다. 만약 고정자산의 일부가 회피가능하다면, 이 부분도 관련원가가 된다.

종합예제 2

(주)스타기계는 제품생산에 필요한 특정부품을 자가제조하고 있다. 당기에 1,000개의 부품을 제조하는 데 발생한 원가는 아래와 같다.

	단위당 원가	총원가
직접재료원가	₩500	₩500,000
직접노무원가	400	400,000
변동제조간접원가	300	300,000
고정제조간접원가	600	600,000

부품을 생산하지 않을 경우에는 고정제조간접원가의 절반을 절감할 수 있다. (주)스타기계가 부품을 제조하지 않고, 외부공급업체로부터 해당부품을 구입할 경우 ₩1,600이 발생한다.

요구사항

1. (주)스타기계는 부품을 자가제조하는 것이 유리한가? 외부에서 구입해오는 것이 유리한가?
2. (주)스타기계는 외부공급업체에 최대한 얼마의 금액까지 부품의 가격을 지불할 수 있겠는가?

(주)스타기계가 부품을 자가제조하지 않고 외부에서 구입해온다면 얼마만큼이 절감되겠는가? 이 경우는 제품단위당 변동원가가 더 이상 발생되지 않으므로, 변동원가는 모두 관련원가가 된다. 또한 예제에서 고정제조간접원가의 50%가 회피가능원가이므로, 고정원가의 50%도 관련원가가 된다. 자가

제조와 아웃소싱에 대한 관련원가는 아래와 같다.

	자가제조	아웃소싱
변 동 원 가		
직접재료원가	₩500	
직접노무원가	400	
변동제조간접원가	300	
고 정 원 가		
고정제조간접원가	300	
아웃소싱가격		₩1,600
총 원 가	₩1,500	₩1,600

자가제조를 하지 않을 경우에 절감되는 원가가 ₩1,500이고, 아웃소싱시 발생하는 원가가 ₩1,600이므로 자가제조하는 것이 제품단위당 ₩100만큼 더 유리하다.

(주)스타기계가 B회사에 최대한 얼마의 금액까지 부품의 가격을 지불할 수 있겠는가? 만약 자가제조를 하지 않을 경우 원가절감이 ₩100만큼 발생한다면, 최대한 ₩100까지는 지불할 용의가 있을 것이다. 따라서 위 예제에서 (주)스타기계는 외부구입시 최대 ₩1,500까지는 지불할 용의가 있다.

제품라인의 추가/폐지

경영자들은 종종 제품 또는 사업부 등이 원하는 수익을 보이지 못할 때 폐지할 것인가에 대한 의사결정을 해야 한다. 현대 기아차가 경차 제품의 생산라인을 폐지하고, 한국GM이 다마스와 라보 제품의 생산라인을 폐지하였던 것처럼, 기업 경영자들은 종종 수익성이 안 좋은 제품라인에 대해서 폐지할 것인가에 대한 의사결정을 내려야 한다.

제품라인 폐지와 관련된 의사결정에서 경영자는 아래와 같은 사항들을 주의 깊게 고려해야 한다.

- 해당 제품라인의 공헌이익이 0보다 큰가? 0보다 작은가?
- 해당 제품라인이 폐지된다 해도 여전히 고정원가가 남게 되는 것은 아닌가?
- 해당 제품라인 폐지로 회피가능한 고정원가는 얼마인가?
- 해당 제품라인 폐지가 다른 제품에 영향을 미치지는 않는가?

첫째, 제품라인 폐지의 의사결정에서 경영자는 영업이익을 가지고 의사결정을 해서는 안 된다. 앞서 기술한 것처럼, 관련원가의사결정은 공헌이익에 초점을 두어야 한다. 해당 제품라인의 공헌이익을 계산해보고, 해당 제품라인의 공헌이익이 0보다 작다면 해당 제품라인을 폐지해야 한다. 그러나 만약 공헌이익이 0보다 크다면 해당 제품라인을 폐지해서는 안 된다. 공헌이익이 0보다 크다는 것은, 해당 제품라인이 기업의 고정원가를 커버하는 데 어느 정도 기여를 하고 있다는 의미이다. 단, 아래에서 언급하고 있는 바와 같이 해당 제품라인의 공헌이익이 0보다 크더라도 회피가능한 고정원가가 이를 충분히 커버할 수 있는 경우에는 해당 제품라인을 폐지해야 한다.

둘째, 고정원가는 제품라인이 폐지된다 해도 여전히 남아 있는 경우가 많다. 이러한 고정원가를 회피불능원가라 한다. 회피불능원가는 비관련원가이다. 그 이유는 제품라인이 폐지된다 해도 변화하지 않고 그대로 발생하기 때문이다. 예를 들어 기업이 특정 제품라인을 폐지한다 해도, 다른 브랜드와 함께 이용하고 있는 시설과 기계의 감가상각비, 건물의 보험료, 임차료 등과 같은 공통고정원가는 여전히 그대로 남게 된다.

셋째, 고정원가 중에서 회피가능원가도 있을 수 있다. 이 경우 회피가능한 고정원가는 관련원가가 된다. 특정제품하고만 관련성 있는 고정원가는 재판매 및 처분이 가능하며 회피가능할 수도 있다.

넷째, 해당 제품라인의 폐지가 다른 제품에도 영향을 미치는가를 고려해야 한다. 예를 들어 백화점에서 식품매장이 적자라고 가정하자. 그렇다면 백화점 경영자는 식품매장을 폐지하는 의사결정을 내려야 하는가? 백화점 경영자는 식품매장이 적자라고 해서, 식품매장을 폐지할 수는 없다. 그 이유는 백화점을 찾는 고객의 상당수는 한 자리에서 모든 쇼핑을 하기 원한다(one stop shopping). 식품매장이 없어지면 식품에 대한 제품판매만 사라지는 것이 아니라, 다른 제품의 판매 감소에도 영향을 미칠 수밖에 없다.

종합예제 3

(주)스타의류의 브랜드별 손익계산서는 아래와 같다. 경영자는 손실이 나고 있는 Y브랜드에 대하여 폐지를 검토하고 있다.

	X브랜드	Y브랜드	Z브랜드	합 계
매 출 액	₩1,200,000	₩1,500,000	₩1,300,000	₩4,000,000
변동원가	500,000	900,000	600,000	2,000,000
공헌이익	700,000	600,000	700,000	2,000,000
고정원가	300,000	900,000	400,000	1,600,000
영업이익	₩400,000	(₩300,000)	₩300,000	₩400,000

요구사항

아래 요구사항들은 서로 독립적이다.

1. Y브랜드를 폐지하는 경우에도 고정원가가 변함없이 계속해서 발생한다면, Y브랜드를 폐지하는 것이 유리한가? 유지하는 것이 유리한가?
2. Y브랜드를 폐지하는 경우에 70%의 고정원가가 회피가능하다면, Y브랜드를 폐지하는 것이 유리한가? 유지하는 것이 유리한가?

위 예제에서 손익계산서를 얼핏 보면 Y브랜드를 폐지하고 나면 (주)스타의류의 총영업이익이 마치 ₩300,000만큼 증가할 것으로 보인다. 그러나 대부분 기업의 고정원가는 회피불가능한 경우가 더 많다. 예를 들어 하나의 브랜드가 사라진다 해도 다른 브랜드와 함께 이용하고 있는 시설과 기계의 감가상각비, 건물의 보험료, 임차료 등과 같은 공통고정원가는 여전히 그대로 남게 된다. 따라서 제품라인의 폐지와 관련된 의사결정을 할 때에는 감소하는 회피불능한 고정원가에 대해 제대로 파악하여 분석해야만 잘못된 의사결정을 내리는 오류를 범하지 않게 된다.

첫 번째 요구사항처럼, Y브랜드를 폐지하는 경우에도 고정원가가 계속해서 발생한다고 가정할 때, 폐지한 후의 손익계산서는 다음과 같다.

	X브랜드	Y브랜드	Z브랜드	합 계
매 출 액	₩1,200,000		₩1,300,000	₩2,500,000
변동원가	500,000		600,000	1,100,000
공헌이익	700,000		700,000	1,400,000
고정원가	300,000	₩900,000	400,000	1,600,000
영업이익	₩400,000	(₩900,000)	₩300,000	(₩200,000)

Y브랜드를 폐지한 이후에, Y브랜드의 공헌이익은 더 이상 발생하지 않지만 고정원가는 계속해서 발생하게 되므로 Y브랜드는 ₩900,000의 영업손실이 발생한다. 이는 기업 전체의 영업이익을 큰 폭으로 감소시킨다. 즉 (주)스타의류가 Y브랜드를 폐지할 경우 전체 영업이익을 폐지 이전보다 ₩600,000만큼 감소시켜, (주)스타의류가 ₩200,000의 영업손실을 보도록 만들게 된다. 따라서 (주)스타의류는 Y브랜드를 폐지하는 의사결정을 해서는 안 된다.

두 번째 요구사항처럼, Y브랜드를 폐지하는 경우에 고정원가의 70%가 회피가능하다고 가정할 때, 폐지한 후의 손익계산서는 아래와 같다.

	X브랜드	Y브랜드	Z브랜드	합 계
매 출 액	₩1,200,000		₩1,300,000	₩2,500,000
변동원가	500,000		600,000	1,100,000
공헌이익	700,000		700,000	1,400,000
고정원가	300,000	₩270,000	400,000	970,000
영업이익	₩400,000	(₩270,000)	₩300,000	₩430,000

Y브랜드를 폐지하면 Y브랜드의 공헌이익이 ₩600,000 감소하고, 고정원가가 ₩630,000 감소하므로, ₩30,000의 영업이익이 증가한다. 즉 (주)스타의류의 전체 영업이익을 ₩30,000만큼 증가시켜, (주)스타의류가 ₩430,000의 영업이익을 보도록 만들게 된다. 따라서 고정원가의 70%가 회피가능할 경우 (주)스타의류는 Y브랜드를 폐지하는 의사결정을 하는 것이 더 유리하다.

제품배합 결정

기업이 보유한 자원은 제약이 있기 마련이다. 경영자는 제약 안에서 한정된 자원을 효율적으로 사용하기 위한 제품배합을 결정해야 한다. 제약요인을 고려하여 어떤 제품을 다른 제품에 비해 더 많이 생산하고 어떤 제품은 생산을 포기해야 하는지를 결정함으로써, 총공헌이익을 높이기 위한 의사결정을 해야 한다. 예를 들어 기업의 총노무시간이 1,000시간으로 제약되어 있다면, 1,000시간 안에 각 제품을 어떤 배합으로 생산해야 하는가를 결정해야 한다. 실제로 BMW는 수요의 변동에 맞게 매 시즌마다 자동차 모델의 배합을 변경하고 있다. 즉 어떤 시즌에는 소형차를 더 많이 생산하고, 어떤 시즌에는 중형차, 대형차를 더 많이 생산하고 있다. 냉면집들은 여름에는 냉면의 생산비중을 높이고, 겨울에는 만둣국의 생산비중을 높인다. 제품배합을 결정하는 과정에서 경영자는 아래와 같은 사항들을 주의 깊게 고려해야 한다.

- 기업의 제약요건이 무엇인가?
- 제약요건을 기준으로 할 때 단위당 공헌이익은 어느 제품이 더 높은가?

제품배합을 결정할 때 단순히 제품단위당 공헌이익이 가장 높은 제품을 선택해서는 안 된다. 제약요건을 고려한 자원단위당 공헌이익이 가장 높은 제품을 선택해야 한다. 즉 기업의 제약요건을 먼저 파악해야 한다. 만약 기계시간이 제한적이라면 기계시간당 공헌이익을 가지고 제품배합을 결정해야 하며, 노무시간이 제한적이라면 노무시간당 공헌이익을 가지고 제품배합을 결정해야 한다.

종합예제 4

(주)스타상사의 제품별 단위당 공헌이익 및 공헌이익률은 아래와 같다.

	X제품	Y제품
단위당 판매가격	₩200	₩360
단위당 변동원가	110	120
단위당 공헌이익	₩90	₩240
단위당 공헌이익률	45%	67%

X제품을 생산하기 위해서는 3시간의 기계시간이 소요되며, Y제품을 생산하기 위해서는 10시간의 기계시간이 소요된다. 기계시간은 한 달에 600시간만 사용할 수 있다. (단, 제품의 수요는 무제한이라고 가정한다)

요구사항

1. (주)스타상사의 유일한 제약요인이 기계시간이라고 할 때, 수익성을 극대화하기 위해서는 어떤 제품을 생산・판매해야 하는가?
2. (주)스타상사는 각 제품을 최소 15개 이상 반드시 생산해야 한다면, 요구사항 1의 조건하에서 어떻게 제품배합을 해야 할 것인가? 이 경우 최대공헌이익은 얼마인가?

어떤 제품의 수익성이 더 높은가? 위 자료를 검토하였을 때, 단위당 공헌이익이 X제품은 ₩90, Y제품은 ₩240이고, 공헌이익률 역시 X제품은 45%, Y제품은 67%이므로, 마치 Y제품이 X제품에 비해 더 높은 수익성을 가지고 있는 것처럼 보인다. 그렇다면 Y제품만을 대량으로 생산하는 것이 합리적인가? 이 결정은 옳은 것인가?

그러나 경영자는 제약요인을 함께 고려해야 한다. 생산되는 제품마다 반드시 거쳐야 할 기계장치나 공정이 존재할 때, 이러한 특정 기계장치나 공정은 전체 생산능력에 제한을 가져올 수 있다. 즉 하루에 10회밖에 가동 못하는 기계장치가 있을 수도 있고, 하루에 10시간 미만만 작업이 가능한 공정도 있을 수 있다. 기계나 공정이 지닌 생산능력을 초과하면 더

이상 추가적인 제품은 생산할 수 없기 때문에, 특정 기계나 공정이 전체 생산에 대해 제한을 가져오게 된다. 이처럼 전체 생산에 제한을 가져오는 기계장치나 공정을 병목(bottle neck)이라 한다. 이 병목이 바로 제약요인이다.

위 예제에서 병목을 초래하는 제약요인은 기계시간이다. 따라서 이 경우에 단위당 공헌이익이 의사결정과정에서 중요한 것이 아니라, 기계시간당 공헌이익이 더 중요하다.

X제품과 Y제품의 기계시간당 공헌이익을 계산하면 다음과 같다.

	X제품	Y제품
단위당 판매가격	₩200	₩360
단위당 변동원가	110	120
단위당 공헌이익	₩90	₩240
단위당 기계시간	3	10
기계시간당 공헌이익	₩30	₩24

결국 X제품의 기계시간당 공헌이익이 ₩30이고, Y제품의 기계시간당 공헌이익은 ₩24이다. 그러므로 Y제품이 아닌 X제품을 우선하여 생산해야야 한다. Y제품이 단위당 공헌이익과 공헌이익률이 크더라도, X제품이 보다 많은 자원단위당 공헌이익을 제공하므로 X제품을 최대한 생산해야 한다.

예를 들어 X제품을 600시간 생산하고, Y제품을 600시간 생산해보자.

	X제품	Y제품
기계시간당 공헌이익	₩30	₩24
기계시간	600	600
총공헌이익	₩18,000	₩14,400

결국 X제품은 ₩18,000의 이익이 발생하고 Y제품은 ₩14,400의 이익이 발생하므로, 주어진 시간에 X제품을 전량 생산하는 것이 가장 유리하다.

(주)스타상사가 각 제품을 최소 15개 이상 반드시 생산해야 한다면, 이 경우에는 자원단위당 공헌이익이 작은 제품은 최소한의 생산만 하고 나머지는 자원단위당 공헌이익이 큰 제품을 생산해야 한다. 따라서 최적의 제품배합은 Y제품은 15개만 생산하고, 나머지 시간에는 모두 X제품을 생산하는 것이다.

Y제품 : 15개 생산(150시간 소요), X제품 : 150개 생산(450시간 소요)

위 제품배합에 따른 최대공헌이익은 다음과 같다.

₩90×150개+₩240×15개=₩17,100 또는
₩30×450시간+₩24×150시간=₩17,100

12 용어정리

관련원가(relevant cost)
경영자의 의사결정과 관련된 원가로서 각 대안간에 차이가 있는 미래원가

단기의사결정(short-term decision making)
경영자의 의사결정으로 인한 효과가 1년 이내의 비교적 짧은 기간에 한정하여 영향을 미치는 경우

매몰비용(sunk cost)
비관련원가의 대표적인 예로, 의사결정에 따라 변화할 수 없는 원가. 이미 발생한 원가

병목(bottle neck)
전체 생산에 제한을 가져오는 기계장치나 공정의 부분

비관련원가(irrelevant cost)
각 대안간에 차이가 없거나, 이미 과거에 지출된 원가

의사결정(decision making)
여러 가지 대안 중에서 하나를 선택하는 과정

일회성 특별주문의사결정(a one-time special order)
기업의 정상적인 사업상에서 고려되는 주문이 아니라, 일회성 주문에 대해서 할인가격을 수락할 것인가 아니면 거절할 것인가에 대한 의사결정

자본예산(capital budgeting)
유형자산의 투자를 위한 장기의사결정

장기의사결정(long-term decision making)
경영자의 의사결정으로 인한 효과가 1년 이상에 걸쳐 영향을 미치는 경우

증분분석법(incremental analysis approach)
의사결정과 관련하여 변화하는 수익과 원가에만 관심을 갖고 분석하는 방법

차액원가(differential cost)
의사결정 상황에서 대안간에 차이를 발생시키는 원가. 관련원가의 대표적인 예로, 의사결정과 관련하여 변화하는 원가

총액분석법(total analysis approach)
기업의 총수익과 총원가에 대해 관심을 갖고 각 대안 중 가장 큰 이익을 나타내는 대안을 선택하는 방법

화폐의 시간가치(time value of money)
어떤 한 단위의 화폐단위가 시간적 요인에 따라 다른 가치를 가지게 되는 것

현금흐름(cash flow)
기업활동(영업, 투자, 재무 활동 등)을 통해 나타나는 현금의 유입과 유출

주관식 개념문제

1. 단기의사결정과 장기의사결정에 대해 설명하고, 각 의사결정과정에서 어떤 내용을 보다 중요하게 고려해야 하는가를 설명하라.

2. 관련원가에 대해 설명하라.

3. 경영자는 일회성 특별주문의사결정에서 어떤 점들을 중요하게 고려해야 하는가?

4. 경영자는 부품을 자가제조할 것인가 또는 아웃소싱할 것인가와 관련하여 어떤 점들을 중요하게 고려해야 하는가?

5. 경영자는 제품라인 폐지와 관련된 의사결정에서 어떤 점들을 중요하게 고려해야 하는가?

6. 병목현상에 대해 설명하라.

7. 경영자는 제품배합을 결정하는 과정에서 어떤 점들을 중요하게 고려해야 하는가?

객관식 개념문제

1. 기업의 의사결정에 대한 설명으로 틀린 것은?

① 장기의사결정은 경영자의 의사결정으로 인한 효과가 1년 이상에 걸쳐 영향을 미치는 경우를 의미한다.
② 장기의사결정을 흔히 투자의사결정이라고도 부른다.
③ 장기의사결정은 의사결정과정에서 금액의 크기와 화폐의 시간가치를 모두 고려한다.
④ 단기의사결정을 하는 과정에서 많은 경우에 변동원가가 관련원가가 된다.
⑤ 단기의사결정을 자본예산이라고도 부른다.

2. (주)하나는 특별주문과 관련된 의사결정을 하고자 한다. (주)하나가 충분한 생산능력을 보유하고 있을 때, 특별주문의사결정에서 관련원가가 아닌 것은?

① 직접재료원가
② 직접노무원가
③ 변동제조간접원가
④ 고정제조간접원가
⑤ 특별주문과 관련하여 추가적으로 발생하는 부대비용

정답

1. ⑤ 2. ④

기본문제

1. (주)스타커피는 커피를 제조하여 개당 ₩3,000에 판매하고 있다. (주)스타커피의 생산능력은 매 기간마다 12,000개이며, 현재 8,000개를 정상적인 판매경로를 통해 판매하고 있다. 커피 한 개를 제조하는 데 발생하는 원가는 직접재료원가 ₩800, 직접노무원가 ₩700, 제조간접원가 ₩600이다. 제조간접원가 중 변동원가는 70%이고, 고정제조간접원가는 모두 회피불능원가이다.

요구사항

아래 요구사항들은 서로 독립적이다.

1. 어느 날 A회사가 (주)스타커피에 개당 ₩2,500에 2,500개의 커피를 특별주문하였다. 이 특별주문을 수락할 경우, 운송료가 개당 ₩100, 포장료가 개당 ₩200 추가발생된다. (주)스타커피가 특별주문을 수락할 경우 영업이익은 어떠한 영향이 있겠는가?
2. 어느 날 B회사가 (주)스타커피에 1,000개의 커피를 특별주문하였다. 추가적인 비용은 발생하지 않는다. (주)스타커피가 영업이익을 ₩600,000만큼 증가시키기 위해서는 특별주문에 대한 판매가격을 얼마로 해야 하는가?

풀이 및 해설

1.

	단위당	총 액
증 분 수 익	₩2,500	₩6,250,000
증 분 원 가		
변 동 원 가		
직접재료원가	800	2,000,000
직접노무원가	700	1,750,000
변동제조간접원가	420	1,050,000
추가운송료	100	250,000
추가포장료	200	500,000
고 정 원 가		
총증분원가	2,220	5,550,000
증 분 이 익	280	700,000

∴ 특별주문을 수락할 경우, 영업이익이 ₩700,000만큼 증가한다.

2.

	단위당
증 분 수 익	X
증 분 원 가	
변 동 원 가	
직접재료원가	₩800
직접노무원가	700
변동제조간접원가	420
총증분원가	1,920

(X − ₩1,920) × 1,000개 = ₩600,000

∴ X = ₩2,520

2. (주)스타기계는 제품생산에 필요한 특정부품을 자가제조하고 있다. 당기에 1,000개의 부품을 제조하는 데 발생한 원가는 아래와 같다.

	단위당 원가	총원가
직접재료원가	₩60	₩60,000
직접노무원가	70	70,000
변동제조간접원가	40	40,000
고정제조간접원가	80	80,000

부품을 생산하지 않을 경우에는 고정제조간접원가의 60%를 절감할 수 있다.

요구사항

외부공급업체로부터 ₩200에 부품을 공급하겠다는 제안이 들어왔다. 외부에서 구입하는 것이 유리한가? 자가제조하는 것이 유리한가?

풀이 및 해설

	자가제조	아웃소싱
변 동 원 가		
직접재료원가	₩60	
직접노무원가	70	
변동제조간접원가	40	
고 정 원 가		
고정제조간접원가	48	
아웃소싱가격		₩200
총 원 가	₩218	₩200

자가제조하지 않을 경우에 절감되는 원가가 ₩218이고, 아웃소싱시 발생하는 원가가 ₩200이다.

∴ 아웃소싱하는 것이 자가제조하는 것보다 제품단위당 ₩18만큼 더 유리하다.

3. (주)스타의류의 브랜드별 손익계산서는 아래와 같다. 경영자는 손실이 나고 있는 Y브랜드에 대하여 폐지를 검토하고 있다.

	X브랜드	Y브랜드	Z브랜드	합 계
매 출 액	₩1,200,000	₩1,000,000	₩1,300,000	₩3,500,000
변동원가	500,000	800,000	600,000	1,900,000
공헌이익	700,000	200,000	700,000	1,600,000
고정원가	300,000	500,000	400,000	1,200,000
영업이익	₩400,000	(₩300,000)	₩300,000	₩400,000

요구사항

아래 요구사항들은 서로 독립적이다.

1. Y브랜드를 폐지하는 경우에도 고정원가가 변함없이 계속해서 발생한다면, Y브랜드를 폐지하는 것이 유리한가? 유지하는 것이 유리한가?
2. Y브랜드를 폐지하는 경우에 50%의 고정원가가 회피가능하다면, Y브랜드를 폐지하는 것이 유리한가? 유지하는 것이 유리한가?

풀이 및 해설

1.

	X브랜드	Y브랜드	Z브랜드	합 계
매 출 액	₩1,200,000		₩1,300,000	₩2,500,000
변동원가	500,000		600,000	1,100,000
공헌이익	700,000		700,000	1,400,000
고정원가	300,000	₩500,000	400,000	1,200,000
영업이익	₩400,000	(₩500,000)	₩300,000	₩200,000

고정원가가 회피불가능할 경우에는, 기업 전체의 영업이익을 ₩400,000에서 ₩200,000으로 감소시킨다. 따라서 (주)스타의류는 Y브랜드를 폐지하는 의사결정을 해서는 안 된다.

∴ 유지하는 것이 폐지하는 것보다 ₩200,000만큼 유리하다.

2.

	X브랜드	Y브랜드	Z브랜드	합 계
매 출 액	₩1,200,000		₩1,300,000	₩2,500,000
변동원가	500,000		600,000	1,100,000
공헌이익	700,000		700,000	1,400,000
고정원가	300,000	₩250,000	400,000	950,000
영업이익	₩400,000	(₩250,000)	₩300,000	₩450,000

고정원가의 50%가 회피가능할 경우에는, 기업 전체의 영업이익을 ₩400,000에서 ₩450,000으로 증가시킨다.

∴ 폐지하는 것이 유지하는 것보다 ₩50,000만큼 유리하다.

4. (주)스타상사의 제품별 단위당 공헌이익 및 공헌이익률은 아래와 같다.

	X제품	Y제품
단위당 판매가격	₩200	₩250
단위당 변동원가	150	180
단위당 공헌이익	₩50	₩70
단위당 공헌이익률	25%	28%

X제품을 생산하기 위해서는 1시간의 기계시간이 소요되며, Y제품을 생산하기 위해서는 2시간의 기계시간이 소요된다. 기계시간은 연간 500시간만 사용할 수 있다. (단, 제품의 수요는 무제한이라고 가정한다)

요구사항

1. (주)스타상사의 유일한 제약요인이 기계시간이라고 할 때, 수익성을 극대화하기 위해서는 어떤 제품을 생산・판매해야 하는가?
2. (주)스타상사는 각 제품을 최소 100개 이상은 반드시 생산해야 한다면, 요구사항 1의 조건 하에서 어떻게 제품배합을 해야 할 것인가? 이 경우 최대공헌이익은 얼마인가?

풀이 및 해설

1.

	X제품	Y제품
단위당 판매가격	₩200	₩250
단위당 변동원가	150	180
단위당 공헌이익	₩50	₩70
단위당 기계시간	1	2
기계시간당 공헌이익	₩50	₩35

∴ X제품을 최대한 생산해야 한다.

2. 최적의 제품배합은 Y제품은 100개만 생산하고, 나머지 시간 동안 모두 X제품을 생산하는 것이다.
   Y제품 : 100개 생산(200시간 소요)
   X제품 : 300개 생산(300시간 소요)
   ∴ 최대공헌이익
   ₩50×300개＋₩70×100개＝₩22,000 또는
   ₩50×300시간＋₩35×200시간＝₩22,000

연습문제

1. [특별주문의사결정] (주)연세는 털장갑을 생산·판매하고 있다. 이 회사의 월간자료는 다음과 같다.

- 월간 최대생산량은 23,000단위이다.
- 정상적 판매단가는 ₩1,500이다.
- 현재의 조업도에서는 단위당 변동제조원가가 ₩400, 단위당 고정제조원가가 ₩500 이다.

현재 19,000단위를 생산·판매하고 있는데, (주)창조로부터 3,000단위의 주문을 단위당 ₩600에 제의받았다. 이 회사는 특별주문으로 인하여 전담직원을 임시로 고용해야 하는데, 이로 인한 추가적 원가부담이 단위당 ₩60씩 소요되리라 추정된다. 이 회사가 특별주문을 수락할 경우 영업이익에 어떤 영향을 미칠 것인지 판단하라. (단, 특별주문으로 인한 기타의 비용 추가나, 정상판매에는 영향을 주지 않는 것으로 판단된다)

① ₩420,000 증가 ② ₩420,000 감소 ③ ₩570,000 증가
④ ₩570,000 감소 ⑤ ₩720,000 감소

2. [특별주문의사결정] (주)청송은 계산기를 제조하여 개당 ₩3,000에 판매하고 있다. (주)청송의 생산능력은 연간 15,000개이며, 이때 개당 생산원가는 직접재료원가 ₩1,000, 직접노무원가 ₩600, 제조간접원가(변동원가 75%, 회피불능고정원가 25%) ₩500이고 변동판매비는 개당 ₩325이다. 해외바이어가 방문하여 2,500개의 계산기를 특별주문하였는데, 이 특별주문에 따른 유일한 판매비용은 운송료로 개당 ₩200이 소요된다. 현재 (주)청송은 10,000개를 생산·판매하여 정상적인 판매경로를 통하여 판매하고 있다. (주)청송이 이 특별주문과 관련하여 받아야 하는 최소금액은 얼마인가? (2000년 세무사 기출문제 수정)

① ₩2,175 ② ₩2,300 ③ ₩2,500
④ ₩2,675 ⑤ ₩2,775

3. [특별주문의사결정] (주)정의의 20×5년 예산내역을 요약하면 다음과 같다.

매 출 액	25,000단위×@₩200=	₩5,000,000
변동원가		3,000,000
공헌이익		2,000,000
고정원가		600,000
영업이익		1,400,000

회사의 연간 최대조업능력은 35,000단위이다. 그런데 외국판매상이 20×5년초에 단위당 ₩160에 15,000단위를 사겠다고 제의해 왔다. (주)정의가 이 제의를 수락하고 설비능력을 초과하지 않는 범위 내에서 단골고객으로부터 기존의 거래를 감소시키면 20×5년 총영업이익은 예산보다 얼마나 변화하겠는가? (1999년 세무사 기출문제 수정)

① ₩200,000 증가 ② ₩200,000 감소 ③ ₩300,000 증가
④ ₩300,000 감소 ⑤ ₩100,000 증가

4. [특별주문의사결정] (주)세무는 20×1년 연간 최대생산량이 8,000단위인 생산설비를 보유하고 있다. (주)세무는 당기에 제품 7,000단위를 단위당 ₩1,000에 판매할 것으로 예상하며, 단위당 변동제조원가는 ₩500, 단위당 변동판매관리비는 ₩100이다. (주)세무는 거래처로부터 제품 2,000단위를 판매할 수 있는 특별주문을 받았으며, 단위당 변동제조원가와 단위당 변동판매관리비는 변화가 없다. 이 특별주문을 수락한다면, 예상판매량 중 1,000단위를 포기해야 한다. 이때, 특별주문 제품의 단위당 최저판매가격은? (2020년 세무사 기출문제)

① ₩500 ② ₩600 ③ ₩800
④ ₩900 ⑤ ₩1,000

5. [특별주문의사결정] (주)창조의 최대생산능력은 8,000단위이며, 당기에 단위당 ₩850의 제품을 7,000단위 판매할 것으로 분석하였다. 현재 (주)창조의 단위당 변동제조원가는 ₩510이다. 이 분석을 마치고 난 뒤 외부거래처로부터 3,000단위의 특별주문이 들어왔다면, 특별주문을 수락하기 위한 단위당 최소판매가격은 얼마인가? (단, 변동판매관리비는 단위당 ₩136이지만 특별주문수량에서는 발생하지 않는다고 가정한다) (2009년 공인회계사 기출문제 수정)

① ₩136 ② ₩227 ③ ₩500
④ ₩646 ⑤ ₩737

6. [특별주문의사결정] 다음은 (주)관세가 생산, 판매하는 제품 A에 관한 자료이다. (주)한국은 (주)관세에게 제품 A에 특수장치를 부착한 제품 B를 제작하여, 단위당 ₩220에 1,500단위를 공급해줄 것을 제안하였다. (주)관세는 제품 A의 생산라인에서 제품 B를 생산할 수 있으며, (주)한국의 주문으로 기존 판매 및 원가 구조는 영향을 받지 않는다. (주)관세는 제품 A에 단위당 ₩30의 특수장치를 추가하여 제품 B를 생산하며, 제품 B의 단위당 변동판매비는 ₩30이 된다. (주)관세가 (주)한국의 특별주문을 수락하는 경우 이익에 미치는 영향은?

(2019년 관세사 기출문제)

최대 생산가능수량	10,000단위
현재 생산, 판매수량	8,000단위
단위당 외부판매가격	₩300
단위당 변동제조원가	₩100
단위당 변동판매비	₩40
단위당 고정제조간접원가	₩90(최대 생산가능 수량 기준)

① ₩90,000 감소　② ₩90,000 증가　③ ₩120,000 감소
④ ₩120,000 증가　⑤ ₩150,000 증가

※ 다음 자료는 [문제 7]과 [문제 8]에 적용된다. 주문을 받아 제품을 생산해서 판매하는 (주)청연의 생산과 판매 자료는 다음과 같다.

• 판매수량	30,000개	• 직접재료원가	단위당 ₩15
• 단위당 판매가격	₩200	• 직접노무원가	단위당 20
• 단위당 변동판매관리비	20	• 변동제조간접원가	단위당 10
• 고정판매관리비	5,000,000	• 고정제조간접원가	4,000,000

7. [특별주문의사결정] (주)청연이 (주)세연으로부터 단위당 ₩150에 10,000개를 구입하겠다는 제안을 받았다. 최대생산능력이 연간 30,000개인 경우 기회비용은 얼마인가? 생산량과 판매량은 같다.

① ₩1,230,000　② ₩1,500,000　③ ₩1,350,000
④ ₩1,700,000　⑤ ₩2,000,000

8. [특별주문의사결정] 위의 [문제 7]에서 최대생산능력이 40,000개라면 특별주문을 수락하기 위한 최소판매가격은 얼마인가?

① ₩65　② ₩85　③ ₩90
④ ₩110　⑤ ₩135

9. [자가제조 또는 아웃소싱] (주)연세는 치즈를 만들기 위하여 우유제품을 자가제조하고 있다. 우유제품과 관련된 단위당 표준원가자료는 다음과 같다.

직접재료비	₩300
직접노무비	300
제조간접비	500
단위당 표준원가	₩1,100

제조간접비 중 30%는 고정비이다. (주)연세는 우유제품을 외부에서 구입할 수도 있으며 아웃소싱시 지급하는 단위당 구입가격은 ₩1,000이다. 자가제조 또는 아웃소싱의 결정시에 적합한 단위당 표준원가는 얼마인가?

① ₩600　② ₩750　③ ₩950
④ ₩1,000　⑤ ₩1,100

10. [자가제조 또는 아웃소싱] (주)한국은 제품생산에 필요한 부품 K를 생산한다. 1,000단위 생산과 관련된 원가자료는 다음과 같다. (주)대한이 부품 K 1,000단위를 단위당 ₩1,600에 공급하겠다는 제안을 하였다. 만약 (주)한국이 외부에서 구입하는 경우에는 공장시설을 매년 ₩80,000에 임대할 수 있으며, 단위당 고정제조간접원가 ₩300은 회피가 가능해진다. 위 제안을 수락하는 경우 이익에 미치는 영향은? (2020년 보험계리사 기출문제)

	총원가
직접재료원가	₩320,000
직접노무원가	560,000
변동제조간접원가	380,000
고정제조간접원가	400,000
	₩1,660,000

① ₩40,000 증가　② ₩40,000 감소　③ ₩60,000 증가
④ ₩60,000 감소　⑤ ₩80,000 증가

11. [자가제조 또는 아웃소싱] 선풍기 제조회사인 (주)매지는 소형모터를 자가제조하고 있다. 소형모터 10,000개를 자가제조하는 경우, 단위당 원가는 다음과 같다.

직접재료원가	₩5
직접노무원가	3
변동제조간접원가	2
특수기계 감가상각비	2
공통제조간접원가 배부액	5
제품원가 합계	₩17

(주)청송이 (주)매지에 소형모터 10,000개를 단위당 ₩16에 공급할 것을 제안하였다. (주)매지가 (주)청송의 공급제안을 수용하는 경우, 소형모터 제작을 위해 사용하던 특수기계는 다른 용도로 사용 및 처분이 불가능하며, 소형모터에 배부된 공통제조간접원가의 40%를 절감할 수 있다. (주)매지가 (주)청송의 공급제안을 수용한다면 자가제조하는 것보다 얼마나 유리 또는 불리한가? (2011년 세무사 기출문제 수정)

① ₩18,000 유리 ② ₩20,000 유리 ③ ₩20,000 불리
④ ₩40,000 유리 ⑤ ₩40,000 불리

12. [자가제조 또는 아웃소싱] (주)대한은 제품에 사용되는 부품 A를 자가제조하고 있으나, 외부공급업체로부터 부품 A와 동일한 제품을 구입하는 방안을 검토중이다. (주)대한의 회계팀은 아래의 자료를 경영진에게 제출하였다.

항목	부품 A 1단위당 금액
직접재료원가	₩38
직접노무원가	35
변동제조간접원가	20
감독관 급여	40
부품 A 전용제조장비 감가상각비	39
공통관리비의 배분	41

- 매년 10,000개의 부품 A를 생산하여 모두 사용하고 있다.
- 만일 외부에서 부품 A를 구입한다면 감독관 급여는 회피가능하다.
- 부품 A 전용제조장비는 다른 용도로 사용하거나 외부매각이 불가능하다.
- 공통관리비는 회사 전체의 비용이므로 외부구입 여부와 관계없이 회피가 불가능하다.
- 만일 부품 A를 외부에서 구입한다면, 제조에 사용되던 공장부지는 다른 제품의 생산을 위해서 사용될 예정이며, 연간 ₩240,000의 공헌이익을 추가로 발생시킨다.

(주)대한의 경영진은 부품 A를 자가제조하는 것이 외부에서 구입하는 것과 영업이익에 미치는 영향이 무차별하다는 결론에 도달하였다. 이 경우 외부공급업체가 제시한 부품 A의 1단위당 금액은 얼마인가? (2021년 공인회계사 기출문제)

① ₩93 ② ₩117 ③ ₩133
④ ₩157 ⑤ ₩196

13. **[자가제조 또는 아웃소싱]** (주)창조는 현재 연간 12,000건의 직업을 소개해주고 있다. 1건의 직업소개에 소요되는 변동비는 ₩2,000이고 연간 총고정비는 ₩6,000,000으로 추정된다. 그런데 국세직업소개소에서 연간 12,000건 전부에 대한 직업소개를 대행해주겠다고 제의를 해왔다. 이와 같이 국세직업소개소의 제의를 수락할 경우에 기존의 연간 총고정비 중 ₩1,400,000이 감소할 것으로 예상된다. 국세직업소개소는 대행수수료로서 연간 ₩26,000,000을 요구해왔다. 이와 같은 국세직업소개소의 제의를 수락하는 것이 대한 (주)창조의 영업이익에 미치는 영향으로 옳은 것은? (2008년 세무사 기출문제 수정)

① ₩600,000 감소 ② ₩600,000 증가 ③ ₩400,000 감소
④ ₩400,000 증가 ⑤ ₩1,000,000 증가

※ **다음 자료는 [문제 14]와 [문제 15]에 적용된다. (주)청연은 냉장고를 생산하는 제조업체이다. 냉장고 생산에는 X, Y, Z의 주요 부품이 필요한데, 이들 부품들은 자체생산 또는 아웃소싱이 가능하다. 이 변동제조원가만 회피가능하며 자체생산에 활용할 수 있는 총기계시간은 2,500시간이다.**

	X	Y	Z
재 료 원 가	₩2,000	₩3,000	₩4,000
노 무 원 가	500	1,000	1,000
변동제조간접원가	1,000	500	500
단위당 총제조원가	₩3,500	₩4,500	₩5,500
부품단위당 소요기계시간	1.5h	2h	2h
소 요 량	1,000	500	1,000
부품단위당 아웃소싱가격	₩5,000	₩7,500	₩6,500

14. [자가제조 또는 아웃소싱] 각 제품들은 아웃소싱하는 것이 유리한가? 자체생산하는 것이 유리한가?

	X	Y	Z
①	아웃소싱	아웃소싱	자체생산
②	자체생산	아웃소싱	아웃소싱
③	아웃소싱	자체생산	자체생산
④	자체생산	아웃소싱	자체생산
⑤	자체생산	자체생산	아웃소싱

15. [자가제조 또는 아웃소싱] 위의 [문제 14]에서 X의 아웃소싱가격이 ₩1,050만큼 감소가 불가피할 경우 X의 생산량은 얼마나 되는가?

① 100단위 ② 150단위 ③ 500단위
④ 1,000단위 ⑤ 생산 없음

16. [제품라인 폐지] (주)우주사업은 A, B, C 세 제품을 생산・판매한다. (주)우주사업의 경영자는 A제품에 대해 차기부터는 생산하지 않는 방향을 검토중에 있다. 고정비가 60% 회피가능하다고 할 때, A제품의 생산라인을 폐지하는 것이 유리한가? 유지하는 것이 유리한가?

	A제품	B제품	C제품	합 계
매 출 액	₩1,200	₩1,500	₩1,300	₩4,000
변동원가	900	800	600	2,300
공헌이익	300	700	700	1,700
고정원가	400	400	400	1,200
영업이익	(₩100)	₩300	₩300	₩500

① 폐지하는 것이 ₩50만큼 유리
② 폐지하는 것이 ₩60만큼 유리
③ 유지하는 것이 ₩50만큼 유리
④ 유지하는 것이 ₩60만큼 유리
⑤ 유지하는 것이 ₩100만큼 유리

17. [제품라인 폐지] (주)스타의류의 브랜드별 손익계산서는 아래와 같다. 경영자는 손실이 나고 있는 B브랜드에 대하여 폐지를 검토하고 있다.

	A브랜드	B브랜드	C브랜드	합 계
매 출 액	₩1,700,000	₩2,400,000	₩2,300,000	₩6,400,000
매 출 원 가				
직접재료원가	300,000	800,000	400,000	1,500,000
직접노무원가	400,000	900,000	700,000	2,000,000
제조간접원가	700,000	1,000,000	800,000	2,500,000
매출총이익	₩300,000	(₩300,000)	₩400,000	₩400,000

(주)스타의류는 공통제조간접원가를 배부하는 과정에서 매출액을 기준으로 하고 있다. 매출액을 기준으로 세 제품에 배부한 고정제조간접원가는 ₩1,200,000이며, 나머지는 모두 변동제조간접원가이다. B브랜드의 생산을 중단했을 때, B브랜드와 관련된 설비와 시설, 공간 등은 다른 브랜드로 대체할 수 없다. B브랜드를 폐지할 경우에 (주)스타의류의 매출총이익은 어떻게 달라지겠는가? (1996년 공인회계사 기출문제 수정)

① ₩150,000 증가 ② ₩300,000 증가 ③ ₩150,000 감소
④ ₩300,000 감소 ⑤ 변화 없음

18. [제품라인 폐지] (주)정의는 흠집이 있는 제품 C를 5개 보유하고 있다. 흠집이 없는 정상적 제품 C의 판매가격은 ₩300이다. 제품 C의 생산에는 단위당 변동제조원가 ₩80과 단위당 고정제조원가 ₩20이 투입되었다. 흠집이 있는 제품 C를 외부에 단위당 ₩150에 처분하려면 단위당 판매관리비가 ₩12이 소요될 것으로 추정된다. 이 의사결정에 고려될 관련 항목은? (2017년 세무사 기출문제)

① 단위당 판매관리비 ₩12
② 단위당 변동제조원가 ₩80
③ 단위당 고정제조원가 ₩20
④ 단위당 제조원가 ₩100
⑤ 정상 판매가격 ₩300

19. [매출배합] (주)이화상사의 제품별 자료는 아래와 같다.

	X제품	Y제품
단위당 판매가격	₩1,000	₩1,300
단위당 변동원가	600	700

X제품을 생산하기 위해서는 4시간의 기계시간이 소요되며, Y제품을 생산하기 위해서는 3시간의 기계시간이 소요된다. 총고정원가는 ₩80,000이고, 기계시간은 한 달에 600시간만 사용할 수 있다. (주)이화상사가 이익을 극대화하기 위해서 매출배합을 결정할 때 최대로 달성가능한 영업이익은 얼마인가? (단, 제품의 수요는 무제한이라고 가정한다)

① ₩40,000 ② ₩100,000 ③ ₩150,000
④ ₩180,000 ⑤ ₩240,000

20. [매출배합] (주)YSB는 복사기와 프린터기를 생산한다. 관련 제품의 정보는 아래와 같다.

	복사기	프린터기
최대 판매가능수량	6,000개	9,000개
단위당 공헌이익	₩80	₩60
단위당 소요기계시간	8시간	3시간

두 제품을 생산하는 데에는 기계시간의 제약만 존재한다. 최대기계시간은 33,000시간이라고 할 때, 추가적인 설비투자 없이 달성할 수 있는 최대공헌이익은 얼마인가?

(2008년 공인회계사 기출문제 수정)

① ₩480,000 ② ₩540,000 ③ ₩600,000
④ ₩765,000 ⑤ ₩800,000

심화문제

21. [특별주문의사결정] (주)매지의 복사능력은 시간당 2,000부이다. 준비시간 및 용지재공급시간으로 인해 하루 실가동시간은 8시간이다. 대학 주변에는 난립되어 있는 복사점들간의 경쟁이 극심한 편이다. 따라서 고객이 원하는 시간준수는 필수사항이다. 이 복사점의 1일 복사수용량은 10,000부이고, 가격은 1부당 ₩40이며, 1부당 변동원가는 ₩16이다. 그런데 한 고객이 하루의 업무시작시점에 찾아와서 5,000부의 복사물을 업무마감시간까지 1부당 ₩32에 복사해달라고 요구하였다. 이 특별주문의 수락 또는 기각 여부와 관련하여 예상되는 순이익의 효과는?

(2001년 세무사 기출문제 수정)

① 기각하는 경우와 수락하는 경우에 순이익의 차이는 없다.
② 기각하는 경우가 ₩96,000 순이익이 작다.
③ 기각하는 경우가 ₩96,000 순이익이 크다.
④ 수락하는 경우가 ₩80,000 순이익이 작다.
⑤ 수락하는 경우가 ₩80,000 순이익이 크다.

22. [특별주문의사결정] (주)청솔은 건조대와 세탁기를 생산하고 있으며, 생산에 투입가능한 최대기계시간은 30,000시간이다. 다음 자료를 참고하여 외부업체 (주)연세가 세탁기 1,000단위를 단위당 ₩78씩 공헌이익을 보장한다는 조건으로 특별주문을 하였다. 특별주문을 수락할 경우 추가적인 설비투자 없이 (주)청솔은 얼마의 이익을 추가로 얻을 수 있는가?

(2008년 공인회계사 기출문제 수정)

	건조대	세탁기
단위당 공헌이익	₩60	₩76
단위당 기계시간	3시간	4시간
시장수요량	3,700단위	8,000단위

① (₩2,000) ② ₩0 ③ ₩2,000
④ ₩3,000 ⑤ ₩4,000

※ 다음 자료는 [문제 23]과 [문제 24]에 적용된다. 공통자료를 참고하여 물음에 답하라.

(주)백운은 전자제품에 사용되는 배터리를 생산하는데, 단위당 원가자료는 아래와 같다.

직접재료원가	₩500
직접노무원가(0.75노무시간/단위)	750
제조간접원가(80% 변동원가, 20% 고정원가)	300
단위당 제조원가	₩1,550

현재 (주)백운은 생산능력의 80%인 6,000노무시간을 사용하고 있는데, 최근 (주)정의로부터 개당 ₩1,800에 4,000개의 배터리를 납품해 달라는 특별주문을 받았다. 일반시장에 판매되는 (주)백운의 시장가격은 ₩2,000이다.

23. [특별주문의사결정] (주)백운이 4,000개의 특별주문을 수락할 경우 발생하는 기회비용은 얼마인가? (2007년 공인회계사 기출문제 수정)

① ₩675,000 ② ₩765,000 ③ ₩900,000
④ ₩1,020,000 ⑤ ₩1,800,000

24. [특별주문의사결정] 특별주문을 수락할 경우 증분손익은 얼마인가? (2007년 공인회계사 기출문제 수정)

① ₩220,000 ② ₩1,020,000 ③ ₩1,140,000
④ ₩1,275,000 ⑤ ₩1,365,000

※ 다음 자료는 [문제 25]와 [문제 26]에 적용된다. (주)연세는 김치를 생산하고 있으며, 젓갈은 생산할 수 있으나 생산하지 않고 설비만 보유중이다. 관련된 원가자료는 아래와 같다.

• 직접재료비(배추)	₩120,000	• 직접노무비	₩80,000
• 변동제조간접비	60,000	• 고정제조간접비	40,000
• 생산량	8,000단위		

얼마 전 외부업체 (주)청송으로부터 김치를 단위당 ₩30에 납품하겠다는 계약을 제안해왔다. 외부에서 재료를 구입할 경우 고정제조간접비는 ₩5,000을 줄일 수 있다. (단, 회사는 김치, 젓갈만 생산하며, 젓갈의 매출액은 ₩100,000, 재료비는 ₩20,000, 노무비는 ₩20,000, 변동제조간접비는 ₩10,000, 고정제조간접비는 ₩40,000이다)

25. [자가제조 또는 아웃소싱] 기존 설비를 다른 용도로 사용할 수 없다고 가정할 경우, 아웃소싱으로 인한 증분손익을 계산하면 얼마인가?

① (₩25,000) ② (₩20,000) ③ ₩10,000
④ ₩20,000 ⑤ ₩25,000

26. [자가제조 또는 아웃소싱] 외부에서 구입할 경우 기존 설비를 다른 제품(젓갈)생산으로 전환할 수 있다고 가정한다면, 아웃소싱으로 인한 증분손익은 얼마인가?

① ₩25,000 ② ₩35,000 ③ ₩50,000
④ ₩70,000 ⑤ ₩75,000

27. [특별주문의사결정] (주)청송은 20×1년에 제품 A를 5,000단위 생산하여 전량 국내시장에 판매할 계획이다. 제품 A의 단위당 판매가격은 ₩10,000, 단위당 변동제조원가는 ₩7,000, 단위당 변동판매관리비는 ₩1,000이다. (주)청송은 20×1년초에 해외 거래처로부터 제품 A 3,000단위를 단위당 ₩8,000에 구입하겠다는 특별주문을 받았다. 해외 거래처의 주문을 수락하기 위해서는 제품 A 1단위당 부품 B(단위당 외부구입가격 : ₩500) 1단위를 추가로 투입해야 하고, 20×1년도 국내시장 판매량을 350단위 감소시켜야 한다. 특별주문과 관련된 판매관리비는 주문수량에 관계없이 ₩300,000 발생한다. (주)청송이 특별주문을 수락할 경우, 20×1년도 예산이익의 증가(또는 감소) 금액은? (단, 특별주문은 전량 수락하든지 기각해야 한다)

(2018년 세무사 기출문제)

① ₩300,000 증가 ② ₩420,000 증가 ③ ₩500,000 증가
④ ₩555,000 감소 ⑤ ₩800,000 감소

※ 다음 자료는 [문제 28]과 [문제 29]에 적용된다. 공통자료를 참고하여 물음에 답하라.

(주)YSB는 고시용책상 P모델과 T모델을 생산하고 있으며 두 모델의 단위당 원가에 관한 자료는 다음과 같다.

	P모델	T모델
직접재료원가	₩1,400	₩2,200
직접노무원가	400	1,000
변동제조간접원가	200	500
고정제조간접원가	300	300
단위당 제조원가	2,300	4,000
시 장 가 격	2,800	4,500

(주)YSB의 최대조업도는 월 4,000노무시간이며, 시장에서 판매할 수 있는 양은 개별제품만 생산한다고 가정하였을 때 P모델 1,000개, T모델 600개이다(임률은 시간당 ₩200).

28. [제품배합] (주)YSB가 영업이익을 극대화할 수 있는 제품배합은 얼마인가?

(2006년 공인회계사 기출문제 수정)

	P모델	T모델
①	500개	200개
②	500개	400개
③	500개	600개
④	1,000개	400개
⑤	1,000개	600개

29. [특별주문의사결정] 새로운 거래처로부터 P모델 200개를 구매하겠다는 특별주문을 받았다. (주)YSB가 특별주문을 수락하기 위해 필요한 최저판매가격은 얼마인가?

(2006년 공인회계사 기출문제 수정)

① ₩2,000　② ₩2,300　③ ₩2,320
④ ₩2,500　⑤ ₩2,800

30. [매출배합] (주)한국은 동일한 직접재료 M을 사용하여 세 가지 제품 A, B, C를 생산·판매한다. 다음은 (주)한국이 생산·판매하고 있는 각 제품의 단위당 판매가격, 변동원가 및 공헌이익에 관한 자료이다.

	제품 A	제품 B	제품 C
단위당 판매가격	₩900	₩1,350	₩1,200
단위당 변동원가			
직접재료원가	160	320	200
기타변동원가	480	590	700
계	640	910	900
단위당 공헌이익	₩260	₩440	₩300

(주)한국은 공급업체로부터 직접재료 M을 매월 최대 4,000kg까지 구입가능하며, 직접재료 M의 구입가격은 kg당 ₩40이다. (주)한국의 각 제품에 대한 매월 최대 시장수요량은 400단위이다. (주)한국이 이익을 최대화하기 위해 각 제품을 매월 몇 단위씩 생산·판매해야 하는가?

(2016년 공인회계사 기출문제)

	제품 A	제품 B	제품 C
①	400단위	50단위	400단위
②	400단위	300단위	0단위
③	200단위	400단위	0단위
④	0단위	400단위	160단위
⑤	0단위	250단위	400단위

31. [매출배합] (주)청솔은 두 종류의 제품 A와 B를 생산, 판매한다. 두 제품의 월간 예상 판매 및 원가자료는 다음과 같다.

		제품 A	제품 B
제품단위당	판매가격	₩50	₩45
	변동제조원가	32	25
	고정제조간접원가	5	7
	변동판매관리비	8	5
	고정판매관리비	2	2
기계시간당 생산량		4단위	2단위
월간 예상수요량		120단위	80단위

(주)청솔의 월간 최대 사용가능한 기계시간은 50시간이다. (주)청솔이 영업이익을 극대화할 수 있는 월 최적 제품배합은? (단, 월간 고정원가 총액은 일정하다) (2018년 세무사 기출문제)

	제품 A	제품 B		제품 A	제품 B
①	40단위	80단위	②	60단위	70단위
③	80단위	60단위	④	100단위	50단위
⑤	120단위	40단위			

정답 및 해설

1. ①

특별주문 수락시 관련원가=변동제조원가 ₩400+전담직원임시고용 ₩60=₩460
특별주문 수락시 이익=(₩600−₩460)×3,000단위=₩420,000

2. ①

직접재료원가 ₩1,000+직접노무원가 ₩600+변동제조간접원가 (₩500×75%) +판매비용 ₩200=₩2,175

3. ①

제의를 수락할 경우 증가하는 비용 : @₩120×15,000단위=₩1,800,000
제의를 수락할 경우 감소하는 공헌이익 : @₩80×5,000단위=₩400,000
제의를 수락할 경우 증가하는 수익 : ₩160×15,000단위=₩2,400,000
∴ 제의를 수락할 경우 증가하는 이익 : ₩200,000 증가

4. ③

2,000단위×P≧(₩500+₩100)×2,000단위+(₩1,000−₩600)×1,000단위

∴ P≧₩800

5. ④

3,000단위×P≧₩510×3,000단위+(₩850−₩510−₩136)×2,000단위

∴ P≧₩646

6. ②

- 유휴생산능력 : 2,000단위=10,000단위−8,000단위
- 특별주문의 기회비용 : 특별주문이 1,500단위이므로, 기회비용은 발생하지 않는다.
- 특별주문의 증분이익
  증분수익 : 1,500단위×₩220=₩330,000
  증분비용 : 1,500단위×₩100+1,500단위×₩30+1,500단위×₩30=₩240,000
  증분이익 : ₩90,000

7. ③

잔여생산량이 0이므로 일반판매가능량의 10,000개가 부족하다.

10,000개×₩135=₩1,350,000

8. ①

유휴설비가 충분하기 때문에 증분원가 ₩65만큼이 필요하다.

9. ③

자가제조=₩300+₩300+₩350=₩950

아웃소싱=₩1,000

∴ 자가제조를 하는 것이 유리하다.

10. ①

증분수익 : 임대료수익 ₩80,000
변동비의 감소 ₩1,260,000=1,000단위×(@320+@560+@380)

증분비용 : 아웃소싱비용 ₩1,600,000=1,000단위×@1,600
고정제조간접원가 회피가능액 (₩300,000)=1,000단위×@300

증분이익 : ₩40,000

11. ⑤

제안을 수용할 경우 증분수익 : 10,000개×₩10+50,000개×0.4=₩120,000

제안을 수용할 경우 증분비용 : ₩16×10,000개=₩160,000

제안을 수용할 경우 증분손실 : (₩40,000)

12. ④

자가제조시 원가 : 10,000개×(₩38+₩35+₩20+₩40)+기회비용 ₩240,000
=₩1,570,000

외부구입시 동일한 원가=₩157×10,000개

13. ①

(1) 증가하는 비용 : ₩26,000,000

(2) 감소하는 비용 : 고정비 감소 ₩1,400,000
변동비 감소 ₩2,000×12,000건=₩24,000,000
합 계 ₩25,400,000

(3) 감소하는 이익 : ₩600,000

14. ⑤

	X	Y	Z
아웃소싱가격	₩5,000	₩7,500	₩6,500
변동제조원가	3,500	4,500	5,500
원가절감액	1,500	3,000	1,000
기 계 시 간	1.5h	2h	2h
시간당 원가절감액	₩1,000	₩1,500	₩500

Y가 1순위이다.

	X	Y	Z
소 요 량	1,000	500	1,000
단위당 기계시간	×1.5h	×2h	×2h
필요기계시간	1,500	1,000	2,000
사용가능기계시간	1,500	1,000	0
잔여기계시간	0	0	2,000

∴ X는 1,000단위, Y는 500단위 자가생산하고, Z는 아웃소싱하는 것이 유리하다.

15. ⑤

X의 원가절감액은 ₩450이 되고 이로 인해 Y와 Z의 생산을 우선하게 된다.
∴ Y와 Z에 우선 배부된 이후 X에 할당될 기계시간은 없어진다.

16. ④

증분수익 : A제품을 생산하지 않으면 매출액 ₩1,200은 더 이상 발생하지 않는다.
증분원가 : 이에 비해 감소하는 비용은 변동원가의 감소 ₩900, 고정원가의 감소 ₩240 이므로 ₩1,140이다.
∴ 유지하는 것이 ₩60만큼 유리하다.

17. ③

$$\text{B브랜드에 배부된 공통고정제조간접원가} = \frac{₩2,400,000}{₩6,400,000} \times ₩1,200,000 = ₩450,000$$

B브랜드의 변동제조간접원가=₩1,000,000−₩450,000=₩550,000
B브랜드의 변동원가=₩800,000+₩900,000+₩550,000=₩2,250,000

	B브랜드
매 출 액	₩2,400,000
변동원가	2,250,000
공헌이익	150,000
고정원가	450,000
영업이익	(₩300,000)

∴ B브랜드가 폐지될 경우 이익이 ₩150,000만큼 감소하게 된다.

18. ①

② 매몰비용

③ 매몰비용

④ 매몰비용

⑤ 정상제품 C만 ₩300에 판매가능하므로 비관련수익

19. ①

	X제품	Y제품
단위당 판매가격	₩1,000	₩1,300
단위당 변동원가	600	700
단위당 공헌이익	400	600
단위당 기계시간	4시간	3시간
기계시간당 공헌이익	₩100	₩200

월간기계시간(600시간)/3시간＝200개

최대 달성가능한 영업이익 : 200개×단위당 공헌이익(₩600)－총고정원가(₩80,000)
＝₩40,000

20. ③

	복사기	프린터기
단위당 공헌이익	₩80	₩60
단위당 소요기계시간	8시간	3시간
기계시간당 공헌이익	₩10	W20

기계시간당 공헌이익이 높은 프린터기부터 생산한다.

프린터기 9,000개

9,000개×3시간＝27,000시간

33,000시간－27,000시간＝6,000시간

6,000시간/8시간＝750개

따라서 프린터기 9,000개와 복사기 750개를 생산해야 한다.

9,000개×₩60＋750개×₩80＝₩540,000＋₩60,000＝₩600,000

21. ⑤

하루 복사가능수 : 2,000부×8시간=16,000부

1일 복사수용량 : 10,000부

여유 복사가능수 : 6,000부

특별주문할 경우 순이익의 증가 : (₩32－₩16)×5,000부=₩80,000

22. ③

기계시간당 공헌이익 : ₩20(건조대), ₩19(세탁기), ₩19.5(특별주문)

특별주문 수락 전 생산량 : 건조대 3,700단위, 세탁기 4,725단위

특별주문을 수락하기 위해 기계시간당 공헌이익이 낮은 세탁기 생산량을 줄여야 한다.

특별주문 수락 후 생산량 : 건조대 3,700단위, 세탁기 3,725단위, 특별주문 1,000단위

수락할 경우의 공헌이익 : ₩60×3,700단위+₩76×3,725단위+₩78×1,000단위
=₩583,100

거절할 경우의 공헌이익 : ₩60×3,700단위+₩76×4,725단위=₩581,100

23. ④

유휴노무시간 : 6,000시간/0.8－6,000시간=1,500시간

유휴생산량 : 1,500시간/0.75시간=2,000개

특별주문을 수락하기 위해서는 기존판매량 2,000개를 감소시켜야 한다.

기회비용 : →(₩2,000－₩500－₩750－₩300×0.8)×2,000개=₩1,020,000

24. ①

증분수익 : 4,000개×₩1,800=₩7,200,000

증분비용 : 4,000개×₩1,490+₩1,020,000=₩6,980,000

증분이익 : ₩220,000

25. ⑤

증분수익 : ₩120,000+₩80,000+₩60,000+₩5,000=₩265,000

증분비용 : ₩30×8,000단위=₩240,000

증분이익 : ₩25,000

26. ⑤

증분수익 : (₩120,000+₩80,000+₩60,000+₩5,000)+(₩100,000－₩20,000－₩20,000
－₩10,000)=₩315,000

증분비용 : ₩30×8,000단위=₩240,000

증분이익 : ₩75,000

27. ③

증분수익 : ₩8,000×3,000=₩24,000,000

증분비용 : ₩7,000×3,000+₩500×3,000=₩22,500,000
₩300,000(특별주문 관련된 판매관리비)

기회비용 : (₩10,000－₩8,000)×350=₩700,000

∴ ₩24,000,000－₩22,500,000－₩300,000－₩700,000=₩500,000

28. ④

노무시간당 공헌이익

P모델 : 800/2=400

T모델 : 800/5=160

노무시간 투입량 → P모델 : 2,000시간 → 1,000개 생산

T모델 : 2,000시간 → 400개 생산

29. ③

(X−₩2,000)×200개=80개×₩800

∴ X=₩2,320

30. ①

	제품 A	제품 B	제품 C
단위당 판매가격	₩900	₩1,350	₩1,200
단위당 변동원가	640	910	900
단위당 공헌이익	260	440	300
단위당 직접재료 구입량	4kg	8kg	5kg
직접재료 kg당 공헌이익	₩65	₩55	₩60
생산순서	1	3	2
생산량	400개	50개	400개
직접재료 소비량	1,600kg	400kg	2,000kg

31. ⑤

제품 A, 제품 B의 기계시간당 공헌이익을 우선 구한다.

제품 A :

판매가격		₩50
변동비 (단위당)		40
변동제조원가	₩32	
변동판매관리비	8	
단위당 공헌이익		₩10

시간당 공헌이익 : ₩10×4=₩40(기계시간당 생산량이 4단위이므로)

제품 B :

판매가격		₩45
변동비 (단위당)		30
변동제조원가	₩25	
변동판매관리비	5	
단위당 공헌이익		₩15

시간당 공헌이익 : ₩15×2=₩30(기계시간당 생산량이 2단위이므로)

∴ 시간당 공헌이익은 제품 A>제품 B

제품 A 최대 사용 기계시간 : 120단위/4단위＝30시간
제품 B 최대 사용 기계시간 : 80단위/2단위＝40시간
제품 A : 30시간, 제품 B : 20시간 사용하는 것이 최대 이익 창출
∴ 단위로 환산 : 제품 A＝30시간×4단위＝120단위, 제품 B＝20시간×2단위＝40단위

찾아보기

저자약력

최 종 원

현재 연세대학교 경영학부 교수로 재직중이다. 연세대학교에서 회계학을 가르치며 '연세대학교 강의우수교수'로 2009년부터 현재까지 매년 선정되었고, 2018년에는 교육부문에서의 탁월한 업적 성취를 인정받아 '연세대학교 교육부문 우수업적교수'로 선정되었다. 한국회계학회가 선정하는 '2008년 회계학 우수학위논문상', 한국공인회계사회가 선정하는 '2008년 회계학 우수논문상'을 수상하였다. 저서로는 『IFRS 회계원리』, 『자본주의의 감시자들 : 기업지배구조와 대리인 문제』가 있으며, SSCI에 등재된 국제학술지 및 한국연구재단에 등재된 국내학술지에 30편 이상의 논문을 발표하였다. 한국 회계 및 세무 관련 국가공인시험 출제위원으로 활동하였다.

제5판 관리회계원리

2015년 1월 20일 제 1 판 1쇄 발행
2023년 1월 5일 제 5 판 1쇄 인쇄
2023년 1월 10일 제 5 판 1쇄 발행

저 자 최 종 원
발 행 인 권 영 섭
발 행 처 (주)신 영 사

경기도 파주시 심학산로 12(출판문화단지)
등 록 : 1988. 5. 2 / 제406-1988-000020호
전 화 : 031-946-2894(代)
F A X : 031-946-0799
e - mail : sys28945@naver.com
홈페이지 : http://www.shinyoungsa.co.kr

정가 **33,000**원 ISBN 978-89-5501-805-9